中国の〈憑きもの〉

華南地方の蠱《こ》毒《どく》と呪術的伝承

川野明正［著］

風響社

前言　本書の課題について

本書は、これまで民間信仰としての内実が知られることの少なかった蠱毒《こどく》など、呪術的内容をもつ霊物の伝承を取り上げ、中国における民俗社会の心性に光を当てる。蠱毒とは、一言でいえば、霊的な毒物に関する信仰である。蠱は毒物で、その毒性を蠱毒と呼ぶが、特定の人物、家庭で使役され、他人に病気などの被害をもたらすとされる。

筆者がこのような呪術的伝承に関心を抱いたきっかけは、次のような事情による。

筆者は中国の民間信仰を研究対象としており、これまで中国民俗学・中国文学を専門とする立場から、筆記類、地方誌、民国以降の民族誌・民俗誌などの文献も合わせて研究資料に取り上げ文献的な研究を行ってきた。その一方で中国雲南省を中心に、民間信仰の現地調査を行ってきたが、その際に各地で蠱毒や、それに類する民間信仰が現地の漢族、非漢民族を問わず、深く人々の間に信じられてきたことを知った。

たとえば、雲南省西部大理白《ペー》族自治州のペー（白）族は、蠱毒に類する霊物をペー（白）族語で「ピョ」（Pyo）と呼んでいるが、村落内部にピョを養っているといわれる家庭が少なからずあり、周囲の家庭はこの種の家庭からピョによって病気をもたらされたり、財物を奪われることを恐れていた。そのような家庭は、ピョの内容によっては日常の交際や婚姻が忌避されることもあった。

大理白族自治州を西に下った隣接地区の保山市では、市政府所在地の隆陽区に、「五郎神」(Wu Lang Sen・漢語「ウーランセン」。以下、本書の漢語表記は雲南漢語〈西南官話の一支〉の現地音による)と呼ばれる神霊が信じられていた。五郎神は村内の特定の家庭で祭祀され、周囲の家庭から財物を持ってきてその家庭を豊かにするとされまた新たに別の家庭に移動してその家を富ませる。五郎神を祭祀する家庭から嫁を迎えると、その家庭も五郎神を祭祀するようになるなどといわれ、やはり婚姻が忌避される伝承が伝わっていた。

保山市の西隣地区である、徳宏傣《タイ》族景頗《ジンポー》族自治州一帯では、タイ(傣)族やジンポー(景頗)族に生霊的な霊物である「枇杷鬼」(Pi Pa Gui・漢語「ピーパークゥイ」)の伝承があった。特定の婦女が枇杷鬼にとり憑かれると、彼女の魂は身体を脱けだし、周囲の者にとり憑く。とり憑かれると病人はうわごとを話したり、犯人とされる者に似た言動や行動をとるとされる。誰の魂がとり憑いているかが判明すると、その婦人は村内から放逐されるという。


これらの伝承は、民俗社会内部の人々の心の奥底に潜んだ暗がりともいうべき心性の一面を窺わせるものとして、筆者の深い関心を呼び起こさずにはおかなかったが、いずれも特定の家庭や人物が原因とされ、それらを起因源としてなんらかの霊物が被害を及ぼすとされ、周囲の家庭や成員から警戒されたり、忌避されたりする共通性で語られており、一連の類縁性をもった伝承であるように思われた。本書における立脚点と方針は、つまるところ、かかる類縁性をどのように研究主題として提示するかという問題に帰結する。

これらの民俗事象を類縁性としての視座のもとに、一つの総合的な研究テーマとして対象化するためには、まずもってそのような類縁性を統一的に言い表すだけの概念設定がなされる必要がある。しかし、ここで問題となることは、中国の民俗学的研究では、これらの民俗事象の類縁性に着目した研究は、夏之乾氏の「談談『放蠱』

及其類似習俗産生的原因和危害」などを除いて少なく、統一的な概念を設定する試みは、いまだなされていないのが現実である［cf. 夏之乾　一九八四］。

ただ、日本人としての視座からみると、これらの民俗事象は、日本で知られてきたいわゆる「憑きもの」の民俗と類似した性格もある。大理地方のピョにおける、共同体内の特定の家庭が、周囲に被害を与えるとされ、交際を忌避されたりする性格は、日本で言ういわゆる「憑きものもち」の家庭と似たような状況にあることを示している[1]。

日本では、西日本に比較的多いかたちで、狐の霊を使役するとされる「キツネもち」や、犬神筋などの家庭や家系があるとされ、それらの家庭は、共同体内で憑きものを扱うというまことしやかな風説のなかで、婚姻や交際忌避などの扱いを受けてきた。かかる伝承と中国の南部に語られ続けてきた蠱毒の伝承を比較すると、きわめて類似する内容をもつことに驚かされる。

たとえば、蠱毒の伝承のなかで、よく知られた話の一つに、晋・干宝『捜神記』巻十二の記事がある。

「滎陽《けいよう》に廖という姓の家があった。代々蠱をなし、富を致していた。後に嫁を迎えたが、蠱のことは話さなかった。家人がみな外出しているとき、嫁は一人で家を守っていたが、部屋の中に大きな缸があるのに気がついた。試しに開いてみると、中に大蛇がいた。そこで湯を沸かして注いで殺した。家人が帰り、嫁はつぶさに話した。家中の者は驚き残念がったが、幾ばくもしないうち、疫病が起り、ほとんどが死に絶えた[2]」。

この話と類似した伝承が、四国の讃岐地方に伝わっている。この地方は、「トンボガミ」（土瓶神）・または「トウビョウ」と呼び、〈土瓶〉と表記する）と呼ばれる蛇体の憑きものがあるとされ、特定の家庭内で甕に入れて食物、酒を注いで養うといわれているが、柳田國男は、『巫女考』で、次のような伝承を紹介している。

旧幕時代にある人が讃岐中部の農村に国普請の夫役のために行き、ある家に宿を借りていた。「一日宿に帰って見ると、家の者は皆留守で、台所の鑵子（かんす）がぐらぐら煮えている。一杯飲もうとふと床の下を見ると蓋をした甕がある。茶甕かと思って開けて見れば、例の神（トンボガミを指す――筆者註）がうようよと丸で泥鰌の籠のやうであった。乃ち熱湯を一杯ざっぷと掛けて蓋をして置いた。帰って来てから後に人に話を聞けば、其家では大喜びで、普請で知らぬ人を宿した御蔭に永年の厄介物を片付けることが出来たと云って居たさうである」［柳田　一九六九：二六三］。

『捜神記』の蠱毒は、蛇体の蠱であり、讃岐地方のトンボガミも蛇体であるが、いずれも容器の中に飼われ、特定の家庭でひそかに祭祀されている。トンボガミは、他の記事をみるかぎり、容器の中で七十五匹まで増殖し、それを飼うことが、祭祀者の富の繁栄をもたらすとされるが、中国の蠱毒も、容器の中で毒性を高めて増殖し、その力で他の家庭から財物を招来するという。石塚尊俊氏は、「それにしても、かくまで相似た話が彼我の間にあるとしたならば、たとえその間に一千五百年の距りがあるにしても、これを全く無縁の話としてしまうわけにはいかぬのではないか」とし、この記事が日本の憑きもの信仰にも類似することを指摘されている［石塚　一九七二：一九八―二〇二］。吉田禎吾氏はこの讃岐地方のトンボガミの伝承と、上述の『捜神記』の話の類似を指摘され、偶然であるとは思えないとしている［吉田　一九七二：三五―三六］。少なくともトンボガミ・トウビョウと呼ばれる西日本の憑きものの類は、中国の蛇蠱と極めて内実が類似していることは確かである。

中国の蠱毒伝承は、日本民俗学における憑きもの信仰と共通点がみられ、日本の憑きもの信仰の大陸におけるルーツとされていることは、すでに多くの論者が指摘している。たとえば、石塚尊俊氏は『日本の憑きもの――俗信は今も生きている』の中で、日本の憑きもの信仰と、大陸の蠱毒との関連を指摘されているが、江戸時代の漢学者の指摘について、以下のように引用されている。

天野信景『塩尻』巻の五十三「異邦、巫蠱、左道の邪術いにしへより多し。巫蠱（我国にいふ犬神）、蛇蠱（とうびやう）、髑髏神、或いは鳴童、預抜神（我国にいふゲボウ頭）の類、数ふるにいとまなし」。

林自見『雑説嚢話』「四国ノ狗神、支那閩広ノ金蚕ニ類ス」。

本居内遠『賤者考』「犬神、狐役などといふは、もろこしの蠱毒の類にて、かの土には、金蚕、蝦蟇、蛇、蜈蚣《ムカデ》などの毒種と見ゆれど、皇国にはきかず」〔石塚　一九七二：一九八・一九八〕。

冒頭の雲南省の事例でも、たとえば蠱毒以外の霊物信仰の事例として、保山市の五郎神が、特定の家庭から特定の家庭に移動して、その家庭を富ませる性格は、共同体内部での財の移動に係わる霊物であるということが理解できるが、このような霊物は、日本でもザシキワラシなどの例がある。特定の家庭の富の増減、繁栄と衰退を語りだすにあたって、説明に使われる霊物としての性格に注目するならば、五郎神とザシキワラシは、中国と日本の特定の地域共同体の内部で相通じた役割をもっているらしいことが理解される。

タイ族やジンポー族で信じられる生霊的な霊物である「枇杷鬼」は、生身の人間の魂が身体から脱けだし、周囲の人物に憑依するという点で、一種の生霊信仰であるといえる。これに対して、蠱毒は、他人を害するに当たり、身体内部に入り込み臓器を喰らい、中毒させる被害を及ぼす。いわば、他人に「つく」ことはあっても、その性格は広い意味での憑霊現象であって、患者に霊的に憑依・独占するトランス現象をもたらす事例は少ない。だが、枇杷鬼の場合は、憑依現象を起こし、患者のうわごとから犯人捜しの言説が生じる。

日本の憑きものの中でも、生身の人間の魂が憑依するとされる例は、飛騨地方のゴンボダネ（「牛蒡種」）や、沖縄のイチジャマ（「生邪魔」）などの例がある。日本では、たとえば『源氏物語』の六条御息所の生霊事件がそうであったように、生霊となった者みずからは、自分の魂が生霊として抜け出すことを知らない場合が多い。タイ族の枇杷鬼もみずからは意図せずに、魂が抜け出して他人に憑依する。このような性格をもつ生霊信仰は、もちろんアフリカなど、世界各地の諸民族にもみられるが、とくにアジア地域に限定して考えるならば、稲の魂や人間の魂が驚いた拍子に抜け落ちやすいなどの信仰は、日本にもタイ族にもあり、稲作を生業とする民族どうしの基層文化上の共通性を背景に読み取ることもできるだろう。

中国南部の諸民族に信じられるこれらの霊物の信仰は、日本人としての筆者の眼からみれば、日本の憑きもの信仰を下敷きにみると、たしかに一定の類似や、理解のヒントとなる現象に気づくことが少なくない。本書の題名は、読者にとり、なじみのない「蠱毒」などの概念をはじめから提示するよりも、日本の「憑きもの」にいったん引きつけたうえで、中国南部の霊物信仰の内実に理解を得ていただくための橋渡しとしてつけられている。

もっとも、本書の主題は一貫して中国南部にみる呪術的な霊物信仰の研究にあり、それらの信仰を「憑きもの」という言葉で説明しようとするものではない。本書の題名は、あくまでも、日本人にとっての中国の民俗事象への理解の入り口として設定されたタイトルである。日本の憑きもの信仰との比較は、各章のなかで、有益であると思われる場合のみ適宜触れた。本書副題でいう華南地方は、広い意味での中国南部を指している。華北・華南の対立した地域概念のなかで用いられているが、具体的には広東省・広西壮族自治区を中心とした中国南部を指し、雲南省・貴州省・四川省を含む西南地方と、福建省が属する東南地方を含む範囲を研究対象としている。具体的には、白鳥芳郎先生が使われた意味での、中国西南地方を含めた華南の地域概念に準じている〔白鳥一九八五〕。なお、本書の民族集団の表記に「獞人」「猺人」「倮夷」などの漢人側の貶意を含んだ伝統的呼称があるが、研究書の性格上、本書でも原資料の表記のまま用いたことをお断りする。

ところで、本書で行った現地調査は、あくまでもインフォーマントに対して研究対象となる霊物に対する認識を聞き書き調査したに過ぎない。ただ、目下個人の身分で、いまだその内実が明らかでない民俗伝承を調査するためには、口頭伝承調査に限った限定的な方法をとらざるをえないことも、外国人が、中国における現地調査に参与する際の実情を考慮すればやむをえない。本書における現地調査は、口頭伝承調査に限られ、調査対象となった地域社会における、特定の対象者と、他の成員との関係性に一定の認識を得ることを目標とし、伝承によって見いだされる関係性のみを対象とすることに考察の範囲を限定した。

本書は以上のように、方法論的に制約と限界があるが、一方で本書は、筆者が専門とする中国民俗学と中国文学の知見を活用し、中国南部地域における研究対象に関わる文献資料を、古籍文献から現代著作まで網羅的に取り扱うことを通じ、この種の民俗事象の全体的な連関と見通しを提示し、かかる制約と限界を補うことを目論んでいる。本書後半部の論考は研究対象となる民俗事象の諸事例を、引用によって再配列し、主題となる民俗事象における各引用事項の基本的な位相をつきとめることを目的とし、総合化の努力によって費やされている。現地調査による局地的観点と、文献資料の網羅的な通覧と考察による民俗事象の全体的把握を結びつけ、本書によって名指された蠱毒・運搬霊・鬼人・恋薬などの「呪術的霊物」に相当する民俗事象の実態について初歩的な解明を果たすことが、本書の一連の論考で筆者が目指している課題である。

註

（1）　日本における「憑きもの」の定義と、研究史をここで概観しておきたい。

「憑きもの」とは、広義には霊物の憑依現象を指し、文化人類学で spirit-possesion と呼ばれる憑依現象に属する。『日本民俗大辞典』の板橋作美氏の解説によると、日本における憑きものの概念は、さらに狭義に限定でき、「憑くのは邪悪な霊で、憑かれた人は肉体的、または精神的な病気になると信じられており、その点で神などの善霊が憑くシャーマニズムなどとは異なる」とされ、「また、日本の憑きもの現象の場合、憑く霊的存在は特定の家、家系に保有されている、いわゆる憑物持ち、憑物筋という観念を伴っており、その点では他の文化の精霊憑依信仰と違っている」とされる［板橋　二〇〇〇：一二六］。

日本民俗学での憑きものの研究は、柳田國男の『巫女考』『オトラ狐の話』で憑きものに関する民俗伝承が取り上げられ［柳田　一九六四、一九六九］、柳田國男、南方熊楠とともに日本民俗学の基礎を造った喜田貞吉は、大正十一年（一九二二年）刊行の『歴史と民族』八巻一号「憑物研究号」で日本全国にわたり大量の事例報告を収集した（喜田貞吉編・山田野理夫補編『憑物』東京・宝文館出版より再版）［喜田　一九八八］。

戦後の日本の憑きもの研究は、憑きものの社会的、歴史的側面に注目した研究が主流となるが、その嚆矢として、速見保孝氏の研究がある。速水保孝氏は『つきもの持ち迷信』で、隠岐地方の村落内に特定の家系に伝わるとされる「憑きもの筋」を社会経済史的観点から考察し、江戸時代の貨幣経済の浸透を背景に、急速に富裕者となった者が憑きもの筋となってゆく過程を解明した［速水　一九五六］。

石塚尊俊氏は『日本の憑きもの——俗信は今も生きている』で、狐つきなどの動物霊系統の憑きものを西日本各地にわたり調査をおこない、憑きもの筋は、村の草分けには少なく、後から村に定住した新興の第二次入植者が、草分けから憑きもの筋とみなされる傾向があると分析される［石塚　一九七二］。

吉田禎吾氏は、『日本の憑きもの』に代表される研究で、社会人類学の見地から、憑きもの筋を内包する村落の社会調査を実施し、村落内部での憑きもの筋の社会的機能についての研究を行い、日本の憑きもの信仰を、世界各地、各民族にみられる呪術（magic）信仰や精霊憑依の現象として位置づけ、呪術研究における邪術（witchcraft）妖術（sorcery）の区別などの観点を導入し、分析した［吉田　一九七二］。

以上の研究は、いわゆる憑きもの筋の問題を憑きもの研究の核心的な主題とするが、一九八〇年代における小松和彦氏の研究は、文化人類学、宗教人類学的側面から、「憑きもの」の概念が、文化人類学の概念としての「憑霊」（possesion）の概念範疇では捉えきれない点を批判し、日本の民俗事象としての「つき」現象の特質から理解しようとする研究であり、「つき」概念の領域を確定することにより、憑きもの研究の研究対象の範囲をより押し広げようとするものであった。

小松和彦氏は、「憑きもの」という言葉の「つく」という日本語の特質から、憑きものを含めた「つき」現象の概念範疇を再定義し、吉田禎吾氏や、前出の板橋作美氏の解説にみられる、精霊憑依を広義の憑きものとする見地から、さらに対象を拡大し、最広義の定義を提出している。「つく」という現象は、「たとえば、今日はついている」というような言い方にみられるように、日常の合理的説明を越えた理解不可能な、異常性の領域に属する現象であり、すべての「つき」現象の根底にある概念であるとし、次にトランスを伴わない憑霊現象、霊的なものの肉体への侵入を「つき」現象の原因とする概念、さらに、意識の喪失と、外から侵入したとされる精霊による肉体の一時的支配、トランスを伴った「憑霊」現象を指す概念の、三段階に区別する。

「つき」現象の分析を通じて、かならずしもトランスを伴わない範囲まで「憑きもの」の概念対象を拡大したことにより、小松和彦氏によって適用される「憑きもの」の概念は、人間の身体に「つく」というよりは、家単位で憑依している霊物にも適用され、人間への憑依を主に憑きものの範疇としたり、動物霊の現象のみに限定するのではなく、その適用範囲を拡大して適用されており、さらには、悪霊の作用としての側面をみるだけでなく、善霊をも、憑きものとしての対象に含めたことなど、適用範囲が広い概念となっている。たとえば、家庭単位で憑依する東北地方のザシキワラシは、前記の概念設定によって、はじめて憑きものとしての考察対象となるような種類の霊的現象である。小松和彦氏は、憑きもの筋の概念についても、I・ゴッフマン（I. Goffman）の「スティグマ」（stigma）の概念から解釈し、「正常な」社会集団からみて、逸脱した「異常な」集団、個人に貼られるレッテルとしての側面が憑きものをめぐる言説の根底にみられるとし、その異常性が、プラスとして認知されるか、マイナスとして認知されるかは、社会的、文化的評価に依存するとする。これによって、聖性をもつ善霊を指すような「つき」現象も、考察の対象とすることが可能になるとされる［小松　一九九四］。

本書でとりあげる中国の呪術的霊物信仰は、生霊的な霊物の憑依や動物霊の憑依などを除けば、身体に侵入するが、トランス現象を起こさないもの（蠱毒）、家系や家庭に付着するもの（蠱毒・五通神）、トランス現象を起こさないが、呪術をかけられた人物の意識を変える物（恋薬）など、spirit-possesion の範囲外のものが多い。日本の憑きもの信仰を比較・対照させる場合、日本の憑きもののについて參照する範囲は、小松和彦氏のいう、広義の「つき」の範囲に相当する事象から検討されている。

現在、日本の憑きものに関する民俗学的研究は、小松和彦氏以降、目立った進展がみられるとは言い難いが、際立った研究として梅屋潔・浦野茂・中西祐二氏らによる佐渡の「ムジナ」（あるいは「トンチボ」〈「頓知坊」〉）といわれる動物を巡る文化人類学・宗教人類学・社会学的立場からなされた共同研究が、物語の相互行為論、言説分析などの手法を適用しつつ、多角的な分析を行っている［梅屋・浦野・中西　二〇〇一］。

（2）晋・干宝『捜神記』巻十二「滎陽郡有一家、姓廖、累世爲蠱、以此致富。後取新婦、不以此語之、遇家人咸出、唯此婦守舍。忽見屋中有大缸、婦試發之、見有大蛇、婦乃作湯、灌殺之。及家人歸、婦具白某事、舉家驚惋。未幾、其家疾疫、死亡略盡」。

●目次

前言　本書の課題について　1

一章　序論――蠱毒・運搬霊・鬼人・恋薬　17
一　「蠱毒」と「巫蠱」――概念範疇の区別について　17
二　西欧、中国、日本における蠱毒研究の概要　20
三　本書の研究対象　27
四　考察対象の範囲　30
五　本書の構成　33

二章　中国各民族の呪術的霊物の信仰伝承――民族集団別にみた種類と類型　37
一　本章の意図　37
二　民族別にみた呪術的霊物の信仰伝承　38
三　呪術的霊物の分布と類型　82
四　結論　88

三章　雲南省の五通神信仰――保山市隆陽区五郎廟と独脚五郎・五郎神の精怪伝承　89
一　はじめに　89
二　雲南省保山市隆陽区の独脚五郎の伝承　91
三　保山市隆陽区五郎廟の来歴とその祭祀神　97
四　六賊神　100
五　祭祀目的　101
六　五郎神信仰の諸位相　104
七　祭祀者とされる家庭の特徴　106

八　結論――富の観念と五郎神　109

四章　大理ペー族の「ピョ」にみる蠱毒伝承と信仰習俗　119

一　はじめに　119
二　ピョの種類　122
三　ピョの作用　123
四　ピョの性格分類と貧富の関係　125
五　具体的な症状、事件　129
六　治療法、予防法　131
七　ピョの祭祀と蠱神　136
八　扱い主の性格　142
九　ソーピョの家の分布　143
十　具体的な分布の事例　145
十一　結論――呪術的霊物と経済的観念　147

五章　蠱毒伝承論――呪術的霊物の言説にみる民俗的観念　153

一　はじめに――『捜神記』の蠱毒伝承　153
二　造蠱法――容器内で造られる蠱毒　155
三　放蠱の目的　165
四　蠱の伝承方法　171
五　蠱と扱い主との相関関係　175
六　蠱毒の過剰性　187
七　金蚕伝承にみる転嫁法のモチーフ――富と危険の比例的増大　192
八　民俗社会における転嫁法のレトリック――反証不可性　203
九　結論――蠱毒伝承が意味するもの　207

六章　蠱毒・地羊・僕食——漢人の「走夷方」からみた西南非漢民族の民族表象（一）　219
一　「走夷方」——漢人の西南辺疆旅行　219
二　旅行の危険としての蠱毒　225
三　土司の扱う蠱と漢人　234
四　「変身する夷人」のイメージ　236
五　鬼人伝承としての地羊・僕食　240
六　「種人」としての地羊　252
七　鬼人的信仰伝承の現代的様相——とくに枇杷鬼について　254
八　結論と尾声——非漢民族の「国家」想像手段としての枇杷鬼　261
七章　恋薬・鬼妻をめぐる恋愛呪術伝承——漢人の「走夷方」からみた西南非漢民族の民族表象（二）　273
一　はじめに　273
二　恋薬伝承　274
三　鬼妻伝承　279
四　現代の事例にみる恋薬・鬼妻伝承の民族表象　290
五　結論　297
八章　結論——概要と展望　303
一　概要　303
二　課題と展望　312
あとがき　317
文献目録　321
索引　374

●中国の〈憑きもの〉——華南地方の蠱毒と呪術的伝承

一章　序論——蠱毒・運搬霊・鬼人・恋薬

一　「蠱毒」と「巫蠱」——概念範疇の区別について

蠱毒とは、毒物をもったさまざまな虫類、爬虫類（ときには動物）などの霊物を、他人に向かって放ち、害することによって、特定の人物を豊かにしたり、異性を蠱惑したり、引き留めたりするなどとする霊的な毒物に関する信仰伝承である。蠱は毒物であることから、蠱の毒性を蠱毒と呼ぶ。また、蠱毒に関する伝承は、代々蠱を養う特定の家系の存在、他者を害するという呪術的性格と、蠱毒による呪術的な影響を受ける影響者の存在、原因者である特定の家庭の家人と、原因物である蠱毒との霊的な相関関係があるという点で一連の特徴を見いだすことができる。

「蠱」について、『漢語大詞典』は以下の語釈をあげる。

㋐人の腹中に生じる虫、㋑穀物の中の幼虫が化した蛾、㋒伝説上の一種の人工的に飼育される毒虫、㋓人を傷害する熱毒悪気、㋔呪詛、鬼神に祈祷するなどの迷信に関する事を指す、㋕誘惑、まどわす、㋖事、㋗病名、㋘一種の腹部が膨脹する疾病、㋙易の卦名。

このうち、本書で扱う蠱毒は、まず、㋐の人の腹中に生じる虫が関係し、『周礼注疏』巻三十四は、「庶氏掌除毒蠱」とあり、庶氏なる役職が、「毒蠱を除くことを司る」専門職として記載され、註に「毒蠱、蟲物而病害人者」とあり、毒蠱（すなわち蠱毒）が「虫類であり、人を病害するもの」であると記す。この腹中に生ずる虫が、人為的に他人の腹中に放たれる場合、㋒の毒虫と関わり、毒虫の毒性を使って人を毒害させる術を指す。たとえば、宋・鄭樵『通志』巻三十三「六書略」第三は、「造蠱の法は、百虫を容器の中に置き、互いに喰らわせあい、生き残ったものを蠱とする」（「造蠱之法、以百蟲寘皿中、俾相啖食、其存者爲蠱」）という。

蠱毒自体の語義は『漢語大詞典』によれば、ⓐ毒薬を用いて人を殺すことを謂う、ⓑ蠱虫の毒、がある。ⓐは広義の蠱毒であり、『左伝』「昭公元年」「何を蠱と謂う」（「何謂蠱」）の唐・孔穎達疏は、「毒薬をもって人を薬し、人をしてみずから知らざるは、今の律でこれを蠱毒という」（「以毒藥藥人、令人不自知者、今律謂之蠱毒」）といい、毒薬で人を殺すことを指すが、本書で指す蠱毒は、たんなる毒薬の殺人ではなく、ⓑの「蠱虫の毒」を意味する。「蠱虫の毒」について『漢語大詞典』は清・王士禛『香祖筆記』巻三を引く。「両広（広東、広西両地方）、雲、貴（雲南・貴州）は多く蠱毒があり、飲食後当帰（漢方薬材）を咀嚼すれば解ける」（「兩廣・雲貴多有蠱毒、飲食後咀嚼當歸即解」）。この場合の蠱毒とは、毒虫のもつ毒性に霊的作用を見て取り、呪術的な使用を行い、なんらかの利益を得る目的で使われるという、一種「霊的虫毒」というべきものである。

本書と関連して考慮すべき蠱の字義は、㋔の呪詛、鬼神に祈祷するなどの「迷信」に関する事を指す、とある点である。たとえば、『漢語大詞典』は「蠱気」について、『漢書』巻四十五「蒯伍江息夫伝」第十五を引く。「充はすでに主上の意中を知っていたので、宮中に蠱気があると言いだし、まず後宮の寵愛されることのまれな夫人を裁き、次に皇后に及び、ついに蠱を宮中に掘り、桐で作った木人を得た」（「充既知上意、因言中有蠱氣、先治後宮希幸夫人、次及皇后、遂掘蠱于太子宮、得桐木人」）。

これは江充の巫蠱事件として中国史上に有名な事件である。前述、「蒯伍江息夫伝」中の江充の伝に事件の詳細がある。漢の武帝の崩御後、衛皇后の息子、衛太子に誅せられるのを畏れた水衡都尉の江充が、武帝の病気を巫蠱の祟りであると奏上し、ひそかに胡巫（西域辺疆民族出身の巫師）に木人形を埋めさせ、宮中内外に巫蠱事件を続発させ、皇太子を陥れようとした事件であるが、太子の決起を招き、江充は捉えられる。この場合の巫蠱は、巫師が木人形（「桐木人」）を埋め、呪詛して人を傷害させるという呪術的作法である。

巫蠱について、『漢語大詞典』を引くと、「古代に巫師（宗教的な祭祀・祈祷をおこなったり、神おろしなどのシャーニックな行為を行う宗教職能者）が邪術を使用し、人に害を加えることを巫蠱と称する」とある。つまり、「巫蠱」は文化人類学の範疇で謂う呪術（magic）の範疇内にあり、悪意をもったブラック・マジック（黒呪術・black magic）であり、とくには意図的に相手を傷害する邪術（witchcraft）を指す言葉である。

なお、巫蠱については、鄧啓耀氏の『巫蠱考察』の一書があるが、呪術概念としての巫蠱の中に、蠱毒と、その他風水術、使鬼術などの呪術が区別されず論じられており、難なしとはしない［鄧啓耀　一九九八］。本書では、そのため概念範疇をひとまず整理し、「巫蠱」を「邪術」の範疇に属する呪術概念として扱い、「蠱毒」はその下位概念として、「毒虫の毒を使って他者を中毒させる術」の範囲で使用し、下位概念としての蠱毒に限って考察範囲とする（ただ、巫蠱の概念は、基本的に巫師が行う邪術であるのに対し、蠱毒は使用者が巫師とは限らないという相違がある）。また、字義の㋕誘惑、まどわす、に関連して、誘惑、惑乱を意味する「蠱惑」という言葉があるが、本書七章で扱う恋薬伝承は、薬物の霊力で異性を誘惑するという内容であり、蠱惑的な用法に属する呪術行為も考察の範疇に入れている。この場合はかならずしも悪意のあるブラック・マジックの範疇ではない。

ところで、ここで蠱に関してのもう一つの概念である「蠱道」の概念について、蠱毒との相違を示したい。「蠱道」という用語は、主に仏典訳語として使用されるが、島田成矩氏は、歴史学的立場から、日本の蠱道の源流を探り、三国時代から唐代に至るまでの「蠱道」の発展過程を研究され、中国の蠱道が日本に影響し、日本の蠱道を形成し、日本の憑きもの信仰が形成されたとする。島田成矩氏は、『一切経音義』の用例を検討され、仏典訳語としての「蠱道」「蠱魅」「邪蠱」などの用例から、大陸の蠱道の有り様を考察される〔島田　一九六六〕。島田成矩氏が日本の憑きもの信仰を中国大陸との関係において歴史学的に跡づけた業績は大きい。ただ、島田氏の研究は、仏典訳語の字義をめぐる考察が中心であり、また「蠱道」の概念自体がインド的呪術の訳語として使われることが主である。中国の民俗事象として扱う際、蠱道を核心の概念としてしまうと、内容理解がかならずしも十分な正確さをもたない恐れがある。そこで、本書においては、蠱毒の概念を核心に置いて述べることにする。

二　西欧、中国、日本における蠱毒研究の概要

蠱毒に着目した西欧人の研究は、まず十九世紀末、福建省の厦門に滞在したオランダ人宗教学者、デ・ホロート（J. J. M. de Groot）による研究がある。デ・ホロートは『中国宗教制度』（英語版書名 *The Religious System of China*）で、呪術信仰（sorcery）の範疇に蠱毒を含め、古典文献を中心として福建、広東、広西など、沿海部の蠱毒について概述しており、虫類、爬虫類を容器の中に入れ、互いに喰らわせ、生き残りの一匹を蠱毒とする点に、毒物を利用した呪術的な伝承をもつことを指摘し、中国における呪術研究の一分野として、蠱毒研究の基礎を作っている［de Groot 1967］。

また、デ・ホロートを継ぐ研究として、エバーハルト（W. Eberhard）の研究がある。エバーハルトは、『古代中国の地方文化』（*Lokal Kulturen im Alten China*）において、デ・ホロートの研究を踏まえつつ、蠱毒を性愛呪術の範疇に属する信仰として論じる。蠱毒がタイ文化的（チワン〈壮〉族、タイ〈傣〉族を含めた）な信仰伝承であるという

エバーハルトの主張はともかく、蠱毒を扱うとされる者が、蠱毒を利用して異性を惹きつけるという、蠱惑的要素に着目した研究は、中国、日本の蠱毒研究において、ともすれば蠱毒殺人や致富伝承としてのみ取り上げられてきたこの種の信仰伝承に、研究上重要不可欠な論点を提供している［Eberhard 1942、エバーハルト　一九八七］。本書では、七章でエバーハルトが指摘する恋愛・性愛呪術的な側面を、非漢民族現地民が、漢人の旅行者を誘惑する「鬼妻伝承」として取り上げ、エバーハルトが蠱毒研究に切り開いた視点に新たな展開を与える。

蠱毒に関する西欧の研究は、雲南省西北部のナシ（納西）族に関するものが多い。一九二〇年代から一九四〇年代に雲南省西北部麗江地方（現在の麗江市古城区、玉龍納西《ナシ》族自治県一帯）ナシ族を調査したロック（J. F. Rock）は、ドゥーと呼ばれる蠱毒系統の信仰伝承について、宗教祭司トンバの行う解禳儀礼を記録している［Rock 1972］。また、ホワイト（S. White）は医療人類学研究の立場から、麗江市西部のナシ族のドゥー信仰を取り上げ、中国南部の蠱毒信仰と関連する旨を指摘している［White 1993］。

なお、麗江市西部のナシ族研究では、フィッツジェラルド（C. P. Fitzgerald）とグーラート（P. Goullart）が、一九四〇年代の調査で、本書でも取り上げる運搬霊の一種、「小神子」につき詳細な記録を残す［Fitzgerald 1941; Goullart 1955］。また、管見では、十九世紀末、ベトナムから雲南省に入り、横断山脈地区を北上し、ビルマからインドへ到達したフランス人旅行家、オルレアン公アンリ王子（Prince Henri. d'Orléans）がメコン河上流域ツェンプーに居住するチベット（蔵）族の蠱毒信仰について触れている[1]［d'Orléans　1898］。

中国における蠱毒の研究は、近代以前では、筆記類や、地方誌などに記載があるが、学術的知識では医書の記載がある。晋代にはすでに葛洪『肘後備急方』で、病人の寝台の下にミョウガの葉を敷くと、蠱毒の扱い主の名が知れるという判別法を記す。明・李時珍『本草綱目』第四十二巻「虫部」「蠱虫」は、南方に蜥蜴蠱、蜣螂（フンコロガシ）蠱、馬蝗（イナゴ）蠱、金蚕蠱、草蠱、挑生蠱などの蠱虫があると記す。『本草綱目』は、さらに「集解」で、唐・陳蔵器『本草拾遺』を引き、蠱虫を用いて蠱病を治療するとし、「およそ蠱虫は、蠱を治療するには蠱名を知れば治すことができ、たとえば、蛇蠱には蜈蚣蠱虫で治療し、蜈蚣蠱には蝦蟇蠱虫を用いて治療し、蝦蟇蠱は蛇蠱虫を用いて治療し、互いに相克させれば、治療することができる」（「凡蠱蟲、療蠱是知蠱名、卽可治之。如蛇蠱用蜈蚣蠱蟲、蜈蚣蠱用蝦蟇蠱蟲、蝦蟇蠱用蛇蠱蟲之類、是相伏者、乃可治之」）とする。

医書における代表的な研究には、清末の書、燃灯道人『敺蠱燃犀録』がある。この書は、従来の蠱毒の治療法、予防法を集成し、中国南部の多くの蠱毒事件（蠱案）を記すほか、清朝年間に発生した華北地方を含む多くの摂魂事件（たとえば辮髪が切られ、魂が奪われるという風説を生じた、乾隆年間に流行した事件）や、紙人を使役し、人に祟るといった紙人呪術などの呪術的な事件をも、蠱の範疇として論じている。

民国期では、『民俗』雑誌上で葉国慶氏が「金蚕鬼的伝説」（第一三、一四期合刊）で、中国福建省の蠱毒伝承を報告したのを受け［葉国慶　一九二八］、張清水氏が、同誌に「蠱之研究」（第四四期）を発表し、その種類、製蠱法、蠱の状態、蠱の加害、予防法、解除法にわたり、基礎的な研究を行い、蠱毒研究の基礎を作り上げた［張清水　一九二九］。

非漢民族を対象とした蠱毒研究では、葉国慶氏が、「蠱与西南民族」（『廈門大学週刊』九巻一号）で、西南非漢民族の蠱毒伝承を紹介したのをはじめとするが［葉国慶　一九三〇］、以降ミャオ（苗）族研究において集中的に蠱毒の問題が論じられる。たとえば、陳国鈞氏の「苗族的放蠱」、李植人氏の「苗族放蠱的故事」は、ミャオ族の蠱についての詳細な報告であり、優れた民俗資料である［陳国鈞　一九四二、李植人　一九四二］。

民国期の代表的な論文としては李徳芳氏の「蠱的存在意義及其族属的商権」がある。この論文はマリノフスキー（B. Malinowski）など、人類学における呪術研究の成果を、蠱毒の研究に応用した意欲的な論文であるが、蠱毒伝承の特徴として、特定の家系に関わる伝承であることを指摘している［李徳芳　一九八三：三八〇］。

凌純声・芮逸夫『湘西苗族調査報告』は、漢族出身の人類学者が西南非漢民族について参与観察しておこなった初の本格的な民族誌であるが、ミャオ族の宗教民俗にも触れ、蠱についても一節を立て、マリノフスキーの呪術概念によって、ミャオ族の蠱毒信仰を論じている〔凌純声・芮逸夫　一九四七：二〇〇〕。近代的学問として民俗学・民族学が成立した中華民国期は、西欧の研究概念の導入によって、呪術研究が主要な研究テーマとして展開していた。このように民国期の民族学研究で萌芽を生じた呪術研究は、しかしながら、中華人民共和国成立後の研究では、かならずしも十分に継承されているとは言い難い。

また、李卉氏は「説蠱毒与巫術」（『中央研究院民族学研究所集刊』第九期、一九五〇年）で、蠱毒の毒薬としての特性に着目し、蠱毒伝承の由来を西南民族の毒矢の製造の習俗から推論するなど、独自の観点を提出される〔李卉　一九五〇〕。

中華人民共和国成立後では、旧時代の「封建的迷信」批判を目的として、タイ族の生霊的霊物（本書では「鬼人」と呼ぶ）である枇杷鬼について、枇杷鬼とされる人物に対する社会的差別を批判した映画『摩雅傣』が撮られるが、文化大革命による宗教研究、民俗学的研究の停滞の後、一九八〇年代初頭に再びこの種の呪術信仰の研究が再着手される。枇杷鬼に関しての研究である、桑耀華氏の「徳宏某些地区的『枇杷鬼』還在害人」は、徳宏傣族景頗族自治州のタイ（傣）族と、ジンポー（景頗）族について、枇杷鬼とされる女性の婚姻忌避と社会的差別の問題について論じる〔桑耀華　一九八三：二八九—二九六〕。

文化大革命以降の蠱毒研究は、連立昌氏の「畜蠱殺人辨析」（『社会科学戦線』一九八三年第二期）が早期の業績である。蠱毒殺人の歴史的側面から、蠱毒事件（「蠱案」）の文献を取り上げ、蠱毒殺人が医学的に解釈できる現象というより、多くが冤罪であり、巫術の活動と、社会的、歴史的な背景から、意図的に特定の人物に蠱毒を扱う罪を着せ、差別し、搾取しようとしたと論じる。現代の事例には触れていないが、蠱毒の社会史的研究の可能性を示した論考である〔連立昌　一九八三〕。

非漢民族における研究では、民国期に一定の基礎があったミャオ族研究において蠱毒研究が再開される。夏之乾氏は「談談『放蠱』及其類似習俗産生的原因和危害」で、ミャオ族の蠱毒を社会問題として取り上げ、ヤオ（瑤）族、リス（傈僳）族、ハニ（哈尼）族、ロッパ（珞巴）族における、蠱毒信仰や生霊的な信仰の社会差別の問題を総合的に論じており、蠱毒をはじめ、各民族の呪術伝承を総合的に考察され、先駆的な論文を発表されている〔夏之乾　一九八四〕。

楊文金氏の「試論『蠱』在苗族社会中的産生及其変異」は、民国期のミャオ族の蠱毒研究を回顧しつつ、ミャオ族では女系の血縁内に蠱の継承がなされることを論じ、さらに婚姻不可能な家系（「忌針線」）と婚姻可能な家系（「清針線」）の区別があると論じる〔楊文金　一九八九〕。また、燕宝氏は、顧維君の筆名で「苗族信仰中的醸鬼和蠱問題」を記し、ミャオ族の蠱と、脱魂型の生霊信仰である醸鬼の社会内差別の問題を取り上げる〔顧維君　一九八九〕。

一九九〇年代にはミャオ族ばかりでなく、西南地方の他の民族を対象とした研究においても蠱毒が研究の主題として取り上げられる。

ナシ族研究では翁乃群氏が「蠱、性和社会性別――関於我国西南納日人中蠱信仰的一個調査」で、四川省木里蔵族自治県のナシ族ナジ（納日）人の蠱毒信仰について調査報告を発表し、村落内部での交際上の忌避の問題を社会調査の手法で扱い、蠱の転嫁によって蠱を養うとされる家庭が増加する過程を跡づけられている〔翁乃群　一九九六〕。

イ（彝）族研究では唐楚臣氏が楚雄彝族自治州のイ族について、「蠱薬与婚忌」で、特定の家系が蠱を扱うとされる「薬鬼」と、その婚姻忌避の問題について報告されている〔唐楚臣　一九九五：六〇―六三〕。

専著としては、鄧啓耀氏の『巫蠱考察』がある〔鄧啓耀　一九九八〕。鄧啓耀氏は雲南省各地の漢民族と非漢民族について実地調査に基づいて得られた蠱毒伝承と、その他諸々の呪術習俗を「巫蠱」の範疇に属するものとして論じ、呪術研究の主題として蠱の問題を取り扱う。この著作は、チワン（壮）族、ヤオ族の生霊的信仰であるウーハイ（Wu Hai・「五海」）について記した孫敏「邪魔之霊」（『辺疆文化論叢』第三輯所収）など、外国人研究者には閲覧不可である多くの内部資料を紹介する。なお、蠱に関する民俗資料としては呂大吉・何耀華総巻主編『中国原始宗教資料集成』各巻が、各民族の民間信仰の現地調査報告を集成し、蠱毒に関する記事も多く収録されている。本シリーズは、未発表のフィールド・ノートも多く含まれ、非漢民族の民間信仰研究に有益である(2)。

蠱毒に関する日本における研究では、澤田瑞穂氏が「妖異金蚕記」「挑生術小考」「蜈蚣蠱」「猫鬼神のこと」など、『修訂・中国の呪法』所収の各論で、筆記雑著を中心に文献的な紹介をされ、清・燃灯道人『敺蠱燃犀録』を収集されるなど、蠱毒信仰に関する文献的研究の基礎を築かれている〔澤田　一九九二a、一九九二b、一九九二c、一九九二d〕。

島田成矩氏は「蠱道の研究」と題される一連の研究のうち、「蠱道の研究（二）」で、中国の蠱毒信仰が、日本に入り、キツネなどの動物霊の信仰と結びついて、日本での憑きもの信仰が生じたとし、中国大陸の蠱術の影響を視座においた、日本の憑きものの形成過程を再構成されている〔島田　一九六六〕。

増尾伸一郎氏は、「『救護身命経』の伝播と〈厭魅蠱毒〉——敦煌、朝鮮の伝本と七寺本をめぐって」で、南北朝末期から隋初にかけて成立したと思われる疑偽経典『救護身命経』の日本への伝播を論じ、八世紀には伝来し、奈良時代に盛んに書写、読唱された本経典をめぐりつつ、奈良時代の巫蠱、蠱毒の様相を考察されている〔増尾　一九九六〕。

非漢民族における蠱毒と、その他の呪術的霊物に関する民俗事象の人類学的研究としては、曽士才氏の一連の研究が先駆的な現地調査研究としてあげられる。在日華人の曽士才氏は「苗族の『憑きもの』に関する覚え書き」で、吉田禎吾氏、小松和彦氏など日本における人類学の憑きもの研究の成果を、ミャオ族の「醸鬼」と呼ばれる妖術的信仰の問題に応用され、G・フォスター（G. Foster）の「限定された富（善きもののイメージ）」（image of limited good）の説明概念を援用し、「憑く人」と「憑かれる人」の間の社会関係の側面から分析され、ミャオ族の婚姻忌避の問題について論じた。また、「落魂、呪い、そして憑きもの」で、ミャオ族の蠱毒信仰について、血縁内部での継承関係の側面において分析され、醸鬼信仰については、明、清時代の民衆蜂起による王朝側の弾圧の歴史を背景とし、漢族との民族関係において醸鬼持ちが形成されたとされる学説を提出されている［曽士才 一九九一、一九九六］。

川野明正は、雲南省大理地方のペー（白）族の「ピョ」（Pyo）と呼ばれる蠱毒系信仰の調査を行ない［川野 一九九九］、「中国の〈憑きもの〉的伝承の研究――華南地方の蠱毒およびその他呪術的民俗事象」などの研究で［川野 二〇〇二c］、蠱毒伝承と呪術的霊物の総合的研究を行っている［cf. 川野 一九九八、二〇〇〇、二〇〇二a、二〇〇二b、二〇〇三a、二〇〇三b、二〇〇四a、二〇〇四b］。

荒屋豊氏は、「西南中国ナシ族・モソ族の憑きもの信仰の諸相」で、麗江市古城区、玉龍納西族自治県のナシ族および四川県木里蔵族自治県のナシ族系統の民族集団、モソ（摩梭）人について、「ドゥー」（Du）と呼ばれる蠱毒信仰を現地調査されている［荒屋 二〇〇〇］。荒屋豊氏のドゥーに関する研究は、ドゥーを養う者が身体にその毒性を蓄積し、増大させる点を「エントロピー」の概念によって捉えるなどの点で、本書で考察する蠱毒伝承の内実としても適用可能な洞察が多い。

歴史学の分野では、塚田誠之氏が、「壮族と漢族との通婚に関する史的考察」で、チワン族の蠱毒に関する伝承を取り上げ、妻方居住を主題とした漢族の非漢民族居住地における進出状況の社会史的側面を分析されている

［塚田　二〇〇〇］。

中国民間文学研究の立場からは、馬場英子氏が、「麗水・温州地区の怪――山魈・五通・無常およびその他」で、中国浙江省寧波市と温州市を中心に民間伝承の現地調査をされるなかで、蠱毒伝承の現代における口頭伝承を収集され、また、山魈、五通と呼ばれる特定の家庭を富ます精怪的な霊物の伝承を収集されている［馬場一九九九］。

三　本書の研究対象

本書では蠱毒のほかに、㋐運搬霊、㋑鬼人、㋒恋薬の民俗事象を主に取り上げる。これらの民俗事象は、いずれも現代にも民間伝承として存在し続けている典型的な事例としてとりあげたが、それぞれ呪術的な作用を及ぼすという共通の性格がある。そこで、これらの呪術的な目的に係わって使役されたり、なんらかの作用を果たす霊的な原因物を、本書では「呪術的霊物」と名付ける。ここでいう霊物とは、それじたいが霊的能力をもち、発揮する作用をもつとされる能動的な事物を指し、霊や呪力が一時的に宿るような依代《よりしろ》や形代《かたしろ》などではない。本書で取り上げる呪術的霊物は、蠱毒以外に以下の三つがある。

㋐運搬霊（五通神など）

運搬霊とは、本書で使われる霊物の概念で、特定の人物が、ある種の霊物を祭祀したり、呪術的に扱うことにより、その霊物が周囲の家や住人などから物品や財物を奪い、その扱い主の許に運搬し、豊かにするとされる霊物を指す。蠱毒も、それを扱うことにより、他人の財物を招来するといわれることが多く、広義には運搬霊的性格で捉えられる。

たとえば、青海省のアムド方言区のチベット族には、ティラン（Ti Lang・チベット族語「地朗」）と呼ばれる霊物が信じられ、特定の家系に伝わるとされる。ティランは猫のような姿といい、食物などに入り、相手が食べたりすると、相手の福や富がティランの居る家に移される。周囲の家では、ティランの侵入を防ぐために、兔や猿の頭骨を置く（東京外国語大学留学生、タシツェリン氏の話による）。

また、五通神といわれる霊物の信仰が、中国南部、浙江省、福建省、広東省、雲南省に伝わる。主として宋代以来中国南部で知られる信仰である。雲南省では五郎神などと呼ばれる。筆者の雲南省保山市隆陽区の調査によると、特定の家庭がこの神を祭祀すると、周囲の家庭から財物を持ち来たり、その家庭を豊かにするとされる。ただ、祭祀をおろそかにすると、五郎神は怒り、その家庭に火を点けたり、財物を他家に運び、散逸させてしまう。雲南省保山市の五郎神信仰については、三章で口頭伝承調査として取り上げた。

㋑鬼人
日本の憑きもの信仰には、生者の霊魂が脱魂して他人に祟る生霊的な信仰がある。飛騨の「ゴンボダネ」（「牛蒡種」）、沖縄の「イチジャマ」（「生邪魔」）が知られる[3]。
日本の生霊に相当する信仰は、中国の非漢民族の信仰伝承にもしばしばみられる。たとえば、タイ族の信仰として、漢語で「枇杷鬼」、タイ族語で「ピーポー」（Pi Po・「皮迫」）と呼ばれる生霊的霊物の信仰がある。江応樑氏の『擺夷的生活文化』によると、雲南省に居住するタイ族（主として旱タイと呼ばれ、タイ族語でタイ・ナーと呼ばれる民族集団と、水タイと呼ばれ、タイ・ルーと呼ばれる民族集団）では、ピーポーと呼ばれる霊物が信じられる。枇杷鬼は人に憑き、憑かれた者の生魂を使役する。憑かれた本人は自分がピーポーであることを知らないが、生魂は知らずして人に祟る。祟られた者は、病気に掛かり、言語行動が尋常でなくなる。本人の挙動言動ではなくピーポーとなった者の挙動言動に似るので、来源が知れる。村寨あげて皮迫の者を追い払う〔江応樑　一九五〇：二五二—二五九〕。

日本の生霊信仰に相当する概念設定は、中国の民俗学においてはまだなされていないが、本書では、この種の生霊的信仰伝承を「鬼人」と呼ぶ。「鬼」とは、漢語で人間の霊魂的実体を指す言葉であり、日本民俗学での「生霊」概念に相当する概念範疇として、生者の鬼魂が変化した霊物であり、鬼でもあり、人でもあるような二重性をもつ霊物として、「鬼人」の概念範疇を立てる。この言葉は、もともと西蔵自治区のロッパ族で信じられる生霊的霊物、「ツォールー」（Ce Ru・「則如」）やメンパ（門巴）族の同種の霊物を、「鬼人」と漢語訳するところから、生霊的霊物に相当する漢語として適用した〔李堅尚・劉芳賢　一九九九：七〇五、呉従衆・劉芳賢・張江華・姚兆麟　一九八七：七〇〕。この種の生霊的霊物については、本書では、六章で「地羊」「僕食」と呼ばれるビルマ、雲南省における鬼人伝承を取り上げている。

㋒恋薬

蠱毒は、毒物で殺人をしたり、致富する目的だけでなく、異性を誘惑する、つまり、『漢語大詞典』の語義でいう「誘惑、まどわす」に相当する「蠱惑」的作用をももつ。たとえば、エバーハルトは、蠱毒の性愛呪術としての側面を次のように指摘する。

「蠱の本質は、壷の中で生き残った動物から作られる媚薬である。それは女性のもとに愛している男性が戻って来るようにするための媚薬として使われるものである」〔Eberhard 1942: 137-138、エバーハルト　一九八七：一四〇〕。

民国期の調査、陶雲逵氏の「碧羅雪山之栗粟（傈僳）族」は、雲南省西北部のリス族の民間信仰として、蠱の一種に帰納できるものとして、「合合薬」という和合の薬を報告する。これは草花を合わせて磨って粉末にし、若干の時間を経てから使う。たとえば女子で好きな男子がいる場合、もし相手にされない場合にこの薬を相手の身体に爪で弾いてつけると、その人は知らず知らず好感を抱くようになる［陶雲逵　一九七一：三九七］。

これらの恋薬は、たんなる媚薬なのではない。使用者はこれらの薬物に異性を誘惑しようとする意念を込めて使い、その使用には呪術的要素が濃厚であり、植物自身の霊薬的要素も重視されるように、使用者と対象者との間で一種の霊的な媒介を果たすものとして存在する。恋薬の問題は、本書では七章で考察した。

四　考察対象の範囲

これらの民俗事象は、呪術（magic）により使役される霊物としての共通性をもつが、行為としての呪術の性格を考えた場合、呪術には以下の性格がある。

行為としての呪術は、まず、呪術の行為者が呪術の結果の原因をなすものとして想定され、その一方、呪術的行為の結果、その影響を受ける者が想定される。両者の関係を、本書では原因者と影響者と呼ぶ。この言い方には、呪術が介在する関係性を、一方的な加害者＝被害者の関係性に偏って扱うことをできるだけ避ける意図がある。呪術はかならずしも悪意を持った目的で行われるとは限らない。呪術を防ぐ防御的な目的のために行われる呪術である対抗呪術（白呪術・white magic）や、求愛行為の目的で呪術がなされる場合、それは黒呪術（black magic）の内容とは思われず、ことに恋愛呪術では、むしろ縁結びの紅い呪術（pink magic・澤田瑞穂氏の言葉）といえる内容をもつ［cf. 澤田　一九九二e］。

ところで、呪術は、なんらかの呪詛の言葉を唱えることにより、呪術の行為者の意念が、影響を受ける者に直接影響を与える場合もあるが、一方で原因者と影響者の間には、なんらかの介在物が入る場合がある。たとえば、清朝の乾隆年間に人々の間に恐慌を起こした摂魂事件は、紙人を使役することが特徴だが、紙人は呪術の介在物である。この介在物を、呪術の原因者の意図を受けて影響者に影響を与える霊的な力をもつものとして、本書では原因物と呼ぶ。したがって、本論が扱う民俗事象は、すべて呪術的行為という観点からみて、ⓐ原因者、ⓑ原因物、ⓒ影響者の三者の関係性の範囲で扱われ、一言で定義するならば、「特定の原因者に由来するとされる霊物があり、霊物によるなんらかの影響が影響者に生じるとする信仰伝承」のもとに包括される一連の事象を取り上げた。

本書が考察対象とする呪術的民俗事象の選定基準は、さしあたり以下の三点である。

㋐原因物の起因源として、なんらかの「原因者」（蠱毒信仰の場合は扱い主、または、特定の家系、家庭、人物、シャーマンなど）が民俗社会に関わって存在するとされる。

㋑事象の原因としてなんらかの「原因物」（なんらかの霊物）が介在している。

㋒原因物によって、なんらかの影響関係を受ける「影響者」が、民俗社会と関わり存在する。

「原因者＝原因物＝影響者」の三要素の関係性は、概念用語としては、日本民俗学でいう、「憑ける者」「憑きもの」「憑かれる者」の三要素に近い。

以下、これら三概念の内容として、本書で扱われた範囲を説明する。

㋐の原因者ついて、原因者を民俗社会に関わる者に限定したのは、民俗社会における関係性を考察の要点として強調する意図によった。蠱毒伝承においては、ペー族などでは神霊が蠱毒を使役するとされる場合もあるが、神霊は神界を本来の場所とするため、例外を除いて除外した。また、原因者は人物とは限らず、五通神のように、家庭単位を原因者とする場合もあることに注意したい。これは日本の信仰伝承において、ザシキワラシが家庭単位の伝承であることと同じである。本書では原因者は主に民俗社会内部に原因物が起因する原因者を想定しているが、日本のオガミヤなど、宗教職能者などが、外部から来訪し、共同体内部に原因物を放つ場合もあり、民俗社会に関わる者が原因物を扱うとされる場合も含め、「民俗社会内部」とせず、「民俗社会に関わる」者という限定とした。

㋑の原因物としては、死霊、神霊もありうるが、死霊の祟りや、神霊の譴責などの事態は、民俗社会外部（冥界や神界）に原因物の本来的な場所があるため、死霊、神霊は特定の原因者により、これらの霊物が使役される場合を除き除外した。また、巫師の扱う呪術——木偶などの媒介物を使って他人を呪詛する「巫蠱」の行為や、紙人使役術など——あくまでも原因者の使役に介在する媒体も、能動的に作用する原因とは言い難いため、考察の範囲から除外した。原因物は、あくまでもそれ自体が霊的な活動を行う霊物に限っている。また、原因物はかならずしも「悪霊」というマイナスの霊物を指すものでもない。たとえば、五通神は、五通神を祭祀するとされる家庭にとっては善神であり、五通神に物品や財産を盗まれるとされる周囲の家庭にとって悪霊であるにすぎず、悪霊か善神かは、観点の問題に過ぎない。また、もし五通神が、祭祀する家を譴責するために、逆に祭祀者の家庭の物品や財産を周囲の家庭に散逸させるならば、五通神は祭祀者の家庭にとって悪霊となり、周囲の家には善霊に転じるという可能性もある。

㋒も㋐の基準に準じ、民俗社会と関わる範囲内に考察の範囲を限定した。影響者は、恋薬に関わる伝承に顕著なように、特定の民俗社会内部に存在する者というだけでなく、通行人、行商人、旅行者など、特定の共同体の外部から来て、民俗社会内部に存在する原因者の影響を被る場合もあり、やはり「民俗社会に関わる」者という限定とした。

以上の㋐㋑㋒の三要素は、呪術的研究対象としての民俗事象を主題化するために行われる考察範囲の限定に過ぎない。

なお、呪術研究においてはエバンス・プリチャード（E. E. Evans-Pritchard）以来「呪術」（magic）概念の下位概念として、原因者が意図的に超自然的霊物や力を利用するとされる「邪術」（witchcraft）と、原因者が意図しなくても、超自然的な霊物や力が働く「妖術」（sorcery）の概念がある。たとえば、蠱毒信仰の場合、原因者は意図的使用とされる場合が多く、邪術的といいうる呪術形式に属するものが多く、タイ族の枇杷鬼と呼ばれる生霊的信仰の場合、本人は意識していないとされる妖術的な呪術としての性格が強い。「邪術」（witchcraft）と「妖術」（sorcery）は、明確に区別することはできない場合が多々あるが、その差異には注意を払う必要があろう。

五　本書の構成

本書は前記の考察対象を呪術的霊物としての範疇から全面的に考察することを目指している。そのため、特定の地域の、特定民族の民俗社会内部での信仰伝承の内実を具体的に理解するための現地調査的方法と、考察対象地域である中国南部の同種の民俗伝承の全体的理解を目的とする文献資料による文献的研究との、二つの研究方法を用い、呪術的霊物に関する伝承の総合的かつ立体的な把握を目指した。

本書における論述は以下の構成によっている。

一章は、本章であるが、蠱毒伝承と、その他類縁性をもった民俗事象があることを提示し、それらを呪術的霊物の概念から総合的に研究するという本書の基本的な立場を述べた。

二章は、呪術的霊物と思われる信仰伝承のうち、本書が論じる㋐蠱毒、㋑運搬霊、㋒鬼人、㋓恋薬の範疇に属すると思われる事例を、中華民国成立以降の民族誌から取り上げ、現代に伝承が伝わる範囲で種類を列挙し、内容分類を行った。

三章は、運搬霊の伝承を扱う。漢族における呪術的霊物に関する民俗伝承の実態の現地調査である。雲南省保山市隆陽区における口頭伝承の調査に基づき、五通神信仰の流れを汲むと考えられる「独脚五郎」、「五郎神」と呼ばれる精怪的霊物の信仰伝承を考察する。

四章は、蠱毒伝承の特定の民族内の伝承内容を扱う。非漢民族における呪術的霊物に関する民俗伝承の現地調査の事例として、雲南省大理白族自治州大理市において、ペー族で信じられる「ピョ」(Pyo)と呼ばれる霊物に関する口頭伝承を考察する。

五章では、蠱毒伝承の核心となる内容を考察する。二章から四章までで得られた知見を基礎として、中国南部を中心に、漢族、非漢民族双方にみられる呪術的霊物の信仰伝承として、全面的に蠱毒伝承に関する古籍文献、民族誌資料を取り上げ、その本質的な理解を目指す。漢族の事例、非漢民族の事例ともに総合的に考察し、蠱毒伝承において、核心的と思われる民俗的観念がいかなるものかを論じ、蠱毒伝承に固有の論理性を明らかにする。

六章では、蠱毒伝承と、生霊的な鬼人伝承の二つを扱い、これらの伝承が民族間呪術の問題を含むことに注目する。明、清代から民国期にかけて、漢人の中国南部、とくに雲南地方への進出と関連する呪術的霊物に関する伝承を考察対象とし、非漢人の民族集団に属する者が、漢人に対して生霊的な霊物を放つ事例として、地方誌、筆記雑著などの古籍文献を中心に、「地羊」「僕食」と呼ばれる鬼人伝承を取りあげる。

七章では、民族間呪術の第二の事例として、漢人と南方非漢民族との間に生じる恋愛呪術の伝承である「恋薬伝承」を取り上げる。これは、異性を誘惑したり、束縛するという点で、蠱惑という言葉が示す意味での蠱毒の一方の性格をも示した伝承でもある。西南非漢民族の現地民が、外来の漢人に蠱毒を使用し、妻方居住に至らせるとする恋愛(性愛)呪術は、とくに「鬼妻伝承」としてとりあげて論じられる。六章、七章とも、以上のテーマは、漢人からみた民族間の民族表象の問題として論じられる。八章の結論においては、総括と今後の研究の展望を述べる。

註

（1）オルレアン公によれば、この地方のチベット族は、毒を下すが、周囲の譴責を受け、賠償を求められることもあるといい、蛇にマジックを仕掛け、毒液を飲料の中に入れて人を中毒させる。婦人に多く、石蝋を溶かした液体を肩にかけると、婦人は毒を下したことを認めるという（龍雲氏の漢語訳を参考とした）［d'Orleans 1898、奥爾良 二〇〇二］。内容は、雲南西北部リス族、ヌー（怒）族にも伝えられる蠱毒伝承と似る。

（2）民間信仰全般を「原始宗教」のタームで総括する姿勢は、タイラー流の社会進化説的な視点から民間信仰を捉えており、研究方法上欠点を抱えている。たとえば蠱毒に関する伝承は、農村社会の貨幣経済の浸透を背景に成立した側面があるが、原始宗教という視点からは、かかる視点が抽出され得ない。

（3）飛騨の牛蒡種の生霊的性格について、柳田國男は『巫女考』で、次のように述べている。

「世間の信ずる所では、此者に恨まれ、また憎まれると、必ず物憑きとなって大いに煩ふ。それが牛蒡種の仕業であることは、いつでも病人の口から聞くのである。加治祈祷を以て攻立てて居ると、其苦に堪へずして我は某村の某と名乗り、或いは逐立てられて足腰のきかぬ病人が走って其家の戸口まで往って倒れる。さうすれば物憑は落ちたのである」［柳田 一九六九：二五九］。

沖縄のイチジャマについて、仲村永徳氏は「沖縄の憑依現象――カミダーリィとイチジャマの臨床事例から」で、イチジャマとは「生邪魔」で生霊のことであるといい、次のように概説される。

「イチジャマをやる人もイチジャマと言い、一種の呪術者で、他人に取り憑いてこれを病気にする能力の所有者であると信じられる。人に憑くばかりでなく、牛、馬、豚などの家畜にも取り憑くことがあると信じられ、憑いているかどうかは、ユタやヤブー（鍼灸者）がみればすぐわかり、脈の打ち方が普通の病気と違うほか、いろいろの徴候があるという。イチジャマには系統があると信じられ、イチジャマ性が遺伝すると信じられていた。美人好男子が多かったらしいが、イチジャマ系に属する人は婚姻にも障害を受け、『サニ（種）を悪くする』と言われた」［仲村 二〇〇〇：二一四―二一五］。

二章　中国各民族の呪術的霊物の信仰伝承——民族集団別にみた種類と類型

一　本章の意図

民国期に中国の西南部、雲南地方の各民族を実地調査し、早逝した陶雲逵氏は、西南地方の非漢民族の間に蠱に類する信仰伝承が多数分布することを指摘する。「中国の書籍では西南地方の夷族（西南地方の非漢民族を指す——筆者註）の記載に、しばしば蠱のことを取り上げている。蠱とはいったいどんなものであるか、説明はかなり難しい。雲南の土着民族のなかには、チベット・ビルマ語系も、タイ語系民族も、蠱についての言い伝えのないものはない」〔陶雲逵　一九七一：三九六〕。

本書で扱う蠱やその他の呪術的霊物についての伝承は、現在でも絶えることなく受け継がれている。最近の中国の民族学者の報告では、とくに一九八〇年代初頭以降に取り上げられはじめ、分布範囲も西南地方からチベット地方、広東・広西地方に到るまで、広く分布している。そこで、本書では蠱をはじめとする呪術的霊物の伝承が現代において、いかなる民族と地域にみられるかという問題に主題を絞り、民国期以降現在に至る中国南部を中心とした文献資料から、各民族ごとに整理して提示し、現代における概況を把握する。本書では、㋐蠱毒、㋑

運搬霊（五通神）、㋒鬼人、㋓恋薬、㋔その他、を扱うが、この種の信仰伝承に示される呪術的霊物の種類、性格、扱い主とされる人物の性格、性別、被害者の症状、被害の状況、治療者の性格と治療法、防御法など、先行研究や調査報告に基づき、民族ごとに呪術的霊物を類型化して分類し、概要を提示する。以下に各民族ごとに概要を列挙するが、大枠として言語学上の民族類別によってグループ分けし、呪術的霊物につき連番を付した。資料により記述の質は異なり、断片的な記述も多いが、さしあたり、この種の信仰伝承の全体像を把握するため、敢えて断片的な資料も取り上げている。

二　民族別にみた呪術的霊物の信仰伝承

A　漢族

（1）雲南省の漢族の蠱（主に昆明市）

蠱の伝承は、中国南部でかつて各地に広汎にみられた。『隋書』巻三十六「志」第二十六「地理志」下は江西一帯に蠱を養う家が多いことを記し、新安（現在の安徽省新安江流域）、永嘉（現在の浙江省温州市一帯）、建安（現在の福建省建甌市）、遂安（現在の浙江省西部）、鄱陽（現在の江西省鄱陽湖東岸一帯）、九江（現在の江西省九江市一帯）、臨川（現在の江西省臨川市）、廬陵（現在の江西省吉水県、楽安県、永新県一帯）、南康（現在の江西省南康県附近）、宜春（現在の江西省宜春市）の各郡があげられ、とくに宜春郡がその風はなはだしいとしている。[1]

明・謝肇淛『五雑組』巻十一「物部」は「蠱虫は北方の地にはなく、西南の地のみにいる。閩（福建）、広（広東・広西）、滇（雲南）、貴（貴州）、関中（陝西）、延（陝西北部）、綏（綏遠）、臨洮（甘粛省臨洮県）などいずれの地にもいるが、ただ各地によりやり方が異なるのみである」[2]と記す。明代は、統治者の屯田政策などで、辺疆各地に漢族が移住したため、非漢民族の風俗についての見聞が拡大しており、明代以降、中国南部の漢族居住地と非漢民族居住地の双方に渡って、蠱についての伝承が記される。とくに西南部辺疆の雲南省は、南詔国や大理国で知られるように、元来非漢民族の居住地であるが、元、明代以降、漢族の入植者が非漢民族の居住地にも進出し、軍隊が駐留した軍屯に由来をもつ村落や都市部を中心に居住している。

雲南省各地の市街部、農村部に居住する漢族は広く蠱に関する信仰伝承がみられる。昆明市周辺の漢族の例を以下にあげる。鄧啓耀『巫蠱考察』は、昆明市郊外の蠱俗を記し、「（蠱に中った場合）もしも子供に『蠱を滾《ころ》がし祓って』（原語・『滾滾蠱』）やらねば、子供は生きながらえられないかもしれない。蠱に中った子供は昼間は元気だったが、夜になると熱を出し、薬を飲んでも効かず、蠱を懲らしめるしか根本的な方法はない」と言われていたと記す［鄧啓耀　一九九八：三〇―三二］。

蠱を祓う方法は、次の方法が記されている。㋐米の研ぎ水を藍染めの布に浸し、患部を拭う。㋑蠱は阿片の匂いと鳩の糞の匂いを嫌うので、阿片や鳩の糞を燃やして煙を紙で濾過し、火を点け各部を燻す。鳩の糞も同様に燻して蠱を祓う（阿片の吸引者や鳩を養う家は蠱は来ない）。この方法で蠱は原形を現す。蠱は大きく、黒い羽根で、眼は光り輝き、部屋中を飛ぶ。これを逃がしてはならず、箒や女性の下着等の汚い物で叩き落とす。これを燃やしてしまえば、子供の病気は良くなる。㋒それでも蠱が原形を現さない場合、鶏卵を転がす。これを「滾蠱」（Gun Gu・漢語「グゥングゥー」）という。鶏卵を用意し、天辺に未使用の針を刺し、毎日黄昏時子供の身体に転がしながら、呪文を唱える。

「滾金蠱、滾銀蠱、滾長虫蠱、滾蝙蝠蠱、滾蝴蝶蠱、滾螞里児（Lie――昆明方言でトンボの意味）蠱、滾五方五地蠱、滾居家養的蠱」「莫喫妹妹（昆明方言で女の子を指す）、妹妹臭、喫鶏蛋、鶏蛋香」（「金蠱を転がし祓い、銀蠱を転がし、蛇蠱を転がし、コウモリの蠱を転がし祓い、蝶の蠱を転がし祓い、トンボの蠱を転がし祓い、五方（東西南北中央五つの方角を指す。つまりあらゆる場所に偏在している蠱を指すと思われる――筆者註）五地の蠱を転がし祓い、家に養われる蠱を転がし祓い」「女の子を食べるな、女の子は臭い。鶏の鶏卵を食べなさい。鶏の鶏卵の方がおいしいぞ」）。

かくて三日三晩つづける。

一碗の生米を敷き、なかに鶏卵を置き、子供の枕元に置く。蠱は子供の穢れた気を含んだ鶏卵を喰いに来る。治癒しない場合、四日目には次の処置を取る。素早く罐に入れ、生米を噛み髪の毛一塊りと和え、たまごを塞ぎ、破れ靴で罐の口を塞ぐ。煮てから、殻を剥くと、白身も黄身も崩れて形をなさない。以後何個もたまごを転がして煮て、たまごが崩れなくなり、形をなすまでつづけると、子供の病気も治る［鄧啓耀　一九九八：三〇―三一］。

昆明市周辺の場合、蛇、コウモリ、蝶や蛾、トンボなどが蠱の原形であることが前記の呪文から分かる。とくに蝶や蛾などの昆虫類は「鬼蝴蝶」などと呼ばれる。昆明市市轄区では、蠱物を描いたと思われる神像呪符が見られ、蛾の羽根を生やした人像や、白虎像、蛇や蠱虫の図版が多く見られる（図1～図8）。

（2）大理市漢族の蠱

雲南省では各地の漢族も同様に蠱についての信仰伝承がある。雲南省西部、大理白族自治州大理市の漢族は、ペー（白）族、ホイ（回）族とともに大理盆地内の市街部や軍屯に由来する漢族村に居住するが、後述のペー族の「ピョ」と同様な内容で蠱の存在が信じられる。

（3）倉龍

雲南省西部、保山市各地の漢族が信じる蠱で、尻尾の短い太った蛇の形であり、特定の家に養われ、他人を害すとともに、財を得るとされる。詳細不明であるが、後述の保山市と隣接する、大理白族自治州雲龍県のペー族

図 1「月牙昇」昆明市市轄区
白紙墨刷― 10.5 ㎝ ×6.7 ㎝
高金龍氏提供

図 3「西山鬼習龍王宮」
昆明市市轄区　白紙紅刷― 16.0 ㎝ ×11.4 ㎝
（画面右上に蠱物らしき像あり）

図 2「西辺」昆明市市轄区
白紙墨刷― 10.5×6.7 ㎝
高金龍氏提供

図 4「五方龍土禍歳」　昆明市市轄区　白紙墨刷― 9.8 ㎝ ×24.8 ㎝
高金龍氏提供
（右から、白虎、蛇、蛾の羽根を持つ蠱神、羽根を持った白虎像。
「五方龍土」とは、本来地鎮祭祀に祭祀される五方の地脈龍神を指す）。

図 5「五毒虫神」
昆明市市轄区　白紙墨刷―寸法不詳
鄧啓耀『巫蠱考察』より［鄧啓耀　1998:70］

図 6「蛤螞（蟆）蠱神」
昆明市市轄区　白紙墨刷―寸法不詳
鄧啓耀『巫蠱考察』より［鄧啓耀　1998:69］

図 7「長虫山神」
昆明市市轄区　白紙墨刷― 8.0 ㎝ ×6.8 ㎝
高金龍氏提供

図 8「田鶏小廟」
昆明市市轄区　白紙墨刷― 9.3 ㎝ ×6.0 ㎝
高金龍氏提供

図 9「関科」
保山市隆陽区
雑紙墨刷― 14.0 ㎝ ×10.3 ㎝

図 10「蠱神」
保山市隆陽区
雑紙墨刷― 15.0 ㎝ ×9.7 ㎝

で信じられる「蒼龍鬼」と同種であろう。

保山市では、「蠱神」と呼ばれる蠱虫を扱う神の神像呪符がみられ、燃やして灰にし、小麦粉を捏ねた団子に混ぜ子供の身体に滾がし、火にくべ音が立つと蠱が祓われるとする。

また、子供の一、三、六歳の誕生日の際に、子供の将来の成長の危険を祓う「過関」(Guo Guan・漢語「クゥオクゥアン」)の儀式をする。この際、「関科」五枚(図9)、「蠱神」五枚(図10・図11)、緑と紅紙に刷った「和合喜神」の神像呪符をそれぞれ五枚用意し、部屋の中で東西南北、中央方の五方に配し、子供を東から順に叩頭させ、三度くりかえし、最後にこれらの図版を刀で二つに斬り、危険を祓う。

図11「蠱神」
保山市隆陽区
雑紙墨刷— 16.7 ㎝ ×13.2 ㎝

（4）壇神

保山市の漢族について、四川からの移民は、壇神と呼ばれる神を祭祀し、村内の家から財産を運んできて、その家を富ませるといわれている。詳細は不明。

（5）後宮娘娘

雲南省大理白族自治州巍山彝族回族自治県の漢族は、「後宮娘娘」といい、蠱を扱う女神がいる。子供が腹を下すと、後宮娘娘が蠱を放ったとされ、部屋の四隅をたいまつで炙り、蠱を祓う〔高金龍　一九九三：五七〕。

（6）浙江省の蠱

浙江省各地で民間伝承調査をされる馬場英子氏は、「麗水・温州地区の怪――山魈・五通・無常およびその他」で、温州市甌海区藤橋鎮の漢族に、現代でも端午に蠱を造る伝承があると記される。「蠱を得るにはさまざまな虫や蛇を端午の節句に捕まえて四つ辻に埋める。蠱は財産を運ぶが、三年に一度、人を食わせねばならない」（藤橋鎮寺西村）という［馬場　一九九九：二〇三］。釜に水を入れると蠱は来ない。

（7）福建省の金蚕鬼

金蚕は、宋代以来代表的な蠱虫として知られ、蚕に似た食錦虫という虫を飼育して富を得るとされる（澤田瑞穂氏の「妖異金蚕記」に詳しい）［澤田　一九九二a］。福建省では、民国期に葉国慶氏が「金蚕鬼」の伝承を報告する。南靖（現在の福建省漳州市西部）では、金蚕を養う者が多い。金蚕は人に替わり仕事をする。ムカデや蛇など、十二種の虫を十字路に埋め、数日後に取り出して香炉のなかに祀ると、これが金蚕鬼となる。年の暮れに主人は金蚕鬼と決算し、利益があると、人を喰わせねばならない。主人は金蚕鬼が不要になると転嫁し、路上に銀などを添えて置くと、欲しい者が持って行く［葉国慶　一九二八：八］。前記の馬場英子氏調査の伝承に似る。

（8）浙江省の山魈

馬場英子氏の調査、「山魈・五通・無常の伝説およびその他――温州・寧波地区を中心に」によると、浙江省温州市甌海区澤雅鎮呉杭村では、「運が良いと山魈が財産をもたらし、運が悪いと山魈に財産をもってゆかれる。金持ちになると山魈を祀る」といわれる。また永嘉県花担村でも山魈爺が財産を持ってきたり、失わせる話がある。金持ちになると山魈に感謝して碑を立てるといい、廟はなく、家の中の屋根裏などでこっそり祀るという［馬場　一九九五：二〇七―二〇八］。財産を得ても、他の人にいうとよそに運ぶといわれるが、山魈自身も他家に転移する可能性があるのかも知れない。山魈は山中の精怪の一種であるが、特定の家庭に祭祀され、他家の物品、財産を奪うという点、日本のザシキワラシにも似た呪術的霊物と考えられる。人物というより、家単位で憑くものであると思われ、内容からは下記の五通神伝承と類縁性をもつ。なお温州市のショ（畲）族も山魈伝承がある。

(9) 浙江省の五通

浙江、江蘇両省、福建省を中心に、五通神という小神の信仰が主に宋代にはじまり、明、清代を最盛期として、広く伝えられる。馬場英子氏の調査によると、山魈の伝承圏と重なり、やはり山の精怪や動物精が特定の者に財産をもたらすという信仰伝承をもつ。両者の性格は極めて近接し、おそらくもともとは同一の精怪伝承に由来しよう。

浙江省寧波市に属する余姚市河姆村は、五通が財産を移動させるといい、寧波市北侖区渓東村では、安徽省からの避難民が五通を使って財産をもってゆくといわれる。他所者が霊物の扱い主とされる点に特徴がある［馬場　一九九五：二一〇］。運搬霊としての性格が強い。

(10) 雲南省の五郎神

雲南省の漢族も、五通神系統の小神信仰がある。保山市隆陽区永昌鎮では、特定の家が五郎神という神を祀り、他家から財産を運搬し、富裕にさせるが、祭祀をおろそかにすると、その家を衰亡させるという。周囲の家では五郎神を防ぐため、「欲しい物は要らない」といい、「要らない物は欲しい」といい、「反対の話」にもとづく話術をする。また、五郎神の祭祀が不要になると、五郎廟という廟堂で五郎神を祀り込める［川野　一九九八］。

(11) 湖北省の小神子

永尾龍造『支那民俗誌』第六巻は、湖北省では「小神子」という精怪的霊物の伝承があり、特定の家が使役するとされ、便器の木切れを三年かけて拝むと一本足の精になり、他人の財物をひそかに盗むという〔永尾一九七三：七〇二〕。「小神子」の名は、おもに五通神系統の神の呼称であるが、これは器物の精である。家庭内に秘密祭祀される家神が、周囲の者から財物を奪うとされている点で、五通神に通じる運搬霊的な信仰伝承を形成している。

B イ(彝)族(チベット・ビルマ語族イ語支)(以下、言語系統は中華人民共和国での分類にもとづく)

(12) 蠱

昆明市東郊官渡区のサメ(撒梅)人は蠱毒についての観念をもつ。謝剣氏の『昆明東郊的撒梅族』によれば、女性が蠱を養って人を傷つけるのであるという。自宅の中庭で鶏卵を煮て、鶏卵が破裂すると蠱が死んだこととなる。蠱は飛ぶことができ、夜間蛾や蝶が家に入るとかならず殺さねばならない〔謝剣 一九八四：二〇九〕。この種の習俗は昆明市の漢族でいわれていることとほぼ共通している。

(13) 薬王

イ族の蠱毒に関する記述として、唐楚臣氏の「蠱薬与禁忌」は詳細な報告である。雲南省西部楚雄彝族自治州南部では、蠱毒を使うことを「使鬼」(Shi Gui・漢語「シークゥイ」)「放歹」(Fang Dai・漢語「ファンダイ」・「悪しきものを放つ」の意味)、蠱毒を養うことを「養薬」(Yang Yo・漢語「ヤンヨゥ」)「養薬王」(Yang Yo Wang・漢語「ヤンヨゥワン」)という。薬王を養う家は画符を家にひそかに祭祀するとされる。これは巫師が描き、稲株に蛇を巻きつけた姿で

図12「薬王」
唐楚臣「蠱薬与婚忌」より
［唐楚臣　1995:63］

ある（図12）。絵の下に水を入れた碗を置き、蛇に涎を滴らせて毒薬を造り、人を害する。

「養薬」は家庭内部に血縁を通して代々継承される。子供は自分の家庭が養薬であることを知らないが、成長すると薬王を祭祀し、薬王を扱うことから免れる。毎年の節句や、不作の際、疫病の際に祭祀する。毒薬はつねに他人に施さないと、家運は良くならないといわれ、施せば施すほど、その家庭の運勢は繁栄する。逆に放たねば養薬の者に不運が訪れる。周囲の家庭では、養薬の家庭と交際できるが、その家庭の者の衣服を着てはならない、その家庭の料理を食する際は充分に気をつけねばならず、蠱毒の害を防ぐ。婚姻禁忌は強く存在し、養薬の家の者は「濁水」と呼ばれ、それ以外の「清水」の家系と区別される。「清水」の家系が、「濁水」の家系の者と婚姻関係を結ぶと、「濁水」とされる。この点日本の憑きものもちについての観念と似る。また、病気になり、巫師が薬王を祭祀せねば病気が治らないと判断されると、その家庭では薬王を祭祀し、以来「濁水」とみなされ、巫師が深く介在した信仰伝承であることが知られる［唐楚臣　一九九五］。

（14）独脚五郎

昆明西郊西山区の核桃箐村は、イ族、漢族、ペー族と少数のミャオ（苗）族が雑居し、水稲耕作を生業とする。一九八〇年代、八千人近い人口の約半数がイ族である。イ族は「ノス」（No Su）支系と「サニ」（Sa Ni）支系に分かれ、「黒イ」「白イ」と称し、村を分け分居する。

現地のイ族は「ドゥージャンウーラン」（Du Jiang E Lang・「都姜悪龍」）と呼ばれる精怪についての伝承がある。

この精怪は漢族の項目に述べた五通神系統の信仰に属する。昆明市の漢族は「夜滚龍」(Ye Gun Long・漢語「イエクゥンロン」)と呼ぶ。

董紹禹・雷宏安両氏の「西山区核桃箐彝族習俗和宗教調査」によれば「漢族の蠱の類とよく似ている」といい、「ある種の人は独脚五郎鬼とみなされ、この種の人は家に『ドゥージャンウーラン』の鬼画を祭祀しているとされる。姿は三つに分けた髪を立て、甲冑を着て、右手に剣を持ち、左手を背に置き、一本足で立っているので、漢語で『独脚郎』という」[董紹禹・雷宏安　一九八五：六一]。この種の画像は筆者が保山市の五郎廟で実見した神像とその画像が同様の姿であった。祭祀されている者も独脚五郎鬼とみなされるということは、鬼物と祭祀者が相関関係にあるとみなされている可能性があろう。

「この鬼を祭祀している者は、しばしば病気となってから、巫師は彼がドゥージャンウーランを祭祀するといい、彼に一枚の絵を渡し、家に祭祀させる」[董紹禹・雷宏安　一九八五：六〇―六一]。巫師がドゥージャンウーランの絵を所持するとみなされる点は、巫師がこの種の鬼の使役者か管理者とされている可能性が高い。

「ドゥージャンウーラン鬼は夜に大きな蝶や、大蛇に変化して人家に潜入し、もっぱら人血と五臓を喰らい、しばしば死亡させるにいたる」[董紹禹・雷宏安　一九八五：六〇]。蝶や蛇に変化するとされることは、昆明近郊の蠱が、これらに変化して人家に侵入するとされるので、蠱に関わる信仰習俗と同様に理解されているとみられる。

祓い方は、「シーポー」(Xi Po・「西波」)と呼ばれる巫師がシーポーの奉じる神である「ピーモーサイ」(Pi Me Sai・イ族語「畢麼塞」)を招き、経を読んで祓うという。病人の身辺にたいまつを灯し、部屋の隅隅々を炙る。呪文を唱え、門まで逐い、鬼を逐って、病を治す[董紹禹・雷宏安　一九八五：六一]。この種の祓い方は、巫師の手にはよらないが、大理地方の巍山彝族回族自治県と祥雲県の漢族が蠱を祓う方法と同様である。また、六月二十五日におこなわれる「火把節」(Huo Ba Jie・漢語「フゥオバーチィエ」・たいまつ祭り)の際に部屋を清める方法と同じであり、その方法が応用されている。

昆明市東郊官渡区のサメ（撒梅）人の巫師である「シーポー」（Xi Po・サメ人語「西波」）も、独脚五郎を祓う経典、『五郎経』を所持している。病人に祟るといい、鄧立木・趙永勤「官渡区阿拉郷彝族宗教調査」によると、『五郎経』には「五郎天子、独角天子、黒白天子、金鳳天子」の五人の名が記され、五人の名を呼んだあと、「どうかこれ以上病人にまとわりつかないでください。どうか供物を召し上がって病人を平安にさせてください」（「請不要再與病人糾繞、請你們享用供物讓病人平安」）と誦える［鄧立木・趙永勤　一九八五：四〇］。

（15）ムーパ（小神子）

馬学良、于錦綉、范恵娟三氏の『彝族原始調査報告』によれば、四川省大涼山の甘洛県のイ族にムーパ（Mu Ba・イ族語「目巴」）と呼ばれる精怪的な霊物に関する伝承がある。現地の漢語では「小神子」（Xiao Sen Zi・「シャオセンズ」）と呼ぶ。毛むくじゃらの犬に似た霊物で、甲家の物を乙家に運び、乙家の物を丙家に運び、特定の家に住み、好い事をなす。裕福な家についての伝承である。また、女性を好んで襲い、女性は不妊となる［馬学良・于錦綉・范恵娟　一九九三：二四七］。漢語の「小神子」は、五通神の別称で、この種の運搬霊伝承が伝播したとも考えられる。

（16）客家鬼

民国期の調査では、荘学本氏の『西康夷族調査報告』と徐益棠氏の『雷波小涼山的羅民』が、この種の鬼を記す。「客家鬼」と表記されるが、「家に上がり込んできた鬼」の意味であろう。「もっとも凶暴で人に化することができる。母屋に居て、良いときは、人をして富ませしめ、悪いときは全家をして絶滅せしめる」［荘学本　一九四一：

一二一]。

「この鬼はもっとも凶暴で、つねに母屋のかまどの傍に居る。良いときは、人をして富ませしめるが、悪いときは全家をして死亡せしめ、絶滅せしめる」[徐益棠　一九四四：七二―七三]。

C　ナシ（納西）族（チベット・ビルマ語族イ語支）

（17）ドゥー

雲南省麗江市古城区と玉龍納西族自治県のナシ族では呪術的霊物として、「ドゥー」（Du・ナシ族語「毒」）と呼ばれる霊物がある。和志武氏の「麗江壩区『搓撲』鬼和『毒』鬼崇拝」によると、ドゥーは蛇に似た形象である。「ドゥーを養う」ことを、ナシ族語で「ドゥーシー」（Du Xi・「毒習」）といい、婦人が多い。これに咬まれると段々と身体が萎えて死に至る。被害に遭うと、夜中ひそかにドゥーを養う家の門にゆき、ドゥーを送る。火を入れた小缸を使い、血を吸引して毒血を採って治療する。婚姻関係の忌避がある[和志武　一九九三：一八七]。

鄧啓耀氏の『巫蠱考察』によると、ドゥーの治療をする巫師として、麗江市古城区と玉龍納西族自治県一帯のナシ族には「ドル」（De R・ナシ族語「得爾」）と呼ばれる宗教職能者がいる。これは女性の治療者で、「蠱を祓うことができる者」を指す言葉である。人体に入り込んだ蠱を退治する。治療方法は、浄水を入れた碗を用意し、法刀で病人の背中の部分を十字に掻き斬り、血を水に滴らせると、血がさまざまな形状をなす。これが蛙や蛇の形に変化し、正体が分かるが、それによって蠱が体内から出たとみなす[鄧啓耀　一九九八：二四三]。ドゥーには婚姻忌避の問題があり、楊福泉氏は『神奇的殉情』で、ナシ族に多い情死の習俗について、女性側がドゥーを扱う家の娘とされる場合が多く、男性側で結婚を許さず、心中を招く原因の一つとなると指摘される[楊福泉　一九九三a：一一九―一二六]。

（18）ツェポ

和志武氏の「麗江壩区『搓撲』鬼和『毒』鬼崇拝」よると、雲南省麗江市古城区と玉龍納西族自治県のナシ族に「ツェポ」（漢字の音はCuo Puであるが、荒屋豊氏の表記「ツェポ」Ze Poに従う・ナシ族語「搓撲」）と呼ばれる霊物があり、猫に似る。多くは婦人が養う。夜中に養い手の家門に行きツェポを送り返す。咬まれると患部から腐って死ぬ。婚姻忌避が存在し、周囲の家では養い手の家庭の子女と婚姻するのを避ける。

楊福泉氏の「麗江塔城地区趕『搓撲』鬼儀式」によると、金沙江沿岸の塔城郷では、ツェポを祓う儀式がある。ツェポを養うのは既婚の女性で、穢れを全身に浴びている。子供が夜泣きしたり、家畜が落ち着かない、子豚が鳴き騒ぐなどすると、ザンパ（Sang Pa・ナシ族語「桑帕」）と呼ばれる巫師を呼び、ツェポの祟りか否かを占う。尖った枝でツェポを刺し、炭火に水を吹きつけ、蒸気を出して清める［楊福泉　一九九三b：一八六］。

荒屋豊氏は、ツェポを養うことを「ツェポシェ」といい、婦人が娘に伝えるという。荒屋豊氏は、ツェポシェは「もし誰かに猫の蠱薬（ドゥー）を与えなければ身体が苦しくなる」との話を記しており、ツェポは猫を原形とする霊物であるが、霊的な毒物である蠱薬であるドゥーとも関連しているようである［荒屋　二〇〇〇：八八］。

（19）小神子

鄧啓耀氏の『巫蠱考察』は、インフォーマントのナシ族老人の次のような言葉を記す。

「『小神子を養う』ことは、『蠱を養う』ことと同じく、養っている者は財産も利益も大きくなる。しかし養いたくなくなったら、金銭を払って送り出すことができる。もしも誰かが目先の利益を貪ってこれらの金銭を拾うなら、小神子はこの者についてゆく」［鄧啓耀　一九九八：一〇八］。

小神子は扱い主に財運の繁栄をもたらすとともに、不要な場合は他家に転嫁することができる。この記事の場合、インフォーマントはこの二点で蠱毒伝承との類縁性ないし、相同性を認識している。また、小神子は祭祀するとされる女性と性的関係をもつという。

「小神子は女主人と寝る。夜だけでなく、昼も事に及ぶ。その主婦は街で露店を出し、麻布を売っていたが、小神子はついてゆき、人々がいる前で事をはじめたのだった。周囲の者にはみえないが、その主婦は口を曲げ、顔を変え、恍惚とした表情で唸っていた、事が終わると、小神子は戻ってゆき、その主婦は普段通りに戻った」［鄧啓耀　一九九八：一六〇―一六一］。フィッツジェラルド（C. P. Fitzgerald）、グーラート（P. Goullart）など欧米学者も記録しているが、詳細は筆者の論考を参照されたい［cf. Fitzgerald 1941: 138-139; Goullart 1955: 142-147、川野　二〇〇四 b］。

（20）モソ（摩梭）人のドゥー

ナシ族支系モソ人は、麗江市東北部、雲南省と四川省の省境の寧蒗彝族自治県の瀘沽湖周辺に居住している。母系制社会を営む。モソ人も、麗江市西部のナシ族と同様に、特定の家庭が蠱を扱うとされる。李達珠・李耕冬『未解之謎――最後的母系部落』によれば、モソ人では蠱を「ドゥー」（Du・モソ人語「毒」）といい、「蠱に中る」ことを「ドゥーツー」（Du Zi・モソ人語「毒支」）という。種類としては、蛇蠱、鼠蠱、スズメバチの蠱、蝴蝶蠱の四種がある。宴席上で食物の上にドゥーを入れて他人を害する。一軒の家庭で一種のドゥーのみを養う。強力なのは蛇のドゥーで、次が鼠のドゥーで、ともに腹痛を起こす。次にスズメバチのドゥー（肺病を起こす）、蝶のドゥー（腹痛、嘔吐）である。

ドゥーを扱うのは家長である「ダープー」（Da Bu・「達布」）か、他の男子一人か、仕事の能力の高い二、三の成員であるという。母から娘へ、あるいは伯父か叔父から甥へ継承される。物品を通じてドゥーが転移する場合もあり、ドゥーのいる家の成員と婚姻関係を結んだ場合、相手から贈られた物品（玉の腕輪、護身符、法螺、衣服、金銀など）を通じてドゥーが転移してくる。ただし、転移によって、元の家庭からドゥーが去ることはなく、捨てようとしても家に戻る。

ドゥーは主人の意図を察し、ドゥーが傷つけば、ドゥーを扱う者も傷を負うとされ、たがいに不即不離の間柄にあるとされる。ドゥーと扱い主の関係は、「もしも蠱をもつ人が、いつも他人に蠱を放たないのであれば、蠱をもつ人をとても耐え難くさせる。蠱の動物の霊気は彼を落ち着かなくさせる。つまり、蠱がある人は蠱を施すのを願わなくとも、霊気が怪をなすために耐え難くなり、他人に蠱を放つことができないときは、家人や親戚も構わず、蠱を家人か家畜に向けて施し、蠱に中てさせ、ようやく発作は止むのである」とされる。ドゥーの放出が扱い主の意図となっている。ドゥーを養う者がドウーの祭祀を行うとされるが、旧暦五月五日、端午の日の前日に毒虫を祓うという。揚子江流域を中心に伝わる端午にまつわる蠱毒伝承とも関連している〔李達珠・李耕冬　一九九六：一四九〕。

（21）和合草

羅養儒『雲南掌故』巻十三「低頭草与和合草」に、麗江市古城区一帯のナシ族に「和合草」と呼ばれる恋薬があることを記す。和合草を手に握り、汗とともに相手の身体に塗り、恋薬とする。男女ともに効果があるといい、牛馬を盗む際にも使用するという〔羅養儒　一九九六：四一二〕。

D　リス（傈僳）族（チベット・ビルマ語族イ語支）

（22）ドゥー

陶雲逵氏の「碧羅雪山之栗粟（傈僳）族」にリス族の蠱毒についての報告がある。「リス族では蠱をDtuといい、畜蠱をDtu-puという。蠱は魔蠱と樹葉蠱の二種がいる。魔蠱は二、三種に分けられ、㈠蛇魔蠱、㈡蛙魔蠱、㈢蜈蚣魔蠱がある。蓄蠱には術があり、代々相伝わり、女子が多く扱う。徒弟に伝授する決まりはないが、特殊な場合、それぞれの蠱家が願うならば、伝授することがある。聞くところでは、たとえば蛇魔蠱の場合、蠱者は一匹の蛇を養うが、蠱者以外、傍の者には見えない」［陶雲逵　一九七一：三九七］。憎い人間や見知らぬ客などを害する場合、会食の折、蛇を取り出し、唾液を料理のなかに入れる。食うと、蠱に遭い、病気になるか、死ぬかする。蛙蠱も蜈蚣蠱も作用は同じである。樹葉蠱は毒草の葉を採って配合して作る。指に置いて相手の飲食に弾き入れる。病気になるか、死ぬ。

（23）合合薬

陶雲逵氏は「合合薬」という和合の薬について報告し、蠱の一種に数える。これは草花を合わせて磨って粉末にし、若干の時間を経てから使う。たとえば女子で好きな男子がいる場合、もし相手にされない場合にこの薬を相手の身体に爪弾いて入れると、相手は知らず知らず好感を抱くようになる［陶雲逵　一九七一：三九七］。

（24）恋薬

この種の恋薬は、雲南省楚雄彝族自治州武定県、元謀県のリス族にも伝承が伝わる。張橋貴氏「取恋薬、開財門与辟邪的巫術」によると、三十歳未満の男女にとり、蛇が交尾すると縁起が良く、衣服か帽子で蛇身を上に三回擦ると恋薬となる。下に三回擦ると解薬となる。恋しい人の目の前で三度回ると相手は恋に落ちる。三十歳以上の者が蛇の交尾を見ると、家の老人が死ぬなど、縁起が良くない。鳥が地面、石、木の上に伏して死んでいると、粉末にすれば恋薬となる。猫爪を飲まない限り、相手は惚れつづける〔張橋貴　一九九三：七七七〕。

（25）コウパ

田家祺氏の「殺魂与神判」では、怒江傈僳族自治州旧碧江県（現福貢県境内）のリス族は、巫師である「ニーパ」（Ni Pa・リス族語「尼帕」）の他に、他人の魂を捉えて殺す殺魂術を持つ者として、「コウパ」（Kou Pa・リス族語「扣帕」）がある。ニーパの巫術は神が伝えるが、コウパは祖先から伝えられ、区別される。コウパの霊魂は一般人と違い、鷹の魂である。祖先にコウパがいれば、血縁者はコウパとされ、相手に怨みもないのに殺魂をする。病人が鷹を夢見て、次に特定の人物が夢に現れると、その者がコウパである。道すがら遭った者に対して、心に怪しいと感じつつ、病気になると、相手がコウパである。ニーパの神判で犯人とされると、村寨を追放されるか、殺される〔田家祺　一九九三：七七六―七七七〕。魂が抜け出て人に害を及ぼす脱魂型の鬼人である。

E　ラフ（拉祜）族（チベット・ビルマ語族イ語支）

（26）撲死鬼

雲南省臨滄市に多く居住するラフ族ではとくに子供などが病気になり、身体に白と青の色の塊が出ると、「撲死鬼」（Pu Si Gui・漢語「プースークゥイ」）に祟られたとする。女性の魂の変化で、魂が脱け出して漂い、出会った者に祟る。家の者は「モーパ」（Mo Ba・ラフ族語「摩巴」）という宗教職能者を呼んで祓う。撲死鬼は誰かの身体に棲み、誰のもとに居るのかを判断するために占い、誰か分かると村寨全員で彼女を焼き殺し、家族を追放する。

臨滄市双江拉祜族佤族布朗族傣族自治県では「チーポー」（Pi Bo・ラフ族語「気迫」）といい、婦人が魔物に変化するという。村寨内の病気や災難はチーポーの所為とされ、村寨から追放されたり、焼き殺される。県内には追放された者だけで集まった村寨がある［暁根　一九九七：二八一］。

（27）放歹

放歹（Fang dui・漢語「ファンダイ」）は女性が変心した恋人に施す呪術である。一種の薬を食物に入れ、呪語を口にして恋人に喰わせると、恋人は女性から離れなくなる。もし変心した場合、薬物が腹中に発作を起こす。精神が痴呆状態に陥るという。女性が放歹を仕掛けたと分かると、神霊に神薬を求めて恋薬の呪縛を解く［暁根　一九九七：二一八―二一九］。

F　ジノー（基諾）族（チベット・ビルマ語族イ語支）

（28）ネイチュエ

西双版納傣族自治州景洪市に居住するジノー族は、普洱茶の産地の六大茶山の一つ、攸楽山を中心に居住する、人口一万八千人ほどの民族である。陸稲など、焼畑耕作を行う。宋恩常、雷宏安、董紹禹三氏の「景洪県雅奴寨基諾族宗教調査」によると、ジノー族は、特定の人物がひそかに鬼を放って他人を病気にする。これを「ネイチュエ」（Nei Que・ジノー族語「内欠」）という。周囲の者はこの種の人物と交際することを極力避け、怖れており、村内で孤立している。撃ち殺されたり、自殺に追い込まれることもあるといい、夫が殺された後、妻もネイチュエとされた事例がある［宋恩常・雷宏安・董紹禹　一九八四：一九六―一九七］。民間伝承では村内に孤立した存在として、食人の習慣をもつ「トゥーチュエ」（Te Que・ジノー族語「特欠」）なる者がある。食人行為を行うが、使鬼術は行わない［杜玉亭　一九八八：二五一―二五八］。

G　ハニ（哈尼）族（チベット・ビルマ語族イ語支）

（29）蠱（1）

雲南省思茅市墨江哈尼族自治県の布都人（外称）は自称ハニといい、ハニ族に属する。民国時期の調査報告、張鏡秋氏の「墨江水癸的布都人」は、春夏の間の時期、蛇、ムカデ、蝦蟇を石壇（石を刳り抜いた器）に一緒に喰らい合わせ、生き残ったもの蠱とするという。これはよく中国南部に広く膾炙した造蠱法の伝承である。「蠱となると、もはや蛇でもムカデでも、蝦蟇の本性を失い、霊異な性質の不思議な邪虫となる」という。「邪虫は特定人物に養われるが、食物の供給は受けない。毎日石壇から出て活動する。可視の時もあり、不可視のときもある。変化自在である」「蠱を養う人物は運がとくによくなるが、一旦彼らが養う蠱を失ったり、帰ってこれなくなると、彼らの運は日々衰退し、悪くなる」［張鏡秋　一九九一：三〇〇］。沅江が墨江に接近する地区に住む「トゥオター」（「多塔」）と呼ばれる人々は蠱を養うのが最も盛んといい、蠱を養う者を「ザープー」（Za bu・ハニ族語「雑布」）と呼び、夫婦間でも秘密にするとある［張鏡秋　一九九一：三〇〇］。

（30）蠱（2）

雲南省南部、紅河哈尼族彝族自治州金平苗族瑤族傣族自治県、元陽県のハニ族は、薬物で人を中毒させる術がある。盧朝貴氏の「金平、元陽等地的詛咒及巫術」によると、「蠱（毒）を取る動物は大黒蜂（スズメバチの一種――筆者註）、ガマ、金竹標（一種の極めて小さく細い蛇――原註）、断腸草（毒草として華南地方でその名を広く知られる――筆者註）、ムカデなどである。毒の最も強い頭部か、蜂の毒針を取り、崩れるまで煮たあと、蠱虫（蠱虫の正体は不明――筆者註）に喰わせるか、特製の竹筒の中にひそかにしまい、使用に備える。投薬の方法は婚姻、葬送の酒宴で人々が痛飲している際、爪の隙間に隠して酒碗に入れる。中毒した者は多くは一、二時間以内に発作し、一、二日経つと唇は紫になり、身体中の穴から血が止めどもなく、薬で救う手だてはない」〔盧朝貴　一九九九：三〇五〕。この記述では、蠱は毒薬に近い理解である。蠱薬を爪の隙間に隠して飲食中に弾き入れる方法は、ミャオ族、ナシ族、メンパ（門巴）族、ビルマ人などの民族に、多くの記述にみられる。

（31）恋薬

「蜂蝋、サトウキビの絞り汁、夜合草、芭蕉の花粉などを蜂蝋とこね合わせて団子にする。そうして祭司を招き、恋人の名の呪いを掛ける。相手が気づかないとき、蜂蝋を軽く相手の着衣や頭巾か飾り物に擦りつける。目的は相手との相思相愛し、永遠に夫妻となることである」〔盧朝貴　一九九九：三〇五―三〇六〕。

（32）泥人・紙人

また、この他にもハニ族は、呪詛術があり、巫師が相手の足跡のついた土で、泥人形をつくり、芭蕉の葉で棺をつくり中に納めて、犬や鶏の血を使って祭祀し、相手を呪う呪術もある。夜中に山中に埋めると、相手は病気になり、死んだりする。紙人をつかい、相手を病気にさせる術もあるという〔盧朝貴　一九九九：三〇五〕。

H　ペー（白）族（チベット・ビルマ語族ペー語支）

（33）ピョ

雲南省大理白族自治州大理市のペー族には、ペー族語で「ピョ」（Pyo）と呼ばれる呪術的霊物の伝承がある。大理市の漢族も同様に信じており、漢語で「蠱」（Gu・「グゥー」）と呼ぶ。

ピョは婦人が扱うとされ、蠱毒を養う婦人をペー族語で「ピョーフーモー」（Pyo Fu Mo）といい、漢語で「養蠱婆」

（Yang Gu Po・「ヤングゥーポー」）と呼ぶ。ともに「ピョ（蠱）を養う婦人」の意味である。また、大理ペー族ではピョーフーモーがピョを放つことを、ペー族語で「ソーピョ」（So Pyo・漢語「送蠱」）といい、ソーピョとされると、その家から嫁をもらった家も、ピョを扱うとされる場合もあり、婚姻忌避の問題も生じている。

「ピョ」は動物、家畜、蛇の動物霊や、蝶、バッタなどの虫霊とされる。その種類と被害の症状を記す。蛇（下痢を起こす）、ラバ（物を盗む）、猫（心臓病など）、鶏（眼病、骨病）、狐（脳に侵入）、ガマ（下痢）、犬、バッタ（食欲減退）、イタチ（血液病）、アヒル（中耳炎）、ガチョウ（中耳炎）が原形で、被害者への作用が異なる。このうち、ラバのピョは、ペー族語で「ローツーピョ」といい、物品を扱い主の家中に移動させる運搬霊的性格が強い。四章参照。

（34）邋遢鬼

大理白族自治州雲龍県旧州郷一帯で信じられ、大理市のピョに準ずる。以下は詹承緒氏の「雲龍旧州白族的『養鬼』」の記載による。ペー族の年を取った婦女が扱うとされ、「養鬼婆」（Yang Gui Po・漢語「ヤンクゥイポー」）と呼ぶ。素焼きの缸に蛇、ガマ、ミミズ、蝶、甲虫などを入れ、封じて互いに殺し合わせ、七日後に封を開く。蝶が生き残ると、これが「邋遢鬼」（La Ta Gui・漢語「ラータークゥイ」）である。被害者は病気になるか、財産を蝕まれるかする。子供が被害に遭いやすく、とくに下痢になる。典型的な造蠱法の伝承であることが注意される［詹承緒　一九九六：六三三―六三四］。

（35）蒼龍鬼

「蒼龍鬼」（Can Long Gui・漢語「ツァンロンクゥイ」）は、邋遢鬼と造り方は同じで、蛇が生き残ると蒼龍鬼である。その後三年養うと霊力を発揮する。養鬼婆は子供に菓子や果物をあげたり、接吻すると、蒼龍はその家の者の物品を盗み、家の中の物が理由もなく消える。石板か瓦にかまどの灰、炭火と肉を載せ、村外の野地に送り出し、線香と紙衣を燃やす。これを「送火盆」（Song Huo Pan・漢語「ソンフゥオパン」）という。送り主がわかる場合は、その者の家の門に送り出すなどすると、養鬼婆の方が病気になる［詹承緒　一九九六：六三三―六三四］。

（36）薬鬼

「養薬鬼」（Yang Yo Gui・「ヤンヨゥクゥイ」）は、土偶を造り、ひそかに日々祭祀すると、霊気をもち、これを使役する使鬼術の一種である。相手の名を呼び、呪詛すると、全身しびれ、力が抜け、痛みでたまらなくなる。養鬼婆は、娘に術を伝えるが、直接伝えず、家を分けて個別に伝えるとされる。娘は嫁の貰い手がなく、婚姻忌避の問題がある［詹承緒　一九九六：六三三―六三四］。

（37）グーチャーポー

大理市のペー族のローツーピョに相当するような、家財を運搬する運搬霊の信仰伝承は、他の地方のペー族にもみられる。詹承緒・劉龍初・修世華調査整理「那馬人風俗習慣的幾個専題調査」は、雲南省西北部、怒江傈僳族自治州蘭坪白族普米族自治県のペー族支系ナマ（那馬）人の信じる「鬼」として、「グーチャーポー」（Gu Cha Po・ナマ人語「谷差波」）について記す。ナマ人は明代より大理市や洱源県方面などから移住したとされる。漢語では「発財鬼」（Fa Cai Gui・「ファーツァイクゥイ」）と訳され、「家を富裕にする鬼」という意味である。裕福な家に居て、その家が貧しくなると、他の家に越していったとされ、貧しい家が豊かになると、その家はグーチャーポーを養っていると噂される。グーチャーポーは、他家の財産をその家にもってゆき、その家は豊かになる。周囲の家では、対抗呪術として、穀物の収穫後、穀物を干す際、鎌を穀物のうえに置き、グーチャーポーに穀物を取られるのを防ぐまじないとするが、大理市のペー族が、ローツーピョに穀物を取られるのを防ぐために行う対抗呪術と同じである。なお、婚姻忌避はない旨、筆者は現地で聞く。

（38）小神子

大理白族自治州鶴慶県には、「小神子」（Xiao Sen Zi・漢語「シャオセンズ」）の事例がある。張海福・杜寛活調査整理「鶴慶白族趕小神子」に報告される小神子は一寸ほどの小人で、動作はすばやく、姿を隠し、人の話とあべこべのことをする。

「数年前、逢密村と和邑村である人が小神子を捕まえたという。布に道符を描いて衣服に縫いつけると逃げられない。さらには養って我が事に使うことができる。どこかの家の米を持ち出したいとき、我が家の米をだれそれの家に持ってゆけといえば、小神子はその家の米をあべこべに持ち出してくる。もしも直接指図するならば、逆に自分の家の米をその家に持っていってしまう」（詹承緒分冊主編『中国各民族原始宗教資料集成・白族巻』）〔張海福・杜寛活　一九九六a：五二〇〕。小神子は、ナシ族やイ族にも伝承があり、財産を移動させる運搬霊といえる精怪的霊物であるが、五通神系統の信仰伝承が流入したと思われる。

（39）ドゥー

張海福・杜寛活「鶴慶白族養蠱与治蠱」によると、鶴慶県では、大理市のピョに相当する呪術的霊物を「ドゥー」（Du・ペー族語「毒」）と呼び、ナシ族、リス族などと同じ呼び方で呼ぶ。猫、蛇など、多種があり、婦人が扱う。これを放つと他人の家の米や小麦粉、財物を盗み、扱う者はおおよそ比較的富裕である。扱い主の婦人から食物をもらい、食べると下痢を起こし腹が脹れて痩せる。子供の被害が多い。「トゥオシー」（Duo Xi・「朶西」）という巫師の見立てでドゥーの被害がどうかを判断し、病人の衣服を煮て、ドゥーを殺す。その後巫師に頼み、炒り豆や食品を扱い主とされる者の門口に置く。村民はみな扱い主（原因者）とされる者を敬して遠ざける［張海福・杜寛活　一九九六b：六三八］。

（40）陰謀鬼

大理白族自治州洱源県西山郷のペー族は、「陰謀鬼」（Yin Mou Gui・漢語「インモウクゥイ」）といい、特定の家庭の特定の人物（「陰謀」と呼ばれる）が陰謀鬼を使役し、他人を病気にするという。広義の呪詛術であり、鬼を使役し、他人に憑かせる内容から、本書のいう呪術的霊物の範疇とする。雲南少数民族社会歴史調査白族組調査整理「白族文化習俗諸方面的調査材料」によると、「サイポー」（Sai Po・ペー族語「塞波」）と呼ぶ巫師が看病し、病人の社会関係を聞きだし、陰謀鬼を放つ人物を特定する。陰謀鬼は、陰謀が画符を描き、相手の姓名を記し、呪文を唱えて画符を焼いて、陰謀鬼を使役すると、たちどころに相手は病気となるか、死亡する。また、陰謀と名指しされた者は、シーポーに祓ってもらうと、陰謀鬼を扱うという、他人からの指弾から免れる。西山郷百十の村で、陰謀と名指しされて殺された者は、人々の記憶でも五十人にのぼる［雲南少数民族社会歴史調査白族組・王雲慧、王琍、詹承緒　一九八三：二〇九—二一〇］。また、趙寅松氏の「洱源県西山地区白族習俗調査」は、西山郷のペー族には「タイハイイーパー」（Dai Hai Yi Pa・ペー族語「呆害義怕」）と呼ばれ、他人の魂を採り、相手を病気にする採魂術があると記す［趙寅松　一九八六：一五〇］。

（41）ベトゥオ

ナマ人の言葉で「ベトゥオ」（Be Duo・「白朶」）という。詹承緒・劉龍初・修世華三氏の「那馬人風俗習慣的幾個専題調査」は「薬鬼」（Yo Gui・漢語「ヨゥクゥイ」）と訳す。回虫などの寄生虫の症状は、薬鬼を養っている家庭での食事が原因とされる。この種の家庭は女子が蛇、臭虫、ノミ、蝦蟇などで薬鬼を造る。人々から差別され、女性は嫁に出られず、男子は嫁に来手がなく、婚姻忌避がある。村から放逐されたり、生き埋めにされることもある［詹承緒・劉龍初・修世華　一九八六：三八］。蔡家麒氏の「蘭坪那馬人的殺魂和養薬」によると、薬鬼は夜間に美男子に化し、娘と性的な関係をもつ。女子は、薬鬼の魔力と引き替えに、性的関係を提供する。毒を放たないと、扱い主は全身が痛くなり、死ぬので、毒虫の脳味噌か鶏卵を食物の中に爪弾き入れて他人を中毒させる。成人前の子供ばかり被害に遭うが、ときには自分の子供も手に掛ける。女性に伝え、男性には伝わらない［蔡家麒　一九九六：三六九］。

（42）サーポー

ナマ人では「サーポー」（Sa Po・ナマ人語「薩帕」）と呼び、漢語では「撒魂婆」（Sa Hun Po・「サーホンポー」）と訳す。特定の女性に触られたため、魂を奪われ病気になったと解釈されると、女性は周囲から忌み嫌われ、養薬鬼と同様の運命をたどる［詹承緒・劉龍初・修世華　一九八六：三八］。次項の「シャーペイ」に似るが、一般人の女性が扱うという。

（43）シャーペイ

ナマ人の言葉で「シャーペイ」（Xia Bai・「下輩」）といい、漢語で「殺魂」（Sa Hun・「サーホン」）という。蔡家麒氏の「蘭坪那馬人的殺魂和養薬」によると、殺魂とは、魂を盗む採魂術で、男女ともにこの術を行う。魂を奪い、石の下か崖下に隠す。魂を盗まれると相手は病気になるか、死ぬ。「トゥシー」（Duo Xi・ナマ人語「朶西」）と呼ぶ巫師が、たまごを病人の身体に転がし、水に煮て、その色合いから犯人を判断し、魂の隠し場所を探す。この術を行う者は、やはりトゥシーに多いとされ、父から子へと、代々伝わり、周囲の者は敬して遠ざけ、村寨から追放し、殺すこともある［蔡家麒　一九九六：六三九］。

（44）グーナイニ

大理市のペー族には、ピョを扱う神がいるといわれ、「高貴な婦人」を意味する「グーナイニ」（ニはペー族語の人に使う量詞）（Gu Nai Ni・漢語「姑奶」・Gu Nai・「グーナイ」）と呼ばれる。村内の井戸端、イバラ、大樹に居り、子供にピョを送り、病気にさせる。とくに子供がグーナイニの居る場所に小便をすると、皮膚が爛れるともいわれる。グーナイニは、ピョを扱う婦人が夜中にひそかに祭祀するという。大理市の漢族もグーナイニを信ずる。

（45）ヘピョ・天蠱

ピョを扱う神はグーナイニのほか、天神もピョを扱う。人家で養われるピョに対して、天上の神のもとで養われるピョをペー族語で「ヘピョ」（He Pyo）といい、漢語で「天蠱」（Tian Gu・「ティエングゥー」）と呼ぶ。人家で養われるピョを、区別してペー族語で「ジーノーピョ」（Ji No Pyo）、漢語で「地蠱」（Di Gu・「ティーグゥー」）とも呼ぶ。大理市のペー族では、天蠱は「三姑娘娘」（San Gu Nian Nian・「サングゥーニャンニャン」）と呼ばれる神が地上のかわいい子供に嫉妬してピョを放ち、皮膚を爛れさせる。この神を描いた神像呪符を燃やし、灰を小麦粉の団子に混ぜて子供の身体に転がし、燃やして祓う。

（46）天枯鬼

「天蠱」と「地蠱」の区別は、ペー族支系ナマ人にも「天枯鬼」（Tian Gu Gui・漢語「ティエングゥークゥイ」）「人枯鬼」（Ren Gu Gui・漢語「レングゥークウイ」）の区別がある〔詹承緒・劉龍初・修世華　一九八六：三六〕。

（47）天狗

大理市のペー族と漢族に「天狗」（He Gua・ペー族語「ヘクゥア」・Tian Gou・漢語「ティエンゴウ」）と呼ばれる天上の犬精がいるとされる。地上に降りて、子供に腹痛などの病気をもたらすが、これを扱う男性の神がいるとされ、「天狗之神」と呼ばれる神像呪符を燃やし、灰を小麦粉の団子に混ぜて子供の身体に転がし、燃やして祓う。

Ⅰ　ジンポー（景頗）族（チベット・ビルマ語族ジンポー語支他）

（48）阿枇鬼

ジンポー族にはタイ族の枇杷鬼に類する鬼人、「阿枇鬼」（A Pi Gui・漢語「アピクゥイ」）の伝承がある。鬼魂が、ある人物に憑依し、奇怪な言動、行動をすると、阿枇鬼の仕業であるといわれ、竹籠で頭を被せるか、布団で顔を覆う。または、誰かが自己の奇異な体験を話したり、「人畜を咬みたい」などの言辞を吐くと、その人物は阿枇鬼である。蔡家麒「盈江県宗教信仰概述」によると、前代の人物が阿枇鬼であると名指しされた者は、子孫代々阿枇鬼である。そのため、阿枇鬼とされる範囲は時代が下るにつれ、増えてゆく。徳宏傣族景頗族自治州に属するビルマ国境に位置する盈江県の盞西地区普関郷大寨の四十一戸の内、阿枇鬼とされる家は十一戸を数える。普関郷の最も辺縁にある馬鹿塘寨は、元来三戸のリス族が居住し、他の三戸のジンポー族は、同族の指責を受けて、同種の信仰が存在しないリス族の村に逃げてきた者である〔蔡家麒　一九九九：三九四―三九五〕。

鄧啓耀『中国巫蠱考察』によれば、阿枇鬼とみなされるのは男女を問わず、婚姻忌避の問題が生じる。私通の結果、子供ができても相手が引き取りを拒否し、本人が子供を育てることが多い。結婚すると結婚相手も周囲から阿枇鬼と誣告されることがあり、結婚相手は阿枇鬼とされる妻方に弁償を要求し、当事者とのあいだで紛糾することがある。たいていは三十歳過ぎて条件の低い者と結婚するか、遠く離れた外族の者と結婚する。ただ、タイ族の枇杷鬼の事例と異なり、公開的に村全体の成員から懲罰、迫害されることはないが、交際は避けられる。阿枇鬼の女性は美しく、聡明で仕事ができるとされている〔鄧啓耀　一九九八：二〇二〕。

J　ヌー（怒）族（チベット・ビルマ語族ジンポー語支等）

（49）蠱

怒江流域、雲南西北部怒江傈僳族自治州旧碧江県（現在は福貢県に併合）のヌー（怒）族は、巫師が蠱を扱うとの概念が人々の間に広く信じられる。この種の巫師は「イースー」（Yi Si・ヌー族語「衣蘇」）「チンアン」（Jin An・ヌー族語「錦安」）と呼ばれ、魂を捉え、他人を病にさせる能力がある。蠱の種類は多く、虎蠱は豚蠱に勝つなど、相克関係がある。巫師同士が蠱術を戦せることもある（何叔濤「養蠱術」）〔何叔濤　一九九三a：八九二〕。

（50）殺魂

『雲南上帕沿辺志』によると、旧碧江県のヌー族とリス族には、毒薬と殺魂の術があり、毒薬は巫師「ニーパー」（Ni Pa・ヌー族語「尼帕」）が誰が放ったかを調べ、油鍋に容疑者の手を入れ、火傷した者を犯人とする神判法が使われる。怨恨や遺失物があると、「ニーパー」が犯人の魂を殺し、相手を病にする〔著者不明　一九九三：八九二〕。

張文照「怒族宗教概況」によると、ヌー族の巫師ニーマー（NiMa・ヌー族語「尼瑪」）は、治病を行うとともに、人を害することができ、他人の魂を採って殺す「殺魂」（Sa Hun・漢語「サーホン」）と呼ばれる採魂術がある。夢に鳥や小鳥が飛んでくるのを見、翌朝ニーマーに遭ったり、病人が朦朧としてニーマーの名を口にすると、魂がニーマーに採られたとされ、金を払ってニーマーに魂を返してもらう［張文照　一九八一：一一五］。ニーマーは魂が鳥に化すといい、脱魂型の鬼人といえる。

（51）ピーカンイー

「ピーカンイー」（Pi Kang Yu・ヌー族語「皮康于」）は、飢えた者の生霊である。他人が独占して食物を食うと、飢えた者の魂が、独り占めにした者の魂を咬むという［何叔濤　一九九三b：八九三］。肉を食べたあとで病気になると、村中の誰かの嫉妬を買ったとみなされ、ピーカンイーを祭祀する。牛皮、豚肉、骨を焼き、相手に対して呪文を唱え、道端か、疑わしい者の家のそばなどに置くと、病気は呪詛を送った者の身に返る［何叔濤　一九九三c：八九三］。羨望を原因として脱魂する生霊である。

K　トールン（独龍）族（チベット・ビルマ語族ジンポー語支）

（52）ナムサ

怒江傈僳族自治州福貢県の独龍江（イラワディ河上流）の渓谷に居住するトールン族は、「ナムサ」（Na Mu Sa・「南木薩」）と呼ばれる巫師が人の魂を奪う採魂術を使うという。李生荘「雲南第一殖辺区域内之人種調査」によると、「巫の名は嚢撒（Nuo Sa・トールン族語「ヌォオサ」・ナムサを指す）といい、よく人の魂魄を摂るという。人みな敬してこれを畏れる」とあるが、同時に「人病めば嚢撒を請じ、これを禳治す」といい、治病に関わる一方、忌避されるという二重の性格で扱われている［李生荘　一九三二］。ナムサは巫師となる過程でかならず患うといわれる病気である巫病によってなり、天神グモンの派遣したナムと呼ばれる神に魅入られた者という。

L　チベット（蔵）族（チベット・ビルマ語族チベット語支）

（53）ティラン

筆者はチベット族について、東京外国語大学留学生のタシツェリン氏から青海省のアムド方言区の霊物について次のように御教示頂いた。青海省のチベット族では、「ティラン」（Ti Lang・チベット族語「地朗」）と「ジャオ」（Jya Wo・チベット族語「甲窩」）と呼ばれる霊物が信じられ、いずれも特定の家系に伝わるとされる。ティランは猫のような姿といい、食物などに入り、相手が食べたりすると、相手の福や富がティランの居る家に移される。周囲の家では、ティランの侵入を防ぐために、兔や猿の頭骨を置くという。ティランは、急な客が来て、料理が足りなくなると、料理の上に吐き、料理を増やしてくれるともいう。結婚する場合は、相手が「ティラン」の居る家だと、結婚すべきかどうか考えるという。

（54）ジャオ

「ジャオ」はティランよりも畏れられている。これを信仰すると、自分の家が豊かになるが、同時に他の家の物品や金銭がなくなる。その家の者はひそかに祀っているが、他の人はジャオを祀ることを知っている。これらは財産を移動させる運搬霊といえる精怪的霊物であろう。

（55）家神

青海チベット族出身の丹珠昂奔氏は、『蔵族神霊論』で、チベット族の家神信仰を記す。家神は家庭の平安と財産繁栄をも司る神であり、時には戦神、財神としての役割をももつ。仇敵同士の家庭との間で呪詛を行ったり、武器を使うとき、家神は保護神となって、仇敵の家の者を死傷させる。よい家神は主人を助けて財富を探してくるといい、それは、正当的でない、「盗みに行き、奪いに行く」という意味を含む。家神は心根が狭い神で、しきりに手伝ってくれるが、仕えること周到にせねばならず、すこしでも過失があると、怒りに触れる。家神の怒りに触れると、この家を守らないだけでなく、自分の家の物品を台無しにしたり、他人の家に贈ってしまう〔丹珠昴奔　一九九〇：二七―二八〕。具体的な地名は記さないが、このチベット族の家神が運搬霊であることは確実で、その怒りやすさと、財物を他所に持ってゆく性格は五通神の働きにも似る。

M　メンパ（門巴）族（チベット・ビルマ語族チベット語支）

（56）毒

メンパ族はブータン国境辺に居住し、ハダカ麦などの農業生産を主体としている民族である。呉従衆・劉芳賢・張江華「錯那県門巴族社会歴史調査報告」と、姚兆麟氏を加えた「墨脱県門巴族社会歴史調査報告」によれば、山南地区のメンパ族の婦女は、特定の家系に毒薬を放つ習慣があり、女子にのみ伝える。仇敵や福分（「福気《フーチー》」）のある人物に毒薬を放つ。福分のある人物を毒すると、相手の福分と長寿が自分の身に移るといわれる。毒薬は爪のあいだに隠して食物に入れる。ただ、税官と僧侶には放たず、一般民のあいだのみ放たれるという〔呉従衆・劉芳賢・張江華　一九八七：一二三―一二四、呉従衆・劉芳賢・張江華・姚兆麟　一九八七：六九―七〇〕。たんなる毒薬ではなく、福分や寿命を奪い、呪術的要素が強い。

（57）鬼人

呉従衆・劉芳賢・張江華・姚兆麟「墨脱県門巴族社会歴史調査報告」によると、メンパ族に「鬼人」（Gui Ren・

漢語「クゥイレン」）の信仰伝承があり、特定の家系に代々伝わるとされる。鬼人の祟りで病気になると、鬼人の住居のかたわらで祭祀をして祓う〔呉従衆・劉芳賢・張江華・姚兆麟　一九八七：七〇〕。鬼人の家系は他の一般人と結婚できないので、鬼人の家系同士で結婚する。また、鬼人が原因の病気には巫師バモー（Ba Mo・メンパ族語「把莫」）が呪術を行って判断する〔呉従衆・劉芳賢・張江華・姚兆麟　一九八七：七六〕。

N　ロッパ（珞巴）族（チベット・ビルマ語族語支未定）

（58）ツォールー

ロッパ族はチベット高原の東南部、インドとの国境線に居住し、遊牧し往来する民族である。狩猟、採取を生業とし、ハダカ麦などを生産する。ロッパ族の部族、ポンニー（Pong Ni・「崩尼」）人には、「ツォールー」（Ce Ru・ロッパ族語「則如」）といい、鬼魂が特定の人に憑いて他人を害するという伝承がある。漢語ではこれを「鬼人」（Gui Ren・漢語「クゥイレン」）と訳す。劉芳賢調査整理「崩尼人的『則如』」によると、ポンニー人の場合、名望ある「ニュウプー」（Niu Bu・ロッパ族語「紐布」）「ミーチー」（Mi Qi・ロッパ族語「米剤」）と呼ばれる宗教職能者、人畜を多く殺した者、兄弟姉妹間で近親相姦関係をもった者、あるいは村寨に鬼火が出て三日後に重い病気になった者などが、「鬼人」とされる。鬼人は「人を喰らう」、占いの結果、病人や死者が鬼人の害に遭ったとされると、鬼人である当の人物は殺されたり、村寨から放逐され、家族、一族も干渉や復讐する権利はない〔劉芳賢　一九九九a：七〇五〕。

ロッパ族では宗教職能者が鬼人とされる場合が多い。林芝地区米林県のポーガル（博嘎爾）部族の場合、病人のために鬼を祭祀した宗教職能者が病人の病気が治らず、死んだ場合、鬼人とみなされ惨殺されている（『中国各民族原始宗教集成・珞巴族巻』第三節、劉芳賢調査整理「博嘎爾人的『窩朗木供』」、劉芳賢調査整理「博嘎爾部落鬼人惨遭殺害的調

査」）〔劉芳賢　一九九九c：七〇六、一九九九d：七〇八―七一〇〕。

ロッパ族の一部族スーロン（Su Long・「蘇龍」）人の場合、㋐宗教職能者を呼び、鶏を殺し、肝臓の様子で占って人物を特定する。㋑誰かが夜に豚に咬まれた夢を見、翌日最初に家に入ってきた人物、㋒病人が燐火を見て追い、その方向に寝ていた人物、㋓その場に灰を撒き、翌朝身上に灰の跡がある人物、などが鬼人とされる（劉芳賢調査整理「蘇龍人的『布貢』」）〔劉芳賢　一九九九b：七〇六〕。スーロン人は鬼人を「プーコン」（Bu Gong・ロッパ族語「布貢」）と呼ぶ。

『珞巴族社会歴史調査（二）』によると、鬼人は個人だけでなく、一族の範囲で忌避と迫害の対象となることもあり、特定の家の祖先の鬼魂が祟りをなすと、その一族は「バイチーケン」（Bai Qi Gen・ロッパ族語「白支根」）と呼ばれ、弁償を迫られ、拒否すると奴隷として売られる。ポンルー部落のダチェグ（達結古）部族の十数人の児童が流行病で死んだ後、「ニュープー」の判断によってポンニー部落のラドー一族が「バイチーケン」とされ、ダチェグ一族の者の襲撃にあい、殺されたり、奴隷として売られた〔国家民委民族問題五種叢書之一・中国少数民族社会歴史調査資料叢刊『珞巴族社会歴史調査』編写組　一九八九：二六八〕。殺した鬼人の遺体は、頭を下に、足を天に向け、出られなくして埋める（劉芳賢「博嘎爾部落鬼人慘遭殺害的調査」）〔劉芳賢　一九九九d：七〇九〕。

O　チャン（羌）族（チベット・ビルマ語族チャン語支）

（59）毒薬鬼

四川省西北部に居住するチャン族は、チベット系遊牧民族、羌の末裔とされ、四川省西北部阿壩蔵族羌族自治州に二十万人ほどの人口が居住している。日中戦争期にチャン族を調査した胡鑑民「羌族之信仰与習爲」は、チャン族の病気の観念を述べ、「毒薬鬼」（漢語「ドゥーヤオクゥイ」）に触れる。指の爪で弾いて毒薬を入れ、相手を中毒させ、また目を使って伝染させるといい（邪視のことであろうか）、腹部が膨張し、腫れ物ができ、食欲が停滞する。夜中に祭司の端公を呼び、儀式を行い、藁人形に羊の血をかけて祓う。端公に弟子入りし、資格を得た際、師匠に礼をする儀式を行うとき、毒薬王という神を招く儀式をする［胡鑑民　一九九一：二〇二］。簡潔な記述であるが、特定人物が他人を毒薬に関わる霊物で病気にするという内容であり、蠱毒信仰の一種とみなすことができる。また、祭司と毒薬王との関わりも注目に値する。

P　プミ（普米）族（チベット・ビルマ語族チャン語支）

（60）ドゥー

雲南省西北部のプミ族の場合、「プミ族には蠱はいない」という民間伝承がある。しかしこの伝承が存在することじたいが、実際にプミ族においても蠱の観念が強く存在することを意味するし、実際、筆者が聞いた範囲でも蠱の存在がまことしやかに語られている（この伝承については、五章註35参照）。

（61）活鬼

楊照輝「蘭坪県通甸郷弩弓普米族的『送活鬼』儀式」（『中国各民族原始宗教資料集成・普米族巻』第八章第一節）によれば、怒江傈僳族自治州蘭坪白族普米族自治県のプミ族は、生者の魂が祟りをなす、漢語で「活鬼《フウオクウイ》」と表記する（原語不明）。他人の衣食を得ようと願う者の魂が祟り、その人物の魂に出会うと病気になる。誰かに短い木切れを探してもらい、囲炉裏で燃える灰を掬い取り、砕いた骨と麺類と一組の紙製の衣服と履き物を病人に吹きかけ、「食べたい物も着たい物も送ってあげたから、病人を放してください」といい、同時に燃える灰のうえで供物を燃やし、十字路に置き、送り出す［楊照輝　一九九九：六四四］。

Q　ミャオ（苗）族（ミャオ・ヤオ語族ミャオ語支）

（62）蠱

貴州省黔東南苗族侗族自治州台江県では、蠱と「釀鬼」（Nian Gui・漢語「ニャンクゥイ」・ミャオ族語では「リャンクゥイ」・Liang Gui）と呼ばれる呪術的霊物の信仰がある。

曽士才氏の「苗族の『憑きもの』に関する覚書」によると鬼師や蠱婦が蠱を使役し、意図的に本人が超自然的霊物や霊力を使う邪術的内容に属する。蛇、金糸毛虫、蛙、ヒルなどの蠱がいるとされ婦人が蠱薬を扱う。蠱薬は食物や酒に入れて相手を害するが、体内にこれらの動物が生じ、やせ細って最後に死ぬ。蠱婦は相手を害する反面、蠱病の治療も行い、この種の呪術（白呪術）は、社会的に認知されている。母から娘にのみ伝わり、息子や嫁には伝わらない。婚姻忌避のタブーはない〔曽士才　一九九一：一二一―一二二〕。

（63）釀鬼

釀鬼は、生霊的な霊物で、本人にとっては意図的でない、妖術的な呪術である。しかしその力は凶悪で、人や家畜を短期間で殺す。「裕福な者ほど釀鬼が育ちやすい」「金持ちになると釀鬼になりやすい」などの諺があり、「美人は釀鬼持ちの家にいる」ともいわれる。憑く側の特徴は、財産、地位、権力、美貌を持つ者とされている。対して憑かれる方は憑く側の嫉妬によって憑くとされるが、村落内の顔見知り、村落外の場合は姻戚関係が多いようである〔曽士才　一九九一：一一九―一二〇〕。婚姻忌避の問題もあり、釀鬼がいるとされる家の娘や息子は結婚できないという現象もある。その継承は性別に関係なく、親から子へ、遺伝物質のように伝わり、夫婦間のような親密な関係にも伝わる。釀鬼を撃退できるのは、ミャオ語で「コション」と呼ぶ巫師で、刀で病人の回りを踊ったり、チガヤで病人の身体を祓って落とす。

（64）ヤーピィエン（鴨変）

曽士才氏は、広西壮族自治区大苗山のミャオ族も、貴州省東南部の醸鬼と同じく、妖術らしい霊物があると指摘される〔曽士才　一九九一：一二五〕。「ヤーピィエン」（Ya Bian・ミャオ族語「鴨変」）といい、「雄当与配利」という叙事詩では、青年雄当が好きになった娘、配利に嫉妬した配秋という娘が、配利がヤーピィエンであると言い、母親が婚姻に反対する。ヤーピィエンは鬼魂が身体に憑いた女性である〔毛里　一九八三：六〇二―六〇三〕。

（65）NiaoNiao 薬

呉雪悩氏の「『NiaoNiao』迷薬与情歌」は湖南省湘西土家族苗族自治州鳳凰県ミャオ族の「NiaoNiao 薬」という恋薬伝承を記す。Niao とは「粘」を意味し、「異性どうしを粘り着ける愛の薬」という意味らしい。男子が女子の身体にこの薬を掛けたり、水瓶にひそかに入れて飲ませると、相手が好きになってくれる。伝説では、天上の神仙が三十になっても独身のある男を憐れみ、夢で恋が叶う方法を教えた。岩の蔓草の下で、九百九十九回情歌を歌い、蔓草を粉にすると恋薬となるという〔呉雪悩　一九九四：三四―三五〕。

R　ショ（畲）族（ミャオ・ヤオ語族ミャオ語支）

（66）山魈

馬場英子氏の調査から浙江省温州市ショ族の山魈の伝承について引用する。

「運がいいと、山魈が財産をもたらし、運が悪い人は山魈に財産を持って行かれる。金持ちになると、山魈を祀る。

山魈はいい神で、悪い神は五通という。五通神に髪をさわられると病気になる。病気になると、辻で線香を立てて五通を祀る。路傍、道の出口に小さな祠がある」（呉啓明・男・六八・農民・副業で竹紙漉き・一九九二・八・二六）［馬場　一九九五：二〇七］。この場合、山魈は五通と性質が分かれており、典型的な運搬霊であることが注目される。

S　ヤオ（瑤）族（ミャオ・ヤオ語族ヤオ語支）

（67）ウーハイ

以下いずれも自称ミィエン（Mian）と呼ぶヤオ語支系のヤオ族の事例である（自称を「プヌ」〈Bu Nu〉とする集団はミャオ語支に入る）。

雲南省南部、紅河哈尼族彝族自治州屏辺苗族自治県のヤオ族は、ウーハイ（Wu Hai・「五海」）と呼ぶ呪術的霊物を信じる。これを退治するのは「摩公」（Mo Gong・「モーコン」）（男性と女性がいる）と呼ばれる巫師で催眠状態になりウーハイを捜す。内容はチワン族のウーハイに準ずる。

（68）禁鬼、（69）蠱

広西壮族自治区十万大山に居住するヤオ族支系の山子瑤は、「放鬼」といい、仇どうしとなると、鬼を放ち病気にする。張有雋「十万大山山子瑤社会歴史調査」によると、放鬼と見なされると、村寨を逐われたり、捕縛され、家人子女まで係累となる［張有雋　一九八七：二七七］。ヤオ族が山を下りて定住してからは、周囲のチワン族で人や家畜が病気になり、死ぬと、ヤオ族の放鬼が疑われ、民族関係に跨る問題となっている。放鬼の方法は二種あるとされ、「一種は蠱毒を水か食物のなかに入れ、他人が飲食すると、病気や死亡に至る。一種は『禁鬼』といい、法術を施し、他人の魂を捉え、魂を失わせ、病気や死亡に至らせる」［張有雋　一九八七：二七七］。非漢民族間の民族間呪術の事例として貴重である。

T　リー（黎）族（チワン・トン語族リー語支）

(70) キマイ（禁母）

リー族では呪術によって他人に危害を加える者があり、男性を「禁公《チンコン》」（Ki M・リー族語「キム」）、女性を「禁《チン》母《ムー》」（Ki Mai・リー族語「キマイ」）と呼ぶ。孟蓋リー族の場合、禁公、禁母は禁母の霊魂の分身である「ディキム」（Di Ki Mu・漢字表記不明）と呼ばれる小鬼を使役し、病気や、死亡に至らされる。小鬼は禁母の籠から弓を出し、襤褸の布地に蜂蝋を丸めた玉を包んだ「禁包」を病者に向かって射る。道教系宗教職能者の道公はこの禁包を胸部から取り去って病気を治す。

『海南島黎族社会調査』の概説によると、リー族では禁母の方が一般的で、禁公は道教の影響が強い地域のみみられる。禁母は四つに分類できる。㋐母親の血統に属する人間がかつて禁母と名指しされたことのある者。㋑甲、乙両人が罵りあったあと、その一方が病気になり、他方の妻を禁母として誣告された者。㋒病人が夢にある者が彼を害するのを見て、誣告された者。㋓道公が病人の代わりに調べ、禁母であるとされた者。㋐と㋒は道公が改めて調べたうえで社会的に公認され、㋒が多くを占める事例である。宗教職能者による認定がなさると、禁母のレッテルが貼られる。禁公の場合もともと㋐の事例に属する場合はなく、㋑と㋓の事例が多い。元来禁母と同血統の女性の成員についていわれた可能性が高く、男性をこの種の鬼を扱う者とみなすことは派生的結果であろう［中南民族学院『海南島黎族社会調査』編輯組　一九九八：七二七］。

保亭加茂地区では貧しい家庭の寡婦が禁母とされ、女性の夫や息子も鬼を扱う者とされる。瓊中暫対地区では禁公とされるのは道公が多く、内実は村外の道公を村内の道公が禁公とするケースが多い。禁母は容貌は関係なく、家庭が貧しい者も豊かな者いずれともありうる〔中南民族学院『海南島黎族社会調査』編輯組　一九九八：七二二〕。

禁母は本人が意識していない、妖術的な性格とみなされることが多い。『海南島黎族社会調査』の概説によると、この種の禁母は魂が不純で、魂が小鬼に化して他人に危害を加え、道公の見立ての結果本人がそれと知る。概説ではこれを「客観的禁人」と呼び、意図的に悪意をもって邪術的に小鬼を使役する禁母、禁公を「主観的禁人」と呼び区別する。後者は禁公、禁母とも殺したが、前者は河で裸体にさせて洗うか、道公が本人を連れて火渡りさせると彼女に憑いた小鬼は去る〔中南民族学院『海南島黎族社会調査』編輯組　一九九八：七二三―七二四〕。

保亭リー族では禁公、禁母は人肉を喰らうともいう。田や村の境界などで木や石、牛、馬、羊、豚、犬、猫に化し、目を見開き、光を放ち通行人を襲う。通行人は目が眩んで倒れて死ぬか、病気になって死ぬ。禁公、禁母は彼らの身辺にいる「禁仔」（小鬼）たちと死人を食い尽くす〔王萍昆　一九九八：七二五〕。

U　タイ（傣）族（チワン・トン語族チワン・タイ語支）

(71)　放蠱

江応樑氏は『擺夷的生活文化』で現在のタイ族の呪術習俗として、放蠱、放歹、「プースー」（撲食）、「ピーポー」（皮迫）の四つをあげる〔江応樑　一九五〇：二五二―二五九〕。蠱は毒物と結合した精霊であり、端午の日の正午に五種の毒虫（蛇、サソリ、ムカデ、蜘蛛、ガマ）を瓶に入れ、紅布で包み、地下に埋める。一年目に掘り出し、最後に残った一匹は蠱に変わっている。家に持ち帰り、天に対し誓い、蠱と生死を共にすることを誓う。以後蠱は主人に従い、使役に供せられる。大瓶で蠱をそのなかに養い、鶏卵を供すると随時放ち出て人に祟る。蠱が誰かに傷害されると、蠱を養う者も同時に死亡する。

（72）放歹

タイ族では漢語で「放歹」（Fang Dai・漢語「ファンダイ」）と呼ばれる邪術の一種が知られている。ある物品の大きさを自在に変え、ひそかになんらかの相手の身体の内部に納めるといい、悪意による傷害を目的とするものと、予防のためになされる場合と二つあるという。前者は憎むべき家の者を害する。後者は妻が夫に捨てられるのを恐れるために、夫に仕掛けるものがある。

（73）プースー（撲食）

「プースー」（Pu Si・タイ族語「撲食」）とはいわゆる変鬼術で、術を扱う本人が動物に化身する。江応樑氏は男女の別があり、男子は牛、虎、馬に化し、女子は猫、犬、鶏、豚などに化すという。人家の食物を喰らい、墓中の死体を喰らう者もいる。宴会で食物が腐ると、撲食に盗み喰われたとされ、撲食は食べ物の精を吸い取るので、食物はたちどころに腐る。外見的な特徴としては尻尾がなく、尻尾のない猫や犬を見つけたら皆で捕まえ、追い払う。

（74）ピーポー（皮迫）

「ピーポー」（Pi Po・タイ族語「皮迫」）は、一種の「精怪」の類で、人に憑き、憑かれた者の生魂を使役する。憑かれた本人は自分がピーポーであることを知らない。しかしその生魂は知らずして人に祟る。祟られた者は、病気に罹り、言語行動が尋常でなくなる。本人の挙動言動ではないが、皮迫となった者の挙動言動に似るので、その来源が知れる。村寨あげて皮迫の者を追い払う［江応樑　一九五〇：二五二―二五九］。

Ⅴ　チワン（壮）族（チワン・トン語族チワン・タイ語支）

（75）蠱

民国期の民族誌、劉錫蕃『嶺表紀蛮』は、現在の広西壮族自治区のチワン族の系統である獞人に蠱を扱う婦人がもっとも多いと記し、苗人、狪人は比較的少ないと記す。蠱に殺されて死んだ者は鬼魂が「蠱鬼」（Gu Gui・漢語「グゥクゥイ」）になり、殺せば殺すほど蠱鬼はますます活発になり、その家庭はますます富み、術を使う者は死んでから薬王となることができる。蠱鬼はその下僕である。久しく人を殺さないと、家畜を毒さねばならない。そうでなければ蠱鬼は飢えて災いを術者に及ぼす（第二十一章「迷信」「蠱毒」）［劉錫蕃　一九三四：一八六―一八七］。

（76）鶏鬼

「鶏鬼」（Ji Gui・漢語「ジークゥイ」）について、劉錫蕃『嶺表紀蛮』第二十一章「迷信」「蠱毒」は使鬼術的な内容を記す。「田南、鎮南の蛮民に多くこの術（放鶏鬼）を行う。鬼婆は鶏鬼を瓶に養い、一日、十日に生きた鶏を瓶に投げ入れ、一晩で毛と骨しか残さない場合は鶏鬼に食い尽くされたとみなす。かくて鶏鬼は鬼婆の使役を受けるに至る。巫師本人や誰かに金をもらって依頼され、甲を傷つけようとするならば、鬼を遣って祟りをなす。祟られた者は同じ巫師を招いてもとに戻してもらえば、病はたちどころに治る。あるいは他の巫師を呼んで符水で鶏鬼を逐えば病人は狂奔して倒れ伏すが、術者は呪語でその鬼を斬り、病人を扶けて家に帰す。そうすると病人は治癒するのである。人身に憑いて死に至れば、死者の魂もまた鶏鬼になって、巫師の使役を受けるところとなる」。「病人の語るところでは、（鶏鬼の送り先は）みな、かつて鶏鬼に殺された者か、あるいは他人の家である」［劉錫蕃　一九三四：一八五］。

(77)ペイヤー

范宏貴分冊主編『中国各民族原始宗教集成・壮族巻』の記載する凌樹東調査整理「放蠱」は、チワン族語の靖西方言で「ペイヤー」(Bei Ya・「倍呀」)と呼ぶ[凌樹東　一九九八a：五八四―五八五]。ペイヤーは発する言葉が悪い事態を起こす。事態が起きると、彼らの言葉によって解決する。村落での地位は低く、交際も忌避される。被害や災難が起こると、周囲の者はペイヤーを訪れ、被害者によい言葉を改めてかけさせたり、解決の方法を教えてもらう。その後は家に帰るまで誰とも話さず、振り返ってもいけない。ペイヤーの言葉によって皮膚が爛れた者は、指定の時刻に、泉水を柚子の葉に浸して患部を洗えば治るという。

ペイヤーは、「医薬を司る鬼が身体に憑いた者」という意味である。言語を通じて悪い事態を引き起こすという一面に加えて、蠱を扱う者もペイヤーの範疇に入る。

ペイヤーは、家庭内に代々伝わるとされる場合と、周囲の社会環境からペイヤーとみなされる者の二種がある。蠱を放つ理由には、原罪的な観念が存在する。一族や本人自身が天に対して罪を犯し、「蠱を養う」ことを通じ、他人に蠱を放ち、自分の罪を軽減させるという。一年以内に一人以上を害さなければ、多くの天災人禍を受けるとされ、家庭の平安は得られない。一年蠱を放たないと彼ら自身が蠱神、鬼神の類に攻められる。全身熱が出、痛みで堪らなく、夜中に裸身で野外に駆けてゆき、許しを乞う。

ペイヤーは家に毒蛇、サソリ、ムカデ、毛虫などの毒虫を養い、毒虫を神霊とみなし、生活の安寧をもたらす。そうでないと鬼神と毒虫が騒ぎ、処置できない。また、庭に毒草を育て、毎年一度は他人に放つという。そうしないと家庭や自身の平安が保たれない。毒物の調合は、娘には伝えられず、息子の嫁に伝える[凌樹東　一九九八a：五八四―五八五]。ペイヤーは蠱を放つとされる場合は意図的に行うとされるが、言語によって悪いことが起こるという観念は、無意識にその種の言葉が放たれたとされる可能性があり、邪術的側面と妖術的側面の二面があると考えられる。

（78）ウーハイ

雲南省南部、南東部の紅河哈尼族彝族自治州から文山壮族苗族自治州にかけて、チワン族（主に文山州一帯を居住地とする）と、ヤオ族には「ウーハイ」（Wu Hai・「五海」）と呼ばれる生霊的霊物が信じられる。婦人がウーハイとなるとされ、その識別法としては家屋が清潔で（これは宋代より蠱毒の家庭を識別する目印しとされた特徴であることに注意したい）、蠱婦の声は甘く、柔らかい〔鄧啓耀　一九九八：二〇二〕。ウーハイは孫敏「邪魔之霊」（鄧啓耀『巫蠱考察』に引く。内部文書、『辺疆文化論叢』第三輯所収）が詳しい。雲南省東南部文山壮族苗族自治州西疇県では、ウーハイは人間の生霊が特定の動物、昆虫に化して他人を害する。自身の精魂が蛇、蛾、雀などに化して恨みをもつ家に飛び入る。被害者は発熱し、顔は黒ずみ、足は黒く腫れる。または精神が惚けたようになると、ウーハイの仕業である。

ウーハイへの対抗呪術があり、家庭で行うか巫師に依頼する。蝶や蛾の類が部屋に入ると、捕えて碗に入れ、大きな碗の底に逆さに置き糊付けし封じる。碗を囲炉裏の火で炙り、ウーハイの魂を戻れなくさせると、結果本人が逆に命を失う。誰がウーハイかは村内では明白であるという。

チワン族ではウーハイを退治する巫師を「ヤータン」（Ya Dang・チワン族語「雅当」）と呼ぶ。子供がウーハイのために病気になると、子供の衣服を持って行くと、ヤータンは鶏の毛を持ち、穀草一束と、線香一本を持ち、呪文を唱える。衣服を家に持って帰ると、魂が保たれ、ウーハイの害は消える〔鄧啓耀　一九九八：二四〇〕。ヤータンにはシャーマンの性格があり、「ヤー」は女性、「タン」は長椅子の意味で、長椅子に座り催眠状態になりウーハイを調べる。

（79）ダーメン

「ダーメン」（Da Men・チワン族語「打悶」）とは広西壮族自治区靖西県のチワン族の恋愛呪術を指し、恋薬を使う。燕の雛を溺死させ、固まって死ぬと、雄雌一対とみなし、火で乾かし、粉末にする。絡まり合う野かずらの汁でもよい。異性に施し、自分に惹きつけるが、狩猟にも応用する（范宏貴分冊主編『中国各民族原始宗教集成・壮族巻』所収、凌樹東調査整理「打悶」）［凌樹東　一九九八b：五八一―五八三］。

三　呪術的霊物の分布と類型

中国南部を中心として、呪術的霊物の範疇に属するであろう事例は、以上のように二十二民族、七十九種類にのぼる。一覧表の項目は、呼称、民族、主生業、地域、呪術的霊物（原因物）、妖術、邪術の区別、原形、目的・動機、被害内容、影響者（被害者）、治療者、治療法、防御法、判別法、処罰内容などである（一覧表・分布図1、分布図2参照）。

主な類型は、㋐蠱毒、㋑運搬霊（五通神）、㋒鬼人、㋓恋薬、㋔その他である。㋐の蠱毒の信仰伝承の分布範囲は、南部沿海地区から西南地方、及び揚子江中、下流域に及ぶ。中国北部については現代の事例はほとんどみられないが、古籍文献には、いくつか北方の蠱毒の記述がある。たとえば、明・王士性『広志繹』巻之三「江北四省」は、甘粛地方の稲田蠱について記す。[3]ただ、歴史的にみても北部の事例は少ない。

蠱毒は漢族、非漢民族に関わらず分布しているが、水稲耕作を主生業とする地域を主とする。水稲耕作は村落内部での共同労働による割合が高く、密接な人間関係を必要とするから、そのなかで、蠱毒を扱う者が日本の憑

2　中国各民族の呪術的霊物の信仰伝承

分布図１　中国全域の分布（雲南省は分布図２参照）

番号	呼称	民族	番号	呼称	民族
6	蠱	漢族	59	毒薬鬼	チャン族
7	金蚕鬼	漢族	62	蠱	ミャオ族
8	山魈	漢族	63	醸鬼	ミャオ族
9	五通	漢族	64	ヤーピェン	ミャオ族
11	小神子	漢族	65	NiaoNiao薬	ミャオ族
15	ムーパ	イ族	66	山魈	ショ族
16	客家鬼	イ族	68	禁鬼	ヤオ族
53	ティラン	チベット族（アムド）	69	蠱	ヤオ族
54	ジャオ	チベット族（アムド）	70	キマイ	リー族
55	家神	チベット族（アムド？）	75	蠱	チワン族
56	毒	メンパ族	76	鶏鬼	チワン族
57	鬼人	メンパ族	77	ペイヤー	チワン族
58	ツォールー	ロッパ族	79	ダーメン	チワン族

分布図２　雲南省の分布

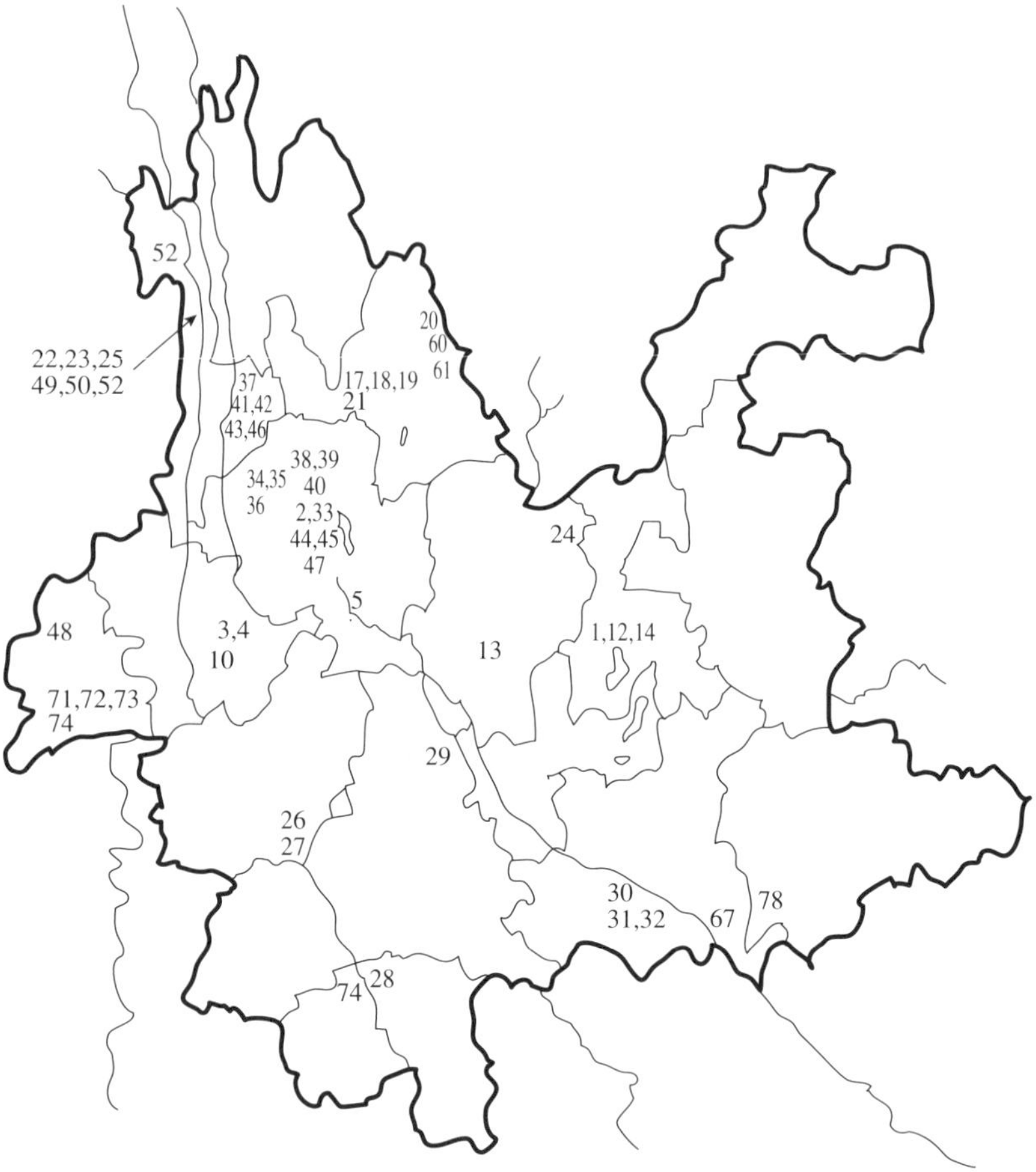
52
22,23,25
49,50,52
20
60
61
17,18,19
21
37
41,42
43,46
38,39
40
34,35
36
2,33
44,45
47
5
24
48
3,4
10
13
1,12,14
71,72,73
74
29
26
27
30
31,32
67
78
74
28

番号	呼称	民族	番号	呼称	民族
1	蠱	漢族	35	蒼龍鬼	ペー族
2	蠱	漢族	36	薬鬼	ペー族
3	倉龍	漢族	37	グーチャーポー	ペー族ナマ人
4	壇神	漢族	38	小神子	ペー族
5	後宮娘娘	漢族	39	ドゥー	ペー族
10	五郎神	漢族	40	陰謀鬼	ペー族
12	蠱	イ族・サメ人	41	ベトゥオ	ペー族ナマ人
13	薬王	イ族	42	サーポー	ペー族ナマ人
14	独脚五郎	イ族サニ人・サメ人	43	シャーペイ	ペー族ナマ人
17	ドゥー	ナシ族	44	グーナイニ	ペー族
18	ツェポ	ナシ族	45	ヘピョ・天蠱	ペー族
19	小神子	ナシ族	46	天枯鬼	ペー族ナマ人
20	ドゥー	ナシ族モソ人・ナジ人	47	天狗	ペー族
21	和合草	ナシ族	48	阿枇鬼	ジンポー族
22	ドゥー	リス族	49	蠱	ヌー族
23	合合薬	リス族	50	殺魂	ヌー族
24	恋薬	リス族	51	ピーカンイー	ヌー族
25	コウパ	リス族	52	ナムサ	トールン族
26	撲死鬼	ラフ族	60	ドゥー	プミ族
27	放歹	ラフ族	61	活鬼	プミ族
28	ネイチュエ	ジノー族	67	ウーハイ	ヤオ族
29	蠱（1）	ハニ族	71	放蠱	タイ族
30	蠱（2）	ハニ族	72	放歹	タイ族
31	恋薬	ハニ族	73	プースー	タイ族
32	拏魂婆	ハニ族	74	ピーポー	タイ族
33	ピョ	ペー族	78	ウーハイ	チワン族
34	邋遢鬼	ペー族			

きもの持ちのような形で、村落内の成員から認知されるという構造があるとも考えられる。また、雲南省楚雄彝族自治州のイ族のように、稲に蛇が巻きついた姿で蠱が想像されることも、水稲耕作との関係を暗示していよう。また、水稲耕作だけでなく、リス族、ヌー族など、焼き畑による雑穀栽培を生業とする民族にも分布していることも注意したい。また、蚕に似た食錦虫を蠱毒とする金蚕信仰のように、養蚕などの経済作物が浸透した地域特有の蠱毒信仰もある。水稲耕作地域のみならず、商品経済や貨幣経済の浸透が、蠱毒信仰の社会的な背景となっている。

㋑の運搬霊は、とくに五通神系統の伝承が歴史的に福建省、浙江省に多いが、その分布は西南地方にも広がる。雲南省の保山市の場合は、浙江商人が五通神を扱うとされるが、明代以降の漢人の雲南省への移住が、この種の信仰伝承の伝播に関連していよう。また、西北地方から、西南地方にかけては、特定の家が、霊物を祭祀し、他者から財や福を奪うという伝承が分布している。青海チベット族のティラン、ジャオから、四川省イ族のムーパ、雲南省西北部のナシ族、ペー族の小神子やグーチャーポーまで、この種の伝承の分布は、チベット・ビルマ語族チベット語支からイ語支、ペー語支まで広がっている。

その一方、イ族、ナシ族やペー族で使われる「小神子」という呼称は、五通神系統の小神を指す呼称でもある。五通神もまた、運搬霊の一種であり、家の盛衰と村落内の成員の富の増減に関わる点で、その性格は共通している。漢族の辺疆地帯の進出による五通神の伝播と、チベット・ビルマ語族的な運搬霊の伝承が、ちょうど雲南省のペー族、ナシ族で重なっている可能性もある。

㋒の鬼人の伝承は、雲南省南部では、タイ族と、歴史的にタイ族文化の影響が強い、ラフ族、ジンポー族にある。これらの民族には、枇杷鬼の伝承圏がある。枇杷鬼とならんで、脱魂した霊魂が動物に変化するという、撲死鬼の信仰伝承も同様の伝承圏をもつ。背景には水稲耕作を基層文化とする霊魂観、とくに人間の魂が複数あり、脱け落ちやすいというような、霊魂の移ろい易さに関する信仰があろう。正常な人間の霊魂が抜け落ちると、病気になるとされるが、そこに異常性のレッテルが貼られた場合、忌み嫌われるべき祟りなす生霊として、枇杷鬼として指弾される事態を生じるのではないだろうか。

他にジンポー語支系統等の民族であり、雲南省西北部に居住するヌー族と、居住地を共にするリス族、ペー族支系ナマ人、プミ族に、鬼人に属する伝承圏が存在する。これらの鬼人信仰は、いずれも魂が脱だして他人に祟る脱魂型の類型に入る。また、西蔵自治区ではロッパ族、メンパ族に鬼人伝承がある。とくにロッパ族の場合は放牧、採取活動を主生業とし、農業耕作を主生業とする民族ではないことに注意したい。原因者を捜すのに、鬼火の出た方角に捜すというロッパ族の習俗は、呪術的霊物の原因者の外部的性格をあらわしている。また、原因者が一族以外の外部の他者に求められる場合、原因者の血族全体が鬼人とされ、血縁集団全体に鬼人のレッテルが貼られやすい点にも注意する必要がある。この傾向は、ときに社会集団間の対立を招く事態にもなっている。脱魂型の鬼人は、チワン族、ミャオ族やリー族など、他にも多くの民族集団内部でみられ、非漢民族居住地の蠱毒の伝承圏と重なるが、非漢民族居住地においては、ロッパ族、メンパ族など西蔵自治区国境地帯まで広範な分布がみられる。

㋓の恋薬伝承は、蠱毒信仰の伝承圏域と重なるが、非漢民族間に分布する伝承となっていることが特徴である。とくにミャオ族やヌー族、リス族、ハニ族においては、恋歌の掛け合いの習俗など、異性間の恋愛において技術的修練が重要視される社会において、広く分布している。恋歌が正当な求愛方式であるとするならば、非正当な求愛方式に関する伝承が、呪術行為として語られる場合、恋薬伝承を生む余地が生じるともいいうる。

㋔のその他に属する例は、たとえばメンパ族の毒薬伝承であるが、たんなる毒薬ではなく、それによって、相手の福分や財産を移動させるという、蠱毒に近い伝承である。

なお、いわゆる呪術的霊物に属する霊物として、中国北部にも相当の霊物かいるかどうかは、なお、今後の課題とする。たとえば、狐や蛇などの動物霊が神格をもって祭祀される「胡大仙」(Hu Da Xian・漢語「フーダーシィエン」)も、特定の家庭に祭祀されるが、動物霊的な神格である。胡仙は特定の人物に憑依するが、ただ、その人物や家庭が原因者となり、周囲の家庭などから財物を運搬するなどの伝承があるかどうかは、未確認である。

四　結論

本章では、以上中国南部を中心とし、漢族、非漢民族両居住地における呪術的霊物の事例を、蠱毒、運搬霊、鬼人、恋薬の類型について調査し、分布と性質について一覧化した。これにより、中国南部における同種の信仰伝承の分布と様態につき、一応の概観と全体像を得ることができた。非公開の内部資料を用いたならば、より多く、詳細な事例が得られるであろうが、現時点の公開資料だけでも大量の事例が収集できる。ただ、中国においては、蠱毒や五通神、鬼人などの信仰伝承を共通の枠組で論じる概念設定がなされていない。今後とも資料の収集に務めるとともに、内容分析に一層の注意を払いたい。

註

（1）『隋書』巻三十六「志」第二十六「地理志」下「（新安・永嘉・建安・遂安・鄱陽・九江・臨川・廬陵・南康・宜春）然此數郡往往畜蠱、而宜春偏甚」。

（2）明・謝肇淛『五雑組』巻十一「物部」「蠱蟲、北地所無、獨西南方有之、閩・廣・滇・貴・關中・延綏・臨洮皆有之、但各處之法有不同耳」。

（3）明・王士性『広志繹』巻之三「江北四省」「慶陽（慶陽府、甘粛省東北部）の辺縁の人は蠱術をよくする。稲田蠱というものがあり、人腹中に土塊を置き、そこから稲穂を出させ、腸を貫かせて殺す。また、樹蠱というものがあり、枝で腸を貫かせる。みな挑生（広西地方に伝わる蠱術で、人腹中に生物を生じさせて害するとされる術）の類である」（「慶陽縁邊人善蠱術、有爲稲田蠱者、能使其人腹中有土一塊、中出稲芒、穿腸而死、樹蠱者、則出樹枝撑腸、是亦挑生之類」）。

三章　雲南省の五通神信仰——保山市隆陽区五郎廟と独脚五郎・五郎神の精怪伝承

一　はじめに

本章で論じる五通神は、かつて華南地方を中心に広く信仰されていた民俗神である。五通神は山魈、山都などと呼ばれていた山中の精怪を神格化したというべき性格がある。これらの山の精は、一本足であるという形態的特徴が知られている。たとえば、『太平広記』巻四百二十八「虎部」三「斑子」(『広異記』を引く)は「山魈は、嶺南(広東・広西両地方)にあり、一本足で踵は逆につき、手足は三股に分かれている」と記す。(1)

五通神も「独脚五郎」「独脚五通」などの別称があり、一本足の精怪として語られる場合も多い。五通神は動物精が神の名を語るとされる例が多く、人間の姿に化けてあらわれ気に入った家の婦人を淫するなどといわれ、また五通神を神として家に祀るならば、五通神は周囲の家から財物を掠め取り祭祀者の家に与えるが、祭祀を拒否したり無礼なふるまいが少しでもあれば怒ってその家の財物を外にもちだして没落させてしまうとされる。

たとえば、宋・洪邁『夷堅志』「丁志」巻第十九「江南木客」は五通神の前記の性格を要約して、次のようにいう。

図 13「侯（黒）白天子」
昆明市市轄区　白紙墨刷— 8.0 ㎝ ×7.0 ㎝
高金龍氏提供

図 14「木下三郎」
嵩明県　黄紙墨刷— 10.7 ㎝ ×10.1 ㎝
岩澤輝明氏提供

「長江以南は山地が多く、この地の風俗は祭鬼が盛んである。その神怪ははなはだ特異で、祠は岩石や樹木のところに建ち、村々にある。両浙、江東一帯では『五通』と呼び、江西、閩中では『木下三郎』といい、『木客』ともいい、一足のものを『独足五通』という。名は異なれど、その実は一つである（中略）。（五通の）変幻し妖惑すること、だいたい北方の狐魅と同じである。あるいは人をして突然に富ませることがある。そこで利を貪る小人は、みな好んで迎えてこれに仕え、分に合わない福を得ようと企む。もしもわずかでも五通の意志に反すれば、銭財を奪い去って、他にゆかせる。夏の盛りには、多くの者が江湖の間に木材販売に出るが、この妖物は隠れたり現れること常ならぬものがあり、人々は極めて畏れ、ましてや叱りつけたりはせず、ただ慇懃に祭祀する。とくに淫色を好み、士大夫、美男子となったり、あるいは人の心に好むさまざまな姿に化す。あるいは本形をあらわすだけの者もある。その正体は猿、あるいは犬、蝦蟇の類であったり本性は異なるが、強健で、凍った鉄のように冷たい。陽物は逞しく、婦女がこれに犯されると、痛くて堪らず、憔悴して気色を失い、精神は萎えてしまう(2)」。

五通神の伝承は浙江、江蘇地方を中心に揚子江流域から福建省、

図15「独脚五郎」
巍山彝族回族自治県
白紙墨刷― 15.0㎝×12.3㎝

広東省など華南地方各地にあり、類似の一本足の精怪は朝鮮半島のトッケビもあり、伝承の範囲は広い(3)。

雲南省でも各地で五通神系統の神名を聞く。昆明市官渡区のイ（彝）族支系サメ（撒梅）人では「五郎天子」（Wu Lang Tian Zi・漢語「ウーランティエンツ」）、「黒白天子」（Hai Bai Tian Zi・昆明漢語「ハイパイティエンツ」）（図13）、「独角天子」（Du Jiao Tian Zi・漢語「ドゥージャオティエンツ」）、「金鳳天子」（Jin Feng Tian Zi・漢語「チンフォンティエンツ」）などの兄弟とされ［鄧立木・趙永勤　一九八五：四〇］、同市西山区のイ族支系サニ（撒尼）人では「独脚五郎」（Du Jyo Wo Lang・昆明漢語「ドゥージョーウーラン」）［董紹禹・雷宏安　一九八五：六〇―六一］、昆明市嵩明県では「木下三郎」（Mu Xia San Lang・漢語「ムーシャーサンラン」）（図14）、大理白族自治州巍山彝族回族自治県では「独脚五郎」（図15）、同州永平県では「小神子」（Xiao Sen Zi・漢語「シャオセンズ」）などと呼ぶ。以上のうち「木下三郎」の名が現在でも昆明市嵩明県にみられるのは、非常に珍しい。また、本章でとりあげる雲南省西部の保山市隆陽区には五郎廟があり、一本足の五人兄弟の神を祭祀し、現在でも農村の婦人や商人など一般民衆の信仰を集めている。なお、五通神伝承にかんする先行研究としては、馬場英子氏の「山魈・五通・無常の伝説およびその他」などの論文があり［馬場　一九九五］、本書でも雲南省と浙江省の五通神信仰との比較の上で参照させていただく。

二　雲南省保山市隆陽区の独脚五郎の伝承

保山市は雲南省西部にあり、市政府のある隆陽区は、以前の保山地区保山市が二〇〇一年に行政区画の変更に

地図1　保山市隆陽区の位置

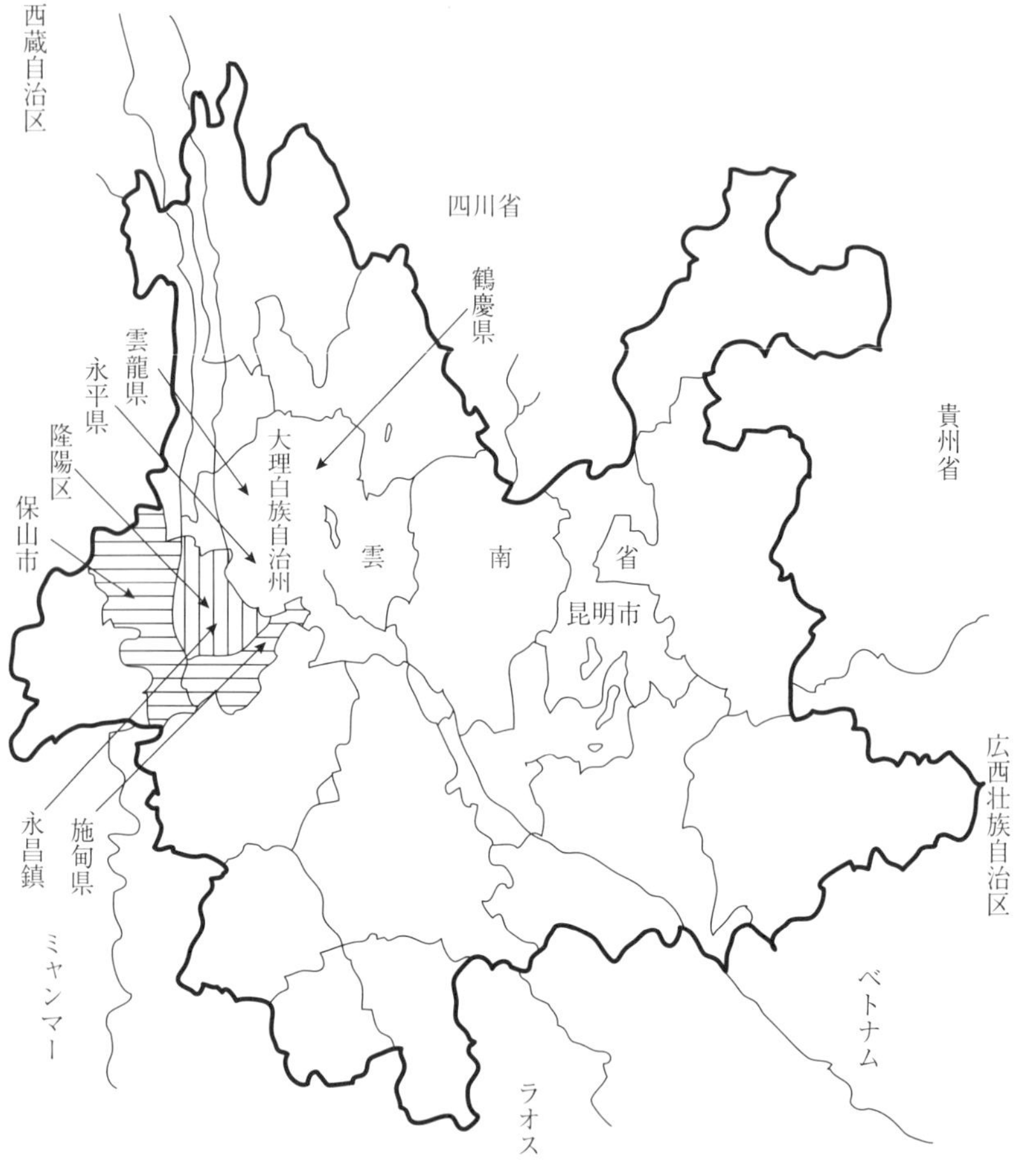

なり改名した行政区画で、瀾滄江（メコン河の中国名）流域に位置する（地図1）。大理市とならぶ西部商業経済の中心地である。この地域は後漢にすでに永昌郡が置かれ（永平十二年・西暦六九）、以来中央朝廷の辺疆民族支配の拠点として発展する。明代には屯田政策の一環として揚子江流域などからの大量の軍民が移住しているが、市、区政府所在地の永昌鎮（以前の龍泉鎮が二〇〇一年改名された）を中心とした保山盆地の市街部周辺は、ほぼ漢族の居住者で占められる。村落は明代以来移住してきた軍民の営所であったところが多い。農業を主産業とし、稲作を中心にした二毛作をおこなっている（現地調査は一九九七年に実施）。

本章の研究で、保山市隆陽区を調査地として選んだ理由は、前記のように雲南西部の漢族の主要居住地であり、雲南漢族の注目すべき多くの伝統文化を濃厚に保つ土地柄であるからである。保山市隆陽区は東隣に大理白族自治州に接し、次章で取り上げる同州大理市のペー（白）族の事例に対して、隣接地区での漢族と非漢民族との民間信仰伝承をそれぞれ対比的に見渡せる視座を提供するに欠かせない地理的、歴史的条件を備えている。

保山市隆陽区では五通神を「五郎神」（Wu Lang Sen・保山漢語「ウーランセン」）と呼ぶが、一本足の形態から民間では「独脚五郎」（Du Jyo Wu Lang・保山漢語「ドゥージョーウーラン」）とも呼ぶ。独脚五郎とは一種の小人の姿の精怪で、人に祟ったり、特定の家にあらわれて人間と関係をもとうとするが、市街南郊のH村のZHさんは次のように語る（以下、年齢は一九九八年本稿初出当時）。

「二十年あまり前、四十歳ほどの女性が独りで太保山（永昌鎮郊外の山で、玉皇大帝を祀る玉皇閣、諸葛孔明を祀る武侯祠などがある）に住んでいた。市にゆくために山を降りる途中、古い建物の跡地で小便をしたが、そこは独脚五郎の住処で、彼女は独脚五郎の祟りで精神がおかしくなった。親戚が『瞧香火』（Qiao Xiang Huo・漢語「チャオシャンホウ」――たまごを覗き込んだり、線香の煙を看て占う巫女、巫師）に看てもらって原因がわかり、彼女を連れて小便をした場所までいって罪を詫びると、彼女の精神はようやくもとにもどった」（女性・漢族・五六・農民、副業として紙銭販売）。

独脚五郎はもともと山に住処があり、住処を犯した人間に祟るという点で、山魈や山都の伝承に連なる性格がみられる[4]。

廟堂内の五郎神と、民間の伝承に登場する独脚五郎は、想像される姿に違いがある。廟堂の神像や神像画は火輪に乗り、槍を持った三眼の太子像であるが、保山市隆陽区近辺の人々の伝承のなかでは赤い衣服を着た小人として語られる。

保山市隆陽区に接する大理白族自治州永平県ではこれを「小神子」と呼ぶが、LZさんは次のように語る。

「子供の頃、隣の家が小神子を祀るといわれていた。地主階級で以前は裕福な家だった。ある日その家の軒先で赤い小さな帽子をかぶり、赤い馬掛（中国式チョッキ）を着た小人が、楽しそうに跳ねたり踊ったりしている。子供は集まって見にきたが、大人には見えない。足は腰から下に真ん中に伸び、太股だけ見え下はみえない。小神子は三日間踊っていたが、三日後その家の主人は死んでしまった」。「小神子を祀る家は他所から来た家で、村にもとから住んでいる家は祀らない。隣の家の祖籍は四川省で何代か前にこの村に来た家だった。また保山から嫁を迎えたために小神子が居座った家もある。小神子を祀ると小神子は他家から財産を持ってきて家を富裕にするが、供物が小神子の要求に応えられなくなったり、不敬を働くと小神子は怒って家の財産を持ち出し、他の家にもってゆき家を空にするというが、言い伝えで実際は知らない」（男性・漢族・三〇・道路工事班）。

なお、小神子という呼称は、漢族やペー族のほかにも、雲南西北部麗江市古城区と玉龍納西族自治県のナシ（納西）族や四川省甘洛県のイ族にもある。いずれも、財産を移動する運搬霊とされるが、ナシ族、イ族では女性との性的関係を好むという点が特徴となっている(5)。

瀾滄江（メコン河）流域に位置する大理白族自治州雲龍県にも「独脚五郎神」（Du Jyo Wu Lang Sen・漢語「ドゥージョーウーランセン」）の伝承がある。県庁所在地から西二十キロほどのN村は峡谷ぞいに位置する五十戸ほどの集落であるが住人はほぼペー族である。LZさんの同僚のDHさんは、村の老人の話として次のように語る。

「谷向こうに独りで住んでいる家は独脚五郎神を祀っている。家に食べ物がなくなると、その家のために他の家から食べ物をもってくる。金銭がなくなれば金銭をもってくる。独脚五郎神は一本足で赤い帽子をかぶっている。ある子供が出会いがしらに帽子を取ると、法力がなくなったという。独脚五郎神は食事時にあらわれ壁から手首だけを突き出す。手は腫れ物だらけで腕輪をしている。肉をわたすと手を引っ込める。その家はかなりよい暮らし向きだが、独脚五郎神を祀ると次の代からは運が傾き家は衰えるといわれる」（男性・漢族・二三・道路工事班）。

手首だけ出すというのは、日本の東北地方のザシキワラシが、「細手」といい、手だけ出現することがあるのと似て面白い。

保山市隆陽区北部B鎮X村のHSさんは次のように語る。

「独脚五郎は気に入った家を探して、自分を祀らせる。小さい頃家族から聞いた話では、ある家の門の裏にたくさんの草鞋が積み上げられてあったそうだ。家の人は独脚五郎の仕業と思い、全部表に投げ出しておくと翌日もまたもとどおり草鞋の山が積まれている。家の人は独脚五郎を祀るしかないとあきらめ、祟りを恐れて家で祀りはじめた」。「独脚五郎を祀るとその家は毎日供物を捧げて丁重に扱う。とくに鶏の肉とあひるの肉が好物で日々捧げる。祀れば家は豊かになるが、いったんやめると怒って家の財産をよその家に持って行き、家に火を着け、屋根瓦を壊したり、壁を崩したりする」（女性・漢族・五七・農民）。

大理市古城街で民間医師を営むBSさんが保山市隆陽区の知り合いから聞いたところでは、周囲の家では「何が怖い」の説話モチーフにも通じるような「反対の話」をすることによって、独脚五郎が家に入って物を盗むのを防ぐという。(6)

「独脚五郎は門のたたきに腰掛けて周りの家を見ている。夜にこっそり他人の家に入って物を盗みにくる。姿は見えないが、物音などからそれと感じると、わざと好きな物を嫌いといい、嫌いな物を好きという。石ころが好きで、お金は嫌いだというと、石ころを持ち出し、かわりにお金をたくさん投げ込んでくれる」（男性・漢族・四七）。

「反対の話」に関する文献資料として張海福・杜寛活調査整理「鶴慶白族趕小神子」に報告されるペー族の「小神子」は一寸ほどの小人で、動作はすばやく、姿を隠し、人の話とあべこべのことをする。

「数年前逢密村と和邑村である人が小神子を捕まえたという。布に道符を描いて衣服に縫いつけると逃げられない。さらには養って我が事に使うことができる。どこかの家の米を持ち出したいとき、我が家の米をだれそれの家に持ってゆけといえば、小神子はその家の米をあべこべに持ち出してくる。もしも直接指図するならば、逆に自分の家の米をその家に持っていってしまう」（詹承緒分冊主編『中国各民族原始宗教資料集成・白族巻』）〔張海福・杜

寛活　一九九六ａ：五二〇〕。

保山市隆陽区の場合、ＷＳさんの話にあるように独脚五郎は特定の家庭にあらわれて祭祀を要求し、その家庭が独脚五郎を受け入れた時点で、独脚五郎はその家庭にとっての神として扱われる。「五郎神」として神格をあたえられ家神として祭祀されるのである。精怪や動物精が積極的に人間に「神」としての認知と祭祀を要求するという点では日本のキツネツキについての信仰とも類似した側面がある。たとえば南宋・洪邁『夷堅志』「丁志」巻第十三「孔労虫」は、精怪となった鼠が五通神として祀ることを要求し、「我は五通神なり、怪に非ず」といい、あくまでも正当な神格であることを強調している(7)。

五通神はさまざまな動物精、山中の精や、その衰えた神格が、正当な神として祭祀されたいという要求を人間に示すとともに成立し、五通神と祭祀者（すなわち広義には精怪と人間）とのあいだの、祭祀＝利益の関係で結びついた私的な「契約」的関係がみられる。五郎神として祀られる保山市隆陽区の独脚五郎も祭祀者の要求に答え、他の家庭から財産、物品を祭祀者の家庭に運んで豊かにするかわり、祭祀者は五郎神の要求に答えなければならず、「相互応酬」（give and take）の関係が人々のあいだで明確に認識されている。

三　保山市隆陽区五郎廟の来歴とその祭祀神

五郎神は前記のように本来特定の家がひそかに祭祀する神であるが、保山市隆陽区では五郎神の祭祀は五郎廟という公共性をもった場所でもおこなわれる。この意味では五郎神はすでに公的な認知を得ている神格であり、五郎廟の五郎神に参拝することは特定の家が祀るとされる場合と反対に、隠されるべき必要がない。廟堂の祭神としては、五郎神は財神廟の財神や城隍廟の城隍神などの他の廟神と同様に日常的な祈願に訪れる一般の祈願者をもち、祈願に応える。

保山市隆陽区の五郎廟は市街区西側の太保山のふもとの高台にある。五郎神は昼間は廟堂で参拝者の祭祀を受けるが、祈願を聞き届けると夜間にあらわれて活動する。

五郎廟の廟堂は四年前建て直されたばかりの平屋の堂屋である。旧暦で毎月六の日に会がもたれ、婦人を主とする信者たちが集まり供物を捧げ、経を唱える。熱心な信者は願掛けを意味する「許願」（Xu Yuan・「シーユェン」）をし、成就の折りは廟堂を建て直すと約束し、多額の寄進を得て修建費用を得ることもある。五郎廟は民国期には藁葺の廟堂があったというが、その後廟守りのＲＺさん（男性・漢族・八〇）の発心によって個人的に修復されている。北京郊外出身のＲＺさんは班長として抗日戦争に参加し、瀾滄江（メコン河の中国名）対岸の日本軍と戦ったが、戦後保山市隆陽区に残り建築工事に従事していた。ある日怒江（サルウィン河の中国名）での橋梁工事に参加していたとき、突然豹にであった。咄嗟にもしも豹に食べられずにすんだならば善功を積んで菩薩の助けに報いると誓ったが、豹は何故か食べずに立ち去った。ＲＺさんは誓いを守るために五郎廟に住み、新しく廟堂を建て直し、文化大革命当時も破壊を免れて今日にいたる。

五郎廟の廟堂には三間の祀堂があり、中央の祀堂に五郎神を祭祀し、向かって右側の祀堂に六賊神を祭祀し、左側の祀堂に黒虎に騎った財神の趙公明像を祭祀する。五郎神の神像は前述のように五人の太子像で五人兄弟である。その姿は一本足で火輪に乗り、「蛇槍」（Se Qiang・雲南漢語「セーチャン」）と呼ぶ刃のうねった槍を持ち、三眼である（図16・図17）。祀堂の左右の壁には五人の五郎神を描いた神像画がいくつも掛けられている（図18）。この神像画は五郎神の祟りを得たものが許しを得るために奉納したものという。このほかに五郎神の牌位が奉納されているが、廟で参拝の世話をしているＬＸさん（女性・漢族・七〇）によると、これらの牌位は五郎神を家庭で

図 17　五郎神の塑像と祭壇

図 16　五郎神の塑像

図 19　五郎廟内の神像画

図 18　五郎神の神像画

祭祀していた者が家での祭祀に使っていたものという。いや増す五郎神の要求に答えられず、報いを恐れた祭祀者は牌位や神像画をもってきて廟堂に奉納する。祈願を捧げて五郎神に家から立ち退いてもらうと、祟りを防ぐことができる。五郎廟が五郎神の祀り棄ての場として機能していることは注目される。牌位はたとえば、「通天教主都府五顕霊歓大帝五明皇后」「護国金甲倉庫二龍財龍天子」の神名を書くが、「都府五顕霊歓（本来は「霊官」）大帝」を五郎神の全称とし、「五明皇后」として五郎神の夫人を当てる（明・鄒応龍修、李元陽纂〈万暦〉『雲南通志』巻十二は府城東門外に五顕霊官を祭祀する五顕廟を記す）。倉庫二龍と財龍天子は招財目的で祭祀される龍神（大理白族自治州巍山彝族回族自治県では風水上の「地脈龍神」とされる）であるが、保山市隆陽区近辺で倉龍といえば胴体が短く、尾が無い蛇身の姿の「蛇蠱」とされ、養い主のために他家の穀物を掠め取るとされ、五郎神とともに邪術信仰上の神格を並列して祭祀している。

他に神界の秩序を描いた神像画があり、四段に分けて第一段に財龍と天庭の正神を描き、第二段には五郎神を描き、第三段には仏教の護法神で『封神演義』で知られる哪吒太子を描き、第四段に土地神を描く（図19）。

四　六賊神

向かって右側の祀堂の祭神である六賊神は、保山漢族特有の民俗神である。五郎廟では六の日に会がもたれ、「祈六賊大帝保安方境」（「六賊大帝に祈りて方境を保安せしめ」）「叩五通神祇普求衆生」（「五通神に願ってあまねく衆生を求むる」）の対聯（門扉や柱に貼り出す左右一対の対句）を掲げており、六賊神が五郎神に劣らない信仰を集めていることが窺える。

ＲＺさんは、六賊神は信者が神像をもってきて廟堂に供えたものという。神像は弥勒仏といわれる仏像の周りに

図20 六賊神の塑像

置かれた六人の菩薩像で、僧侶の法衣を着る（図20）。この神は財産祈願に多く祭祀されるほか、子供が言うことを聞かなかったり、勉強に身を入れず落ちつかないとき、あるいは婚姻がうまくいかないときなどに祭祀される。高金龍氏の調査によると餓鬼がとり憑くと精神が不安定となるため、六賊神に祈願して飢鬼を祓うのであるという［高金龍 一九九三：五八］。また六賊神は盗賊の守護神ともいわれ、物が盗まれたときは六賊神に祈願して二度と物が盗られないように祈願する。

六人一組の六賊神は五人一組の五郎神に対して対応関係があろう。財神で、男女の関係にかかわり（婚姻）、盗賊の守護神として盗みに関わる神であるという点で、六賊神は後述する五郎神の祈願内容に通ずる性格がある。六賊神は盗みの神としての性格が、財運を招く財神信仰を生じさせる根拠となっていると思われ、姿を消して自在に各家庭に入り込み財産を奪うという五郎神の性格とも共通する。六賊神は保山市隆陽区の民間信仰世界において、五郎神と相補する役割を担わされている。

五 祭祀目的

五郎神を祭祀する目的については、各人各様の事情がある。廟堂で「疏表」（Si Biao・漢語「スービャオ」）と呼ばれる願文の代筆を職としているＬＨさん（女性・漢族・六五）は、祈願者の祈願内容をすべて告げられる立場にあり、この点についてもっとも詳しく了解している。ＬＨさんはもともと五郎廟に毎日マージャンを打ちに来ていたが、息子が二十五万元の資金でカラオケ・ディスコをはじめたとき客が入らず赤字がつづいた。ＬＨさんが五郎廟に赴いて魚、鶏などを捧げて祈願してみると息子の商売は好転した。それ以来五郎廟で願文の代筆をして五郎神の加護に報いている。

ＬＨさんによれば、五郎神への祈願は次のようなものがある。

㋐清吉平安――家庭が平安で、運が向上するように願う。日常的にこの種の祈願がもっとも多い。この祭祀には、「黄銭」（Huang Qian・漢語「ホアンチェン」）と呼ばれる神霊祭祀用の紙銭数枚（対して鬼魂祭祀用には「白銭」・Be Qian・雲南漢語「ベーチィエン」を使う）、「金銀紙」（Jin Ying Zi・雲南漢語「チンインツー」）と呼ばれる金塊・銀塊のインゴットである元宝を象った金箔、銀箔紙のほか、五郎神の神像を彫った神像呪符（図21・図22）、六賊神を描いた神像呪符（図23・図24）、平安祈願用の「平安符」（図25）、青紅の「和合喜神」（図26）を用意し（神像呪符は「神馬」〈Sen Ma・雲南漢語「センマー」〉と呼ばれる）、五郎廟内の殿前で燃やし、その後で線香を神前に捧げ、拝跪して祈願を伝える。祈願を伝える前に木製朱塗りの半月型の占い道具である筊を床に落として神意を占い、二個の筊が裏表それぞれ出ると、神が祈願を聞き入れる。雲南省の他地では筊は現在ほとんどみられず、硬貨二枚の裏表で占う場合がほとんどである。

㋑夫婦問題の解決――夫婦の仲がよくない場合、五郎神に祈願して夫婦の円満を願う。いわゆる五通神は、もともと女性との交渉を求める神でもあり、男女関係に関わる神とされるのも相応の理由があろう。

㋒財運祈願――五郎神は財運をもたらす神で、財神、六賊神とともに祈願される。先日も保山市の隣の行政区画である徳宏傣族景頗族自治州の商人が商売繁昌の祈願に訪れ、祈願が成就した暁には廟堂をさらに大きく建て替える旨を誓った。去年宝籤の的中を祈願をした者は、見事にバイクが当たった。

㋓学問成就――受験の合格祈願に訪れる者がいる。去年大学受験のために五郎廟で祈願した学生は、広州の大学

図 21「五爺」
保山市隆陽区　雑紙墨刷— 15.2 ㎝ ×13. 2 ㎝

図 22「五爺」
保山市隆陽区 雑紙墨刷— 15.4 ㎝ ×13.5 ㎝

図 23「六座（賊）神」
保山市隆陽区　雑紙墨刷— 17.2 ㎝ ×11.9 ㎝

図 24 「六賊神」
保山市隆陽区 雑紙墨刷— 18.0 ㎝ ×12.4 ㎝

図 25「平安紙」
保山市隆陽区 黄紙墨刷— 12.7 ㎝ ×8.1 ㎝

図 26「和合喜神」
保山市隆陽区　紅紙墨刷— 14.2 ㎝ ×10.5 ㎝

の医学部に無事合格した。

㋔迷子、失物――ある子供が二ヶ月間も行方不明になったが、両親が思い立って五郎神に祈願すると、ひょっこりもどってきた。雷国強「宣平山区山魈信仰習俗考察」によると、日本でいう天狗の神隠しと同様に山に住む山魈が村の子供を神隠しに遭わすとされている〔雷国強　一九九〇：二一九―二二〇〕。このとき山魈に祈願して帰してもらうが、隆陽区では姿を消して自在に出入りする五郎神は子供を探しだす神である。失物も五郎神に祈願する。

㋕五郎神祭祀の肩代わり――五郎神は祭祀を丁重にしているかぎり、さまざまな利益をもたらすが、利益が増えれば増えるほど祭祀への要求も増え、出費もかさむなどして五郎神の祭祀が困難となる。その場合五郎廟に詣でて祭祀を肩代わりしてもらう。前述のように牌位を奉納して五郎神を廟に返すことになる。

㋖五郎神の祟りについて許しを願う――五郎神を祀らない普通の人でも「五郎神を怒らせ」（「触犯五郎神」）ために病気になり、運が傾いたりすることがある。巫師、巫女の類である「瞧香火」に占ってもらい、五郎神の祟りと判断されると、廟堂で家畜を犠牲にし、丁寧に祭祀して神像画を奉納する。ある参拝客は廟から出るとき突然足が動かなくなったが、紙銭や願文の費用を払い忘れたので五郎神が怒ったのであるという。

六　五郎神信仰の諸位相

このように五郎神は「清吉平安」など、広く家庭の平安保護を祈願する神であり、五郎神はすでに特定の家が祭祀する神としての限定的性格を超えて、一般の祈願者に受け入れられて廟堂に祭祀され、参拝されるように廟神化され、一つの神格として公的に認知されている。

しかしながら廟神としての五郎神は、なおも祟り神としての性格が強調されており、他の廟堂の祭神とは同一視できない異質な暴力性をあらわにしている。元来が山中の精怪である五郎神の祟りは、他の神を触犯した場合をはるかに超えたその徹底性において特徴がある。五郎神が神として山裾に位置する五郎廟に祀り込められ、鎮められている理由は、五郎廟が五郎神の祭祀が継続できなくなった者の「祀り棄て」（宮田登氏の言葉）の場所であるという明確な目的があるからにほかならない[8]。五郎神はあくまでも人間にとっての秩序世界から外れた、山界という外部世界出身の神としての由来を保ち、山中の精怪としての自然界の混沌性、暴力性を内に秘める。人々の五郎神とのかかわり方は、異界の住人である異類との交渉、その特異な能力の利用という局面をつねにはらむが、祭祀と破滅が表裏一体である危機的な関係でもある五郎神祭祀の性格もそこから理解できよう。

結論すると、五郎神信仰にみられる五郎神の位置には、三つの位相が考えられる。㋐独脚五郎＝異界に住む精怪的存在。㋑五郎神Aのレベル＝人間界での内部的存在、家神的存在。㋒五郎神Bのレベル＝神界での超越的存在。

㋐は山界の異類としての独脚五郎としての身分である。山界の異類としての独脚五郎は、山中に住処を構えているが、人間がその住処を汚したりした場合は、とり憑き、復讐せずにはおかない。山中の精怪として、人間に対するある種の暴力性をはらんでいる。

㋑は人間世界にあらわれて祭祀を要求する人間界での位相である。ここで独脚五郎は五郎神として祭祀されるが、その役割は祭祀者にしたがい共同体の内部で財産を移動させ、村内の経済関係に干渉することである。これを五郎神の第一の存在レベルとする（「五郎神A」）。五郎神は、この場合人間界の特定の家庭内の家神となり、人間界に内部的に存在している。

㋒は五通神の第二の存在レベルである（「五郎神B」）。五郎神にはさらに五郎廟での祭神としての位相がある。五郎廟における五郎神は、廟堂内の神界図が示すように、道教の諸神と財龍天子、哪吒太子とともに神々の世界である神界の一員となっている。ここでは五郎神は、特定の家庭の家神から、一般性をもつ公的な神として認知され、廟神へと変化し、神界に位置する存在にまで性格が変化する。つまりここでの五郎神の位相は人間界に対して超越的に関わる点で、他の廟堂の祭神と同格の位置にある。この位相には家神としての五郎神の暴力性ゆえに、祭祀者の「祀り棄て」によって、廟堂に「祀りあげ」「祀り込め」られるという側面があり、この祀り棄ての結果として、神界の一員としての身分が、「敬して遠ざける」という論理の表現として、隔離的な意味として与えられている。

家神としての五郎神Aと廟神としての五郎神Bには、祭祀の私的性格から公的性格への転位、人間世界にとっての内部的存在から、超越的存在への転位という二点でその様相に本質的な差異がある。しかしながら五郎神を神界に祀り込めたとしても、その山界の異類としての性格は、山界の入り口である山裾に位置する五郎廟の位置やその神像にみる一本足の形象にみられるように、なおも残されている。五郎神を触犯したときの暴力性の発露は、五郎神がいつでも本来の混沌とした自然性を発動し、発揮できることを示している。いいかえれば、五郎神は廟堂にあろうと家中にあろうと、人間のちょっとした不注意によって、五郎神A、五郎神Bいずれの場合とも、いつでも精怪、独脚五郎としての本来性に立ち帰り、人間に復讐する異類としての危険性を発揮する可能性がある。かかる意味で、五郎神の信仰習俗は実質的には、これらの三つの位相のあいだを変転させつつ、人間世界に対する五郎神の異なる性格と意味を表現しているというべきである。

七　祭祀者とされる家庭の特徴

五郎神の伝承は、特定の家庭が代々祀り、周囲の家庭の警戒を受けているという点で、日本の「憑きもの筋」

と同種の問題をはらむ。馬場英子氏の調査による浙江省の五通も、家庭でこっそりと祀る財神とされ、「金持ちから取って貧乏人にやるから、貧乏人は好んで祀る」（奉化市の事例）［馬場　一九九五：二一二］などといわれ、やはり特定の家庭が祀る神とされている。

保山市隆陽区の場合、五郎神を祀るとされる家は、親戚も含めて近所づきあいを避けられ、婚姻忌避の対象とされ、社会上の深刻な問題もはらんでいる。

保山市隆陽区近辺で五郎神を祭祀するとみなされる家庭は、以下の三つに分類できる。㋐他所者、他地から移住してきた漢族。㋑裕福な家、商人、山林主、地主。㋒五郎神を祀るとされる家庭の女性を嫁に迎えた家庭。㋐については具体的な地名が指摘されており、浙江省出身の人物が比較的多いという。LHさんによれば五郎神を祭祀する者は、浙江省出身の、しかも商人が多く、この場合農村部の住人に限らず、市街部に住む、比較的新しく移住してきた者も含む。五郎神の絵や牌位を奉納しに来るのも浙江商人が多い。富裕になると、祭祀も頻繁になり祀りきれなくなるからという。

他所者が五郎神の祭祀者とされることは、伝承を語る人々の他所者に対するある種の視点が隠されているとも指摘できよう。じっさいに五通神に関する伝承には、他所者、流亡者が関わるとされる場合が多い。たとえば『夷堅志』「支癸」巻第三「独脚五通」の記載は、安徽の土地で飢饉を避けて流れてきた者が五通神を祀ったとされ、[9]また馬場英子氏も「安徽省の避難民が五通を使って財産を盗みとる」（寧波市の事例）［馬場　一九九五：二一〇］などの言い方があるとされ、浙江省でも他所者が五通神の祭祀の主体とされる傾向がある。これは日本の憑きもの信仰においても、とくに山陰地方の場合、他所者が裕福に成り上がった場合、キツネモチなどとされることと類似した現象といえ、農村社会での他所者への排除の姿勢が表現されている（永平県の例について、LZさんは小神子は土着の家は養わないというが、四川省からの移民は「壇神」という神も祭祀し、その神の力で他家から財を得るといわれるという）。

保山市隆陽区では五郎神自身も他地から移住してきた外来の神であるとされる。五郎廟内でマージャンを打ちに来る常連の老人の話によると、独脚五郎は諸葛孔明の雲南遠征軍に参加していた将軍で、戦争で片足を失い、永昌の地まで我慢して百里の路を進軍したが、諸葛孔明にもう百里進軍すると告げられ、この地に残ることにしたという。五郎神はストレンジャーとしての性格を負わされており、五郎神を祀るとされる者がストレンジャー（stranger）であるという認識と一つながりに認識されている。

㋑についてはとくに衣類、雑貨などの小さな商売を営んでいる者に祭祀者が多いという。㋐と合わせて外来の商人が祀るとされる傾向が強いが（「浙江商人」という形で特定される）、地元の出身者もいるという。農村では農民もよく祭祀するとされる。たとえば永平県の場合、LZさんの知る範囲では村で小神子を祭祀する家庭はみな農民であるというが、前述の事例でも地主で裕福であった家庭が祭祀者とみなされている。

㋒については㋑の場合とも関連する事例をLHさんから聞く。

「施甸県（保山市隆陽区の隣県）のある村で、代々山林主をしていた親戚のS家は、幾つも山をもつ裕福な家で、海外に木材を輸出するほど羽振りがよかった。ところがこの家に五郎神がいるといううわさが立った。夜にかまど小屋のあたりに赤い帽子をかぶった小人がいる。ある日S家は突然火事を出し、家はたちまち落ちぶれてしまったが、人々は独脚五郎を粗末に扱ったからとうわさした。あとから考えてみると、その家は息子の嫁に保山市（現隆陽区）出身の嫁を迎えてから、五郎神のうわさが立ったわけで、その嫁は五郎神を祀る家から嫁いできたのである」。

この事例では嫁が祭祀者の家庭の出身だったために、五郎神がその家庭に出現したとされることに、五郎神と女性との特殊なかかわりが看取できる。つまり女性は五郎神祭祀の不可欠な主体であるとみなされており、日本のキツネモチ、犬神筋などの憑きもの筋の問題と同じく、五郎神信仰の場合も祭祀者から嫁をもらったために、その家庭も祭祀者とされる。

なお、保山市隆陽区ではこの種の伝承は、祭祀者の転変を前提として語られていることが特徴である。祭祀者の家庭は一代か数代で没落し、独脚五郎は他の家庭に移動してしまう。また、祭祀者とされる家庭の親戚筋も、親戚であるという理由で祭祀者とされることはない。それらの点は日本の憑きもの筋の伝承の一般的な内容とは異なっている。

八　結論——富の観念と五郎神

祭祀する家庭を富ませ、怒らせるとたちまち貧しくさせると考えられている五郎神の伝承は、特定の家庭の富裕、窮乏に対する理由を説明するものであり、それを通じて共同体内での経済的な観念と密接に関わる信仰習俗を形成している。

小松和彦氏は「憑きものと民俗社会——聖痕としての家筋と富の移動」で、日本の憑きもの信仰の解釈として、アメリカの人類学者、G・フォスター（G. Foster）の「限定された富（善きもの）のイメージ」（image of limited good）の説明概念を援用している。フォスターは閉鎖的で都市ともある程度関係がある農村社会のなかでは、農民たちは富の観念がつねに一定量しかないというイメージをもち、誰かが何かを多く獲得すれば、他方はその分だけ失っているという「ゼロ＝サム理論」に裏打ちされて行動し、考えるのであるとする。小松和彦氏は日本の社会で「憑きもの」のレッテルを貼ることは、自分たちから富を奪い取って成りあがった者への社会的制裁、報復であるという〔小松　一九九四〕。

中国南部に広くみられる五通神信仰は、この点で日本の憑きものに相当するような呪術的霊物に関する信仰伝承として捉えることができよう。たしかに、五通神における信仰伝承の内実は、「限定された富（善きもの）のイメージ」と、富をより多く取った者に対する制裁、平準化といったメカニズムと共通の枠組で語られる側面がある。

同種の呪術的民俗事象に関する信仰伝承の研究として、曽士才氏はすでに「苗族の『憑きもの』に関する覚書き」で、貴州省台江、凱里両県の醸鬼と呼ばれる生霊的霊物に特定の女性がなるとされる信仰伝承について、フォスターのいう都市とも関係をもつ「農村社会」の範疇で考えられる可能性があることを指摘される〔曽士才　一九九一：一二三―一二四〕。

五通神伝承の場合、五通神は山中の異界から人間世界にやってきて共同体内の富の分配を盗みによって干渉し、再分配し、移動させている。とくに馬場英子氏によると浙江省温州市、寧波市ではそのいちいちをわざわざ屋根瓦に記録しているとされる〔馬場　一九九五：二〇六―二一一、二一六―二一八〕。これは富の配分がつねに損得一定になるように調整する意味であり、この種の伝承を語る人々が、共同体内の富の観念を総量についての限定性と内部循環的な性格、すなわち一種のゼロ＝サム理論にもとづき理解していることを裏づけている。

こうした「限定された富（善きもの）のイメージ」の表現として五通（郎）神をめぐる伝承は農村社会内部の富についての認識の枠組を提供しており、この種の伝承が特定の祭祀者（保山市隆陽区の例では「限定された富」の取り分を奪う他所者や、多く取った者としての地主や富裕者、農村社会の外部から商業経済の原理を持ち込む商人、村の新たな成員として好ましからざる場所から来た嫁をもつ家など）と結びついて語られるという性格が見て取れる。今後の課題としては、このような「限定された富のイメージ」がこの種の伝承をもつ人々の間にあるとするならば、それぞれの社会や共同体で、それが具体的にどのように表現されているかということをみてゆく必要がある。

五通神の信仰伝承と同じく、共同体内部の富の移動と、特定の家系や人物の盛衰が関連づけられ、結果の説明に呪術的霊物が関わる運搬霊的な信仰伝承は、西南地方を中心に漢族、非漢民族を問わず広汎にみられる。その典型的なものとしては、「蠱毒」と呼ばれる、虫霊、動物霊的霊物を扱って富を得るという信仰伝承がある。漢族のみならず、ペー族、イ族やナシ族、リス（傈僳）族、ミャオ（苗）族、チワン（壮）族などに広くみられる蠱毒伝承は、特定の家庭に養われ財産や物品を移動させたり、他人を害する作用があり、それを養うとみなされる人物や家系は、やはり周囲の成員たちから社会的に交際を忌避されたり、警戒されることが一般的である。

呪術的信仰伝承の範疇として見た場合、五通神の信仰伝承と蠱毒伝承は、共同体内部の富の移動と、特定の家系や人物の盛衰を説明する説明概念として、霊物とその作用が語られるという点で、明らかに共通した伝承内容と類縁性を有する。[10] しかしながら、たとえば、どのような家や人物が致富に関する霊物を扱うとみなされるのか、あるいはその種類や役割といった点については、それぞれの民族や地域社会において相違がある。それらに対するイメージの在り方の違いにこそ、この種の伝承を語る人々の、自分たちの生活する共同体や社会に対する彼らの理解の有り様が表現されており、ひいてはそれぞれの民俗社会における社会構造の特質を考察する手がかりとなる可能性をもっているとも考えられる。次章では蠱毒伝承の事例として、雲南省大理白族自治州大理市のペー族における事例を取り上げ、これらの点について論じることにする。

註

（1）『太平広記』巻四百二十八「虎部」三「斑子」引、『広異記』「山魈者、磯嶺南所在、有之獨足反踵手足三岐」。

（2）宋・洪邁『夷堅志』「丁志」巻第十九「江南木客」「大江以南地多山、其俗磯鬼、其神怪甚佹異、多依巖石樹木爲叢祠、村村有之。二浙江東曰、五通、江西閩中曰、木下三郎、又曰、木客、一足者曰、獨足五通、名雖不同、其實則一。（中略）變幻妖惑、大抵與北方狐魅相似。或能使人乍富、小人□□（葉本作『好迎』）致奉事、以祈無妄之福。若微忤其意、則又移奪而之

他。遇盛夏、多販易材木於江湖間、隠見不常、人絶畏懼、至不敢斥言、祀賽惟謹。尤喜淫、或爲士大夫美男子、或随人心所喜慕而化形、或止見本形、至者如猴猱、如尨、如蝦蟆、體相不一、皆趫捷勁健、冷如冰鐵。陽道壯偉、婦女遭之者、率厭苦堪、羸悴無色、精神奄然」。なお、この引用個所は、台北・明文書局刊行本に拠り、本書は涵芬楼本を底本とする（以下、『夷堅志』の引用も同じ）。該当箇所の原文は、もと嚴元照、影宋手抄本に拠る。

（3）　保山市隆陽区の五郎神と同じく一本足の精怪とされる霊物については、中国南部から朝鮮半島にかけて広くみられる。永尾龍造『支那民俗誌』第六巻によると湖北省では「小神子」といい特定の家が使役するとされ、便器の木切れを三年かけて拝むと一本足の精になり、他人の財物を秘かに盗むとされている［永尾　一九七三：七〇二］。清代の貴州省の地方誌崇俊等修・王椿纂（光緒）『増修仁懐庁志』は、小神子は姉妹の小人であるといい、小神子を祀る家のために姿を隠して人家に侵入して金銭や物品を盗むというが、祭祀をおろそかにすると怒って家に放火するとされている。また糞便を食事のなかに入れるなどのいたずらをするという（『夷堅志』「丁志」巻十九「江南木客」も「砂礫を投げ、風火を起こし、人屎、牛糞を飲食中に入れる」・「即擲沙礫、作風火、置人矢牛糞於飲食中」と記す）。

なお、精怪的霊物を指して呼ぶ小神子の呼称は、四川省大涼山イ族や、雲南省麗江市のナシ族、大理白族自治州のペー族にもみられる。

朝鮮半島ではトッケビの伝承が知られる。トッケビは湖北省の小神子が器物の精であるように、帚や火掻き棒などの器物が変化するとされる精怪で、「独脚」ともいい、一本足が多い。今村鞆『朝鮮風俗集』はトッケビは女性を好み、「これに応ずると金持ちとなり、肘鉄砲を喰らわすと貧乏になる」、「此鬼は悪いこともするが、又懇意になれば金を持って来てくれて非常な金持ちになるという」といい、「欲の深い奴は密かに祭るものもある」と述べ、五通神信仰と類似した伝承が語られる［今村　一九七五：三五六］。

雲南省も含め、中国の山魈や五通神の類について、姿を消すことのできる赤い帽子をかぶるとする伝承がある。馬場英子氏の調査によると浙江省温州市のショ（畲）族は天狗の隠れ蓑の伝説に似て、山魈が赤い帽子をかぶるという伝承が広くあり、蒼南県では人がその帽子を見つけると、盗みをしてもみつからないので金持ちになるといわれているという［馬場　一九九五：二〇六―二〇七］。

清・郭柏蒼『閩産録異』巻五は、福建省の山魈について記し、「山魈は一本足で瘤がある。古棺の三世童男、七世童女の袴を盗んで布から帽子を作り、それによって姿を消すことができる。山中の家に入って古酒を盗み呑み、酔えば帽子を取って本相をあらわす」と記す（「山魈獨足而臃腫、竊古棺中三世童男・七世童女袴下布作帽、故能避形影。入山家偸飲陳酒、酔則去帽而現出本相」）。任東権『韓国の民話』「トッケビのトンゴリ」は、トッケビは赤いトンゴリという衣服を着ることによって姿を消すとされる。トッケビからトンゴリを得た者は姿を消して他人の財物を盗むが、ある日破れ目を赤い布でつぎを当てたところつぎの部分から正体が発覚して首を切られてしまうという話であるが［任東権　一九九五：七九］、同様の類話が雷国強「宣平山区山魈信仰習俗考察」にも記載されている［雷国強　一九九〇：二一七］。

（4）　たとえば『太平御覧』巻八百八十四「鬼部」四、引『述異記』の記事が、山都が深山に巣を作って棲むと記す。「南康に神がおり、名を山都という。姿は人間のようで、背丈は二尺余り、色黒く、赤目で、髪は黄色く、身体に被る。深山の木の下に巣を作るが、形は堅い鳥の卵のようで、高さは三尺余りで、中ははなはだ光澤があって五色鮮明である。二つの部屋の中央が繋がる。現地の者がいうには、上が雄の部屋で、下が雌であるという」（「南康有神、名曰山都。形如人、長二尺餘、黒色赤目髮黄被之、於深山木下作窠、形如堅鳥卵、高三尺許、内甚澤五色鮮明、二房間之中央相連。土人云、上者雄舍下者雌室」）。

（5）　馬学良・于錦綉・范恵娟『彝族原始宗教調査報告』の記すところによると、四川省大涼山に属する甘洛県のイ族でもこの種の精怪的霊物があり、漢語で「小神子」と呼ばれ、イ族語では「ムーパー」（MuBa・「目巴」）と呼ぶという。これは典型的な財物の運搬霊の性格がある。以下に記事の大意を記す。

「もともと小さいが、上から見下すとますます小さく見え、下から見上げると、ますます大きく見える。毛むくじゃらの犬に似た霊物で、甲家の物を乙家に運び、乙家の物を丙家に運び、特定の家に住んで、その家のために好い事をなす。盆地の稲作地帯のある家は豊かで、食べ尽くせぬほどの食糧があるといわれているが、これは小神子が食糧を運んできてくれるからである」［馬学良・于錦綉・范恵娟　一九九三：二四七］。民主改革の後にその家は地区の役場となったというが、おそらくこの家は地主階級と認定されたようであり、そのような富裕な家についてうわさされた伝承であるらしい。また、女性を好んで襲うとされ、女性はその後子供を産むことができなくなるという。財産の移動と、女性との性的な関わりという二点は、宋代の洪邁『夷堅志』などに多く記される五通神の伝承と極めて近い性質をもつ。

鄧啓耀『巫蠱考察』に麗江市古城区のナシ族の小神子の記事があり、以下に大意を示す。

「一九三九年から一九四一年の間の出来事であったが、かなりの金持ちであった奈家に小神子の騒ぎが起きた（本来は頼家が正しい――筆者註）。ナシ族語では『リーチーシー』（Li Chi Xi）といい、『小神子を養う』という意味である。屋内で石が飛び交う現象が起き、三ヶ月の長きに渡ったという。その原因は、ある年金沙江に掛かる橋が竜巻で壊れ、橋のたもとの山神廟も壊れてしまった。橋を取り払う際、奈家の者が現場から金銀財宝を掘り出して持って帰り、家を建て、意外な財産をものにして金持ちとなった。彼は金銀財宝を得た当時、金持ちになったなら、山神廟を建て直すと誓ったにもかかわらず、金持ちになったあとでも約束を守らなかったので、小神子が騒ぎを起こしたのである。結局、巫師を呼び、山神の牌位を祭祀し、輿に載せ、合わせて当初の二倍の財宝を積んで、壊れた山神廟にゆき、元の場所に埋め、廟を再建した。その後小神子の騒ぎは止み、奈家の子孫も増え、インドにまで商売をするようになったという」[鄧啓耀　一九九八：一〇七―一〇八]。

小神子は、この場合山神廟の山神で、山中の神霊が約束を守らなかったので、奈家（頼家）を懲罰している。約束を違えれば、大変な祟りがあるが、努めて祭祀していれば、家の繁栄をもたらすと考えられている。

（6）民間伝承から中国、朝鮮の一本足の精怪の伝承を結びつけるモチーフとして、「何が怖い」の説話があげられる。「何が怖い」の説話は、南朝斉の祖沖之『述異記』にすでにみられ、石や泥を食物に投げ入れる幽霊に対してお金を投げられたらたまらないといい、莫大な金をせしめた者の話を載せるが、馬場英子氏は浙江省温州市の山魈の伝承として、山魈を利用して金持ちになった朱という者が女房に糞でも喰らえといわれたら、鍋に糞が入っていたので翌日わざと鶏でも喰らえというと、鍋に鶏が入っていたという伝承を紹介されている[馬場　一九九五：二〇八]。また浙江省民間文学集成『寧波市故事巻』に載せる伝承を紹介され、左官屋の妻を狙った五通が、妻や夫に翻弄されたために復讐しようと、畑に石をばらまいたところ、夫はわざと「糞でなくてよかった」といい、翌日畑には糞がいっぱいにばらまかれ、石はなくなっていたという[馬場　一九九五：二二五―二二六]。この話とまったく同様の伝承が任東権『朝鮮の民俗』に紹介されているところをみると[任東権　一九六九：七九]、朝鮮半島のトッケビの伝承は、中国の五通神伝承と密接な影響関係をもつであろうことが予想される。保山市隆陽区でもBSさんの語るように、「嫌いなものをわざと好きという」方法で独脚五郎が物を盗るのを防ぐというようにこの種のモチーフに通じる伝承が語られている。「何が怖い」の説話は日本でも天狗、河童あるいは沖縄の木の精であるキジムナーや奄美地方のケンムンなどの説話にみられ、人間と異類との交流の場での、異類からの危険を避けるための人間の側の優越性（知恵や機知）として語られている。

なお、五通神やトッケビを特定の家にあって財産を招来したり散逸させる小人形の精怪として考えるならば、日本の東北地方のザシキワラシ（たとえばザシキワラシも子供にしか姿がみえないといわれる）や、柳田國男がこれと関連あるとする童子神の伝承（求めに応じて食べ物をもってくるが、近隣の家はそれに応じて物がなくなるなど）（「ザシキワラシ〈一〉」）も性格上比較されよう[柳田　一九六三]。

（7）宋・洪邁『夷堅志』「丁志」巻第十三「孔劳虫」では、商人の劉五のもとに現れた五通神が、祭祀を要求して現れるが、その言葉は次のようになっている。「笑っていうには、『我は五通神であり、鬼怪ではない。いま、私は君に頼みがある。もしも私を祀ってくれたならば、君を一生の間莫大に富ませてあげよう。長年商売して、外地の風波の間を漂う必要はなくなるぞ』」（「笑曰、我即五通神、非怪也。今將有求於君、苟能祀我、當使君畢世鉅富、無用長年賈販、汨没風波間」）。また、道士、孔劳虫のもとに現れた五通神は、問答のなかで、「吾は正神である。どうして朱砂で書かれた文字など恐れようか」（「吾正神也、何懼朱砂爲」）と言う。この記事の五通神は、退治されたあと、大鼠が正体であったことがわかるが、五通神は、たびたび自分を正神と主張しており、正神としての地位にこだわっている点に注意したい。

なお、この記事の大意は次の通り。

「荊南（湖南地方）の劉五という者は、江湖の間に行商して生計を立てていたが、妻のもとに五通神があらわれ、のちに劉五に身分を証し、祭祀を要求し、その見返りに一生の間巨万の富をあたえると約束する。劉五はもともと財利を貪る性分であったので、五通神の誘いに乗り、家の側に小祠を建てた。祠が完成すると、大車、駿馬を連ねて、烏沙帽をかぶり、黄衣を着た客人がやってきた。劉五が迎えると、客人は持参した料理美酒を出して家にならべた。以来黄衣の客人は一日もあけずにやってきて、朝や夕に囲碁などをし、談笑して遊んだ。金銀財帛も数知れず贈られた。ところがある日、囲碁でもめ、黄衣の客人はたち去る。次の日、箱を覗くと貯えが一文もない。劉五は怒って、道士を呼んで退治してもらおうとする。法術使いの孔思文は、黄衣の人物とのやりとりのあとで、彼が夜にあらわれるのを待って、刀で払うと、大声を上げて姿を消した。現場の血溜まりには鼠の半身が落ちていた。あくる日各所の祀廟を調べると、神像のしたに大鼠の上半身が見つかった。廟と像を壊すと、怪異はやんだ」（「孔思文、長沙人、居鄂州。少時曾遇張天師授法、并能治傳尸病、故人呼爲孔勞蟲。荊南劉五客者、往來江湖、妻頓氏與二子在家、夜坐、聞窗外人問、劉五郎在否。頓氏左右顧、不見人、甚懼、不敢應。復言曰、歸時倩爲我傳語、我去也。劉歸、妻道其事、議欲涉居。忽又有言曰、五郎在路不易。劉叱曰、何物怪鬼、頻來我家、我元汝不畏。笑曰、我卽五通神、非怪也。今將有求於君、苟能祀我、當使君畢世鉅富、無用長年賈販、汨没風波間。獲利幾何、而蹈性命不可測之險。二者君宜詳思、可否在君、何必怒。遂去、不復交談。劉固天資嗜利、頗然其説、遂於屋側建小祠。卽有高車駿馬、傳呼而來、曰、郎君奉謁。劉出迎、客黃衫烏帽、容狀華楚、才入坐、盤飧酒漿絡繹精腆。自是日一來、無間朝暮、博奕嬉笑、四鄰莫測何人。金銀錢帛、贈餉不知數。如是一年、劉絕意客游、家人大以爲無望之福。他夕、因奕棋爭先、忿劉不假借、推局而起。明日、劉訪篋中、所畜無一存、不勝悔怒、謀召道士治之。適孔生在焉、具以告。孔遣劉先還、繼詣祠所、炷馨白曰、吾聞此家有祟、豈汝乎。空中大笑曰、然。知劉五命君治我、君欲何爲、不過効書符小技。吾正神也、何懼朱砂爲。孔曰、聞神至靈、故修敬審實、何治之云。問答良久、孔謂之曰、吾來見神、是客也、獨不能設茶相待耶。指顧間、茶已在桌上。孔曰、果不與劉宅作祟、蓋供狀授我。初頗作難、既而言、供與不妨。少頃、滿桌皆細字、如炭煤所書、不甚明了。孔謝去、慰以好語曰、今日定知爲正神、劉五妄訴、勿恤也。適過相触突、敢請罪。既退、以語劉、料其夕當至、作法隠身、杖劍伏門左。夜未半、黃衣過來、冠服如初、徑入戸。孔擧劍揮之、大叫而没、但見血中墮黃鼠半體。旦而迹諸祠、正得上體於偶人下、蓋一大鼠也。毀廟碎像、怪訖息」）。

（8）　宮田登『民俗神道論——民間信仰のダイナミズム』「民俗社会と神」参照。宮田登氏の「祀り上げ」「祀り棄て」の概念は、たとえば異常死者の霊である御霊を、神として祀り上げる場合のように、霊魂を私的な神格として祭祀の対象化とするという、動的な契機を含む。祀り棄ては、たとえば、疱瘡神が、流行病の鎮圧に効果がある際は、祭祀の対象になるが、必要がなくなると川に流されるように、祭祀者にとって不要となり、祭祀されなくなるケースを指す［宮田　一九九六］。

本章での独脚五郎の五郎神の神格化は、自然物の変化である精怪的霊物が、家神として神格化される点で祀り上げであり、さらに不要になった五郎神を家神から廟神に「祀り込める」ことにより、じつは家神の祀り棄てを行う例である。かかる意味の祀り棄ては、むしろ神格の隔離的効果を目論むという点で、祀り棄ての行為の、動的な契機が強く現れた現象である。五郎神は、霊験が失われた故、祀り棄てられるのではない。むしろ霊験が過剰であり、祭祀と利益の間の互酬関係が困難となるに至った際に、打開策として廟神化される。

中国において、かかる動的契機に支えられた神格化の現象は、たとえば渡邊欣雄氏が『漢民族の宗教――社会人類学的研究』「鬼魂再考」で台湾漢族の事例において指摘されるような、「鬼」の動的モデルがあげられる。つまり「人死して鬼となる」（「人死爲鬼」）というモデルに現れているように、人間の魂は、死を契機として死者の鬼魂としての「鬼」となり、それが祖先祭祀によって、祖先としての格付けを与えられ、「祖先」へと変化する。あるいは、中国の多くの神がそうであるように、さらに神格化されて、「神」へと変化され、祭祀される。異常死者の霊魂を「鬼」と呼ぶのは、鬼から祖先へ変化することのできなかった鬼魂を指す。渡邊欣雄氏は、かかる鬼魂の変化のダイナミズムのうちに、中国の民俗宗教における「弁証法的神学」をみられる［渡邊　一九九一］。

中国の民俗宗教における人霊の観念には、鬼→祖先→神という変化の位相が動的な契機として含まれているが、同様な変化の位相は、自然物の信仰にもみられる。つまり、自然物がなんらかの原因で、精となるという変化の位相は、数百年生きた狐狸や樹木が狐狸精となったり、樹精となったりするという現象に現れている。そして、それらが神格を与えられて祭祀されれば、狐狸は中国北部に広くみられる「胡大仙《フーダーシィエン》」といわれる動物霊の神格のように、家神や村神として祭祀され、樹精は樹神として祠を建てて祭祀される。このような、自然物→精→神という動的契機は、人霊→鬼→祖先→神という動的契機と同じく、中国の民俗宗教の神格化の一要素として考察してゆく必要がある。かかる問題設定を切り開く糸口として、独脚五郎の五郎神への神格化の問題が、鬼魂信仰論と対をなす問題設定として、いわば「精怪信仰論」の主題として取り上げられうる点を指摘したい。

（9）宋・洪邁「独脚五通」『夷堅志』「支癸」巻第三「独脚五通」「呉十郎は、新安（安徽）の者であった。淳熙初年に、不作から逃れて、家族を連れ長江を渡り、舒州（安徽省）の宿松県に移り住んだ。草で履き物を作って売るといった貧しい暮らしであったが、しばらくのちに油売りとなった。数年のうちに、この家業が発展し、巨万に達するほどの富を得るようになった。もともとは流浪して来た貧民であるから、富を成すはずがないと、村の者は疑いをかけない者はなかった。たまたま富豪の家が強盗に遭うという事件があり、呉十郎は皆から盗賊を働いたと名ざしされ、捕らえられて役所に送られた。笞打たれて調べられて苦しみ、そこで本当の事情を詳しく話した。『以前、夢に一つ足の神が現れて〈我はここに霊験を現そうと思う。お前は謹んで我に仕えるならば、およそ銭であろうと物であろうと、必要なものはなんでも、みな思うままにしてやろう〉と告げた。次の日、家の隣にいってみると、壊れた廟があった、隣人に聞くと、〈昔は独脚五郎の廟であったけれども、今は祀られなくなってしまった〉という。昨夜の夢異はこれであったとひそかに納得し、屋根葺きなどを繕った。それから二ヶ月後、ふたたび夢に神が現れて告げ、〈お前は至誠であるから、報いがあるであろう〉という、明け方に起きてみると、銭さしに銭が詰まって置かれてあった。これが日を追って多くなり、ついには豪華な家を建てるまでになった。引越の夜、家堂に銭龍二対を得たが、腹中には金が詰まっていた。それからは広く田土を手に入れるに当たって、すべてこの銭を用いた。もう十年ほどにもなるが、私は大盗を働いたことはない』。邑宰はこれが嘘ではないと知って、呉十郎を釈放した。

呉十郎は神祠を家に創り、節日と月朔日には、かならずたくさんの供物を備えて祭祀した。羊、豚、犬を一組づつ殺し、毛、血、糞もあわせて神前に祀る。真夜中の三更に儀式をおこない、灯火、蝋燭を設けず、家人を率いて祈祷する。男女長幼問わず、みな裸のままで闇に座る。夕になっても門戸を閉めず、神人の往来を妨げないようにしていた。婦女はみな感接があり、あるいは鬼胎を産んだ。慶元元年、長子が官家の娘を娶るにおよんで、娘はみなとともに邪をなすのをよしとせず、祭祀のときに独り参加しない。するとたちまち病が起こり、呉十郎とともに相継いで死亡し、貯えた金銭も四方に飛びさった。近隣数里の者はみなこれらを拾った。呉家では丁重に謝罪し、その害は止んだ。今にいたるもはじめと同じく祭祀をつづけている」（「呉十郎者、新安人、淳熙初、避荒、挈家渡江、居於舒州宿松縣。初以織草履自給、漸至賣油。才數歲、資業頓起、殆且巨萬。里落（葉本作『人』）莫不致疑、以爲本流寓窮民、無由可富。會豪室遭寇劫、共指爲盜、執送官。困於考掠、具以實告云、頃者夢一脚神來言、吾將發迹於此、汝能謹事我、凡錢物百須、皆可如意。明日、訪屋側、得一毀廟、問隣人、曰、舊有獨脚五郎之廟、今亡矣。默感昨夢之異、随力稍加繕葺。越兩月、復夢神來曰、荷爾至誠、卽當有以奉報。凌晨起、見緡錢充塞、逐日以多、遂營建華屋。方徙居之夕、堂中得錢龍兩條、滿腹皆金（葉本多一『銀』字）。自後廣置田土、盡用此物、今將十年、未嘗敢爲大盜也（此句葉本作『固未嘗盜也』）。邑宰驗其不妄、卽釋之。呉創神祠於家、値時節及月朔日、必盛具奠祭、殺雙羊、雙猪、雙犬、并毛血糞穢（上二字葉本作『腸胃』）、悉陳列於前。以三更行禮、不設燈燭。率家人拜祈禱訖、不論男女長幼、皆裸身暗坐、錯陳（呂本作『雜』）無別、踰時而退。常夕不閉門、恐神人往來妨礙。婦女率有（葉本作『與』）感接、或産鬼胎。慶元元年、長子娶官族女、不肯随羣爲邪、當祭時獨不預。旋抱病、與翁姑相繼亡。所積之錢、飛出四出、數里之内、咸有所獲。呉氏虔啓謝罪、其害乃止。至今奉事如初」）。

(10) たとえば註5にあげた、鄧啓耀『巫蠱考察』の記事は、小神子と呼ばれる精怪的霊物（この場合は山神廟の神霊とされる）に関する伝承と蠱毒伝承との類縁性を示唆している。鄧啓耀氏はインフォーマントのナシ族老人の言葉として、次のような言葉を記す。

「『小神子を養う』ことは、『蠱を養う』ことと同じく、養っている者は財産も利益も大きくなる。しかし養いたくなくなったら、金銭を払って送り出すことができる。もしも誰かが目先の利益を貪ってこれらの金銭を拾うなら、小神子はこの者についてゆく」［鄧啓耀　一九九八：一〇八］。

つまり、小神子は扱い主に財運の繁栄をもたらすとともに、不要な場合は他家に転嫁することができるとし、この記事の場合、インフォーマントがこの二点で蠱毒伝承との類縁性ないし、相同性を認識していることが指摘できる。

四章　大理ペー族の「ピョ」にみる蠱毒伝承と信仰習俗

一　はじめに

本章は雲南省西部、大理白族自治州大理市のペー族を中心に伝わる「ピョ」（Pyo）（「ピョドゥ」ともいう。「ドゥ」はペー族語の量詞で、動物などに使われる）と呼ばれる虫霊、動物霊に関する伝承について論じる。

ペー族はチベット・ビルマ語族ペー語支の民族とされ、自称を「ベーホー」（Be Xo）「ベーニー」（Be Ni）などと称する。烏蛮とともに唐代の南詔国の主要構成民族であった白蛮の末裔で、宋代の大理国の主要民族である。水稲を主作物とする二毛作農業を生業とする。大理白族自治州のペー族は、名目上の出自を「南京応天府」として家譜に記載する家系が多いことでも知られるように、漢族文化を中心とする外来文化の強い影響を受けつつ、旧暦六月二十五日に行われ、南詔国以来の歴史をもつ「星回節」（Xi Hui Jie・ペー族語「シーホゥイチィエ」）すなわち現在でいう「火把節」（Huo Ba Jie・漢語「フゥオバーチィエ」・たいまつ祭り）や、地域の守護神としての村神信仰である「本主」（Wu Ze・ペー族語「ウズ」、Ben Zhu・漢語「ペンチュウ」）信仰をもつなど、独自の伝統文化を濃厚に保つ。前章における保山市隆陽区の漢族の事例に対して、東隣地区の大理白族自治州に居住するペー族の民俗事象を取り上げることは、雲南西部の隣接地区での非漢民族における民間信仰伝承の事例を提供するのに適当な事例と思われる。

大理市は海抜四千メートルを超える蒼山連峰の麓、海抜約二千メートルに位置する淡水湖である洱海《じかい》の周辺に広がる大理盆地を行政範囲とし、人口の六割以上をペー族が占める（地図2）。その他の民族は明代の屯田政策等で移住してきた漢族、元代以来入植してきたホイ（回）族、烏蛮の末裔といわれるイ（彝）族などが盆地内の各村に居住している（一九九〇年の統計で総人口四三万二三三九人。漢族一二万五六四六人、ペー族二七万九七二一人、ホイ族一万二六五二人、イ族一万七八四人）［大理市誌編纂委員会　一九九八：一一七］。本章では大理市在住のペー族を大理ペー族と称する。

大理ペー族で「ピョ」と呼ばれる霊物は、漢族では漢語で「蠱」（Gu・「グゥー」）と呼ばれ、蠱毒の一種として認識されている。ピョは婦人が扱うものとされており、ピョを養う婦人をペー族語で「ピョーフーモー」（Pyo Fu Mo）といい、漢語で「養蠱婆」（Yang Gu Po・「ヤングゥーポー」）と呼び、ともに「ピョ（蠱）を養う婦人」という意味である。ピョーフーモーについては、「ピョは代々女性が扱うもので、息子の嫁に伝える。嫁が複数いる場合は、一番気に入っている嫁に伝える」などという（洱海西岸X村・YZ・ペー族・男性・七五・農民・年齢は一九九九年本稿初出当時）。また、大理ペー族ではピョーフーモーがピョを放つことを「ソーピョ」（So Pyo・漢語訳「送蠱」）といっており、ピョを扱うとされる家庭を俗にソーピョの言い方で呼ぶ。ソーピョとされると、その家庭の娘もピョを受け継ぐと考えられ、そうした家庭から嫁をもらった家も、ピョを扱うとされる場合もみられ、その理由から婚姻忌避の問題も生じている[1]。

ピョに関する伝承は、たんに現地の漢族が蠱とみなしているのみならず、虫霊や爬虫類の霊性を利用し、特定者が他者を害するという呪術的内容から、中国南部の各地に伝わる蠱毒伝承の範疇に属すると思われる。ことに、ペー族は蠱毒伝承に核心的に語られることの多い、蠱毒の転嫁法の伝承を強く保持している（五章後述）。一方で、

地図2　大理白族自治州大理市の位置

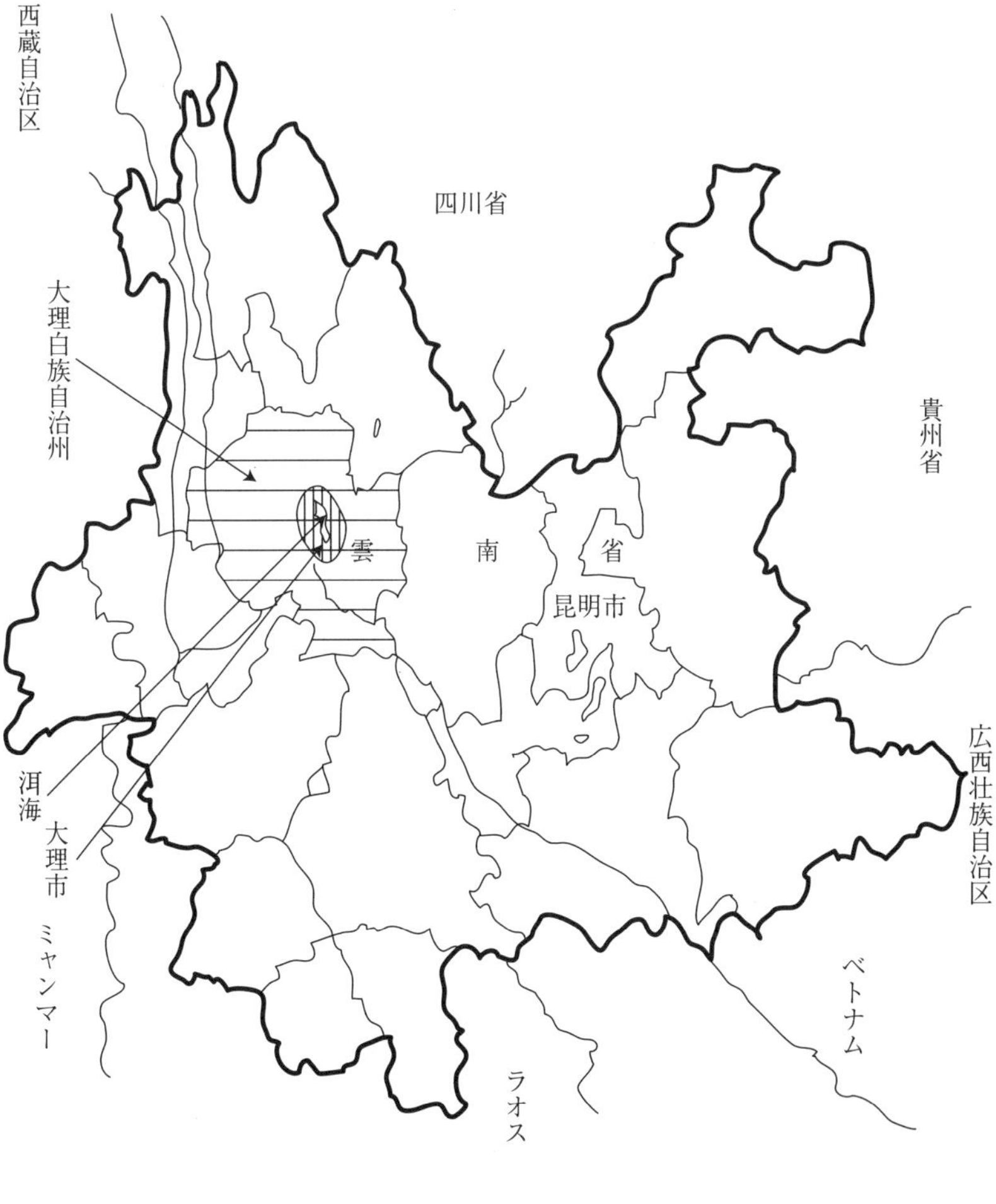

大理ペー族のピョは、その製造法についての伝承は少なく、また、イタチ、犬、鶏など、他地の蠱毒伝承では聞かない動物を原形とするなど、ペー族独自の特徴がある。本章では、ペー族でのピョに関する観念を明らかにすることに論述の重点をおき、ペー族のピョに関する伝承を、民俗社会内部の社会関係や自然環境についての認識を反映した伝承であることを主題に論ずる。なお、本章は筆者が一九九六年と一九九七年に大理白族自治州大理市で行った民間伝承調査の聞き書き資料を基礎資料とする。

二　ピョの種類

「ピョ」は動物、家畜、蛇の動物霊や、蝶、バッタなどの虫霊である。(2) ただ澤田瑞穂氏が「妖異金蚕記」でも記す金蚕（食錦虫という蚕に似た虫を使って殺人をし、富を致すという呪術的霊物。五章詳述）についてはその名を聞かない［澤田　一九九二a］。

洱海東岸部は農業を中心に、漁業、果物栽培が主産業であるが、百七戸ほどの規模のW村では「蛇を原形とするクーピョ（Gu Pyo）、ラバを原形とするローツーピョ（Lo Zi Pyo・以下、霊物の名称はペー族語にもとづく）、猫を原形とするアミピョ（A Mi Pyo）、キツネを原形とするフーリーピョ（Fu Li Pyo）、ガマを原形とするウージュワピョ（Wo Jua Pyo）、犬を原形とするゲピョ（Ge Pyo）、バッタの類を原形とするモーザービョ（Mo Za Pyo）、イタチを原形とするスノピョ（Si No Pyo）、アヒルを原形とするアーピョ（A Pyo）、ガチョウを原形とするオウピョ（Ou Pyo）がある」という（YB・ペー族・男性・六六・退職幹部）。

洱海西岸部大理古城北門外のSa村（大理石加工業が盛ん）で口寄せ巫女をするZHさん（ペー族・女性・四一・農民）は、「蛇のピョ、鶏のピョ、ガマのピョ、猫のピョがある」という。

蛇形のピョであるクーピョと同種の蛇蠱は、大理市の西隣に位置する永平県や、保山市隆陽区では、「倉龍」（「蒼龍」）（Can Long・漢語「ツァンロン」）と呼ばれる蠱がいる。永平県では「胴体が太くて尻尾が短く、よく跳ねる」といい、「ひそかに他人の家から物を盗っては主人の家に持ってくる」とされる[3]（LZ・漢族・男性・三二・道路工事）。

なお、清・張泓『滇南新語』（康熙年間の書）は、雲南省の蠱毒の種類として、「滇（雲南地方を指す）の東西両迤（雲南東西を迤東道と迤西道に分けた清代の行政区画を指す）は金蚕はいないが、鼠、蛇、エビ、ガマの類がわりあいに烈しい」としている[4]。

三　ピョの作用

ペー族のピョは、大理地方の漢族がこれを「蠱」と呼び慣わしているように、中国南部に広汎に流布している蠱毒伝承に属する民俗伝承であるが、それぞれの原形とする動物ないし虫類によって、作用が異なることが特徴である。

「蛇のピョは体内に入り込んで五臓を喰らう。下痢などが起きると蛇のピョの仕業である。ラバのピョは、みえない姿で他人の家に入って物を盗る。猫のピョは人の心臓を奪ったり、脳に入って膿を出させる。『飛虎』（Fei Hu・漢語「フェイフー」）ともいう。鶏のピョは眼を病気にしたり、足に入り、出来物、骨の病をもたらす。ガマのピョは腹に入って下痢などをもたらす。犬のピョは心が乱れ、落ち着かなくなる。バッタのピョは食欲の減退を招く。狐のピョは一番恐れられている。人の脳に入って脳を喰ったり、奪う。イタチのピョは血液に関する病をもたらす。血を吸ったり、骨髄を喰う。アヒルのピョとガチョウのピョは耳から膿を出したり、鼻づまりを起こす。一番恐ろしいのは狐のピョで、これを養っている者に出会って、怪しい匂いを嗅ぐと、嗅いだだけで、すでにその時はピョに中《あた》っている。また脳にピョを入らせて、脳を盗って息子の頭を利口したりする」（W村・YB・ペー族・男性・六六・退職幹部）。

「蛇のピョは下痢を引き起こす。犬のピョは皮膚が爛れたり、出来物を起こす。猫のピョも人を咬んで病気にする。ガマのピョは物持ちが多い家に入って物を盗ってゆく。鶏は眼の病気が多い。被害に遭うのは顔立ちのきれいな女の子や男の子が多い」（Sa村・ZH・ペー族・女性・四一・口寄せ巫女、農民）。

図27「非（飛）虎」
祥雲県　青紙墨刷―14.2㎝×9.8㎝

ピョの引き起こす作用は、人それぞれの言い方がある。ただ一つの指標としては、蛇のピョが腹部に侵入して下痢を起こし、ラバのピョが財物を奪うとされるのはほぼ共通している。YBさんは猫のピョは「飛虎」ともいうと指摘しているが（図27）、大理白族自治州東部の祥雲県の漢族では、飛虎は耳から侵入して脳を喰らうので、膿が出るという。これに対して大理白族自治州全域に蛇霊のピョを「飛龍」と呼ぶ言い方がある。

飛龍は、（南）明・敖浤貞修・艾自修纂（隆武）『重修鄧川州志』巻三に「民間に疾あらば、薬を服するを肯ぜず、飛龍の害作《な》すと曰《い》う」とあり、明末清初以来の呼称である(5)。

飛龍と飛虎の関係は、㋐飛龍＝蛇霊＝腹部＝下痢。㋑飛虎＝猫霊＝頭部＝膿の流出（中耳炎に相当）、として、名称、正体、患部、症状は対立項で認識されている。

四　ピョの性格分類と貧富の関係

a　善い家と善くない家

ピョを扱う家には、「善い家と善くない家がある」という言い方がある。

「ピョを養っている人は善い人もいれば善くない人もいる。そうした区別がある。すべてピョを養う人が悪いわけではない。善いとされる家の婦人に視られても、子供がピョに中《あた》るとはかぎらないが、善くない家の婦人に子供が視られるとかならず病気になるといわれた。また、ピョの扱い方を知っているのは『瞧香火』（Qiao Xiang Huo・漢語「チャオシャンホウ」――たまごを覗き込んだり、線香の煙を看て占う巫女、巫師であるが、大理市内では口寄せによって人魂を憑依させるシャーマンとして活動することが多い）で、ピョを養っている人は彼女たちから扱い方を教えてもらうともいわれる」（大理古城在住・出身地の洱海西岸Sb村について・LS・ペー族・女性・四七・服装店経営）。

ピョの原因者が、邪視を行うとされる点が特徴となっていることが注意される。

また、日本のオガミヤと似て、巫術の能力をもち、霊物を祓うことができるとされる巫女が、じつは霊物を使役する能力があるとされることは重要である。

「善いソーピョとは友だちづきあいもする。けれども友だちであっても、病気にさせられることもある。善い家というのは、信義を重んじる家のことで、善くない家というのは、信義を軽んじる家のことである。信義を重んじる家は、たとえソーピョであってもつきあって問題はない。結婚の相手で、その家が善くないソーピョの家であった場合は反対されることがある」（大理古城在住・出身地の洱海東岸N村について・SN・ペー族・女性・五〇・旅館服務員）。

b 「富ませるピョ」と「貧しくするピョ」

「ピョは大きく分けて三つに分けられる。一つは主人を富ませるピョ（「フーピョ」・Fu Pyo・漢語「富蠱」・Fu Gu）で、一つは主人を貧しくするピョ（「チューピョ」・Qiu Pyo・漢語「窮蠱」・Qiong Gu）である。もう一つはそのどちらでもないピョである。たとえばラバのピョ、猫のピョ、狐のピョは主人を富ませる。貧しくするのはガマのピョや犬のピョ、バッタのピョ、イタチのピョ、蛇のピョなどである。どちらでもないピョはアヒルやガチョウのピョである。

主人を富ませるピョは主人のために行動し、わざと他人を害する。富ませるピョを養うには、まず自分の家の家族をピョの生贄にするという。

貧しくするピョは仕方ないのでその家で養われている。要らないと思ってもどうしようもないので、養うしかない。養わないと自分の命が危なくなり、子孫も断たれてしまう。上の代から受け継がれる場合もあるし、他人から送りつけられたものもある。送りつけることができるのは貧しくするピョで、家を富ませるピョは、いちど扱うと威力が強いので、他人に送りつけることはできない。貧しくするピョは他人に害を及ぼすが、そうしないと自分の家の者を害するからで、やむをえない。

どちらでもないピョは、豊かにもならず、貧しくもならないし、他人に与える害もそんなにひどくない。この村では、百と七軒の戸数があるが、ピョを養うといわれる家は七、八家である。そのうち富ませるピョを養うのが四家で、内訳はラバのピョが二家、鶏、狐のピョを養う家が一家ずつ。貧しくするピョとどちらでもないピョを養う家は三家で、ガマのピョと蛇のピョが一家ずつ、アヒルのピョも一家ずつである。詳しくは言えないが（特定の家庭の事情であるので、外部の者に言うことが憚られるため）、富ませるピョを養う家はいわゆる『爆発戸《バオファーフー》』（成金を指す）で、商売で利益を得た金持ちである。ピョを養うのは一種の信仰というもので、その人たちは他人を害することが徳を積むことと考えているのだと思う」（洱海東岸W村・YB・ペー族・男性・六六・退職幹部）。

「蠱を養っているとされる人がみな付き合いを避けられるとはかぎらない。友だちづきあいをしていても、その人が仕方なしに蠱を放つならば、蠱の害にかかってしまう。それでも下痢になったり、頭が痛くなったりと、生命を失うほどではない。そのような仕方なしに養われている蠱が、貧しくする蠱である。貧しくする蠱は、代々伝わることもあるが、他人に移してしまうこともできる。たとえば道ばたに紅布や銀を置いておき、それを拾った者に蠱を移す。そうすれば蠱はその家から出てゆく。富ませる蠱はラバの蠱などで、蛇の蠱は貧しくする蠱と富ませる蠱と、いずれにも養われている。これらの蠱は、財を貯めるために養うといい、一代一代その家の嫁に受け継がれ、他人には移すことができない。こうした蠱に害されると、病気の程度は重く、内臓を喰い破られて生命を落とすこともある」（大理古城・DH・漢族・男性・四七・民間医師）。

「ピョを養う家は、他人を害して生命を奪うことで、財を得ることができるといわれる。子供が生命を落とすと、ピョーフーモーはその子の墓の土をひそかに取って帰る。そうすると、その土が銀に変わるといわれる」（洱海西岸X村・YW・ペー族・女性・四六・衛生士）。

ピョを扱うことの目的として、生命を奪うことによって銀を得るという言い方は、すでに（南）明・敖浤貞修・艾自修纂『重修鄧川州志』巻三に、「諺に曰く（民間で言われているところでは）、毒するところの幼児は、墳頭（墓所の土饅頭）で土を取って家に帰れば、銀塊に変ずる」と記す。(6)

また、清・張泓『滇南新語』は「よく小児の脳を食らい、鬼となして盗むこと金蚕の如し」と記す。(7)

財を成すことが目的で霊物を養うという言い方は、大理市では家を富ませるピョであるラバのピョの場合に顕著であるが、これが積極的な目的があるとされるのに対して、家を貧しくするピョは、他人を害さないかぎり、自分の家の者にピョの被害が及ぶとされており、消極的にピョを養う理由が考えられている。富ませるピョの特徴として、いちど扱うと二度と他人に転嫁することができないとされることは、貧しくするピョが転嫁可能であるとされることと考え合わせれば、両者の区別として重要な性格である。ただ、大理市南部鳳儀鎮の事例について、『中国各民族原始宗教資料集成・白族巻』に載せる、鄒汝為氏の「鳳儀白族養蠱放蠱和治蠱」は、ラバのピョも、転嫁する方法があると記し、「たとえば『騾子蠱《ローツーグウー》』（ラバのピョ）を送りたいのならば、少量の金銀玉器を載せたラバを送り出す。それを拾った者が『騾子蠱』の主人となる」と記す［鄒汝為　一九九六：六三四］。なお、蠱毒の類が転嫁可能であるという伝承については、澤田瑞穂氏が「妖異金蚕記」に詳細に資料をあげられるが、本書では第五章七節、八節で主題化して論じる［澤田　一九九二a］。

YBさんの指摘にいう、「富ませるピョを養うには、まず自分の家の家族をピョの生贄にする」という点は、ピョを扱うことが、同時に扱い主の身内に害を及ぼす側面があることを意味する。貧しくするピョも同様の認識がある。YBさんは「貧しくするピョは他人に害を及ぼすが、そうしないと自分の家の者を害するからで、やむをえないのである」とする。

清末の書である清・楊瓊『滇中瑣記』は、「蠱には内蠱、外蠱があり、外蠱は人家の児童を中《あ》て、内蠱はみずからその児童に中《あ》てるが、自分で蠱を解くことはできない」という[8]（註8の引用番号⑥参照）。なお、本書の記事は、大理地方の事例を豊富に取り上げ、現代のペー族の蠱毒伝承でも聞く多くの内容を詳細に記しており、以下参考までに相当部分を引いて現代の聞き書きによる記事と併記することにする。

五　具体的な症状、事件

a　蛇のピョ

「文化大革命の頃、蛇のピョを養っているといわれている家があった。紅衛兵がそれを聞きつけて家捜しをすると、はたして植木鉢のなかに蛇がとぐろを巻いていた。『アパ！（驚いたときの声）。蛇！　蛇！』と紅衛兵が騒ぐと、たちまち姿を消してしまった。また自分がかつて洱海の東岸で衛生士をしていたとき、ある老婆が毎日自分のところに注射を打ってもらいに来ていた。自分は胸騒ぎがして、彼女を恐れるようになったが、ある日、老婆の家に往診にいった帰り、彼女の放ったピョに咬まれてはいないかと思って、鍋の中でたまご小麦粉を丸めた物を煮て、団子を火にくべた。そうするとポンと大きな音がして団子が割れた。これはピョの毒が祓われたしるしである。団子は犬に喰わせた」（洱海西岸X村・YW・ペー族・女性・四六・衛生士）。

「鎮（市街）の通りのある家は、蛇蠱を養っているといわれていた。ある日近所から火事が出て、その家にも火が移った。その家の主人は必死で植木鉢を外に出そうとしていた。消防隊が踏み込むと、植木鉢には蛇がおり、やはりその家は蛇蠱を養っていたのだと知れた」（鳳儀鎮・ZH・漢族・女性・七〇代・紙貨販売）。

「一九六二年の生活が困難だった頃、妹の腹部にピョが入った。毎日下痢をし、仕事もできなくなって、どんどん具合が悪くなってゆく。毎晩夜になると家の外でチャーチャーと気味の悪い音がした。顔は痩《こ》けてしまい、鼻も爛れて形をなさなくなった。巫女に診てもらったが、もうすっかり内臓が喰いつくされて、助かる見込みはないといわれ、けっきょく死んでしまった。すると毎晩聞こえていた気味の悪い音はしなくなった」（洱海東岸N村・SN・ペー族・女性・五〇・旅館服務員）。

b　ラバのピョ

「ラバのピョは他人にはみえない。姿がみえないので、家に入っては物を盗ってゆく。村にはラバのピョを養う家があったが、村で露店を出して肉を売っている肉売りは、そこの婦人の姿を見かけると、肉切り包丁で肉を押さえる。そうすることで、盗られることを防ぐことができるといわれている。米を収穫したあと、広場で米を曝すが、このときラバのピョが穀物を狙って持ってゆくのを防ぐために、曝した穀物の両端に鎌を載せておく。そうするとローツーピョは物を盗ることができなくなる。子供の頃、その家の婦人をみかけると尻を叩いて囃して逃げた。自分の尻を叩くとピョを防げるといわれる。あるとき、その家の子供が死んでしまったが、ラバのピョが食べたのだとうわさされた。その種のピョを養う家は、まず自分の家の者をピョに喰わせて、生贄にしてから、他人の家にピョを放つことができるようになるという」（洱海西岸X村・YW・ペー族・女性・四六・衛生士）。

「ラバのピョの家は豊かな家だったが、不思議になにもしないのに豊かになり、新しく家を建てていた。ラバのピョと蛇のピョが物を盗るピョとされる。蛇のピョは腹に入って下痢を起こし、猫のピョは耳から膿が出る病気にさせる。ラバのピョも病気をもたらすとされ、どれも手遅れになると死ぬ」（洱海東岸N村・SN・ペー族・女性・

五〇・旅館服務員）。

物を運び出す運搬霊としては、保山市隆陽区の漢族を中心とした事例として、五通神系統の独足鬼である「独脚五郎」「五郎神」の信仰伝承を前章でとりあげたが、同種の運搬霊はペー族にも伝わる。たとえば、詹承緒・劉龍初・修世華「那馬人風俗習慣的幾個専題調査」によると、怒江傈僳族自治州蘭坪白族普米族自治県のペー族支系ナマ（那馬）人には、「グーチャーポー」（Gu Cha Po・ナマ人語「谷差坡」）と呼ばれる霊物が信じられ、特定の家が突然裕福になると、グーチャーポーが他の家から財物を運搬して富裕にしたといわれ、数年して突然貧乏になると、グーチャーポーが他の家に移ったとされる。穀物を盗られないようにするためには、鎌を穀物のかたわらに置くとよいとされており、これは大理市のラバのピョを防ぐまじないと共通している［詹承緒・劉龍初・修世華　一九八六：三二六］。

清・楊瓊『滇中瑣記』「蠱毒」は、大理地方の蠱俗を記すなかで、財物を奪うことを目的とする蠱毒に、ラバ、牛、馬の蠱があるとし、その予防法として同種の方法を記している。「騾子蠱、牛馬蠱と名づけられているものは、人家の財や穀物を盗み致すことができる。今、農家は穀物を農場に露すに際しては、かならず鉄刀、あるいは鉄矛をもって穀堆に挿み、蠱の盗むのを防ぐ」と記す（註8の引用番号⑦参照）。

六　治療法、予防法

a　治療法

「子供が下痢などの病気になると、『五方非（飛）龍・三姑娘娘』の『甲馬子』（Jia Ma Zi・漢語「ジャーマーツ」・神

図28「五方非（飛）龍」大理市
雑紙墨刷― 12.2 ㎝× 11.9 ㎝

像を描いた呪符）（図28）を使う。燃やして灰にし、小麦粉と混ぜて団子にする。小麦粉は親戚三軒の家からもらってくるといっそう効果がある。団子を子供の身体にくまなくころがし、蠱の毒気を吸い取らせ、火にくべる。パンと音が立って団子が割れると、蠱が祓われる」[9]（大理市北部Sc村・ZZ・漢族・男性・六六・紙貨販売）。

Sc村は、かつて漢族の駐屯地であった龍首関が置かれていた場所で、人口五百人あまりの漢族村である。ZZさんは駐屯兵の末裔で、明代に大理地方に移住して十九代を数える。祭祀や祈願に使う神像呪符を市に店を出して販売している。小麦粉を団子状にして身体にころがしてから火にくべるという方法は大理市全域によくおこなわれている。

「ピョに咬まれることをペー族語で『ハーピョ』（Ha Pyo）、あるいは『汚い物に咬まれる』という意味で『ハーラーター』（Ha La Ta）という。ソーピョの者がもっとも恐れる物は二つあって、一つは鳩の糞で、もう一つは漢方薬の阿魏である（臭気のある植物で、消化、解毒剤として使われる薬材）。これを鍋に入れて煮て、湯気を手にすくって子供の身体に掛ける。そうするとピョを祓うことができるが、次の日、誰がピョを放ったかが分かる。誰かが自分に向けて怒った様子だと、その人が犯人なのである。村のなかでは、だいたいどの家がソーピョかを知っており、その家の者から物をもらってはいけない。食べ物をもらって食べると、ピョに中《あた》ってしまう」（洱海西岸X村・YW・ペー族・女性・四六・衛生士）。

「ピョの害に遭ったとされると、子供の身体にたまごをころがし、それを油で煮る。煮ると音を立ててたまごが割れる。その割れ目から黒い色をした穴のあいた部分があらわれる。たとえば鼻が爛れるとそれと同じような跡がたまごにつく。そうするとピョは祓われる。ピョはピョを送ったピョーフーモーに返り、逆にピョーフーモーを咬むとされる。ピョーフーモーは病気になるので、誰が放ったのかがわかる。ピョーフーモーとピョとのあいだは切っても切れない関係がある」（洱海西岸X村・YZ・ペー族・男性・七五・農民）。

ピョはたんなる毒物なのではない。むしろ動物霊的な霊物ともいうべきもので、使役者であるピョーフーモーとピョは密接な関係がある。ピョを退治すると、ピョを通じてかけられた術はピョーフーモー自身に返るとされていることは、この不可分な関係を象徴する。

「巫女にはピョを退治することができる者がいる。胡麻油と酒、火を用意し、まず子供の服を脱がせ、髪の毛を少し取って燃やす。お尻を出させ、コップを押しつけ、火を点け、その勢いで血を吸い出すと、蛇や鶏などの原形が出てくる。そうすると、その原形から誰の仕業か分かる」（洱海東岸N村・SN・ペー族・女性・五〇・旅館服務員）。

これと同様の方法として、鄒汝為氏の「鳳儀白族養蠱放蠱和治蠱」は、火を点けた罐を尾骶骨のあたりに押し付け、血抜きをするが、そのとき出た血塊の形がどのような動物に似ているかで、ピョの種類を判断するとしている［鄒汝為　一九九六：六三七］。

また、清・楊瓊『滇中瑣記』には治療方法と、蠱婦に術が返った際の苦しむ様子についての詳細な記述がある。

「滇中の夷婦の蠱を養う者は、小児は多くその毒に中《あた》る。はじめは臓腑から頭面に達し、だんだんに浸透して、剥蝕し、潰爛し、薬で救うことができなくなる。蠱に中《あた》ってまだ日が浅い者は、蠱医を招いて診てもらう。水で患部を洗い、銅壷に水を盛る。壷口をきつく塞ぎ、縄を引いて家屋の梁に懸ける。薪を積み、火を壷の下で燃やし、激しく燃やして壷を煮る。周りの者は火を囲んで座り、一時の長きにわたって煮る。蠱は壷の中で焼かれてたまらなくなり、壷を叩いて暴れ、空処に向かってあちこち撃ち叩く。周りの者たちは近づこうとしない。突然に蓋が噴き脱け、水は飛び出して五色の霞光を放ち、壷口をぬけて飛び去る。人の頭や目に水が着くと、氷雪よりも冷たく、意外にも熱はないのである。燃やしてから、病状がいささかでも好転していれば救うことができるが、そうでなければ救うのは難しい」（註8の引用番号①参照）。

「蠱が焼かれたとき、蠱婦は家にあって熱苦を覚え、門を出て蠱を焼く家の周りをうろつき回り、蠱を招き戻そうとする。招き戻すことができないと、熱が極まり、湖や池の中に跳び込む。身体を洗ってからようやく落ち着く。見ると、蠱婦だとわかるので、強《したた》かに打ち据えると、跪き泣いて許しを乞う」（註8の引用番号②参照）。

このように、蠱と扱い主（原因者）との相関関係について触れているが、かかる相関関係は、五章五節で詳細に取り上げる。

b　予防法

「ピョーフーモーは子供の年齢や八字（生まれたときの年、月、日、時などの要素）を聞きたがる。それを教えてしまうと容易にピョに害されることになるので、けっして教えてはならない。また髪の毛を手に入れられるとピョの害に遭うともいう。だから髪の毛はいつも束ねていなければならないし、むやみに髪を切るのもよくない」（洱海西岸Ｓｂ村・ＬＳ・ペー族・女性・四七・服装店経営）。

「ピョは夜中に活動するといわれる。だから子供の衣服は夜にはかならず取り込む。そうしないとピョが衣服に入り込み、それを着た子供がピョの害に遭う。子供を負ぶって外出するときは、雨が降らなくとも傘をさし、子供の顔を隠し、ピョーフーモーにみられないようにする。また、道に落ちた物を拾ってはいけない。たとえば紅布を拾うと、そこにピョが憑いていることがある。ピョはそのままその家にあがりこんで、拾った者はピョを養わなくてはならなくなる」（洱海西岸Ｘ村・ＹＷ・ペー族・女性・四六・衛生士）。

この他に、「龍のかたちの痣《あざ》のある子供は蠱に咬まれない」という話もある（大理古城・ＢＳ・漢族・男性・四八・民間医師）。

蠱を扱う家が転嫁のために物品を道端に落とす話は、清・楊瓊『滇中瑣記』も記す。

「聞くに蠱を養う家は、姑が死ねば嫁に蠱を送るが、婦人が養うことができなければ、外の者に送る。多くは髪かざりや腰帯を拾うことにより、ついてくる」（註８の引用番号③参照）。

また、蠱を養う婦人に出会うと、子供が蠱に襲われるので、子供を隠すとされる点は、前段につづき、次のように記す。

「蠱が夜出ると、蠱婦は招き寄せるが、夜半に猫を呼んでミーミーという声を出しているのを聞くと、蠱を招く者であると知れる。蠱婦は多くは性、凶暴で、目は大きく、瞳は碧緑で猫のようで、人々は不吉と感じるが、はっきりと名指しはしない。（蠱婦が）人家に来ると、急いで子供を隠し、出会って毒に中《あた》るのを恐れる」（註8の引用番号⑤参照）。

七　ピョの祭祀と蠱神

a　ピョの祭祀

ピョーフーモーはピョに対する祭祀をするとされ、ピョそのものが神霊とみなされる。

「ピョを養う家は家のなかに祭壇があり、ピョに願いかけて外にゆかせる（他の家を害するために放つ）。小麦粉を丸めたものを与えて喰わせ、紙銭を焼いて祀る」（洱海東岸W村・YB・ペー族・男性・六六・退職幹部）。

「蠱を養う婦人は、橋や廟のあたりで線香を捧げもって祭祀にやってくる。わらで編んだ鍋の蓋をかぶり、口には呪文を唱える。夜中の三時から四時、すくなくとも（朝の）六時以前に祭祀するが、人にみられてはいけない」（大理古城・DH・漢族・男性・五〇・民間医師）。

「ピョーフーモーは毎年の（旧暦）十二月三十日の大晦日にピョに感謝を捧げて祀る。人が寝静まったあと、わらで編んだ鍋蓋をかぶり、その上に線香を挿し、何かの呪文を唱えている」（洱海東岸N村・SN・ペー族・女性・五〇・旅館服務員）。

清・楊瓊『滇中瑣記』は、「蠱を養う者は、月に二回蠱を祭祀する。夜になると、酒、肉、線香、紙銭を揃えてみずからこれを喰う」と記す（註8の引用番号④参照）。

b　蠱神とヘピョ（天蠱）

ピョを養うとされるピョーフーモーは、ピョのみならず、ピョを扱う神を祭祀するとされる。一種の蠱神である。雲南省各地で流通している民間信仰の祭祀に用いる神像呪符には、蠱神の姿が描かれているが、たとえば、保山市隆陽区では「蠱神」（図29）と呼ばれる神像呪符があり、両手に蛇をもった男性の神像が描かれる。大理白族自治州では各地に「本方飛龍娘娘之神」（図30）（大理白族自治州南部の巍山彝族回族自治県では「後宮娘娘」）（図31）などと呼ばれる女神像がある。いずれもピョを扱い、ピョを送って子供を病気にするとされ、またはピョを祓う神として認識される。大理ペー族では、ピョを司る神として「グーナイニ」（Gu Nai Ni）（「ニ」はペー族語の量詞で、人や

図29「蠱神」　保山市隆陽区
雑紙墨刷― 14.7 ㎝× 9.7 ㎝

図30「本方飛龍娘娘之神」
大理市　白紙墨刷― 13.0 ㎝× 10.6 ㎝

図32　本主廟脇の姑奶祠内の神像画

図31「后（後）宮娘娘」
巍山彝族回族自治県
雑紙紅刷―13.5㎝×13.0㎝

神霊について使われる）といわれる女性神が知られる。グーナイニとは「姑奶」と書き、もとは祖父の姉妹に当たる人物を指す呼称であり、村のいくつかの地点に住み、住人によって祭祀を受ける女性の神霊である。グーナイニは井戸端や廟堂のかたわらに祠があることが多く、村の大樹やいばらなどに住む。

「ピョーフーモーは夜中にグーナイニの祠でグーナイニを祭祀する。村の近くでは、洱海の岸辺にある本主廟にある。貞節をまっとうした貞女が祀られたものと思う。ピョーフーモーは人目を避け、夜中に頭にわらで編んだ鍋蓋をかぶり、頭には線香を挿した姿で呪文を唱えて祀る。体操をしているかように、高く高く飛び跳ねて踊る」（洱海西岸X村・YZ・ペー族・男性・七五・農民）。

「グーナイニを祀るのは年に四回、清明節、五月端午と冬至、（旧暦の）大晦日である。グーナイニとは、ピョを養う家が家の主として祀っている神である。この日は夜中にグーナイニを祀る場所にゆき、エビの殻、乳扇（チーズ状の食品）、酒、茶、煙草などを祭品として捧げる。頭にはわらで編んだ鍋蓋をかぶり、その上に線香を挿して踊る」（洱海東岸W村・YB・ペー族・男性・六六・退職幹部）。

洱海のある小島には、地域共同体の守護神である本主を祀る本主廟の門の壁に小さな石組のグーナイニの祠があり、身分の高い老婦人の姿の神像画が祭祀される（図32）。子供が身体が痒くなったり、皮膚が爛れたりすると、グーナイニにピョを送られたとされ、祠に参拝する。

グーナイニは貞節をまっとうした貞女であるとの言い方があるが、村内にある大木や井戸、いばらを住処とするところからみると、自然物の変化としての精怪の類であろう。ピョを自然的存在の霊力の利用によって成立している信仰として考えれば、ピョの神としてのグーナイニもまた、同質の性格が認められる。そして、そのような地域共同体内に存在するとされる神霊が、地域共同体内の特定の人物が扱うとされるピョの拠り所とされていることは注目すべきである。

ピョを扱う神はグーナイニのみならず、天神もピョを扱う。人家で養われるピョに対して、天上の神のもとで養われるピョをペー族語で「天の蠱」を意味する「ヘピョ」（He Pyo）といい、漢語で「天蠱」（Tian Gu・「ティエングゥー」）と呼ぶ。人家で養われるピョを、これと区別してペー族語で「地の蠱」を意味する「ジーノーピョ」（Ji No Pyo）、漢語で「地蠱」（Di Gu・「ティーグゥー」）と呼ぶこともある。「天蠱」と「地蠱」という区別はたとえば怒江流域に居住するペー族支系ナマ人にも「天枯鬼」「人枯鬼」の区別がある［cf. 詹承緒・劉龍初・修世華　一九八六：三六］。

高金龍氏の記すところによると、巍山彝族回族自治県では次のようにいわれる。

「飛龍とは後宮娘娘の養っている天蠱である。嬰児の血を吸うといわれる鬼怪で、嬰児が腹を下したときは、天蠱が祟っているとされる。『黄銭』（Huang Qian・漢語「ホアンチィェン」（神霊祭祀用の紙銭。対して鬼魂祭祀用には白銭を使う——筆者註）と炒め飯を一碗、三本の線香を竹の棒に挿したものを用意し、線香に火を点じて室内と軒先を炙る。その後炒め飯を軒下に撒き、『紙馬』（Zi Ma・漢語「ツーマー」・神像呪符類）と黄銭を燃やして送り出す」［高金龍　一九九三：：五七］。

大理市北部では、天神が養うピョについて、次のような由来伝承がある。

「玉皇大帝の娘は生まれつきが醜く、天庭（天上の朝廷）は彼女をとても憎み、家から追い出して、帰るところを失わせた。そこで天の上を昼夜回っている。雪のように白く、氷のように透きとおった肌の、花や月のようなきれいな顔立ちの下界の子供を心底憎み、それらを害するために天蠱を養っていて、胎児を毒し食わせる。彼女の影に一瞬でも照らされると、すでに毒し食わされているという。そこで、妊婦は蓑で腰や腹を覆い隠す。今日まで、ペー族の人々は一歳、二歳の子供は、太陽が山に落ちれば、家の外に連れ出さない習慣となっている。夜になると天蠱の活動は猖獗を極め、子供は容易に天蠱の害に遭うとされる」［楊知勇・李子賢・秦家華　一九八七：七七］。

この伝承には、ピョを扱うのが女性であり、ピョを使う動機が嫉妬であることなど、ペー族のピョについての一般的な認識が看て取れる。この女性神は「飛龍娘娘」（Fei Long Niang Niang・漢語「フェイロンニャンニャン」）と呼ばれ、大理市喜洲鎮では次のような伝承があり、子供を害する霊物というより、下痢などの症状に対しての治病の神である。高金龍氏の論文から引用する。

「飛龍娘娘は洱海の岸辺に暮らしていた。出来物やかさを病む者が湖畔で傷口を洗うのをみると、同情し白手拭いで傷口を拭い治療した。今でも出来物やかさの病気にかかると「米乾」(Mi Gan・漢語「ミーカン」・米を蒸して作る菓子、白手拭いを象徴する――筆者注)と紙馬(神像呪符を指す――筆者註)、紙銭、線香とともに洱海の岸辺で飛龍娘娘を祀る」[高金龍　一九九三：六一]。

天上の蠱の形象は次のようにいわれる。

「子供の頃、大理古城の南門のあたりで天蠱をみたことがある。流れ星のような形状で、雪のように明るく、夜中に尾を曳いて飛ぶ。両手を広げたほどの大きさだった。屋根のあたりを低く飛びまわり、のぞきこむようだったが、一瞬の間にすぐに天に昇っていった。人家に入るとその家の子供が病気になるといい、また、外でこれに見つかると病気になるといわれている」(大理古城・DH・漢族・男性・四七・民間医師)。

「村には、『飛龍』(Fu Nu・ペー族語「フーヌー」)が出るといわれる場所がある。道端の林のあたりである。黄昏どきにあらわれ、大人も子供も襲われることがある。ただ、誰もその姿をみた者はいない。皮膚が爛れたりする病気になるが、わらを束ねて火をつけ、それで身体を祓ってうしろに放り投げる。けっしてうしろをみてはいけない」(洱海西岸X村・YW・ペー族・女性・四六・衛生士)。

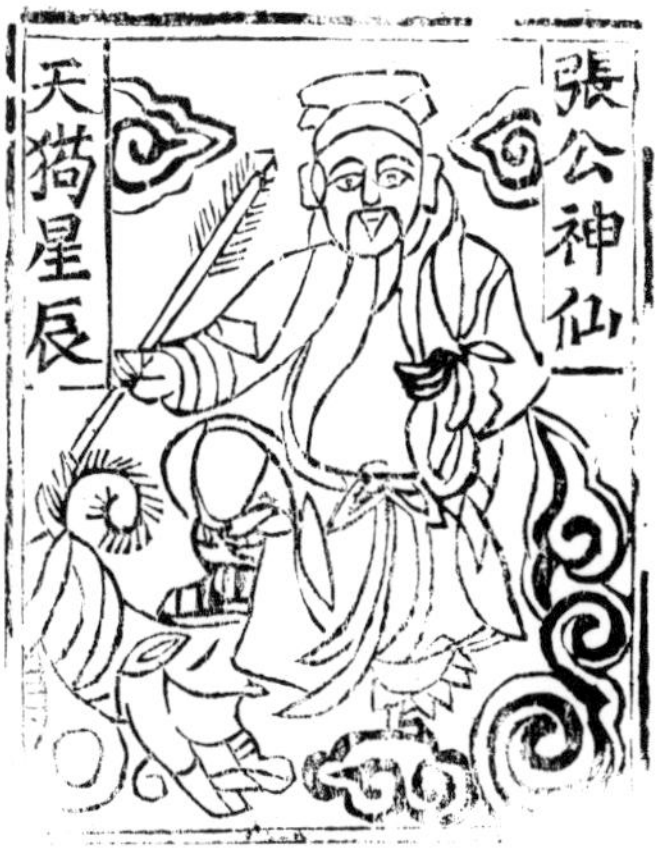

図33「張公神仙・天狗星辰」
大理市　白紙墨刷―14.7㎝×11.7㎝

わらを燃やしたり、高金龍氏の記す線香を燃やして身体を払うという方法は、旧暦六月二十五日に行われる「火把節《フウオバーチェ》」(「たいまつ祭り」)で、稲につく害虫を払うためにたいまつをかざす習俗と通じる。この日、家庭内でも部屋の隅々にたいまつをかざして毒気を祓う。天蠱のうち飛龍は蛇霊とされるが、他に男性である天狗神が使役する犬精として「天狗」(図33)と呼ばれる霊物がある。

八　扱い主の性格

ピョの扱い主は、高利貸しや工場主などの富裕者、キリスト教徒などの異教徒などとされる。

「諺では『家が三つあれば一つの家がピョを養う』といわれる。ただ、この村には四十くらいの家があったが、ピョを養う家で自分が知っているのは三つだけだった。そのうちラバのピョを養う家は一つだけだった。あとはどんなピョだったかわからない。二人の息子のうち、二番目の息子の嫁がピョを扱うといい、長男の嫁は扱わないらしい。村はL姓が多く、L姓が古株で、Zo家とY家は少ないが、L家についで多い。Za姓とS姓は一軒ずつしかなかった。Za家がラバのピョを養っているのは、村の誰もが知っていることで、暮らし向きはかなり豊かで、いわゆる富農階級で、解放前は高利貸しをしていた」(洱海東岸N村・SN・ペー族・女性・五〇・旅館服務員)。

「村でよく知られたソーピョの家は、かなり裕福な家で、網の工場を経営しており、網の修繕などを請け負っている。ただ、その家がピョを養うといっても、付き合いが避けられたりすることはない」(洱海西岸C村・DX・ペー族・女性・二一・観光船手伝い)。

「子供の頃、近所に粉挽きの仕事をしている中年の婦人がいたが、身寄りもなく、独りで住んでいた。ちょっと怖い顔立ちの人だった。周りの家は蠱を養っているとうわさしていたので、ときどき出会うと囃して逃げた。その人は以前天主教（カトリック）教会にいた。宣教師は子供をさらうなど、よくないうわさがあり、そこで働いていた彼女もうわさを立てられたのかもしれない」（大理古城・YS・漢族・女性・三〇・旅館服務員）。

九　ソーピョの家の分布

「村には五つの井戸があるが、『井戸のまわりにかならずソーピョの家が一つある』といわれる。『まわりにソーピョの家がなければ、井戸の水は美味しくなくなる』ともいう。五つあるピョを養う家のなかで、善い家は二つで、善くないとされる家は三つだった。善くないとされる家の女性をみると、尻を叩いて逃げる。そうしないとピョに中るといわれた。ラバのピョを養うといわれる家は二軒ほどあったが、地主階級の家だった。他人の家から物を持ってゆくので、豊かになる。暮らし向きはいい家だった」（洱海西岸Sb村・LS・ペー族・女性・四七・服装店経営）。

「『井戸があれば周囲にかならずピョを養う家がいる』とされる。周囲の家では、その家からの被害を避けるために、その家の方向に向かって線香を焚いているので、その家と知れる。『ピョを養う家がなければ、井戸の水はまずくなり、甘くなくなる』といわれる。ピョはたしかに害をもたらすといわれているが、その一方でもし『ピョがいなければ、作物の育ちが悪くなる』といわれ、その意味では必要があるものとされている」（洱海西岸X村・YW・

ぺー族・女性・四六・衛生士)。

ピョを養う家の分布の密度については洱海東岸部と西岸部では、異なった認識がなされている。「家三軒集まればソーピョの家が一軒」という諺は、「一つの村にグーナイニは七人」という言い方とともに、東岸部ではよく聞く言葉である。また、密度は東岸部よりも、隣県の賓川県の方が多いが、灌漑上の不便もあり、賓川県の方が経済的に貧しいことと関係があろう。西岸部では「井戸のあるところにソーピョの家が一軒ある」というが、密度は東岸部よりも少ない。これも水利が豊かな西岸部と、灌漑の便が悪い東岸部の経済的な程度の差が原因と思われる。かかる言い方は、井戸が社会生活上重要な場所であることが理由であろう。村の婦人たちにとって、井戸は社交の場であり、隣近所といった人づきあいの最小単位を構成している。最小単位の社交範囲から、社会的にソーピョとみなされる一つの家庭が選ばれるとも考えられる。

井戸がソーピョの分布の指標であることについて、注意すべきことは「ソーピョがいないと、井戸の水がうまくなくなる」という言い方や、さらには農作に対して、ピョの存在が、いわば「必要悪」として語られている点である。これは鄒汝為氏の「鳳儀白族養蠱放蠱和治蠱」も、「蠱無くば村成らず」「蠱無くば五穀生ぜず」などの俗諺を紹介するとおり、しばしば耳にする言い方である〔鄒汝為　一九九六：六三四〕。

また「毒薬のあるところにピョはおらず、毒薬のないところにピョはある」という諺もあり、ピョには毒物に類する性格が与えられる。ピョの毒性のもつ過剰な自然力は、農作に必要な作物の成長を助ける生命力を与えるものとして認識されている。ソーピョの家が井戸のそばにあり、井戸の水を甘くするという伝承は、ピョが毒性としてもつ過剰な自然力が、村落内部に井戸というスポットに関わって結集するという考えが背景にあると思われる。ピョの信仰は、人間生活を支える地域共同体と、地域共同体の環境上の基盤としての土地のもつ自然力が交差する局面に発生する。

ピョを司る神とされ、村の井戸や大樹、いばらに宿るとされる精怪的神霊であるグーナイニも、共同体内部の自然性の象徴、ないし自然力の凝集点といえる側面があり、さまざまな動物や虫類の姿に託されて想像されるピョも、自然力の過剰性を象徴した霊物である。富ませるピョの扱い主が周囲の者に忌み嫌われるのは、自然力を人為的に利用し、社会的関係に持ち込み、特定の者が地域共同体内部の富をめぐる諸関係を優位なものとする、かかる利己的な意図があるとみなされるからであり、そうした意図に対する共同体の成員のもつ警戒心、あるいは「そうした者が存在するはずである」と考える強迫観念の表現なのである。

十　具体的な分布の事例

洱海西岸X村の事例をあげる。X村は洱海西岸に位置し、北村と南村に分かれるが、北村は生産請負制に移行する以前まで、生産隊が三つあったといい、戸数は五百戸、二千人余りの人口である。北村の住人はほとんどをペー族が占める。Y、S、Za、Zo、C、L姓がおもな姓であり、そのうちY姓が古株で、百戸ほどを占め、S姓がそれに次ぐ。井戸の位置とソーピョの家庭の位置は附図に記したが、C2家以外は井戸と隣あわせか、ごく近い場所にある（地図3）。

五軒あるソーピョの家庭のうち、C1家はガマのピョといわれ、Y1家は猫のピョを養い、嫁が嫁の家からピョを伝えてきたという。C2家はガマのピョであるとされる。この家は次男の嫁にピョを伝えたとされ、次男の嫁が継承し、長男の家はソーピョとはなっていない（ただし、他の村落の事例では、大理古城付近N村のソーピョの家庭は運送業をしている富裕な家庭であるが、兄弟の嫁が交替でピョを使うという）。C3家は蛇のピョである。他の家庭はあまり

地図3　X村見取り図

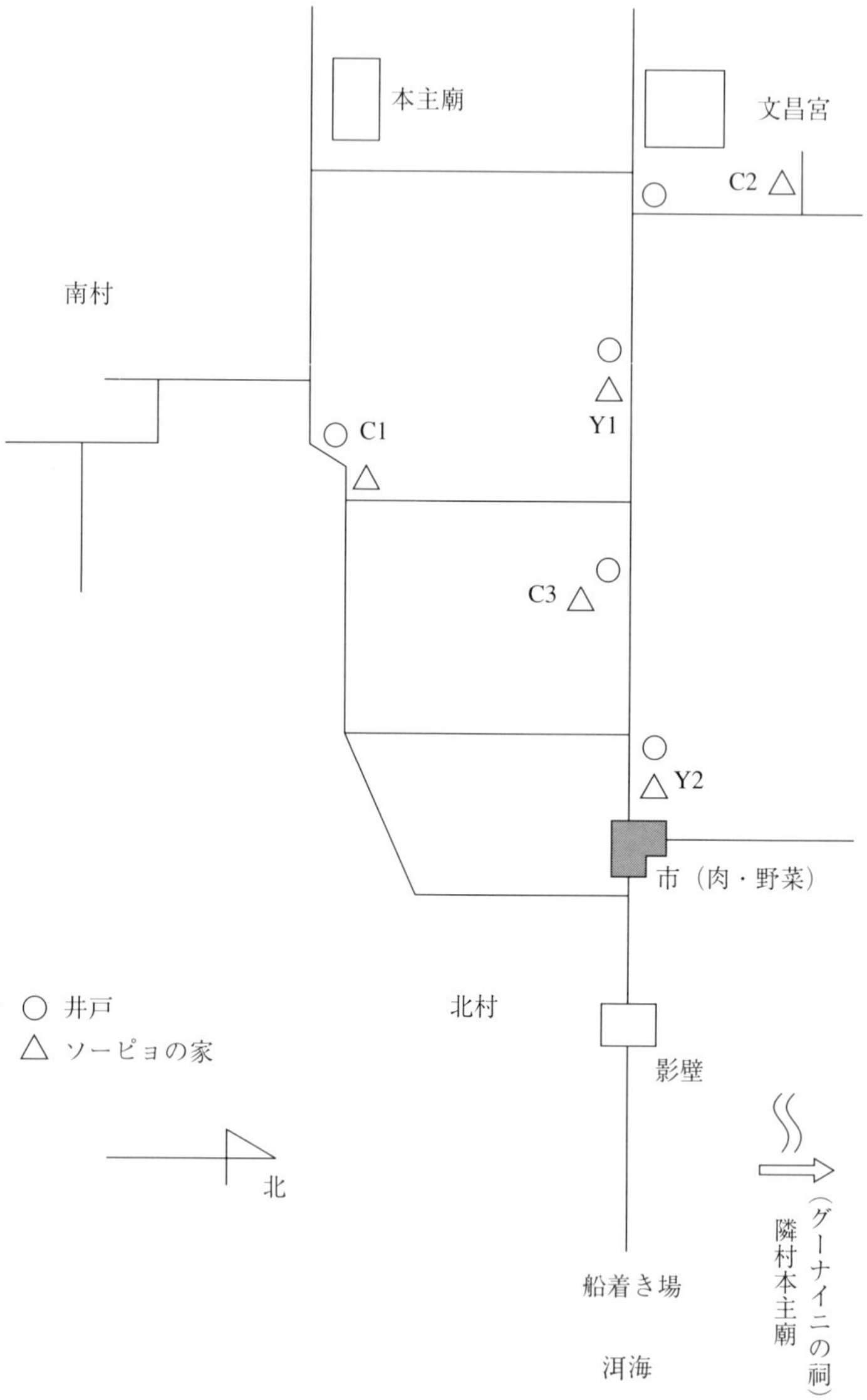
本主廟
文昌宮
C2
南村
C1
Y1
C3
Y2
市（肉・野菜）
井戸
ソーピョの家
北村
影壁
北
隣村本主廟
（グーナイニの祠）
船着き場
洱海

富裕でない家庭ばかりであるが、C3家のみ生活水準は中等より少し豊かな程度である。なお、C3家はすでにピョをもっていないとされ、正確にはもはやソーピョの家庭ではない。C姓は古株ではなく、ソーピョとされる家もC姓が多いが、C姓すべてがソーピョとされるわけではない。日本の憑きもの筋とは異なり、一族全体ではなく、一軒単位の家庭ごとにソーピョのレッテルが貼られる。以上は貧しくするピョを扱う家庭である。

残りのY2家はラバのピョで、富ませるピョとして明確に認識されている家庭はこの家庭のみである。ただ、実際の生活水準は家屋のたたずまいからみても一見して貧しい水準にある。また、この家は村の古株のY家の血筋に属しており、洱海東岸のN村のラバのピョを養うとされる家庭が、他に同姓の家を村内にもたない単独の家庭であることとは異なっている。中華人民共和国成立以前から、ソーピョであるといわれるが、実際に豊かになったことはこれまでにはないといわれる。

十一　結論――呪術的霊物と経済的観念

ピョの類別として、ピョが使役者を富ませるか、貧しくするかということが一つの基準となっていることと同様に、ピョの使役者がいかなる者であるかという言われ方についても、富裕かどうかということが、特徴として言われる。たとえば高利貸し、地主、工場の経営者といった、地域共同体のなかで突出した経済的な豊かさを獲得した者が、共同体の他の成員からソーピョとしてのレッテルを貼られる傾向がある。同様の傾向は、前章において論じた雲南省西部の独足鬼の伝承にもみられた。保山市の五郎神の伝承は、地域共同体内の富の移動を説明する伝承であり、筆者はこれを小松和彦氏が日本の憑きものについての作業仮説として援用する、G・フォスター（G. Foster）の「限定された富（善きもの）についての観念」（image of limited good）によって説明を試みた。つまり、「誰かが多くとれば、かならず誰かが少ない取り分となる」という一種のゼロ＝サム理論的な観念が、当該社会の成員の観念として働いているということである［Foster 1965、小松 一九九四］。

ペー族の呪術的霊物の信仰をみた場合、一つの要点として指摘できるのは、「限定された富」の観念が機能すると仮定されるならば、そのあらわれかたは「多くを得た者」に対して、その差分がそれ以外の成員の不利益として引き受けられることは日本の憑きもの信仰とおおよそ変わりないが、ペー族のピョにおいては、富ませるピョと貧しくするピョが対応関係にあることが特徴ということである。多くの取り分を獲得した者が地域共同体内に特定の者として存在するとすれば、一方で少ない取り分となった者、つまり、貧しくなった者についても、特定の者が「ソーピョ」のレッテルとともに認識され、不利益の側面を引き受けたかたちで説明される事態があるといえる。貧しくするピョは、富の配分関係のなかで「貧困」という不利益を被った者の代表者について説明される概念であると考えられる。

ペー族では「ソーピョ」とされる者にはこのように二分化の傾向が顕著である。鳳儀鎮では家を富ませるローツーピョも転嫁可能とする説もあり、継続した調査を待たねばならないものの、筆者がこれまで調査した範囲では富ませるピョを養うとされる者は、ソーピョのレッテルが代を重ねるとされ、特定の家に固定化される傾向があり、作業仮説としては、人々の認識において「固着型」ともいえる性格がみられ、代を重ね、歴史性を負うと認識される点で、日本の犬神筋やキツネモチの系統などと共通する性格がみられる。対して、貧しくするピョは、比較的容易に他人に転嫁することができ、ソーピョであるレッテルを免れる可能性があり、したがって、貧困をもたらすピョは、むしろ流動的な性格で認識され、「転移型」ともいえるタイプをなす。ペー族では貧しくするピョは、富ませるピョよりはるかに他人に転嫁することが比較的容易であると認識されており、貧しくするピョは共同体内部で循環的な構造を有している。

ペー族の呪術的霊物の信仰に富ませるピョと貧しくするピョの二つのタイプが内包されている原因を説明するものとしては、ペー族の農村社会の特質が背景として考えられねばならない。参考として、横山廣子氏が調査された大理市西北部の人口一千五百戸近くの村、「蒼村」では、一九八〇年当時、一人当たりの平均耕地面積は四アール未満で、全国平均の十アールの半分にも満たないという〔横山　一九八七：一二四〕。大理盆地のペー族は、農耕活動は女性が中心となり、男性は行商や建築業など外に働きに出る家庭が多い。最近の経済改革の発展にともない、成金の家庭である「爆発戸」といわれる富裕層も生み出しつつ、極端に貧しい生活をしている者も少ないという状況が大理盆地の生活状況の特徴であるが、このような環境に置かれた農村共同体における中間層の厚さが、大理盆地の呪術的霊物の信仰の求心力となっていると思われる。際だって富裕でもなく、貧しくもない中間層が呪術的霊物の伝承を語る担い手として考えられよう。

ただ、大理ペー族の場合、富ませるピョを養っている者がすべて実際に富裕な暮らし向きであるかといえば、かならずしもそうではない。とくに財産の移動に関していわれるラバのピョについては、実際は貧しい者も見受けられる。富ませるピョと貧しくするピョの概念的対応は、あくまでも理念型としての対応であり、現実には対応するとは限らない。また、ソーピョのレッテルを貼られる者について、それがすべて経済的関係においていわれているかといえばそうではない。ソーピョのレッテルには、目つきなどの形態的特質、または倫理的な評価が不可分に関わる。また、キリスト教信者というような、儒教的、仏教的な要素を主とする大理地方の伝統的な倫理観、宗教観からの逸脱した者がレッテルを貼られていることは注意すべきである。おそらくソーピョのレッテルは一般的な状態からの逸脱についての、平均化への志向に裏づけられた地域共同体内部での成員たちの微妙な平衡感覚によって判別されているものと思われる。

註

(1) この種の霊物をめぐる婚姻忌避は、曾士才氏が、貴州省台江県のミャオ(苗)族の「醸鬼」(Liang Gui, Niang Gui・漢語「ニャンクゥイ」、ミャオ語「リャンクゥイ」)と呼ばれる生霊的な信仰伝承の事例においても指摘される[曾士才　一九九六]。また、楊福泉氏は『神奇的殉情』において、ナシ(納西)族に多い心中の習俗について、女性側が「ドゥー」(Du)と呼ばれる蠱毒を扱う家の娘とされる場合が多く、ために男性側では結婚を許さないという問題が生じ、心中を招く一因となるという[楊福泉　一九九三a：一一九―一二六]。

　詹承緒調査整理「雲龍旧州白族的『養鬼』」は、雲龍県のペー族の場合について次のように記す。「(蠱毒を養っているとされると)村民のなかで厳しく孤立する事態となり、周囲の人々は敬して遠ざける。『養鬼』(Yang Gui・漢語「ヤンクゥイ」)(鬼といわれるが、実際は蒼龍と呼ばれる昆虫、蛇などの蠱毒である――筆者註)の類の巫術は母親から直接娘に伝えられるのではなく、『分家』の形式を通じて娘に継承させるといわれている。そのため、「養鬼婆」(Yang Gui Po・漢語「ヤンクゥイポー」)(大理市でピョを扱う婦人を漢語で「養蠱婆」と呼ぶのに等しい――筆者註)の娘が当然の継承者となる。そうした原因のために、養鬼婆の家の娘は誰も嫁にもらおうとせず、多くの悲劇が起きている」[詹承緒　一九九六：六三四]。また、唐楚臣氏の報告によればイ族の場合「薬鬼」(Yo Gui・雲南漢語「ヨゥクゥイ」)と呼ばれる蠱を扱う家には、やはり婚姻忌避の問題が生じている[cf. 唐楚臣　一九九五]。

(2) ペー族ではこの種の霊物には、動物霊の他、自然物の変化である精怪的霊物や、生霊的な霊物もある。清・陳鼎『滇黔紀遊』(康熙年間の書)に「賓川府に変鬼というものあり、婦女に多い。猫、羊、鶏、牛糞、象や馬などに変ずる。一人旅の客があれば殺してその財貨を奪う」などとあり、生霊的な霊物の信仰を記す。清・東軒主人『述異記』巻下「土司変獣」には趙州(今の鳳儀鎮)の土司で、楊というものが虎、ロバ、猫に変身することが記される。これらの記事は澤田瑞穂氏の「メタモルフォーシスと変鬼譚」に記され、参照されたい[cf. 澤田　一九八二]。『述異記』の記事は一定の期間に土司がそれぞれの動物に姿を変えるという内容であり、本人が意識しておこなうのではなく、むしろ無意識的な変身であるともとれる内容であるが、その点、エバンス・プリチャード(E. E. Evans-Pritchard)以来文化人類学でなされる邪術(sorcery)と妖術(witchcraft)の区別に照らせば、意図的になされる邪術的なものというよりは、妖術的な性質で捉えられる可能性がある。妖術的な信仰伝承としては、曾士才氏が調査されている貴州省ミャオ族のリャンクゥイ(醸鬼)、タイ(傣)族にみられる枇杷鬼などが他にあげられる[cf. 曾士才　一九九一、桑耀華　一九八三]。

(3) 蒼龍鬼は、邋遢鬼(La Ta Gui・漢語「ラータークゥイ」)とともに大理白族自治州雲龍県旧州郷一帯でも信じられ、この地方のペー族に伝わる。註1でもとりあげた詹承緒氏の「雲龍旧州白族的『養鬼』」の記載によると、ペー族の年を取った婦女が扱うとされ、「養鬼婆」（Yang Gui Po・漢語「ヤンクゥイポー」）と呼ぶ。素焼きの缸に蛇、ガマ、ミミズ、蝶、甲虫などを入れ、封じて互いに殺し合わせ、七日後に封を開く。蝶が生き残っていると、これを邋遢鬼と呼ぶ。被害者は病気になるか、財産を蝕まれるかする。子供が被害に遭いやすく、とく下痢になる［詹承緒　一九九六：六三四］。かかる製造法は典型的な蠱毒の造蠱法である。

蒼龍鬼は、邋遢鬼と造り方は同じで、蛇が生き残っていると蒼龍鬼である。その後三年養って霊力を発揮する。養鬼婆は子供に菓子や果物をあげたり、接吻すると、蒼龍はその家の者の物品を盗み、家の中の物が理由もなくなくなる。石板か瓦にかまどの灰、炭火と肉を載せ、村外の野地に送り出し、線香と紙衣を燃やす。これを「送火盆」（Song Huo Pan・漢語「ソンフゥオーパン」）という。送り主がわかっている場合は、その者の家の門に送り出すなどすると、養鬼婆の方が病気になる［詹承緒　一九九六：六三四］。

（4）清・張泓『滇南新語』「滇之東西兩迤無金蠶、其鼠・蛇・蝦蟆等蠱害較烈」。

（5）（南）明・敖浤貞修・艾自修纂（隆武）『重修鄧川州志』巻三「民間有疾、不肯服藥、曰、飛龍作害」。

（6）（南）明・敖浤貞修・艾自修纂（隆武）『重修鄧川州志』巻三「諺云、將所毒之幼兒、在墳頭取土回家、變成銀虵」。

（7）清・張泓『滇南新語』「善食小兒腦、爲鬼盜如金蠶」。

（8）清・楊瓊『滇中瑣記』「蠱毒」「蠱有内蠱、外蠱。外蠱中人家兒、内蠱則自中其兒、非我能解免者」。なお、この記事の全文を以下にあげるが、原文の順番に引用番号を付け、本文の引用と対照させる。

①「滇中夷婦養蠱者、小兒多中其毒。始由臟腑、達於頭面、漸漬剥蝕潰爛、不可救藥。及其中未久、延蠱医診之、以水洗患處、盛水銅壺中、緊塞壺口而引繩懸之屋梁、積薪燃火其下、肆燒煮之、集衆圍火而坐、燒一時之久、蠱在壺中不勝燒、乃鼓蕩其壺、向空四撃、衆不敢近、忽壺塞噴脱、水則躍出爲五色霞光、奪門飛去、水著人頭目、冷於冰雪、竟不温也。燒後、兒患稍愈可救、不則難救」。

②「蠱被燒時、蠱婦在其家自覺煩熱、則出門徑向燒蠱家屋後逡巡招蠱、招之不得、熱極、則躍入湖池中、澡其身而後安。人見之、知爲蠱婦、就厮打之、則長跪哀鳴」。

③「聞養蠱之家、姑死則貽蠱於婦、婦不能養、則貽之外人、多因拾得巾幗或腰帯而遂偕來也」。

④「養蠱者、月必兩祭之。及夜、具酒肉香楮祭而自食之」。

⑤「蠱夜出、婦招之、夜半聞呼猫作謎謎声、知爲招蠱者。蠱婦性多撥悍、目大而睛碧如猫、衆目爲不祥、而不敢明指之。其來人家、人則急匿小兒、惧其見而中毒焉」。

⑥「蠱有内蠱、外蠱。外蠱中人家兒、内蠱則自中其兒、非我能解免者」。

⑦「又有名騾子蠱、牛馬蠱者、能盗致人家財穀。今農家露穀於場、必以銕刀或銕矛插穀堆中、防蠱盗也」。

（9）彭多意著『二十世紀中国民族家庭実録（第三輯）――人神之間・白族』は、大理市北部の大規模な村落、周城のペー族の家庭に住み込んで書かれた民族誌であるが、そのなかで、「天蠱的点心」の一章は、幼児が下痢になり、高熱を出して夜通し泣く症状を、天神の放つ蠱である「天蠱」の仕業として、呪術治療を行う場面を記録している。記述が詳細であるので、以下に紹介する。

「夕方、雨沐のお婆さんは、万金、双鶴が『大姨媽《ダーイーマー》』（母の姉を指す――筆者註）と呼ぶ婦人を招いた。鶏卵を二つ、お碗と、灯油を一瓶、紙を数枚、「堂屋《タンウー》」（母屋中央の客間――筆者註）の食卓のうえに置いた。すこしばかりして、『大姨媽』は鶏卵ほどの灰色の小麦粉の団子を、雨沐の頭のてっぺんに載せて掌で全身に転がし、転がしながら口に言葉を唱える。つづいて鶏卵を全身に一通り転がした。それは『出驚《チューチィン》』（驚いたために魂がぬけたとされる際に行う魂呼ばい――筆者註）に似ている。お婆さんと『大姨媽』は、転がした鶏卵と小麦粉の団子、お碗、灯油を中庭の南にある厨房にもっていった。（中略）まず小麦粉の団子にくぼみをつけて、お碗の中に置き、周囲に五枚の紅紙の短冊を挿し、雨沐の身体に転がした鶏卵の大きい頭を下に、小さい頭を上に向け、（小麦粉の団子の）中央に置いた。それから半碗の灯油を注ぎ、火をつけた。（中略）『大姨媽』がいうには、この小麦粉の団子は、『甲馬《ジャーマー》』（馬像を描く神像呪符）『八卦《バークゥア》』『天蠱《ティエングゥ》』の三つの紙を燃やした灰を合わせて練ったものである。しばらくして、卵の殻が破裂し、中身が流れ出てると、二人は『焼けたね』といった。つづいて、パンと二回音がして、間髪入れずパーと大きな音がした。（中略）彼女らは私に鶏卵の形を見せ、これが子供の頭で、あれが子供の身体だという。細かく見ればみるほど、卵が人の形に見えてくる。表にはたくさん蜂の巣状に穴があいているが、これが蠱に喰われてあいたものだという。さらには、この村にはもう幾人も、（蠱を）焼くことができ、さらにはその形状から誰が蠱を雨沐に放ったかを見分けることのできる者がいるという」［彭多意　二〇〇一：六四―六五］。

また、蠱の予防法として、本書は次のように記す。「村のなかで、背後で蠱を養っているという議論のある者は、みなが子供に普段彼らと接触しないように、ましてや彼らのくれる食べ物は食べてはいけないと諭している。そうでなければ、蠱は腹に入ってしまう。だが、（蠱を養うと）議論されている人物は、本人は知らないし、また面と向かっていうこともない」［彭多意　二〇〇一：六五］。

五章　蠱毒伝承論——呪術的霊物の言説にみる民俗的観念

一　はじめに——『捜神記』の蠱毒伝承

晋・干宝『捜神記』巻十二に次のような一則がある。

「滎陽《けいよう》に廖という姓の家があった。代々蠱をなし、富を致していた。後に嫁を迎えたが、蠱のことは話さなかった。あるとき家人がみな外出しているとき、嫁は一人で家を守っていたが、部屋の中に大きな缸があるのに気がついた。試しに開いてみると、中に大蛇がいた。そこで湯を沸かして注いで殺した。家人が帰り、嫁はつぶさに話した。家中の者は驚き残念がったが、幾ばくもしないうち、疫病が起り、ほとんどが死に絶えた[1]」。

この記事は、『太平御覧』巻七十二にも『荀氏霊鬼志』を引いて同様の記事を載せている。蠱の正体として蛇蠱を飼っていることが知られるが、後世の蠱についての伝承を考察するに当たり、基本的なアウトラインを提示しており、蠱にまつわる伝承の典型的な記事として多くの示唆を与えてくれる。

たとえば、この記述から知られることとして、㋐蠱は缸＝容器の中に飼われる、㋑蠱は代々特定の家に伝えられる、㋒蠱を使う目的は致富にある、㋓蠱が殺されることは、その扱い主にも感応して影響を与え、蠱と扱い主とのあいだには相関的な関係がある、などの諸点である。

この記事にある滎陽郡は現在の河南省鄭州市西部に当たり、蠱についての伝承があまりみられない土地柄である。汪紹楹氏は『捜神記』の校注でその点に疑問をもたれ、畜蠱、つまり蠱を飼うことについての習俗は中国南部に多く、廖氏は南方の氏族であるなどの点から、今の広西壮族自治区全州近辺に位置する營陽郡が本来この記事で書かれた土地と推測する〔干宝　一九七九：一五八〕。たしかに、南北朝時代の蠱についての記載は中国南部に集中し、汪紹楹氏の指摘は、証拠には欠けるが肯首できる。

なお、『捜神記』はほかにも鄱陽（現在の江西省鄱陽湖東岸部一帯）の犬蠱の記事や、干宝の親戚の家に起こった蠱病の記事がある（五節後述）。晋・陶潜『捜神後記』にも剡県（現在の浙江省剡県近辺）の畜蠱の記事があり、中国南部の出来事として書かれる。[2]

蠱についての伝承は、デ・ホロート（J. J. M. de Groot）やエバーハルト（W. Eberhard）が指摘するように、ほとんどが中国南部の信仰伝承として記される［de Groot 1967：853、Eberhard 1942：139、エバーハルト　一九八七：一二八―一二九］。漢族、非漢民族いずれにもみられ、非漢民族では、ペー（白）族（チベット・ビルマ語族ペー語支）、イ（彝）族、ナシ（納西）族、リス（傈僳）族（以上チベット・ビルマ語族イ語支）、チャン（羌）族、プミ（普米）族（チベット・ビルマ語族チャン語支）、ミャオ（苗）族、ヤオ（瑤）族（以上、ミャオ・ヤオ語族ミャオ語支、ヤオ語支）、チワン（壮）族、タイ（傣）族（以上、チワン・トン語族チワン・タイ語支）の各民族など、様々な語族系統の民族に、蠱に相当する民俗事象の伝承がある。

蠱をめぐる民俗事象を考察する際に、民族ごとの社会的、歴史的背景が異なることは注意する必要があるが、[3]

その一方で漢語で蠱と表記されるこの種の信仰伝承は、蠱に関する伝承の一種本質的なメカニズムが抽出でき、民俗的観念の根底にある固有の論理性が看取できる。

本章は蠱をめぐる伝承から、蠱の毒性に関わる伝承を「蠱毒伝承」として取り上げる。まず蠱毒の性質について、前記の『捜神記』の蛇蠱の記事を第一歩の手がかりとし、文献資料の通覧により分析し、蠱毒伝承から読み取れる民俗的観念を探る（一節から七節）。次に伝承自体の性質を蠱毒伝承を語る側の立場から考え（八節）、最後に、結論として一連の蠱毒伝承に対して本質的な解釈を提示する（九節）。

二　造蠱法——容器内で造られる蠱毒

デ・ホロートは蠱が黒呪術としての意味があり、爬虫類や虫類を使った毒物であり、字形が蠱術の内容を表現していると指摘する［de Groot 1967 : 826］。蠱の毒性を強調する蠱毒という言葉について、『周礼注疏』巻三十四は、「庶氏掌除毒蠱」とあり、庶氏なる役職が、「毒蠱を除くことを司る」専門職として記載され、註に「毒蠱、蟲物而病害人者」とあり、毒蠱（すなわち蠱毒）が「虫類であり、人を病害するもの」であることが記される。

『捜神記』の蛇蠱の記事は蠱が缸の中に飼われているが、この点は蠱を造る際の造蠱法と関係があるものと思われる。

「蠱」という字の字義は、『春秋左氏伝』「昭公元年」に「皿蟲爲蠱」とあり、『説文』は皿と虫の合成から蠱の字が造られているとする。「晦淫之所生也」、つまり「道理に暗く、淫乱であることから生じるものである」とするが、蠱という字が皿＝容器と結びつけて造られているのは、容器に虫が盛られている様を指すものであろう。(4)

『隋書』巻三十六「志」第二十六「地理志」下は新安（現在の安徽省新安江流域）、永嘉（現在の浙江省温州市一帯）、

建安（現在の福建省建甌市）、遂安（現在の浙江省西部）、鄱陽（前述）、九江（現在の江西省九江市一帯）、臨川（現在の江西省臨川市）、廬陵（現在の江西省吉水県、楽安県、永新県一帯）、南康（現在の江西省南康県附近）、宜春（現在の江西省宜春市）の各郡の畜蠱の風俗について次のように記す。

「しかしこれら数郡はしばしば畜蠱のことがあり、宜春では際だってその風甚だしい。その法は五月五日に百種の虫を集め、大きなものは蛇、小さいものは虱と、あわせて器の中に置き、互いに喰らわせ、最後の一種に残ったものを留める。蛇であれば蛇蠱、虱であれば虱蠱である。これを行って人を殺す」[5]。

隋代は宮中にも猫鬼に関する巫蠱事件が持ち上がり、その種の邪術についての記述が多い時代であるといえる[6]。

旧暦五月五日は周知のように端午の日である。蠱と端午との関係はエバーハルトによっても注目されているが[Eberhard 1942：141]、この日毒気や瘟疫を祓う習俗があったことは、さまざまな歳時記が記載するところである。端午節はもともと邪気祓いを主とする節令である。中村喬氏の『中国の年中行事』に詳しく述べられているが、南朝梁・宗懍『荊楚歳時記』「五月五日」条は、「艾を採り、もって人となし、門戸の上に懸けて、もって毒気を祓う」（「採艾以爲人懸門上、以禳毒氣」）として、ヨモギで作った人形を毒気を祓う呪物として門戸に掛ける習俗を記している。また、隋代以来辟邪の頭飾りとしてヨモギの葉を虎形に結んだ「艾虎」があるが、これを端午の頭飾の祖型として、宋代には呂原明『歳時雑記』（重較『説郛』巻六十九）の記すように、「蜈蚣（ムカデ）、蚰蜒（ゲジゲジ）、蛇、蠍（サソリ）、草虫」の形にヨモギの葉や色絹、紙を剪った頭飾りを着ける風習があった。中村喬氏が指摘されるように、「これらは『毒虫』と称され（『武林旧事』「端午」）、『虫を毒（ころ）す』との意で用いられたものであり」、

「辟虫の呪物」であった〔中村　一九八八：一四二〕。これらの毒虫は明、清代には「五毒」と呼ばれ、「蜈蚣（ムカデ）、蛇、蠍（サソリ）、虎、蟾（ガマ）」（明・沈榜『宛署雑記』第十七巻「上字」「民風」二）、「蟾蜍（ガマ）、蜥蜴（トカゲ）、蜘蛛、蛇、蚿（オサムシ）」（清・顧禄『清嘉録』巻五「五月」「端五」「五毒符」条）などの毒虫をかたどった色紙を頭に挿す、「五毒符」として使われるようになる〔中村　一九八八：一四三〕（図34）。

　これらの毒虫の活動は初夏の五月に盛んになり、人間にも害を及ぼすため、毒虫を祓う呪術的行為が必要だったのであろうが、「五毒」に集約される毒虫は、じつは蠱毒の製作に使われる毒虫でもある。中国南部ではこの時期には伝染病も流行り、また、モンスーン気候によって雨季と乾季に分かたれる雲南地方では、雨季に入り、旅行が危険になる瘴癘（マラリアの原因となるとされる毒気）の季節になる。中国南部では各地さまざまな理由でこれらの邪気を予防する必要があったが、端午の辟虫の習俗も、端午の時期に製造するとされる人造の蠱毒を防止するという意味も含まれていると考えることができよう。

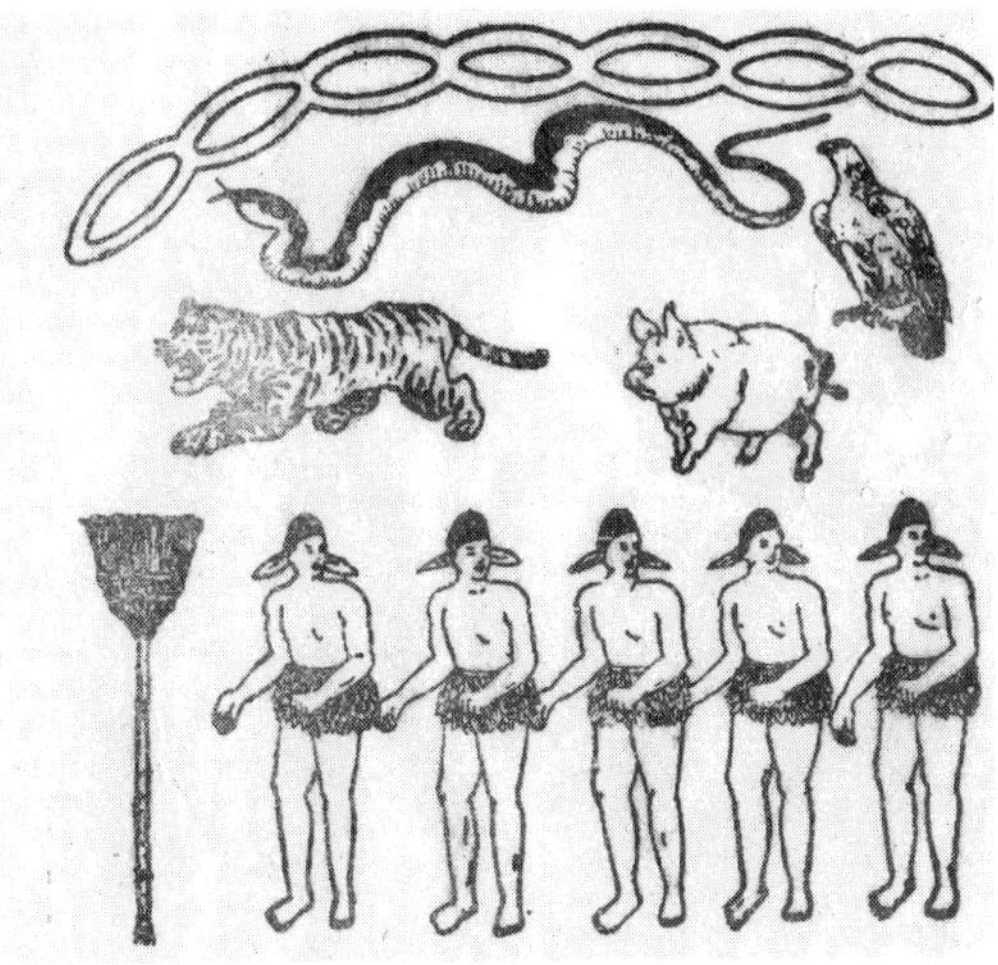

図34「五毒符」
香港 白紙オフセット刷— 5.2mm × 7.7mm

　『隋書』「地理志」の記述以降、毒虫をたがいに喰らいあわせて、生き残りの一匹を毒性の最も強力な蠱とし、毒を蠱毒として用いるという記載は、端午辟虫の習俗と軌を一として、延々と現代に至るまで文献資料に散見されるので、以下列挙する。

明・李時珍『本草綱目』巻四十二「蠱虫」条「釈名」は唐・

陳蔵器『本草拾遺』を引いて次のように記す。

「古人は愚質で、蠱を造って富を図る。みな百虫を取って甕に入れる。年を経て開くと、かならず虫一匹が他の虫を喰らい尽くしており、この名を蠱という。姿を隠すこと鬼神に似て、人に禍をなす[7]」。

宋・鄭樵『通志』巻三十三「六書略」第三は、次のように記す。

「造蠱の法は、百虫を皿の中に置き、互いに喰らわせあい、生き残ったものを蠱とする。それゆえ蠱の字は虫と皿に従う[8]」

宋・曾慥『類説』巻四十七「蠱毒」条（宋・陳正敏『遁斎閑覧』を引く）の記事を記す。

「閩（福建）、蜀（四川）の俗では蠱を畜うことよくし、その法はまず百虫を器に置き、互いに喰わせるままにし、数ヶ月後に喰らい尽くして、ただ一つだけ残ったものを蠱として事える。その卵を飲食の中に入れて人を殺す。（民間で）妄りにいうには、人を殺すこと多ければ、すなわち蠱家は富栄えるが、そうでなければ返って禍を受ける[9]」。

明・田汝成『炎徼紀聞』巻四「蛮夷」は今のチワン族に当たる獞人の習俗を記す。

「（獞人は）また蠱毒をよくなし、五月五日に百の毒虫（蠱）を一つの器に集め、たがいに喰らいあわせるにまかせ、生き残ったものを留め、所持して人を中毒させれば、死なない者はない。また、飛蠱となし、一に挑生といい、一に金蚕などといい、これらはみな鬼の類であり、毒である。これに事えると、富を集めることができる」[10]。

西南地方を歴官した田汝成の筆になる『炎徼紀聞』は、西南地方の見聞記として知られる王士性『広志繹』、福建地方の習俗を多く記した謝肇淛『五雑組』、広西地方の非漢民族の習俗を記した鄺露『赤雅』と並び、蠱俗についても触れ、広義の民族誌的性格をもった明代の代表的な筆記雑著といえるが、後述の清・閔敍『粤述』の記事にも明らかなように、後世の文献にも影響を与える。この記事の特徴は、造蠱法によって造られた蠱以外に、挑生、金蚕の二種を別の類の蠱とする点である。挑生は他人の腹中に生物を生じさせる呪法であり、金蚕は蚕に似た食錦虫を使う呪法で、他者から転嫁される性格が強く、田汝成は前記の造蠱法の範疇外とする。ただ、『粤述』など、清代以降金蚕は造蠱法によって造られうる蠱であるともされる。なお、金蚕は蠱虫であり、人魂の変化態としての鬼の類ではない。田汝成は蠱は鬼の類であるというが、蠱を鬼のようであるとする『捜神記』の犬蠱の記述に倣ったのかもしれない（註2参照）。

明・謝肇淛『五雑組』巻十一「物部」は次のように記す。

「蠱虫は北方の地にはなく、ただ西南の地のみにいる。閩、広（広東・広西）、滇（雲南）、貴（貴州）、関中（陝西）、延（陝西北部）、綏（綏遠）、臨洮（甘粛省臨洮県）などいずれの地にもいるが、ただ各地によりやり方が異なるのみである。閩と広の方法は、おおよそ端午の日に蛇、ムカデ、トカゲ、蜘蛛の類を一つの器に入れ、みずからたがいに咬むにまかせ、他のものがすべて死んでしまい、一つだけ生き残ったものを留めるが、これが毒の最たるものである。

時期に合わせて祭祀し、蠱を使って毒を行わせる[11]」。

清・曾日瑛等修、李紱等纂（乾隆）『汀州府志』巻四十五は、秀作として当時の範となった地方誌であるが、福建地方の蠱案（蠱毒事件）を記し、蠱の造り方を記す（この事件の概要は澤田瑞穂氏の「妖異金蚕記」にも紹介される）［cf. 澤田　一九九二a：二五八］。

「賴子俊、廖高蒲はみな上杭（現在の福建省上杭県）の人で、舅と婿である。子俊は妻の父である張徳の術を伝え、毎年五月になると百虫を採り、素焼きの罐に封じて貯め、虫たちは互いに喰らいあう。翌年に開いて見ると、一匹の虫が残り、形は蚕のようであり、色は金のようである。三、四枚の茶葉と楓香（楓香はカエデを指す）で養う。占って日を選び、一年に数度用いる。占いによって（日を選んで）取りだし、ひそかに飲食のなかに置くと、相手は絞られるように痛む。死後その魂魄は蠱を用いる者のために力仕事をされ、みずからは労せずして富を得る[12]」。

清・陸次雲『峒谿纖志』中巻は貴州、広西地方の苗人（現在のミャオ族）の蠱について記す。

「苗人はよく蠱毒をなし、その法は五月五日に毒虫を一つの器に集め、互いに呑食させ、喰らい合わせて一つにする。これがすなわち諸毒中の最たるものとなる。これを蠱とするのであるが、中ればたちどころに死んでしまう[13]」。

清・閔敍『粤述』は、広西地方の蠱について、獞人（現代の民族名ではチワン族を構成する主要民族集団）の風俗について記す。

「蠱薬は、両江（広西地方を流れる左江、右江両流域の地方を指す）の獞婦はみな造ることができる。その法は五月五日に、百の毒物を一つの器に集め、たがいに相喰らわせるに任せ、その独り生き残ったものが毒の最たるものとなる。所持して中毒させると、たちどころに死なないものはない。それゆえ、蛇蠱、蜥蜴（トカゲ）蠱、蜣螂（フンコロガシ）蠱、蜈蚣（ムカデ）蠱、金蚕蠱などそれぞれの種類があって一ではない。今蠱のことあると、ただ彼の人（蠱を扱う者）のみがこれを解くことができるが、他人には見せない⑭」。

清・貝青喬『苗俗記』巻二は、著者の見聞から、貴州地方の苗家（苗人）の蠱俗を記す。

「苗家は蠱を造るのに、ムカデ、マムシ、トカゲなどを器一つに集め、これにまじないする。時間が久しく経ってから開き、生き残りの一匹を留めが、これがつまり蠱となる。その涎や糞を採って人を毒するが、奇病百出して、数年後は千里の外に免れる者無しといった有様になる。私はかつて苗家の村寨に夜に泊まったことがあるが、およそ夜間ともなれば、空の際に流星か閃電のごとく流れるものを見た。訊ねると、放たれた蠱が水飲みに出てくる様という。長いものは蛇蠱で、丸いものは蝦蟇蠱である。中でも金蚕蠱がもっとも毒が激しい。蓄蠱の家は清潔で塵一つなく、宿を探す者はいつもそれを目印にして蠱を避ける。一つの村寨で蓄蠱の家は二、三軒あるようだ⑮」。

蠱を養う家には埃がなく、清潔であるという言い方は、後述の宋・周去非『嶺外代答』から、民国・葉国慶氏の「金蚕鬼的伝説」に至るまで、さまざまな記事に散見される。

現代の事例では、まず前記の事例につづき、民国期の調査として、陳国鈞氏の「苗族的放蠱」に載せるミャオ族の事例をあげる。

「毎年端午の正午は、苗人は五毒百虫が現身する日であると伝える（漢人にもこの類の伝説がある――原註）。苗婦は高い山にゆき、各種の五毒百虫を捕り、それらを小罎（缶の意味）の中に入れ、暗所に置く。年を経ても罎の蓋は開けず、罎の中の虫たちは最後の一匹に至るまで互いに殺し合う。最後になるまで残った一匹の虫が蠱である。いったん苗婦がひそかに蓋を開けると、一種の臭い気息を吸い込む。気息は後日苗婦の身中で常に蠱をなし（原語『作蠱』）、ますます蠱の放出を快とする。同時に苗婦は壇中の虫が死ぬのを待ち、死んだ虫と虫の造った糞を取り出し、粉末にする。苗婦の身中の気息が蠱をなすとき、この粉末を食物のなかに入れ、他人が誤って食べると、中毒する。日が経ち治らないと死ぬ(16)」［陳国鈞　一九四二：二五〇］。

馬場英子氏の「麗水・温州地区の怪――山魈・五通・無常およびその他」は浙江省温州市甌海区藤橋鎮の漢族が、現代でも端午に蠱を造る伝承があることを記される。

「蠱を得るにはさまざまな虫や蛇を端午の節句に捕まえて四つ辻に埋める。蠱は財産を運んできてくれるが、三年に一度、人を食わせねばならない」（潘順法、藤橋鎮寺西村）［馬場　一九九九：二〇三］。

四つ辻に埋めるというのは、下記の江応樑氏の民家の記事や七節後述の葉国慶氏の記す記事と同じであり、土中で喰らい合わせの事態が起こるとされているのであろう。

江応樑氏の『擺夷的生活文化』は、現在の雲南省タイ族の習俗に蠱を扱うと記す。

「端午の日の正午に五種の毒虫（蛇、サソリ、ムカデ、蜘蛛、蝦蟇）を素焼きの罐に入れ、紅布で包み、地下に埋める。二年目のこの日、この時刻に掘り出すと、素焼きの罐の五毒は互いに呑食しており、最後に残った一種は蠱に変わる。家に持ち帰り、蠱を畜う者は蠱と天に対して誓い、生死を共にすることを誓う。以後蠱は主人に従い、使役される。大瓮で蠱を養い、鶏卵を供すると随時放ち出て人に祟る。不幸にして蠱が誰かに傷害されると、蠱を畜う者も同時に身亡する」〔江応樑　一九五〇：二五二―二五九〕。

また、江応樑氏は、現在ペー族に識別されている雲南省昆明市街郊外の民族集団、民家などの民族についても、蠱毒の伝承を紹介している。

「また、蠱を畜う者がおり、いわゆる蠱というのは、伝えられるところでは、ある種の者が、端午の日に、五種の毒虫（蛇、ムカデ、蜘蛛、蛙、サソリ）を罐中に入れて固く封じ、十字路の地下に入れる。次の年の端牛の日に掘り出すと、罐中の虫はたがいに喰らいあって最後に残った一匹の虫が、蠱となり、家中に畜うと、放って人を傷害することができる」〔江応樑　一九七八：二五〕。

端午の日とは記していないが、雲南省大理白族自治州のペー族にも虫類の喰らいあわせの造蠱法の記事がある。

詹承緒氏の「雲龍旧州白族的『養鬼』」によると、大理白族自治州雲龍県旧州郷のペー族は、ペー族の婦女が「邋遢鬼」（漢語 La Ta Gui）「蒼龍鬼」（漢語 Can Long Gui）と呼ばれる霊物を扱うとされ、素焼きの缸に蛇、蝦蟇、ミミズ、蝶、甲虫などを入れ、封じて互いに殺し合わせ、七日後に封を開く。蝶が生き残っていると、これが邋遢鬼になり、蛇が生き残っていると蒼龍鬼になる。被害者は病気になるか、財産を蝕まれるかどちらかであるという〔詹承緒 一九九六：六三三―六三四〕。

ペー族は歴史的に漢族文化の影響を強く受けた民族であるが、他に、造蠱法の記述ではないが、端午と蠱の関係として、雲南省麗江市寧蒗彝族自治県の瀘沽湖に居住するナシ族支系モソ（摩梭）人（母系社会で知られる）は、五月四日に「ドゥー」（Du・モソ人語「毒」）と呼ばれる霊物を祭祀する伝承がある。李達珠・李耕冬氏の『未解之謎――最後的母系部落』によると、「蠱」（ドゥーの漢語訳）のいる家の婦人が深夜化粧をし、酒肉を準備し、宴席を並べ蠱を呼び出してもてなす」といい、「五月五日に（蠱が活動する時節――筆者註）蠱が人に害されるのを予防する」とする伝承を伝える〔李達珠・李耕冬 一九九六：一四九〕。

以上は造蠱法として、毒虫を互いに喰らわせ、生き残ったものを蠱とするというものであるが、前述の陳国鈞氏の記述と関連して、虫糞を蠱毒とし、毒薬の作用を発揮するものもある。

宋・周去非『嶺外代答』巻十「志異門」「蠱毒」は次のように記す。

「広西では蠱毒は二種あり、急いで人を殺すものと、緩慢に殺すものがある。急ぐものはわずかの間に死ぬが、緩慢なものは半年ばかりかけて殺す。自分にとって不快に思う者がいると、表向きは敬い、陰では蠱を図る。毒は発作して半年経つと、殺すこともできず、薬でも解くことができず、蠱は惨くないものはない。乾道庚辰年（乾道年間に庚辰年はないが、庚寅年は一一七〇年――筆者註）、欽州（現在の広西壮族自治区欽州市）の粥売りが蓄蠱のことが敗露して、罪に伏した。この者がいうにはその家が毒を造るのには、婦人は裸になって、髪をほどき夜に祭祀し、黍の粥を一皿作り、蝗、蛾、蝶など、百虫が屋根から飛来して喰らうが、その糞を蠱薬とする。蠱毒の家を判別しようとするなら、門の上下に埃がまったくないものがその家である。今、峒渓（貴州と広西の間の非漢民族居住地帯）の峒人（現在の民族集団ではトン〈侗〉族に当たる）が酒で客をもてなすとき、主人はさきに酒をためし客に蠱毒の疑いのないことを示す[17]」。

三　放蠱の目的

ここで問題にされるのは、では何故に蠱を放つ必要があるのかということである。蠱を放って人を害し、病気にし、傷つけるとしても、何らかの目的がなければ、必要性が認められない。一見して目立つのは、蠱を放つ理由として、「富を得るため」という目的である。晋・干宝『捜神記』巻十二で蛇蠱を飼っていた廖姓の家は「代々蠱をなし、富を致していた」という。それでは、なぜ人を傷つけることが富の獲得の手段となるのであろうか。その理由を知る一端として、『隋書』「地理志」巻三十六「志」第二十六「地理志」下は、前記の造蠱法の記載につづき、「死ねばその家産を蠱の主人の家に移す」（「死則其産移入蠱主之家」）と述べる。

「（蠱を行うと）食するによって腹中に入り、五臓を食らい、死ねばその家産を蠱の主人の家に移入する。三年他人を殺さないと、蠱を畜う者はみずから蠱の害をあつめる。蠱は累世子孫に及んで絶えることはない。また女子の嫁ぐに従うものもある。干宝は霊魂の類であるというが、その実はそうではない。侯景の乱以降蠱家はほとんど絶えてしまい、主人を失った蠱は道沿いに飛び回って墜ちる」(18)。

この説は、蠱はたんに蠱の毒性によって人を殺すだけでなく、殺したあと、なんらかの霊力で、死者の出た家の財産を主人の家に運搬してくるというものである。『隋書』は、巻七十九「列伝」第四十四「独孤陀」に記す猫鬼についても、その目的を、「猫鬼は人を殺すごとに、死者の家の財物を猫鬼を畜う家に潜移させる」（「其猫鬼、毎殺人者、所死家財物潛移於畜猫鬼家」）としており、目的を財物の運搬であるとしている。

蠱に一種の霊力があり、財物の運搬をするという話は、他の文献にも散見されるが、財をなすために使われる蠱として有名なものに前述の『炎徼紀聞』も触れた金蚕がある。金蚕とは、デ・ホロートの著作や澤田瑞穂氏の「妖異金蚕記」に取り上げられるように、蚕に似た食錦虫という小昆虫を飼育して富を得るもので、代表的な蠱虫である［de Groot 1967：853-859、澤田　一九九二a］。蠱虫としての金蚕は、宋初の徐鉉『稽神録』巻一「金蚕」（『太平広記』巻三百九十八にも引く）に記載される。

「右千牛兵曹（撫曹とも作る）の王文秉は、丹陽の人物で、代々石刻をよくしたが、その祖父がかつて浙西廉使の裴璩のために碑を積石の下に採っていたところ、毬のような形の自然の円石を見つけた。（中略――石を試しに磨き、殻のようなものを割ってゆくと拳ほどになり、それを割ると）石中に一匹の蚕を見つけ、蠐螬《せいそう》（コガネムシの幼虫）のごとく、もぞもぞとよく動いたが、誰もその虫がなにか知らないので、捨ててしまった。王文秉は、数年後浙西地方の戦乱のために蜀の地に出奔し、夜に郷里の者たちと会ったとき、話が『青蚨（西送）還銭』の話題になり、『富を求めんと欲するならば、石中の金蚕を得てこれを畜うにしくはなし。これを得て飼育すれば、則ち宝貨おのずからに致らん』と聞き、その形を聞けば先に拾った石中の螬蠐であった[19]」。

澤田瑞穂氏によれば、いわゆる『青蚨還銭』とは、かげろうの母と子の血をそれぞれ二組に分けた銭に塗り、片方を使うと銭も片方を慕って飛び還るという故事という。また、澤田氏はこの記事について、まだこれをもって人を毒害するということは見えていないが、「これを得て飼育すれば宝貨がおのずからに至る」とあり、金蚕致富の伝承に繋がると指摘される［澤田　一九九二a：二五〇］。金蚕が富をもたらす方法について、宋・畢中詢『幕府燕閑録』（『説郛』巻三）は次のようにいう（澤田瑞穂氏の紹介がある）［澤田　一九九二a：二四九―二五〇］。

「南方の人は金蚕を畜う。蚕は金色で、蜀錦を食わせ、その遺糞を取って飲食の中に置いて人を毒する。人が死ねば蚕はよく他の財を致し、（金蚕を養う）人をたちまち莫大に富ます。しかしこれを追い祓うことは極めて難しく、水火兵刃みな害することができず、かならず多くは金銀を用意し、蚕を中に置き道ばたに投ずる。人がこれを拾えば、蚕はその人についてゆく。これを『嫁金蚕』という[20]」（宋・魯応龍『閑窗括異志』もほぼ同文）［澤田　一九九二a：二五〇］。

この記事では金蚕は他人を殺した後、金蚕自身が殺した者の財物を招致して主人の家を富ませ、前記の『隋書』「地理志」の記事に通じている。

明・謝肇淛『五雑組』巻十一「物部」は次のようにいう。

「金蚕毒は川筑（四川省・湖北省筑陽県）に多い。蜀錦を喰わせて養い、色は金のようになる。糞を取り、飲食の中に置き、中毒させれば、かならず相手は死ぬ。よく他人の家の財物を招き寄せるので、蠱虫を祀る者は多く富をなす。祀らなければ、多く金銀什物を用意し、道ばたに置く、これを『嫁金蚕』という[21]」（澤田瑞穂氏の紹介がある）［澤田　一九九二a：二五六］。

なお、前記二記事に見える「嫁金蚕」については、蠱に関する伝承について、蠱が不要になると、他人に転嫁するという伝承の典型的な事例である。蠱の転嫁法のモチーフは、蠱に関わる信仰伝承の本質的な構造に根ざすと思われ、七節と八節で改めて考察する。

以上は蠱が富を運搬するので、扱い主に富をもたらすという説であるが、金蚕の解釈については、金蚕自身が富を致すのでなく、金蚕によって殺された者の霊魂が、主人のために使役されるとする解釈もある。この説は、以下の記事がある。

宋・洪邁『夷堅志』「補（巻）」第二十三「黄谷蠱毒」は、次のようにいう。

「人の魂は虫となり、祟られて拘束され、托生転化することができず、ひるがえって（蠱を畜う）家のために働かされるのは、虎が倀鬼を喰らうがごときである[22]」。

倀鬼とは虎に喰われた者の霊が虎に使役されるとする鬼魂信仰を指す。時代は下がるが、清・張泓『滇南新語』は次のようにいう。

「蜀（四川地方）の地方では蠱を蓄うこと多く、金蚕がその最たるもので、他人の生命をそこなうことができる。魂を摂って使役し、財帛を盗ませる」[23]（澤田瑞穂氏の紹介がある）［澤田　一九九二a：二六〇］。

蠱に殺された者が主人に使役される一種の使役術として、蠱に関する伝承を捉える例は、他にも前述の『炎徼紀聞』も触れた広西地方の「挑生」「桃生」と呼ばれる蠱術がある。

宋・周去非『嶺外代答』巻十「志異門」「挑生」は次のように記す。

「広南の挑生殺人は、魚肉を用いて客人をもてなし、対して厭勝（まじない）の法を行うと、魚肉はよく人の腹中に生き返り、人を殺す。死ぬと、主人の家で陰役されると言い伝えられる。ある名士が、かつて雷州（今の広西壮族自治区雷州市）の司法官になり、挑生について、みずから調査し、肉を皿に置き、囚人に法術をさせて試したが、しばらくして見てみると肉に毛が生えた」[24]（元・無名氏『湖海新聞夷堅続志』前集巻二にも同様の記事あり）。

挑生については澤田瑞穂氏に「挑生術小考」があるが、澤田氏は「『挑』には挑撥、使嗾の意味があるから、挑生とは魚肉その他を食わせて、これを腹中で生長させ人を害する妖術の類か」とされる［澤田　一九九二c：二七〇］。

清・東軒主人『述異記』巻二「畜蠱」は次のようにいう。

「おおよそ蠱を畜う家はかならず蠱神に盟約し、今生で富を得ることを願い、来世では世々、人とならずともよいと誓う。蠱の用い方は、相手が蠱で死ぬと、死者の物品、容器はことごとく蠱家に運ばれ、その蠱死した者の霊魂は、蠱家のために使役される。男は耕作に、女は機織りをし、起居ともに付き従って、命令があれば赴き、思うがままにならないことはない。それは虎が倀鬼を使役するのと同様である」[25]。

蠱で殺された者は、財物の運搬のみならず、加害者のために服役し、使役されて思うままに使われる労働力として蓄財に貢献するという点が、この記述の特徴といえる。

同書巻二「蝦蟇蠱」も次のように記す。

「蠱に仕える家は、蠱によって死んだ者はみな使役され、およそ耕作や機織りはみな死者の霊魂に任される」（「事蠱之家、蠱死之人、皆爲役使、凡耕織之事、鬼皆任之」）。

なお、福建地方を舞台とした小説、清・里人何求『閩都別記』第二百七十一回に、金蚕に殺された者の霊魂が蠱家のために労働させせられる様の描写があり、従わないと蠱神の金蚕姑から分身した数百の金蚕が、死者の霊魂の身中に入って咬むので、従うしかない旨記す。蠱毒の小説モチーフである。

前述の清・曾日瑛等修、李紱等纂（乾隆）『汀州府志』巻四十五も、蠱に殺された者は「死後その魂魄は蠱を用いる者のために力仕事をされ、みずからは働かずして富をもたらす」とあるが、養蚕などの経済作物や機織りなどの手工業生産に従事する者が、蠱の扱い主とされることも注意する必要がある。

金蚕が経済的生産物としての蚕を象徴するように、蠱毒伝承が手工業生産によって富を成した者や、経済作物の生産によって利益をなした者に関わって語られるのは、地域共同体内部における経済的な貧富の関係の説明であることのあらわれであり、農村社会の貨幣経済の浸透を背景として成立する伝承であることを意味していよう。

とくに金蚕はその名が象徴するように、養蚕業を副業とする農村社会の経済関係を反映した伝承である可能性が高い。たとえば、現代小説、茅盾「春蚕」が示すような、農村社会内部での、他の成員の富の増減についての周囲の成員の関心は、半植民地下の近代中国農村という特定された時代背景はあるが、養蚕の農村共同体における特質、つまり共同体内部の総体的な共同労働によるのでなく、家庭単位の生業であること、また、家庭により急激に経済的利益を得たり、喪失したりの差が激しいことなどの性格をよく表現している(26)［茅盾　一九三二、茅盾　一九九一］。

以上、蠱が富をもたらすという伝承は、蠱そのものを使役するか、あるいは蠱によって殺された人魂を使役するかの二つに大別できる。

また、富を得る方式としては、清・袁枚『子不語』巻十四「蠱」が、「雲南の人は家々蠱を畜い、蠱はよく金銀を糞して利を得る」と記し、金蚕の糞が金銀となる説もある(27)。

なお、蠱を行う目的としては、その他にも蠱術によって復讐したり暗殺したりする、あるいは異性を引き入れたり、引き留めるなどの目的を記している文献もある(28)。

四　蠱の伝承方法

『捜神記』の蛇蠱の記述では、蠱の扱い主が家庭内で代々蠱を継承させている。ただ、『捜神記』の蛇蠱は、嫁には秘密にされていたのであるから、大林太良氏が指摘されるように、男系相続された可能性が高いと思われるが［大林　二〇〇一：九一―九二］、中国南部の非漢民族では、女性を通じて女系相続されるという記述が多い。

蠱の継承について記した現代の事例では、たとえば李徳芳氏の「蠱的存在意義及其族属的商権」がある。この論文はマリノフスキー（B. Malinowski）など、西欧人類学の呪術研究の成果を、蠱毒研究に応用した意欲的な論文であるが、蠱毒伝承の特徴として、「蠱術の遺伝」を指摘し、特定の家系に関わる伝承であることを指摘している［李徳芳　一九八三：二八〇］。

李徳芳氏が取り上げるミャオ族の蠱俗は、李徳芳氏の論文でも引用されるように、凌純声氏、陳国鈞氏、李植人氏など、民国時期に多くの研究者が注目し、論じている。李植人氏は「苗族放蠱的故事」で「放蠱は遺伝すると言われている。多くは母親が娘に伝える」としており、ミャオ族では蠱が女系相続される旨を指摘する［李植人　一九八三：三六七］。

凌純声・芮逸夫『湘西苗族調査報告』は、漢族出身の人類学者が西南非漢民族について参与観察調査した初の本格的な民族誌であるが、ミャオ族の宗教民俗にも触れ、蠱についても一節を立てる。本書も「蠱術はただ女子のみに相伝する」とし、「蠱婦に二人の娘がいればその内の一人は蠱を習う」とする。ただ、血縁関係にない女子についても、蠱婦がその女子に伝えようとする場合があることを記し、まず蠱を放って病にし、蠱術を習わなければ治らないようにさせ、蠱術を伝えると記す［凌純声・芮逸夫　一九四七：二〇〇］。

雲南省においてはペー族やナシ族支系モソ人やイ族の場合、蠱の扱い主は女性であるとされており、また、タイ族、ジンポー（景頗）族、ラフ（拉祜）族に伝わる脱魂型の生霊信仰である枇杷鬼、僕死鬼などの信仰伝承でも、女性のみがなるとされている。ペー族は、婦人が嫁に伝えるが、荒屋豊氏によれば、ナシ族では母が娘に伝えることが多い［荒屋　二〇〇〇：八六］。

この点についての古籍文献での記載は、『隋書』巻七十九「列伝」第四十四「外戚」「独孤陀」条に記す隋朝の猫鬼の巫蠱事件が、女性が猫鬼を扱う内容であり、注目される。

事件発覚後、審理に当たった大理丞の楊遠は、徐阿尼に命じて猫鬼を呼び出させる。この徐阿尼という女性は民間の出身で、独孤陀の母に召し抱えられた女性であり、当時民間にこの種の蠱術に関する伝承が広く伝わっていた可能性を窺わせる。

そのやり方は「阿尼はそこで夜中に香粥一皿を置き、匙で叩き『猫女よ来なさい。いつまでも宮中に居てはいけません』と言って呼んだ」（「阿尼於是夜中置香粥一盆、以匙扣而呼之曰、猫女可来、無住宮中久之」）というものである。この仕草は、いかにも家庭で主婦がひそかに養う猫鬼の秘密祭祀的性格を窺わせる。

また、先に引用した『隋書』「地理志」の場合は、「また女子の嫁ぐに従うものもある」といい、女子が嫁ぐと嫁ぎ先にも蠱を伝えることになる旨を記しており、婚姻関係によって、蠱を養うとみなされる事例があることを示している。

時代は下るが前述引用の清・袁枚『子不語』巻十四「蠱」の全文は次のように記す。


「雲南の人は家々蠱を畜い、蠱はよく金銀を糞して利を得る。晩ごとに蠱を放ち出でると、火光はいかづちの如くであり、東西に散り流れゆく。人を集めて声を張りあげると、地に落とすことができ、正体は蛇や蝦蟇の類であったり、種類は一つではない。人々は争って子供を隠すが、蠱に喰われることを慮ってのことである。蠱を畜う者は別に密室を造り、婦人に命じて蠱を養わせる。男子に会うと蠱は駄目になるのだが、陰気の純なるものが凝集したものだからだろう。男子を喰らえば金を糞し、女子を喰らえば銀を糞する。これは雲南総兵の華封が予に語ったことである」[29]（清・曹樹翘『滇南雑志』巻十四「蠱四則」にも同様の記事を引く）。

「陰気の純なるものが凝集したものだから」という理由はいかにも牽強付会だが、密室を造り、婦人に蠱を畜わせる点に、婦人の関わる蠱の秘密祭祀的性格が窺える。ただ、伝承関係については記してはいない。

また、清・金鉷「厳査養蠱以除民患示」（清・金鉷修、銭元昌纂〈雍正〉『広西通志』巻一百十九「芸文」）は、蠱毒禁止の触書であるが、「訪れ調べて得たところでは、蠱を養う家は世代ひそかに伝え、娘の嫁入りの都度、母が蠱虫を分け与え、併せてそのやり方も伝える。また、本人が臨終に際してはじめて蠱虫を親愛の子女に受け渡す者もあり、至宝とする」と記す[30]。

女性が蠱の伝承者であることは、海外の風俗について記した筆記類にもみられる。清・陳倫烱『海国見聞録』巻上は、呂宋、つまりフィリピンの現地民の風俗について記し、「その蠱はとくに甚だしく、母が娘に伝え、子には伝えない。その様子は牛皮か火腿（ハム）のようで、まじないして砂のごとく縮小し、人に喰らわすと、腹が膨れて死ぬ。また、（蠱の種類に）蝦蟇や魚の類があり、彼の人がまじないして術を解けば、口から躍り出て皿いっぱいになる」という[31]（牛皮を縮小して蠱薬とすることは、清・劉崑『南中雑説』「緬甸蠱」で、ビルマ人の蠱について言われるものと共通している）。

蠱の養い手が女性であるとの認識は以上のように広くみられる。『隋書』の記す粥の碗を叩いて猫鬼を呼びだす仕草は、日本の憑きものの祭祀方法にも通じる内容がある。たとえば山陰地方の「トウビョウ」（漢字表記は「土瓶」）と呼ばれる狐や蛇の憑きものについても、女性の手で祭祀され、お櫃を叩いて食事の合図とするなどの伝承がある。花部英雄氏はこの点について、公的な家の神を男性が祭祀するのに対して、憑きものが女性の祀る私的な神であるという区別を指摘されるが［花部　一九九八：一九二］、中国においても、同様の区別がある。もともと家庭内に祭祀される天地諸神や祖先の牌位などは、男性が家長として祭祀する公的な神霊であるが、蠱は、ひそかに祀る私的な神であるともいえ、このため女性が蠱を祀るという伝承が生じると考えられる。

また、財産の継承についても、宗法制度の内部では男子に財産継承権があるが、中国南部では、女性が財産を継承する習慣もあり、中国南部の非漢民族では母から娘の間で銀の腕輪などの財物を継承する習俗もある。ミャオ族では銀製の頭飾りなどは母親から娘に受け継がれるが、私的に祭祀する蠱が、女性の間で継承されるという伝承は、女性の私的所有物の継承の習俗と関係がある可能性があろう。

五　蠱と扱い主との相関関係

本章冒頭にとり上げた『捜神記』の蛇蠱の記事は、蠱を殺すと、蠱の扱い主が一家絶滅したという内容である。ここで理解できることは、蠱はたんなる毒虫なのではなく、扱い主との間になんらかの霊的なつながりがある点である。蠱と扱い主との間には、呪術的な、不可分な関係がある。蠱と扱い主との関係が切っても切れない関係にあることを暗示した記載は、同じく『捜神記』巻十二に作者の見聞としても記されている。

「私の妻の姉の夫である蒋士に雇われた者があり、病気となり下血した。医者はこれを蠱に中ったと見立てた。そこでひそかにミョウガの根を敷物の下に敷き、それと悟られないようにした。すると、病人は狂ったように口走った。『私を喰って蠱病にしたのは、張小小だ』。そこで張小小を呼ぶと、張小小は死んだという。今の世では蠱を退治するのに、多くはミョウガの根を用い、しばしば効き目がある。ミョウガはまた、嘉草（よき草）とも呼ばれる[32]」。

民間療法としてミョウガを使うことは医書にもみえ、同時代の晋・葛洪『肘後備急方』巻七「治中蠱毒方」第六十も、「ミョウガの葉をひそかに病人の寝台の敷物の下に付着させると、その病人はみずから蠱主の姓名を呼ぶ」

とあり、前段に「欲知蠱毒主姓名方」を記し、「鼓皮を少々取り、焼いて粉末にしたものを病人に飲ます。病人がすぐさまみずから蠱主の姓名を呼ぶと、蠱は去り、病も治るといわれる」とある[33]。

この記述は共同体内部に蠱の送り主がいるという、いわば日本の「憑きもの持ち」に相当する観念が、被害者の側にあることを窺わせる。蠱の被害は、人為的な呪術に由来し、原因を根絶するには、扱い主を突き止めることが、民間の蠱俗では重要視されており、後世の医書にも『肘後備急方』の治療法が記される（唐・孫思邈『備急千金要方』巻二十八、唐・王燾『外臺秘要方』巻三、明・朱橚『普濟方』巻二百五十二など）。

前記の記事に関連して、「蠱が死ぬとその扱い主も死ぬ」、あるいは「蠱の被害に遭った者が蠱を祓うと、扱い主に返り、本人に害が及ぶ」とされるなどの伝承が各地にある。地方誌から一例をあげると、清・蔣琦溥等修、張漢槎等纂（光緒）『乾州庁志』巻七は、現在の湖南省湘西土家族苗族自治州のミャオ族に相当する人々の蠱俗について次のように述べる。

「聞くにその法は男も婦人もともに学ぶことができ、かならずひそかに一壇を設け、小さな素焼きの罐に水を注ぎ、小さなエビ数匹を養い、暗室の床下の土中か、遠い山の人里離れた道の岩下に置く。人がこの素焼きの罐を見つけて焚いてしまうと、蠱を放った者もまたかならず死んでしまう」。「死ぬ一ヶ月前に、かならず蠱を放った者の生魂を見る。背面して物を送り来たり、これを『催薬』という[34]」。

おそらく、この記事で背面するとされるのは、蠱の扱い主の正体が解らないようにするための方便であり、また「催薬」とは病気を促進させる蠱薬の類なのであろう。

蠱と扱い主の間の霊的な関係性についての伝承は、民国期以降の民族誌にも散見される。

凌純声・芮逸夫『湘西苗族調査報告』は、「蠱婦が門を閉ざして湯を沸かし、蠱の神像を沐浴させたが、知らずに子供に盗み見られた。翌日蠱婦が山に行き不在のあいだ、子供はまねて湯を沸騰させて神像を沐浴させ、神像を殺してしまった。その中の一つの神像に蠱婦の魂が依っていた。蠱婦は山で気づいて、家に帰り、服を着るなり死んでしまった」という伝承を紹介する〔凌純声・芮逸夫　一九四七：二〇〇〕。この伝承は内容からして、『捜神記』の蛇蠱の記事と似た内容であり、蠱をめぐる伝承の原型として、この種の伝承が時代と民族を越えて蠱と扱い主との関係性を物語る伝承として語られることを示す[35]。

他の民族の事例では、前述の江応樑氏の『擺夷的生活文化』に記すタイ族の事例が、蠱が誰かに傷害されると、蠱を蓄う者も同時に身亡するという観念を述べているほか、ナシ族支系モソ人は、「ドゥーに中った男性が、報復してドゥーを送ったと思われる者の家の屋根に火薬を仕掛けて爆発させ、その家が養っている蛇を殺したところ、その持ち主も死んだ。あるいはドゥーの持ち主とされる家の庭でみつけた蛇の片目を潰したら、持ち主の片目も潰れた」という〔李達珠・李耕冬　一九九六：一四八―一四九〕。

筆者が調査した雲南省大理白族自治州大理市のペー族も、ピョ（Pyo）と呼ばれる呪術的霊物（後述）は、病人の身体内に入り内臓疾患などの病気を引き起こすとされるが、病人の身体にたまごを転がし、たまごを油で煮つめ、もしそれが音を立てて割れると、ピョは放った者に返るとされる。

「ピョは、ピョを放った婦人に返り、逆に『ピョを養う婦人』（Pyo Fu Mo・ペー族語「ピョーフーモー」、漢語はYang Gu Po・「養蠱婆」の字を当てる）を咬むとされる。ピョを養う婦人は病気になるので、誰が放ったかが解る」（大理市洱海西岸X村・YZ・ペー族・男性・七五・農民）〔川野　一九九九：一三二〕。

蠱と扱い主との霊的な結びつきは、これらの記事にも示される通りであるが、事例が豊富なミャオ族の蠱俗を例としてさらに一歩進めて考察してみたい。

これについては、重複するが二節で前述した陳国鈞氏の記述が大変興味深い事例を示している。

「いったん苗婦がひそかに蓋を開けると、一種の臭い気息を吸い込む。この気息は日が経つにつれて苗婦の身中で常に蠱をなし（原語『作蠱』）、ますます蠱を放出するのを快とするようになる。同時に苗婦は罎中の虫が死ぬのを待って、死んだ虫と蠱となった虫の糞を取り出し、粉末にする。苗婦の身中のその気息が蠱をなすときにこの粉末を食物のなかに入れ、他人が誤ってそれを食べると中毒してしまう。日が経ち治らないと死ぬ」［陳国鈞 一九四二：二五〇］。

この事例の場合、蠱毒の扱い主は、他人に対して使う以前に、みずからを犠牲とすることによって、蠱毒を扱う資格を得る。つまり、蠱は他人に向けられる以前に、扱い主自体が蠱にとり憑かれる、という事態があることになる。

陳国鈞氏の記述から得たミャオ族の蠱毒に対する認識を整理すると、以下のようになる。蠱と扱い主との関係は、扱い主が、（好むと好まざるとに関わらず）蠱毒を受け入れてしまうということが、蠱毒を扱うことの前提となっている。第一義的には、扱い主自体が（意図的か意図的でないかにかかわらず）蠱の被害者である。扱い主が他人に向けて放つ蠱毒は、じつは第二義的なものとされているのである。

現代の蠱毒に関する報告の中には、蠱の扱い主自身が第一の被害者であるという記述がしばしばみられる。李植人氏は「苗族放蠱的故事」で貴州省龍里県（現在の黔南布依族苗族自治州北部に位置する）で起こった放蠱事件の被告となった女性について述べる。

「彼女はたいへん美しい女性であった。見たところ彼女自身の言う五十八歳の年齢よりもいくぶん若く見える。目の角は赤かった。みずからいうには、三十二歳のとき、母親が彼女に古い衣服をくれて着せた。(中略) 人の話では、彼女はこの衣服を着てからというもの、全身気分が悪くなったそうであり、また、言うには、彼女は入獄前後二十年余りというものの、何人かの子供を殺したといい、彼女自身七人の子供がいたが、一人残さず死んでしまい、すべて彼女に殺されたのである。さらに息子一人は他所にいるが、今になっても家に帰ろうとしない(36)」[李植人　一九四二：二五五―二五六]。

この記事でも蠱毒の被害者となってから扱い主が蠱を扱うようになったという事態がみられる。以上にあげたミャオ族の蠱についての場合、蠱そのものの毒性に関わる理由で、蠱の扱い主は蠱を放ち、身中に蓄積された蠱毒を放出するという言説がある。

前述の引用につづき、陳国鈞氏は次のように記す。

「聞くところによると、苗女は蠱が発作したとき、彼女の理知はすべて失われ、感情を抑えられなくなって、他人に危害を加える。もし蠱を放って他人を中毒させるならば、彼女の身体は気持ちが良くなり、重荷を下ろしたかのように楽になる。聞くところによると、蠱をもつ苗婦は最低一生に一度は蠱を放たねばならない(37)」[陳国鈞　一九四二：二五〇]。

李植人氏は蠱婦が蠱を放つ理由として、次のようにいう。

「聞くところによると、蠱毒をもつ婦女は、（中略）蠱が発作するとき、全身の気分が悪く感じられ、かならず誰かを探して蠱を放たなければならない。その対象はおそらくは彼女の敵としている人物であるが、もしも時機悪い場合は、他の大人、子供を探すか、はなはだしくは自分の身内をも害する。蠱を放つ際は理知をすべて失う。もし蠱を放つ術が思いつかないのなら、自分の生命が危険にさらされる。蠱をもつミャオ族の婦女は、すくなくとも一生に一度は蠱を放たねばならない(38)」［李植人　一九四二：二五五］。

この二つの記事にみられるように、ミャオ族では蠱毒を放つという行為は、じつは富を致すだけでなく、蠱毒が自分の身体に蓄積される事態に対する処置として、必要とされており、かかる意味での隠された目的がある。曽士才氏が指摘されるように、ミャオ族の場合は、蓄財の目的より、蠱を引き受けることそのものに、蠱についての伝承のウェイトが置かれていることが特徴といえる［曽士才　一九九六：一〇三］。

蠱を放つ目的が、蠱の所有者の担った毒性の放出にあるという点について、民国期以前の文献を探ってみると、清・金鉷修、銭元昌纂（雍正）『広西通志』巻一百二十八「芸文」は、『永福県志』を引いて「和合薬」などと呼ばれる媚薬の伝承について記す（ただし、〈雍正〉『広西通志』が引くのは、それ以前の県誌である明・唐学仁修、謝肇淛纂〈万暦〉『永福県志』であると思われるが、東洋文庫所蔵の複写影印本を通覧した限りでは出所が明らかではない）。

永福県は現在の広西壮族自治区東北部にあり、ヤオ族とチワン族の居住地である。和合薬は蠱毒の一種であるが、この記事は使用される目的を、第一次的には私通者や夫との仲を繋ぎ止めるためとし、これまで論じてきた富を致すという目的以外の目的をもっている。この種の使用法の場合、蠱毒を放つ対象は身内であるが、第二次的にも、他者がいない場合蠱を扱う婦人の毒の放出のためにさらに身内が被害に遭うこともあるとする。

「蠱ははじめ造られた時点では毒縁はない。婦人が私通する者や夫と睦くなくなると、蓄蠱の婦人にしたがってこれを飲食物のなかに置かせ、夫や私通者に喰わせる。日が経つと自然に和合し、これを『和合薬』と呼び、またの名を『粘食薬』ともいう。久しく日が経つと、この薬はだんだんと毒が回り、薬が発作するときは、全身痒くなり、かならず他人を毒したくなり、そうするとやむのである。また、外から来る者が来ないと、(婦人は)夫と子にかならず蠱毒を施さねばならない[39]」。

この記事からは、蠱が何故第三者や自分の息子を毒する行為を招くのかという説明が、身体に蓄積される毒を排出するという、極めて消極的な目的によることがわかる。

蠱毒が使用者自身や身内の者を蠱毒の被害者とするという記述は、さまざまな文献に散見される。たとえば、すでに取り上げた記事では、『隋書』巻三十六「志」第二十六「地理志」下が、「三年他人を殺さないでいると、蠱を畜う者はみずから蠱の害をあつめる」(「三年不殺他人、則畜者自鍾其弊」)とし、一定期間蠱を放たないでいると、蠱が扱い主自身を毒するという観念をすでに述べることが注目される。

また、『隋書』の記事と合わせて、宋・曾慥『類説』巻四十七(宋・陳正敏『遁斎閑覧』を引く)「蠱毒」の条では、次のような言葉が注目される。

「(民間で)妄りにいうには、人を殺すことが多ければ、すなわち蠱家は富栄えるが、そうでなければ返って禍を受ける」(「妄云、殺人多、即蠱家富饒、不然、反受禍」)。

この記事では、人々の噂しあうところでは、蠱毒の殺人が多ければ多いほど、それと比例して富が殖えるという観念がみられ、反面、蠱毒が不使用となった場合、扱い主自身が蠱毒を外に向けて放たないかぎり、みずからが蠱の害を受け、結果として破滅をもたらすという観念が同時にみられる。つまり蠱毒の使用における消極面があることを示している。

明・田汝成『炎徼紀聞』巻四「蛮夷」は、苗人について次のようにいう。

「（苗人は）蠱毒をよくなす。蠱は形無く、毒は物（ある種生命力をもった霊的な実体を指す）あって、それによって毒を中《あ》て、皆よく人を殺す。あるいは蠱に神ありといい、月のように輝き、黄昏に人家に流れ入り祟りをなす。その日蠱をなすと、十二日間ののちに出る。見知らぬ者に中《あた》ればやむが、見知らぬ相手がいなければ、主人はその身をもって蠱を服し、毒を解き、吐き出す。そうでなければ蠱神はその家室に禍いを蔓延させる(10)」。

明・謝肇淛『五雑組』巻十一「物部」は前述二節での引用個所に続き、次のようにいう。

「これを毒するのには、はじめに行うに際して、かならず一人を試す。もし旅行者がいない場合は、家の者一人に毒を当てる(11)」。

清・顎爾泰等修、靖道謨等纂（乾隆）『貴州通志』巻七「苗蛮」は苗人の一種族とされる狆家（現在はプイ〈布依〉族として識別）について、次のように記す。

「（狆家は）蠱毒を畜い、（蠱は）夜に飛び、河に水を飲みに来るが、金光がひとすじあり、これを金蚕蠱という。毎回人を殺すが、そうでなければ返って扱い主を咬むので、それゆえ最も近い血縁でもかならず毒し、それにより蠱の怒りを洩らす」[42]。

蠱毒は毒物である以上、蠱毒を所有するということは、所有者をも傷つける可能性がある。『炎徼紀聞』と『五雑組』の記載は、蠱毒を所有するには、他者の犠牲が必要であるが、もし他者がみつからない場合、所有者がみずからや身内を犠牲にすることによってでしか、蠱毒を維持することができないという認識が読み取れる。また、『貴州通志』の記述にみる「蠱の怒り」（「蠱怒」）とは、蠱のはらむ猛威を表現した言葉と思われるが、蠱毒には毒性があるがゆえに、必然的に他人に向けて放つのでなければ、扱い主が被害者とならざるをえないという認識が読みとれる。『隋書』以来、このような観念は延々と語られている。一言でいえば、蠱毒は、それを利用する者に利益をもたらすが、同時に被害をももたらすという両義性がその本質として存在している。

民国・劉錫蕃『嶺表紀蛮』第二十一章「蠱毒」も、広西地方の獞人に触れて、この種の両義的な観念を述べ、蠱の被害者が蠱鬼となり、殺人をしないことが、蠱鬼を飢えさせるので、害が扱い主自身に及ぶとする。

「蠱術に長けているのは、諸蛮のなかで、ただ獞婦がもっとも多い。苗人や狪人の婦人も蠱術を知ってはいるが、比較的少ない。その説は『人が蠱のために死んだら、その鬼（霊魂を指す――筆者註）は蠱鬼となり、人を殺すことが多ければ、蠱鬼はますます霊力を増し、家は富む。術者は死後、薬王となることができ（「蠱薬の王」というほどの意味であろう――筆者註）、蠱鬼は下僕となって使役される。久しく人を殺さないと、家畜を毒さねばならず、そうでなければ蠱鬼が飢え、術者に禍を及ぼす』という」[13]［劉錫蕃　一九三四：一八七］。

さらに現代に立ち戻って事例をあげるならば、雲南西北部ナシ族の「ドゥー」の観念は、ミャオ族の蠱の観念と極めて似ていることが指摘できる。玉龍納西族自治県のナシ族を医療人類学の立場から調査したホワイト（S. White）は、ナシ族のドゥーが、漢族の伝統的な医療文化である蠱毒と関連している旨指摘している［cf. White 1993：279］。

ナシ族の事例では、まず寧蒗彝族自治県のモソ人の事例をあげる。

「もしも蠱をもつ人が、いつも他人に蠱を放たないのであれば、蠱をもつ人をとても耐え難くさせる。蠱の動物の霊気は彼を落ち着かなくさせる。つまり、蠱がある人は蠱を施すのを願わなくとも、霊気が怪をなすために耐え難くなり、他人に蠱を放つことができないときは、家人や親戚も構わず、蠱を家人か家畜に向けて施し、蠱に中《あ》てさせ、ようやく発作は止むのである」［李達珠・李耕冬　一九九六：一四九］。

荒屋豊氏は、玉龍納西族自治県のナシ族は、蠱をドゥーといい、蛙、蝶、蛇、木の葉を原形とし、ツェポという霊物は、猫を原形とするという。ドゥやツェポを養う人や家庭を「養蠱」（ナシ族語「ドゥーシィエ」）「養猫」（ナシ族語「ツェポシィエ」）に分類する。母から娘に遺伝するが、まれに父から息子に遺伝するという。

「ある養猫家の人は、もし誰かに猫の蠱薬（「ドゥー」）を与えなければ、身体が苦しくなる。仕方なく、自分の子供を殺してしまう可能性もある」（二〇〇二年二月、玉龍納西族自治県C村、女性、一八）［荒屋　二〇〇〇：八八］。

ツェポも蠱薬としてのドゥーの属性を負うらしい。荒屋豊氏は、「この事例からは、ドゥーが身体に不均衡をもたらし、外部にドゥーを贈与しなければ、身体のエントロピーが増大し、身体の、あるいは、自分の家の崩壊を招くことが示されている」と指摘されている〔荒屋　二〇〇〇：八九〕。これはドゥーが、本章の他の事例でもみられるように、消極的な目的としての蠱毒の放出に関係する伝承であることを示唆している。ドゥーの身体内部での蓄積と増大を、「エントロピー」の概念とその増殖性から解釈する荒屋豊氏の試みは、じつは中国南部の蠱毒伝承に広く当てはまる洞察といえる。かかる蠱毒の自家中毒的な増殖性、過剰性については、次節で検討する。

また、筆者が調査したペー族の蠱についての伝承も、蠱の扱い主かその家族が、蠱の被害者でもあるという認識がみられる。

ペー族では、前述のように蠱に相当する霊物をピョ（Pyo）と呼ぶ。ラバのピョとされるローツーピョ（Lo Zi Pyo）については次のようにいわれる。

「その種のピョを養う家は、まず自分の家の者をピョに喰わせて、生贄にしてから、他人の家にピョを放つことができるようになる」（大理市洱海西岸X村・YW・ペー族・女性・四六・衛生士）〔川野　一九九九：一二〇〕。

ピョの毒性は、まずみずからの家庭の成員に担われなければならない。

また、ペー族にはラバの霊物であるローツーピョや、イタチやキツネの霊物とされるピョを「富ませるピョ」（Go Cho Pyo・ペー族語「コーチョーピョ」）と呼ぶのに対し、蛇などのピョは、「貧しくするピョ」（Chu Pyo・ペー族語「チューピョ」）と呼ぶ。「コーチョー」とは漢語の「過好」（Guo Hao・「クゥオハオ」）を指し、「暮らし向きがよい」ことを意味し、「チュー」は漢語の「窮」（Qiong・「チュン」）に相当し、「貧しい」ことを意味する。富ませるピョは特定の家庭内に嫁に伝授して継承されるとされ、転嫁不可能とされることが多く、特定の家庭に代々つづく「固着型」ともいえる呪術的霊物であるが、対して貧しくするピョは転嫁可能とされ、特定の家庭から転嫁され、別個の家庭に憑くとされる「転移型」の呪術的霊物である［川野 一九九九：一三八］。

貧しくするピョは他人から転嫁されると、その家の者にとり憑き、病気や貧困をもたらす。ペー族では貧しくするピョは、ガマ、犬、イタチ、蛇などの霊物とされる。

「貧しくするピョは仕方ないのでその家で養われている。要らないと思ってもどうしようもないので、養うしかない。養わないと自分の命が危なくなり、子孫も断たれてしまう」（大理市洱海東岸W村・YB・ペー族・男性・六六・退職幹部）［川野 一九九九：一二八］。

ペー族では他者からの転嫁により、ピョを担わされた被害者が、貧しくするピョの担い手なのである。ペー族の蠱毒伝承からは、ミャオ族がそれに類する伝承を有していたように、みずからが毒されてしまった以上、その毒を担いつつ生きながらえるためには、他人に向かって蠱毒を放出しなければならないという観念を読みとることができる。加害者が加害者である所以が、まさしく加害者自身が被害者であるという事態にある。蠱毒伝承は、蠱毒の連鎖的な事態を語る伝承が多い。ただ、ミャオ族の場合は女系の血縁を通じて蠱が遺伝するとされるが、ペー族の場合は嫁に伝えたり、ミャオ族と同様に娘が嫁に出ると嫁ぎ先にも蠱が伝わるという観念があるとともに、蠱が転嫁可能とされ、ある家庭の蠱が、他の家庭に引き受けられることが特徴となっている。

蠱毒伝承に本質的に内包されていると思われる連鎖性については、ミャオ族の女系を通じての遺伝にみられるように、前者を「血縁内連鎖」とするならば、ペー族の転嫁にみられるように、後者は特定の家庭から別個の家庭への連鎖であるから、社会的に家庭外の他者に転嫁される事態であるといえ、いわば「外部他者志向型連鎖」として特徴づけられることができる。「外部他者志向型連鎖」に属する転嫁の事態は、七節、八節で取り上げる「嫁金蚕」という蠱毒転嫁法の事例に典型的に表現されているので改めて論じることにしたい。

以上の考察を通して、蠱を放つ目的として、さまざまな資料のなかに一見して目立つ「富を致す」という目的は、じつはその背後に、富を得ること、蠱を扱うことと引き替えに、扱い主が引き受けなければならない原事態というべき要件があることが予想される。それは、蠱の持つ毒性は、扱い主にも引き受けられなければならないということである。その毒性はあらかじめ身体内部に担われなければならないか、あるいは蠱の使用に失敗した場合に、扱い主が自家中毒的な結末としてみずからが担わねばならない。これが、蠱を扱う条件となっているということである。

六　蠱毒の過剰性

蠱毒の扱い主が担わされる蠱毒の毒性は、いかなる性質をもっているのであろうか。この問題は、冒頭で取り上げた蠱毒の造蠱法の有り様を検証する必要がある。蠱毒の製造法の核心は、端的には、宋・鄭樵『通志』巻三十三「六書略」第三に書く、「造蠱の法は、百虫を皿の中に置き、互いに喰らわせあい、生き残ったものを蠱とする」(「造蠱之法、以百蟲寘皿中、俾相啖食、其存者爲蠱」)という言葉に示されている。

ここではまず次の二点が主な特徴として認められる。㋐蠱毒は容器の中で造られる。㋑蠱毒は毒虫をたがいに喰わせあって造られる。㋐は、蠱毒は発生において、まず「容器＝内＝存在」、つまり、密封された容器の内的宇宙において生起する存在であり、(イ)は、「喰らいあう」という闘争状態において、毒虫たちが毒をたがいに取り込みあい、吸収し、毒性を増幅させせつつ、生き残った最後の一匹に至り、「毒の最たるもの」、毒性が極限に達した蠱毒となるということである（かかる状態は、小松和彦氏、荒屋豊氏の言葉を借用すれば、「エントロピー」の増大、増殖ということになろう）［小松　一九八四、荒屋　二〇〇〇］。

蠱毒は、毒虫たちの闘争において、その毒性を極限にまで高めるという、毒の増幅運動、過剰化作用の運動の結果である。また、その毒性の増幅運動、過剰化作用をもたらす空間が、密封された缸などの容器の中であるということは、それが異空間で行われる神秘性を意味するものであり、蠱毒伝承でさまざまに語られる神秘的性格の源泉となる。

このような洞察を支援するものとして、日本の憑きもの伝承においても、たとえば四節で触れた「トウビョウ」（漢字表記「土瓶」）といった狐や蛇の憑きものについて、壷の内部で飼われているという伝承がみられる。日本の憑きものにも「容器＝内＝存在」としての憑きものという観念があるとすれば、これを中国の蠱に対する考察にも援用できるのではないだろうか。

喜田貞吉編『民族と歴史――憑物研究号』（一九二二年七月刊行）所収の報告、倉光清六「憑物耳袋」に記す、鳥取県東伯耆地方のトウビョウは、「土瓶」と書き、土瓶の中に養われ、狐の類の憑きものである。トウビョウは中国の蠱にあったように、物品を運搬して特定の家を富ませる。

「トウビョウは夜分に他所の家に出稼ぎに行き、お金でも、鶏の卵でも、芝草の乾したのでも主人の欲しいと思うものを口に啣《くわ》えて帰るから、その家はメキメキと財産が殖えて行くのだといわれ」る［倉光　一九八八：

二八八〕。

トウビョウは七十五匹が一群団をなし、増殖する。伯耆地方西部ではトウビョウは蛇であるといい、トウビョウ持ちは「台所の床下に小さい壷を置いて、その中にトウビョウを無数に飼ってある」と記す〔倉光　一九八八：二九二〕。

また、香川県讃岐地方では「トンボ神」（「土瓶神」）と呼び、その原形は蛇の類であるが、「土製の甕に入れて、台所の近くの人の目にかからぬ床下などに置き、ときどき人間同様に食物をやり、また酒を澆《そそ》いでやる」という〔倉光　一九八八：二九三〕。

石塚尊俊『日本の憑きもの――俗信は今も生きている』では、徳島県三好郡の蛇の憑きものである「トンベガミ」（「土瓶神」）は「小さい壷に入れ、白米または米飯で養い、村の祭りには甘酒を与える」などという〔石塚　一九七二：五四〕。

花部英雄氏は「オオサキの原像」のなかで、以上の記事を踏まえて、憑きもの伝承の性格として、『今昔物語』巻十九、二十一、二十二話の「仏の供物が蛇に変じた」という内容の説話とも通じることを指摘し、蛇が壷、析櫃に蟠《わだかま》っていたという点に、蛇神婚姻譚との関わりをみられる。たとえば、『常陸国風土記』「那賀郡」にある「努賀毘古、努賀毘咩」（ヌガビコ・ヌガヒメ）の話にある蛇神通婚譚は、妹の努賀毘咩のもとに男が求婚に来て懐妊し、月満ち「小さき蛇」を産む。杯に盛ると、「一夜の間に、已に杯の中に満ちぬ。更、瓮に易へて置けば、亦、瓮に満ちぬ」といい、蛇の異常成長を杯、瓮に蛇を増殖させる呪力が備わっていたためとされる〔花部　一九九八：一九八〕。前述の記事、伯耆地方のトウビョウが七十五匹というのは、壷に棲む呪術的霊物の異常増殖の観念を反映した表現であろう(11)。

中国の蠱毒伝承の場合、蠱が缸から生ずるという点は、日本の憑きものが飼われる場が壷や櫃であるように、日常的な世界とは異なる仕切られた異空間にある点で共通する。

また、その内部空間は、日常と異なる時間が流れ、『常陸国風土記』にある蛇の異常成長とも共通し、中国の蠱毒伝承でも蠱毒の異常増殖と過剰化をもたらす源泉となっていることは、比較上の論点として検討されてよい。たしかに、中国でも「壷中天」の観念がそうであるように、壷は異世界であり、異なる時間が流れる異空間であった。花部英雄氏は、牧田茂氏の言葉を引用し、「『みたまのふゆ』という言葉は、この魂の充実、魂の増殖を意味したもので、『殖ゆ』は『冬』という季節をあらわす言葉を生んだと先師（折口信夫）は説いている」とし、神霊が宿る場としての升や盆、櫃が、それが増殖する空間でもあることを説く〔花部　一九九八：二〇二—二〇三〕。

中国の蠱も、かかる増殖の場として、缸などの容器が用いられる。日本の神話伝承や、トウビョウの飼われる壷は、霊物の増殖をもたらすが、中国の蠱毒伝承にみられるそれは、むしろ密閉された異空間の内部に閉じこめられた「百虫」の「喰らいあい」によって、究極的には一匹の蠱虫を生み出すことにより、蠱毒の毒性を極限にまで高め、過剰化させる。

蠱毒が毒性をもつ所以は、以上の考察をまとめると、自然界の存在である毒物を、毒虫の闘争において増幅させ、過剰化し、人為の邪《よこしま》な目的に供するという目的と、それを裏付ける造蠱法の「百虫を相喰らわせる」プロセスにある。蠱毒の毒性は、かかる過剰的性格が賦与され、蠱毒特有の神秘的な性格を強調させる。この点は、蠱毒伝承に、扱い主がみずからの身内を犠牲にするという伝承が多いことの説明として適用できる。つまり、蠱毒は増殖し、増幅する。蠱毒の過剰性が蠱毒伝承の根底にある民俗的観念として存在するならば、その過剰性によって「溢れ出た」蠱毒は、まず他人を害することによってのみ制御されうるし、もしそれが不可能な場合は、扱い主自身か、親族血縁の者が犠牲となることによってのみ、制御されうる。

このように解釈することにより、蠱毒が扱い主に利益と、被害との相反する影響を与える両義性をもつ理由が説明されうる。五節でも取り上げた宋・曾慥『類説』巻四十七「蠱毒」条にいう、「人を殺すことが多ければ、すなわち蠱家は富栄えるが、そうでなければ返って禍を受ける」という言葉は、まさしくかかる蠱毒の過剰性についての観念を簡潔明瞭に表現している。

この種の事態を具体的に記した記事として、清・金鉷の記す触書、「厳査養蠱以除民患示」（清・金鉷修、銭元昌纂〈雍正〉『広西通志』巻一百十九「芸文」）は、前述の引用につづき、次のように記す。

「蠱を蔵畜して久しく経つと、蠱はさらに滋生し、蠱の子孫たちは次第に繁殖し、害をなすこと日に日に酷くなる。おおよそ（この種の）愚民は、無知で財物を貪愛し、邪術に惑わされ、陰謀毒害することを生業とし、他人の生命を生活の糧とする。たまに良心が目覚めて他人を害することを望まなくなった者がいたとして、蠱虫はその養うところを失って、蠱を養う者自身を咬み、蝕み、肌肉は黄ばんで痩せ、顔には青痕が出来、はなはだしくは自分の子女まで蠱虫のために喰われ、蠱の残忍なことかくのごとくである[45]」。

蠱毒は毒虫の喰らいあいによって造り出されるが、造り出されれば、蠱毒の充溢は止まるところを知らずに拡大しつづける。この記事では、蠱虫たちは繁殖し、子孫を増やして増殖し、蠱の繁殖、増殖の結果、扱い主は富を得て繁栄する。しかし、蠱を養うことをやめてしまえば、これまで繁殖した蠱は、害する相手を失うことにより、扱い主を害することでしか、生命を保つことができなくなり、必然的に蠱が繁殖すればするほど、今度は扱い主を激しく害するという事態を引き起こさざるをえなくなる。蠱毒の過剰性として本節で論じた観念は、つまりは蠱の扱い主自身の自家中毒という事態を充分に予想した伝承として、一連の蠱毒伝承を特徴づけている[46]。

七　金蚕伝承にみる転嫁法のモチーフ――富と危険の比例的増大

蠱毒が不要となった場合の処置法として、蠱毒伝承には蠱毒を他者に転嫁するという転嫁法のモチーフがみられる。本節ではこれを蠱毒伝承の本質に即して考察したい。

蠱の転嫁について、清・張泓『滇南新語』は次のように記す。

「蜀（四川地方）の地方では蠱を蓄《か》うことが多く、金蚕がその最たるもので、他人の生命をそこなうことができる。魂を摂って使役し、財帛を盗ませる。富めばこれを他人に遣るが、それゆえに『嫁金蚕』の説がある。滇（雲南地方）の東西両道には金蚕の説はなく、鼠、蛇、蝦蟇などの蠱は害がわりあい激しい。いつも夜が静まり、雲が立ちこめる頃、なにかがあらわれ光を放ち、流星のようである。屋根を低く掠め、素早く飛ぶ。尾の切っ先はきらめき、青白い炎が心目を揺るがす。

私ははなはだ不思議に思い、同僚に聞き、はじめて土着の人々（原文「民家」は、現在のペー族を指す民族集団の呼称でもある）の間に放蠱の事あるを知った。あわせていうには、蠱の止まるところ、よく小児の脳を喰らい、霊魂に盗ませること金蚕のごとくであるという。しかしながら蠱を蓄う家の婦人はみな蠱に淫され、すこしでも祓おうとすれば、蠱は転じて蠱家の児女たちを喰らい、どんなにしても追い祓うことができず、かならず蠱家が貧絶してはじめてみずから去りゆく。そうしたわけで人々は畏れ、蠱を蓄うことをしないし、そのうえ法は日に日に厳しくなるので、蠱を造る者はいないが、残余はまだ絶えることなく、土着の人の中に散落し、禍を畏れていまも蓄っている。痕跡を残すことなく隠され、隣近所も知らない[17]」。

張泓は雲南省で地方官の職にあり、剣川州（現在の大理白族自治州剣川県）や、新興州（現在の玉渓市紅塔区）の風俗を為政者として見聞した人物であり、記述は詳細である。剣川州では、民家（ペー族）の蠱俗を知ったはずである。蠱を祓おうとする際、蠱は逆に扱い主に襲いかかり、蠱家の子供たちを殺し尽し、その家の財産を消耗させて去るという記述は、利益と被害が紙一重であるような蠱の両義性を深刻に表現している。

ただ、『滇南新語』の記事ではなぜ蠱を転嫁する必要があるのかについて触れられていない。そこで、以下蠱の転嫁法は、いかなる事態によって必要となるかを考察する。

さしあたり注目したいのは、中国の民俗社会には、不利益があると、その原因となる存在を、他者に転嫁する習俗がみられる点である。たとえば、澤田瑞穂氏の「悪夢追放」は悪夢を見たときのまじないとして、「出賣悪夢」（「悪夢売ります」）と書いた紙片を土塀に貼るという民俗を紹介され［cf. 澤田　一九九二f］、同氏の「風邪を売る」は「出賣重傷風、一見就成功」（「風邪を売ります、読んだら成功」）と、風邪を売る旨記した紙を戸外に貼り、通行人が読むと風邪が転嫁される［cf. 澤田　一九九二g］。

転嫁法としての呪術行為が現在でも行われる事例として、筆者が調査した大理地方のペー族は、精怪的霊物を転嫁によって祓う習俗がある。

ペー族では「太歳白虎」（Da Shua Be Hu・ペー族語「ターシュワベーフー」）と呼ばれる一種の精怪的霊物が信じられる。太歳白虎は不幸や厄災、不妊などの原因となり、家人にとり憑いて家庭内や隣近所との「口舌是非」（Kou She Shi Fei・漢語「コゥショーシーフェイ」）つまり「口の災い」を引き起こす。ペー族では太歳白虎にとり憑かれたとされると、小麦粉で人形を作って太歳白虎を型どり、夜中人の寝静まった頃を見計らい、村の入り口か十字路で肉料理や酒、茶などの祭品を捧げて祭祀し、その場に埋めてしまう。翌朝になり、祭祀地点を誰かが踏んで通り過ぎると、太歳白虎はその通行人に随ってついてゆくとされる。
不幸の原因とされる太歳白虎は、かくて転々と転嫁され、地域共同体内部に循環し、不幸、厄災、口げんか、不妊などの良からぬ現象を説明する説明概念として通用している。
また、前述のピョに関して「貧しくするピョ」（大理漢族の言い方では漢語で「窮蠱」・Qiong Gu・「チョングゥー」）として類別されるピョは、次のようにいわれる。

「貧しくする蠱（漢語では『蠱』を当てる）は代々伝わることもあるが、他人に移すこともできる。たとえば道ばたに布や銀を置いておき、拾った者に蠱を移す。そうすれば蠱はその家から出てゆく」（大理市大理古城・DH・漢族・男性・四七・民間医師）〔川野　一九九九：一二八―一二九〕。

「道に落ちた物は拾ってはいけない。たとえば紅布を拾うと、そこにピョが憑いていることがある。ピョはそのまま家にあがりこんで、拾った者はピョを養わなくてはならなくなる」（大理市洱海西岸X村・YW・ペー族・女性・四六・衛生士）〔川野　一九九九：一三二〕。

ペー族は蠱毒伝承に核心的な転嫁法の伝承を強く保持している。貧しくするピョは、特定の家庭が貧しくなったことの説明概念として用いられ、ある家が貧しくなったとき、他人からピョが転嫁されたと考えるのである。したがって、貧しさは、ある種やむをえない不運として説明されうるし、その家庭が貧しくなくなった場合は、貧しくするピョが他人に移ったとして説明できる。貧しくするピョという言い方の背後には、共同体内に一定の「貧しさ」が存在するという観念がある。つまり、特定の家庭が富裕になると同時に、他の特定の家庭が貧しくなるというゼロ＝サム理論的な観念に基づいて、一定の「貧しさ」が、共同体内部での損得の関係上のマイナス面の現象として、転嫁の連鎖を通じて循環する。蠱毒伝承の特徴である蠱の連鎖性は、ペー族では民俗社会内部の経済関係、貧富の関係の変化を説明する概念として機能する。

荒屋豊氏も雲南省寧蒗彝族自治県、四川県木里蔵族自治県のナシ族支系モソ人、ナジ（納日）人において、ドゥーが転嫁可能であるという伝承を採集され、そこにドゥーの「贈与霊」としての性格を見ておられる。

「家からドゥーを祓うためには財産を道端におき、その財産を誰かが拾えば、拾った人の家にドゥーは転移する。財産とは、祖先から継承されてきた金、銀、絹などの財宝を指す」［荒屋　二〇〇〇：八五］。

また、荒屋豊氏が紹介されているが、一九二〇年代から一九四〇年代にかけて現在の麗江市玉龍納西族自治県に居住し、ナシ族を研究したロック（J. F. Rock）によれば、玉龍納西族自治県内のナシ族の宗教祭司であるトンバの儀礼のなかで、ドゥーの家の者に対して道端に金銀や女性の服などの財物を置かせ、消尽することにより、ドゥーを身体から分離する行為が行われていたという［Rock 1972: 434-435、荒屋　二〇〇〇：九〇］。

ところで、大理地方ではペー族も漢族も、道に落ちている紅布や金銭は、ピョを持ち帰ることになるので、けっして拾ってはいけないとされているが、「道落ちたるを拾わず」という戒めをともなうような蠱の転嫁法の伝承を典型的に表現したものとして、金蚕にまつわる「嫁金蚕」の伝承がある。

蠱を他人に転嫁するという記載は、三節前述の宋・畢中詢『幕府燕閑録』（『説郛』巻三）が早期の記載である。この記事では金蚕にまつわる「嫁金蚕」の伝承が語られる。

「しかしこれを避らしめることは極めて難い。水火兵刃といえども害することができないため、多くは金銀を用意し、蚕をその中に置いて道ばたに投ずる。人がもしこれを捨えば、蚕はその人についてゆく。これを『嫁金蚕』という」。

じつはこれと同様の呪術的霊物に関するの転嫁の習俗は、日本にも伝わる。倉光清六「憑物耳袋」は鳥取県伯耆地方のトウビョウ（狐の類とされる）につき、次のようにいう。

「トウビョウ持が最早金も出来るし、何時までもそれを持っていることは五月蠅《うるさ》いので、棄てようと思う時には、紙に包んだ若干のお金を添えて人の知らぬ夜分にコッソリ四辻等に置いて行く。それを通りがかった誰かが拾って行けば占《し》めたもので、トウビョウはそのお金について、新しい主人の方に転任してしまう。だから滅多に合点のゆかぬお金を拾うものではないという」［倉光　一九八八：二九〇―二九一］（喜田貞吉「山陰西部地方の狐持に関する報告」にも記載あり。伯耆東伯郡大誠村の話）［喜田　一九八八：一二〇―一二一］。

この記事に示された転嫁の方法は、蠱毒の転嫁方法と同様であり、こうした共通の転嫁の習俗の存在は中国の蠱と日本の憑きものの民俗的事象としての類縁性を証している。

「嫁金蚕」については、澤田瑞穂氏の「妖異金蚕記」に詳細に文献を紹介されるが、宋代以降、明代、清代、民国期まで、さまざまに前記に類する転嫁法が記される。以下蠱毒の転嫁法の基本的な構造が示された記述を事例として考察する。

「嫁金蚕」がいかなる事態を指すかは、明末、談遷『棗林雑俎』「中集」「金蚕」が内実を的確に説明する。澤田論文に引用があり参考にしつつ訳す［澤田　一九九二a：一二五五―一二五六］。

「無錫の鄒迪光の『金蚕説略』には、『金蚕は閩中にある。形は蚕に似て色は黄色である』とある。その説は諸書には見えない。

閩人がいうには、蚕のあるところには金がある。人が出会ってもし金蚕を拾えば、蚕はかならず家までついてゆく。もし蚕とともにすることを望まなければ、もぞもぞ足を伝って上り、叩いても叩いても起きあがり、全身に及んで手も足も動けず、耳も鼻も塞がれ、両眼はめまいがして眩み、顔は色つやなくなって、四肢全身が茫然となり死が迫る。もし蚕とともにすることを拒みその金を還そうとしても、頭から足まで地に倒れる。そうしない者はやはり死ぬ。すでに蚕をともにしている家はその金を倍にして転嫁して道路に出す。そうでないと家から出ていかない。

しかも金蚕のいる家では、期日ごとに一人を殺す。親疎恩讐を問わず、これに触れるとかならず死し、死するのはその日に顔を合わせた者で、その毒は食事や飲食のあいだにあるようである。それゆえ閩人は知らずして偶然にその金を拾って帰り、後に知ってしまっても金を倍にして返すことができない者、または知っていても金があり、性質貪婪で我慢する者は、しばしばこの蚕を育てるという（『欝儀縷集』(48)）」。

「期日ごとに一人を殺す」は、原文は「日殺一人」であるが、下記に引用した葉国慶氏の「金蚕鬼的伝説」や民国・柴萼『梵天廬叢録』の記事では、一定の期間を置いて人を生贄として金蚕に喰わせねばならないという内容であり、前記の意味に解釈した。

この記述から見て取れることは、大体以下のことである。㋐金蚕は、知らないで金を拾った者についてゆき、拾った者に金蚕を飼うことを強要する。㋑金蚕は金を倍にして返すこと以外に、どんなに追い祓おうとしても追い祓うことはできない。㋒金蚕を飼うことは、期日ごとに人を殺すという殺人行為を認めることである。㋓金蚕は知らないで持って帰ってしまった者がやむをえず飼っている場合と、強欲な者が、それと知っていても敢えて蓄財のために飼う場合がある。㋔したがって、金蚕によって蓄財行為が可能であるが、それは殺人行為と抱き合わせでおこなわれる。以上の諸点である。

金蚕以外に、清・東軒主人『述異記』巻二「蝦蟇蠱」の蝦蟇蠱も転嫁可能な蠱である。

「閩には蝦蟇蠱があり、金蚕蠱とだいたい同じである。これに事えると、富がやって来る。路傍に金や絹が多く置いてあると、蠱を送り出す意図であることが知られる。欲に目が眩んだ無知な者はこれを拾って帰る。蠱もまたこれについてゆく。送り出す方では一書を残しておき、蠱に事える方法と蠱を行う術について詳細に記してある。（中略）蠱に仕える家は、蠱によって死んだ者はみな使役され、およそ耕作や機織りはみな死者の霊魂に任される。だから人力にたよらずに、粟は満ち、絹は箱に満ちるのである。除夜ともなればたまごを捧げて祭祀し、夫婦で裸となって拝む。その上決済するが、蠱が仕事一回分をすれば銀五銭に換算し、秀才（？）は四両、長官は五十両に換算する。蠱を多く持つ者はかならず利益が高く、少なければ利益は少ない。蠱を嫌うようになった者は、もともとの倍返しで蠱を送る。同じく財を貪る者が見つけて持ち去ってくれる[19]」。

注目すべきは、この記述では蠱と扱い主との関係は契約関係にある点である。蠱は労働力（蠱に殺された人霊）の提供手段であり、おそらく蠱に殺された人霊を監督する形においても、扱い主の富の増殖に貢献する。それゆえ、扱い主は蠱に報酬を与えねばならない。

かかる契約関係は、次の記述では殺人の見返りを要求する極めて危険な契約関係である。

葉国慶氏の「金蚕鬼的伝説」は、「嫁金蚕」の民国期の伝承を記録する。後半の民間伝承は澤田論文が引用しており〔澤田　一九九二a：二六二―二六三〕、ここでは前半部に記された金蚕鬼の概要と、転嫁法の記述を取り上げる（馬場英子氏に全訳がある）〔馬場　一九九九：二一〇―二一一〕。

「南靖（現在の福建省漳州市西部――筆者註）一帯では、金蚕を養う人が多い。金蚕は音は聞こえど姿みえざるもので、人に替わり仕事をする。たとえば貴方が田植えをするとして、先に苗を一本金蚕に見せ、挿して見せれば、金蚕はすべての畝の苗を植えてくれる。また金蚕は掃除好きで、金蚕を養う家の家屋はとても清潔で、貴方が家に入って、足でたたきを一蹴りして、後ろを振り向けば、たたきの砂埃は突然消え失せている。それでこの家が金蚕を養うと知れる。

金蚕鬼を造る方法は、十二種の虫（ムカデや蛇など――原註）を十字路に埋め、数日後に取り出して香炉のなかに祀ると、これが金蚕鬼となる。金蚕鬼は人を喰らうのを好み、数年ごとにかならず人を一人喰わねばならない。年の暮れに主人は金蚕鬼と決算しなければならないが、利益があがっていたならば人を買ってきて喰わせなければならず、わざと一つの碗が割れただけでも、十二個の碗が割れたとし、この年は損をしているので、人を喰わすのは来年に持ち越すと告げる。主人が金蚕鬼を養いたくなくなった場合は、他人に転嫁することができる（ただし金蚕が願わねば、去らせることはできない――原註）。銀貨とおしろいと線香の灰（これが金蚕である――原註）をそれぞれ一包ずつ包んで、路上に置いておく。

これを養いたいと思っている者は、銀貨とともに金蚕を持ってゆく。事情を知らぬ者が銀貨の包に手を出しても金蚕鬼はその者についてゆく。金蚕鬼は釜のなかに寝るのが好きなので、今の人々は飯が炊きあがると、釜のなかに少し水を入れて、金蚕鬼が来て眠るのを恐れて防ぐが故である」[50]〔葉国慶　一九二八：八〕。

金蚕を扱うことは、金蚕との契約関係によって富を得るという条件による。金蚕との決済は、金蚕に見返りとして「人を喰わす」義務があるゆえである。利益があがればあがるほど、金蚕は殺人の要求を高めるのであり、この契約関係は、利益の増大と、殺人の危険が比例して高まることを意味する。それゆえ、金蚕は他人に転嫁されねばならなくなる。

葉国慶氏の記事にある「人を喰わす」対象は、この場合は人を他所から買ってきて金蚕に喰わせるが、喰われる対象は扱い主の身内が含まれる場合もある。

民国初年の書、柴萼『梵天廬叢録』巻三十三「蠱」に記す嫁金蚕の事例は、澤田瑞穂氏も紹介しているので、大意のみここに記す〔cf. 澤田　一九九二a：二六一―二六二〕。

「福建、龍巌（現在の福建省龍岩市）の曾という老人が、路上で銀二十両入った箱を拾って持って帰るが、その夜に若者が訪れて、天に向かって香を焚いて誓い、下毒の期日を定めることを強要した。老人は金蚕鬼であるとわかったが、やむを得ずしたがった。毒殺の期日に婿が来訪するが、老人は腹痛を起こした婿を救け、その後も期日が来て外甥が訪問すると、彼も救けた。老人は金蚕鬼と相談し、本銀のほかに、利息三分を加え、銀を箱のなかに納めて元の場所に戻した」[51]。

この記事は、金蚕によって財産が増えるが、同時に身内の者が毒殺される内容であり、金蚕は富の獲得の見返りに、身内を含めてその毒殺の期日に訪問した者の生命を得るという契約関係を強要している。蠱毒伝承のモチーフの一つである、扱い主や身内が蠱の犠牲となるというモチーフは、金蚕伝承では人を喰わせねばならない義務をなすものとして独特の展開をみせる。扱い主が富を得ることと、金蚕が相応の報酬を得ることは、双方ともに利益を得るという互酬関係を前提とする。しかし、その内実として金蚕側の要求は履行困難な殺人の要求であり、契約関係は破綻を予期するものである。

金蚕伝承と同様に、呪術的霊物と扱い主とのあいだに契約関係がみられ、同時に契約関係の破綻が予期されている民俗伝承の事例として、筆者は雲南省保山市に伝わる一本足の精怪である「独脚五郎」、あるいは「五郎神」と呼ばれる霊物についての伝承を調査した。独脚五郎、五郎神とは中国南部の浙江、江南地方や福建地方に多い五通神の系統に属する民間信仰上の小神である。

保山市隆陽区（以前の保山地区保山市が二〇〇二年に行政区画が変更になり改名した）永昌鎮（以前の龍泉鎮）では、市街の小高い丘のうえに、この神を祀る五郎廟があり、廟内には祭祀者が奉納した五郎神の絵図が多数掛けられる。廟堂内で祭祀の世話をする婦人の話によると、これらは五郎神を家で祭祀していた者が、祭祀が不要になった際、持ち来たって奉納したものという。五郎神は、特定の家庭で祭祀されるといわれるが、家庭内に祭祀することを要求し、見返りにその家庭に富をもたらす。そしていったん祭祀すれば、祭祀すればするほど、五郎神は周囲の家から財物を祭祀者の家に持ち来たり、家を富裕にさせる。しかし、その一方で財産が増えれば増えるほど、五郎神はよりたくさんの祭祀を頻繁に要求するようになる。したがって、だんだんと祭祀が困難となるが、祭祀をおろそかにすると、五郎神は怒って祭祀者の財物を散逸させたり、家屋に火を着けたりする。そのため五郎神は五郎廟に送り出される必要があり、五郎廟は祀り込めを目的とした祀り棄ての場であると認識されている[52]［川野一九九八］。

蠱毒伝承も、五郎神の伝承と同様の危険性の認識がある場合がみられる。金蚕伝承では、富が増せば増すほど、蠱が暴威を発揮する危険性も増大する。富の増殖は、危険性の増大とまさしく表裏一体である。蠱毒はそれ固有の性質として、蠱毒の充溢をもたらす過剰性を属性としてもつが、過剰性に帰結する蠱毒の増殖は富の増殖をもたらすと同時に、あたかも一種の「シーソーゲーム」のように蠱毒の危険性も増大する。

たとえば蠱の危険性について、清・李宗昉『黔記』巻二は次のようにいう。

「苗婦の蠱を蓄《か》う者は多くは財を得るが、蠱が多くなれば、かならず蠱を転嫁せねばならず、あるいは月に一度は転嫁する。知らない者はしばしば山の小道で金銭や衣服、包の類を拾い、取って帰れば蠱はまた随いついてくる。家に至れば朝夕にもてなすが、すこしでも蠱の欲求を厭うと、かならず害は甚だしくなり、家が破産したり、死ぬ者もある」(53)。

この記述からは次のような観念が読みとれる。富が増殖するに比例して、蠱そのものも増殖する。しかも、富が殖えるとともに蠱も殖え、それがまた富の増加に還元されるという相乗効果がある。蠱の祭祀は、それとともにそれだけ慎重に、また蠱の要求どおりにしてやらねばならない。そうでないと破滅的な結末に至るとされているのである。

ここで読みとれる民俗的観念は、富と危険は比例的に増大してゆくという観念であり、それゆえ、蠱はいずれは手放す必要があるという観念が帰結する。『類説』の記載にみるように、蠱は人を殺せば殺すほど、富をもたらすと同時に、蠱を用いなければ破滅をもたらすという両義的な性格がみられたが、蠱は蓄財行為に専念して使用していれば、破滅から逃れられるというような、安易で便利な霊物であるはずもない。蠱は使用しないと破滅をもたらすが、使用したとしても破滅に到る懼れが充分にあり、蠱毒の転嫁にまつわる伝承は、蠱との互酬関係の破綻と、扱い主の破滅が運命として予感されているがゆえに、それを回避する可能性について語る必要性がある。いわば蠱毒伝承に空けられた「抜け道」であり、「風穴」であることが、転嫁法のモチーフの核心である。そしてこの種のモチーフは八節で考察するように、この種の伝承を語る際に向けられる、特定の家の富の増減や盛衰についての説明に、より一層の説得力を与える形で民俗社会の内部で機能する。

八　民俗社会における転嫁法のレトリック——反証不可性

富が殖えるとともに、霊物の類も増殖するという言説は、「憑きもの」の転嫁の伝承と関連した形で日本の憑きもの伝承にもみられる。喜田貞吉編『民族と歴史——憑物研究号』所収の報告、宇那木玄光「美作地方の狐持と狐憑」は、岡山県の美作地方の事例として、特定の狐持ちの家柄が、どうして狐持ちとなったかについて、次のような説明を紹介するが、中国の蠱毒伝承の有り様を探るうえでも極めて示唆に富む資料である。

美作地方では、誰かが新たに狐持ちとなるためには、路傍でまん丸い白い毛玉である「狐の玉」というものを拾うのであるといわれる。その玉を拾った者は土蔵や納戸の奥深くにしまっておく。するとどこからもなく狐が一匹二匹と集まり来る。

「かくこの狐を飼っていますと、何時となく畳の下や上敷の間、茶棚の隅等に、かつて置いた覚えのない貨幣があるといいます。そしてだんだんその家は富栄ゆる。しかしその富の益すに随って、狐の数の殖えることも自然の理でなくてはなりませぬ。かくてその狐飼いの主任（?）は、何等稼業を営む暇なく、ただこれ、狐の飼養に日もなお足らぬ有様だといいます。もしその人が隣家へ行きますにも、必ず蟻の甘きにつくが如く尾行して、人と話している時でも、或いは食事をする時でも、多くの狐はその者の肩に登り、膝に乗り、衿に入り、頭に上がり、遊び戯むること寸時も暇なく、四六時中その身辺を去らなくて、その五月蠅《うるさ》さに堪えられなくなるそうです」［宇那木　一九八八：一五一―一五二］。

この記述では、『黔記』の記述と似て、富の増殖が憑きものの増殖と比例し、相乗効果として富と憑きもの双方の繁栄をもたらすという観念が読みとれる。その結果、扱い主は憑きものが増加するにしたがって、だんだんと憑きものの扱いに困難をきたすようになり、憑きものの転嫁がおこなわれる。

「ここにおいて、万止むなくんば、拾った玉をまた棄てますと、狐はその玉と共に去るそうです。が、その富も一朝にして抛げ出さねばならないそうです。

そして以前に増して貧苦に泣かねばならぬといいます。ですからつい世人から嫌悪せられながらも、狐飼いを止め得ないのだといいます」［宇那木　一九八八：一五二］。

ここでは憑きものの転嫁について語ると同時に、じつは憑きものがなぜ転嫁されないのかを逆説的に説明している点が注目される。じつに含蓄ある言い方であり、この言い方が言外に仄めかすところに、転嫁法のレトリックと、論理性的志向を解き明かす鍵がある。

これまでの記事からも知られるように、日本の憑きもの伝承や中国南部の蠱毒伝承は特定の家庭が富み栄えたり、没落するなどの、富の増減に対する説明概念として呪術的霊物を語る伝承であるという点で共通した性格をもつ。かかる文脈において転嫁法についての伝承が語られるとき、このモチーフは共同体内の富の増減を、特定の家から別の特定の家へ富が連鎖的に移動するという現象を通じて説明する説明概念として機能しているとみられる。

一つの特徴として、転嫁法についての伝承は、富を得た特定の家庭が貧しくなる可能性として語られうる。『棗林雑俎』では、金蚕を転嫁する場合も、元手の倍の金を付けなければならず、また、この記事に記される美作地方の伝承でも憑きものを転嫁することは、富の放棄を意味していた。貧しくなる可能性について語る伝承は、富の繁栄がいずれは限界に達するべきものであるということ、また、その繁栄はそれ相応の報いを受けるべきであるという、因果応報的な結末を期待するような民俗社会の志向に支えられている。伝承を特定の家庭と富を結びつけて語ろうとする語り手の側にとっては、それだからこそ、前記の記事の狐も、中国南部の金蚕や五通神も、富を得れば得るほど、これらの霊物と当事者との関係維持が困難になるとされる「必要」があり、呪術的霊物と扱い主との関係理解も、破滅へ向かう「シーソーゲーム」の性格を帯びてくる。

ただ、そのような期待がいつも期待通りになるわけではない。期待に背くような事例はかならず存在する。しかしながら破滅的な結末に到らず、富を維持している家があるような場合にも、転嫁法にみられる説明方法は融通無碍にその理由を説明する。

日本の美作地方の憑きもの伝承を例として考察すると、この伝承は二つの契機を含む。つまり、㋐特定の家が貧しくなったことの説明、つまり「転嫁したがゆえに貧しくなった」という説明、㋑同様に、富裕さを維持している家庭には、転嫁法という方便があるがゆえに、かえって転嫁法の不使用が富裕さを維持している前提として語られる。前記の含蓄ある言い方が仄めかしていることは、このことである。つまり、転嫁法によって貧しくなるのを懼れるために、「転嫁せずに『憑きもの』を飼っているがゆえに富裕なままなのである」という説明が成り立つ。このように転嫁法のモチーフは、一見相反する事態に対する矛盾のない説明が可能である。

同様の説明の可能性を中国の蠱毒伝承で検証してみる。転嫁法の内実を詳細に述べる前述の『棗林雑俎』を例とすると、この記事は強欲な者が金蚕を蓄財のために飼うという点と、貧しい者が仕方なく飼うという二点があり、これもまた一見相反する記述のように思われるが、この記事でも特定の家の富の増減の説明概念として、金蚕の存在が語られる。『棗林雑俎』の記事に則して転嫁法の説明の可能性を考察してみると、以下のようないくつかの説明の可能性がある。

㋐たとえば、倍の金を付けて金蚕を祓ったとするならば、一時富裕となっても、そののち貧しくなった場合の理由付けとして金蚕伝承を語ることができる。㋑同様に、貧しくならず富裕さを維持する家庭についても、金蚕を敢えて祓おうとしないことが、期日ごとに人を殺すという社会的な非難とともに、特定の家の富裕さを指弾する根拠となる。㋒富裕な家に対しては別の説明も可能である。つまり、金を倍にして金蚕を祓ったとしても、なおかつ充分な余剰が手元に残っているから富裕さを保っているのだ、という説明も可能である。㋓また、貧しいまま、どうにもならない家庭についても、金蚕を祓う金がないということが、その説明に適用されうる。

このように、特定の家の富の増減について周囲の者が説明するには、金蚕はうってつけの説明方法となっており、どのような事態にも融通無碍に富についての増減を説明できることが、転嫁法のモチーフが語られる効能となっていることが理解できる。転嫁法のモチーフは、この種の言説が指さす対象者にとって、反駁する術を奪う形で、そのレトリックを展開している。かかる反証不可性こそ、転嫁法のモチーフについて、語り手が目指すところなのである(51)。

転嫁法はこうした一見相反する局面で共同体内部での特定の成員の富の増減を説明することができる。「蠱毒の転嫁にまつわる伝承は、蠱との互酬関係の破綻と、扱い主の破滅が運命として予感されているがゆえに、それを回避する可能性について語る必要性がある」と七節末尾で述べたが、蠱毒の転嫁モチーフが語られる必要性は、蠱毒の本質的理解として蠱毒の過剰性の理解からなされた必要性である以上に、ここに至りむしろ語り手が共同体内部における特定の成員の富の増減について効果的に説明するという、語り手の必要という点において引き取られなければならない性質のものであることが理解される。

まさにその意味で、転嫁法のモチーフは、日本の憑きもの伝承にせよ、中国の蠱毒伝承にせよ、この種の伝承にとって至極便利な説明法として機能し、言説が差し向けられる対象者にとっての「反証不可性」を準備する方便として、「抜け道」であり「風穴」であることが明らかとなる。そして、かかる「抜け道」や「風穴」を用意することにより、民俗社会の感性そのものが、じつはみずから擁護され、補強され、肯定されているということは、民俗社会における民間伝承のイデオロギー的性格を顕著に示す事態として、なによりも注意すべき必要がある。本節では敢えて日本の美作地方の憑きもの伝承と、『棗林雑俎』にみる中国南部の金蚕の転嫁伝承を同列に論じたが、富の増減の説明法として、両者の伝承の根底には共通するレトリック上の効果が見て取れ、日中双方の呪術的霊物の伝承を考察する上で背景となる民俗社会の感性の在り方について示唆を与える事例といえる。

九　結論——蠱毒伝承が意味するもの

まず、蠱毒そのものの性質について、蠱毒伝承から読み取れる内容は以下の通りである。

蠱毒は自然物としての虫類や爬虫類を、毒物として人為的に取り込み、加工することによって、富の源泉やその獲得手段とするものである。しかし蠱毒は加工された自然物としての暴力性を内に秘めており、蠱毒伝承の根底には、蠱毒の霊力の過剰性とともに、蠱毒に凝縮された暴力性が逆に利用者の身の上に発揮されざるを得ないという観念が存在している。蠱毒を使用する目的は、富の獲得であると同時に、扱い主や身内が蠱毒の被害に遭うことを防ぐという隠された目的もみられるのである。人為の加工によりながら、人為によっては制御され得ない自然性、暴力性を発揮してしまうこと、蠱毒のかかる凶暴性は、富の獲得のために他者を害するという不善さとともに、蠱毒をめぐる民俗社会の理解として、この種の伝承に、一層禍々しい性格を賦与している。

蠱毒伝承は、増殖し、溢れ出る毒物の魔力について語る伝承である。かかる「蠱毒の過剰性」の観念を、蠱毒伝承の核心に見て取るならば、蠱毒の転嫁について語る伝承が多くみられることも、この観念に由来した必然的な結果であることが理解される。蠱毒の充溢が臨界点に達したとき、それは蠱毒の所有者の破滅をもたらす。ならば破滅へ至る臨界点に達する以前に、所有者は蠱を手放さなければならないと、この種の伝承は予想する。

次に蠱毒伝承の伝承としての性質は次のように考えられる。

蠱毒伝承は転嫁法のモチーフにみるように、たしかに蠱毒の所有者が蠱毒を手放す必要性について語っている。しかしながら、この種の伝承を語る側の立場に引き取って捉え直すならば、かかる伝承は対象者に対して好意的に語るものでは決してない。蠱毒伝承は呪術的霊物に関わる伝承として、禍々しい手段による富の獲得と、それと応分な結果による破滅を同時に予想し、表向きには羨望さるべき富裕さと、同時にその背後に指弾さるべき不善なるものを結びつけている。

しかもこの種の伝承は、転嫁法のレトリックにみられるように、言説が差し向けられる側の富の増減についてのさまざまな様態に対応しており、対象者にとって反駁しがたい反証不可性をもった説得力で語られうる。対象者は破滅するとは限らない。それゆえ、この種の伝承がいつでも有効性を維持するためには、破滅すべき結末が、なぜ破滅しない現状に維持されているのかを説明する必要がある。転嫁法のモチーフはそれを巧妙な論理で説明し、この種の伝承を語る者が属する、特定の富裕者に対する民俗社会の多数者の立場をつねに正当化しているのであり、かかる意味で共同体内部における特定の成員に対しての民俗社会の想像力の在り方を端的に示しているのである。

註

（1）晋・干宝『捜神記』巻十二「滎陽郡有一家、姓廖、累世爲蠱、以此致富。後取新婦、不以此語之、遇家人咸出、唯此婦守舍。忽見屋中有大缸、婦試發之、見有大蛇、婦乃作湯、灌殺之。及家人歸、婦具白某事、舉家驚惋。未幾、其家疾疫、死亡略盡」。

（2）晋・干宝『捜神記』巻十二「鄱陽の趙寿は犬蠱をもっていた。あるとき陳岑が寿を訪ねると、突然赤犬が六、七匹群をなして吠えかかった。また、その後、余相伯の妻が寿の妻と食事をしたところ、血を吐いて死にそうになったが、桔梗の粉を飲んだら治った。蠱には怪物があって、鬼のようで、姿をさまざまに変え、種類も雑多である。犬や豚になったり、虫や蛇になったりする。扱い主もその姿は知らない。これを人々との間に行うと、中った者はみな死んでしまう」（「鄱陽趙壽、有犬蠱。時陳岑詣壽、忽有大黄犬六七羣出吠岑。後余相伯婦與壽婦食、吐血幾死、乃屑桔梗以飲之而愈。蠱有怪物、若鬼、其妖形變化、雜類殊種、或爲狗・豕、或爲蟲・蛇、其人不自知其形狀、行之於百姓、所中皆死」）。

晋・陶潜『捜神後記』巻二「曇遊」「曇遊道人は、清貧な僧侶であった。剡県に蠱に事える家があり、人はその者の出す飲食を口にすると血を吐いて死なない者はない。曇遊がこの家を訪れたとき、主人は食物を出したが、曇遊はいつものようにまじないを掛けた。すると一双のムカデが現れ、一尺余りの長さであり、皿から跳ね出ていった。そこで腹いっぱい食べて帰ったが、異状はなかった」（「曇遊道人、清苦沙門也。剡縣有一家事蠱、人噉其食飲、無不吐血而死。遊嘗詣之。主人下食、遊依常咒願。雙蜈蚣、長尺餘、便於盤中跳走。遊便飽食而歸、安然無他」）。

（3）中国の蠱の社会的背景を論じた論文としては、曽士才氏に「落魂、呪い、そして憑きもの」がある。この論文で曽士才氏は、ミャオ族で釀鬼と呼ばれる生霊的な呪術的霊物に娘がなるとされる家について、この信仰が台江県、施秉県、および凱里市一帯に集中していると指摘され、明、清時代の民衆蜂起による王朝側の弾圧の歴史を背景とし、漢族の官吏に協力しミャオ族社会内部で孤立した者、ひいては漢族と親しくする者がおしなべて釀鬼持ちとされたらしいと述べられ、この種の信仰が近世以降先住民であるミャオ族が、征服者である漢族と接触する中から誕生した歴史的産物である可能性が高いという仮説を提出されている［曽士才　一九九六］。

（4）現代の蠱に関する伝承の事例も、蠱が容器の中に養われるとされることが多い。凌純声・芮逸夫『湘西苗族調査報告』は民国十七年（一九二八）に鳳凰庁で起きた蠱毒事件を記す。

「ある苗人の二子が相次いで死に、同じ村寨の蠱婦が祟りをなしたと疑った。後に官に告げ、その家を捜索したところ、隠された場所から素焼きの罐が出てきて、蛇、スッポン、蝦蟇の類があった。あわせて切り紙の人形も出てきた。証拠が確実であったので銃殺された」［凌純声・芮逸夫　一九四七：二〇〇］。

ペー族の「ピョ」と呼ばれる呪術的霊物も蛇のピョについて、器の中でひそかに養うという。

「文化大革命の頃、蛇のピョを養っているといわれている家があった。紅衛兵がそれを聞きつけて家捜しをすると、はたして植木鉢のなかに蛇がとぐろを巻いていた。『アパ！（驚いたときの声）。蛇！蛇！』と紅衛兵が騒ぐと、たちまち姿を消してしまった」（大理市洱海西岸X村・YW・ペー族・女性・四六・衛生士）［川野　一九九九：一一九］。

（5）『隋書』巻三十六「志」第二十六「地理志」下「（新安・永嘉・建安・遂安・鄱陽・九江・臨川・廬陵・南康・宜春）然此數郡往往畜蠱、而宜春偏甚。其法以五月五日聚百種蟲、大者至蛇、小者至蝨、合置器中、令自相啖、餘一種存者留之、蛇則曰蛇蠱、蝨則曰蝨蠱、行以殺人」。

（6）猫鬼については、澤田瑞穂氏、「猫鬼神のこと」に詳しい［澤田　一九九二d］。隋朝の猫鬼にまつわる巫蠱事件は、高祖文帝（五八九―六〇四）の末年に起きた事件である。文献皇后独孤氏の異母弟である独孤陀は、左道を好んだ。文献皇后と越国公楊素が病気になった折、医者に診させると、猫鬼の疾であると答えた。陀の妻は楊素の異母妹でもあり、文帝も陀の仕業ではないかと疑ったが、陀は否定した。文帝は事件を審理させたが、独孤陀の女婢の徐阿尼という者の供述によると、彼女は陀の母の家から移ってきた者で、つねに猫鬼に事え、子の日の晩に猫鬼を祀る。猫鬼は人を殺すたびに、死者の家の財物をひそかに猫鬼を飼う家に搬入するのであるという。陀は阿尼に命じて猫鬼を使っていたことがわかり、文帝は陀夫妻に死を賜ったが、陀の弟、独孤整の懇願と文献皇后の嘆願により死を免れ、平民に落とされ、妻は出家させられた。『隋書』巻七十九「列伝」第四十四「外戚」「独孤陀」条、同書巻三十六「列伝」第一「后妃」「文献皇后独孤氏」条、『北史』巻十四「列伝」第二「后妃」下「隋文献皇后独孤氏」条などに詳しい。

（7）明・李時珍『本草綱目』巻四十二「蠱虫」引、唐・陳蔵器『本草拾遺』「古人愚質、造蠱圖富、皆取百蟲入甕中、經年開之、必有一蟲盡食諸蟲、卽此名爲蠱、能隱形似鬼神、與人作禍」。

（8）宋・鄭樵『通志』巻三十三「六書略」第三「造蠱之法、以百蟲寘皿中、俾相啖食、其存者爲蠱、故蠱從蟲皿也」。

（9）宋・曾慥『類説』巻四十七引、宋・陳正敏『遁斎閑覧』「蠱毒」「閩・蜀之俗好畜蠱、其法先聚百蟲於器中、任其自相啖食、數月食盡、惟留一物者、則事以爲蠱。以其子飲食中、卽殺人。妄云、殺人多、卽蠱家富饒、不然、反受禍」。

（10）明・田汝成『炎徼紀聞』巻四「蛮夷」「（獞人）又善爲蠱毒、五月五日聚百蠱於一器、令自啖食、存者留之、持以中人、無不死者。又爲飛蠱、一曰挑生、一曰金蠶、皆鬼屬而毒、人事之可以驟富」。

（11）明・謝肇淛『五雑組』巻十一「物部」「蠱蟲、北地所無、獨西南方有之、閩・廣・滇・貴・關中・延綏・臨洮皆有之、但各處之法有不同耳。閩・廣之法、大約以端午日取蛇・蜈蚣・蜥蜴・蜘蛛之屬、聚爲一器、聽其自咬、其他盡死、獨留其一、則毒之尤矣、以時祭之、俾其行毒」。

(12) 清・曾日瑛等修、李紱等纂（乾隆）『汀州府志』卷四十五「賴子俊・廖高蒲皆上杭人、翁婿也。子俊傳其婦翁張德之術、於每年端午采取百蟲封貯瓦罐、自相殘食、逾年起視、獨存一蟲、形如蠶、色如金、三四片茶葉・楓香養之。擇日占斷、一年當用幾次、依占取出蟲類、秘置飲食中、使人絞痛、死後魂魄爲之力作、坐是致富」。

(13) 清・陸次雲『峒谿纖志』中卷「蠱毒」「苗人能爲蠱毒、其法五月五日聚毒虫於一器之中、使相吞噬、併而爲一、乃諸毒之尤也。以之爲蠱、中者立斃」。

(14) 清・閔敍『粤述』「蠱藥、兩江獞婦皆能制造。其法以五月五日、聚百毒物於一器、聽其相食、其獨存者、毒之尤也。持以中人、無不立死。故有蛇蠱・蜥蜴蠱・蜣螂蠱・蜈蚣蠱・金蠶蠱、諸種類不一。今間有之、惟彼人能解、然亦不人見也」。

(15) 清・貝青喬『苗俗記』「苗家造蠱、每於端午聚蜈蚣・虺・蜴於一器而咒之。積久啓視、留其一、則爲蠱。取其涎矢以毒人、奇病百出、卽數年後千里外無得免者。予嘗夜宿苗寨、凡見夜間空際如流星閃電。問之則曰、卽放蠱出飲也。長者爲蛇蠱、圓者爲蝦蟇蠱、而以金蠶蠱爲最毒。蓄蠱之家、潔淨無點塵、投宿者恒以此爲趨避、寨中輒有兩三家也」。

(16) 民国・陳国鈞「苗族的放蠱」「每年端午的正午、苗人中相傳是五毒百虫現身之時（按漢人也有此傳説）、苗婦到高山上去捕捉各種五毒百虫、放在一個小罎内置於暗處、經年不揭罎蓋、罎内的虫互相殘殺、直到最後祇剩一虫、這虫便是蠱。一旦苗婦暗地揭開罎蓋、吸入一種難聞的氣息、這氣息日後便常在苗婦身中作蠱、愈欲放出爲快。同時苗婦等那罎的虫死了、將死虫和那虫所造的糞、取出研成細末、逢到苗婦身中那股氣息作蠱時便將這種細末放入物料中、人若誤食、便會中毒、日久不治便會身死」。

(17) 宋・周去非『嶺外代答』卷十「志異門」「蠱毒」「廣西蠱毒有二種、有急殺人者、有慢殺人者。急者頃刻死、慢者半年死。人有不快于己者、則陽敬而陰圖之。毒發在半年之後、賊不可得、藥不可解、蠱莫慘焉。乾道庚辰、欽州城東有賣漿者、蓄蠱毒、敗而伏辜。云其家造毒、婦人倮形披髪夜祭、作糜粥一盤、蝗蟲・蛺・蝶・百蟲自屋上來食、遺矢乃藥也。欲知蠱毒之家、入其門上下無纖埃者是矣。今黎峒溪峒人置酒延客、主必先嘗者、示客以不疑也」。

(18) 『隋書』卷三十六「志」第二十六「地理志」下「因食入人腹内、食其五臟、死則其產移入蠱主之家。三年不殺他人、則畜者自鍾其弊。累世子孫相傳不絶、亦有隨女子嫁焉。干寶謂之爲鬼、其實非也。自侯景亂後、蠱家多絶、既無主人、故飛遊道路之中則殞焉」。

(19) 宋・徐鉉『稽神録』卷一「金蚕」「右千牛兵曹王文秉、丹陽人、世善刻石。其祖嘗爲浙西廉使裴璩采碑於積石之下、得一自然圓石如毬形、試加礱斲、乃重疊如殻相包、斲之至盡、其大如拳、破視之、中有一蠶如蠐螬、蠕蠕能動、人不能識、因棄之。

數年浙西亂、王出奔至蜀下、與郷人夜會、語及青蚨西送還錢事。座中或云、人欲求富莫如得石中金蠶。蓄之則寶貨自至矣。問其形狀、則石中螬蠐也」。

(20) 宋・畢中詢『幕府燕閑録』(『説郛』巻三)「嫁金蚕」「南方人畜金蠶。蠶金色、食以蜀錦、取其遺糞置飲食中以毒人。人死、蠶能致他財、使人暴富。而遣之極難、水火兵刃所不能害、必多以金銀置蠶其中、投之路隅。人或收之、蠶隨以往、謂之嫁金蠶」。

(21) 明・謝肇淛『五雑組』巻十一「物部」「又有金蠶毒、川・筑多有之、食以蜀錦、其色如金、取其糞置飲食中、毒人必死。能致他人財物、故祀之者多致富、或不祀、則多以金銀什物、裝之道左、謂之嫁金蠶」。

(22) 宋・洪邁『夷堅志』「補(巻)」第二十三「黄谷蠱毒」「人魂爲蟲、祟所拘、不能托化、翻受驅役於家、如虎食倀鬼然」。なお、『夷堅志』「支癸」巻第七「古田民得遺宝」にも、福州の古田県(今の福建省古田県)の村民が夢に異人のお告げを聞いて転嫁された金蚕を拾った話を記すが、「(金蚕を)貯蔵し、毒を人に施す。歳を重ねて殺した者が多くなると、貨業は日々盛んとなる」(「乃貯藏之、施毒於人。積歳所殺不少、貨業日盛」)という。

(23) 清・張泓『滇南新語』「蜀中多蓄蠱、以金蠶爲最、能戕人之生、攝其魂而役以盜財帛」。

(24) 宋・周去非『嶺外代答』巻十「志異門」「挑生」「廣南挑生殺人、以魚肉延客、對之行厭勝法、魚肉能反生於人腹中、而人以死。相傳謂人死、陰役於其家。有一名士嘗爲雷州推官、親勘一挑生公事。置肉盤下、俾囚作法以驗其術。有頃發視肉果生毛」。

(25) 清・東軒主人『述異記』巻二「畜蠱」「凡畜蠱之家、必盟於蠱神曰、願此生得富、甘世世勿復爲人。其用蠱也、其人既死、死者之家貲器物悉運來蠱家、其受蠱之鬼、卽爲蠱家役使。凡男耕女織、起居伏侍、有命卽赴、無不如意、若虎之役倀然」。

(26) たとえば、蚕の飼育に失敗した李家に対して、周囲の家の者は李家の前を避けて通ったり、李家の者を見ると姿を隠す。「幸運に恵まれた人たちは、荷花(李根生の女房)たちを一目見たり、言葉一言交わすだけで、不運が伝染することを畏れたのである」とある村人の行動や[茅盾 一九九一:一〇三]、荷花が通宝じいさんの蚕を盗んで川に投げ捨てようとする行為などにとくに典型的に描かれる。

(27) 清・袁枚『子不語』巻十四「蠱」「雲南人家家畜蠱、蠱能糞金銀以獲利」。

(28) 復讐や暗殺のために蠱を用いるものは、たとえば清・劉崑『南中雑説』に以下の記事がある。

「(緬〈ビルマ〉人の蠱は)、故なくして蠱薬を仕掛けることはない。かならず無頼の旅行客がその妻妾を犯したり、財産物品をとりあげたりしたときに、はじめてこの法を行って漢人を懲らしめる。漢人が中毒して帰ると、向こうではその行く道の月日を計算して、神呪を復誦すると、蠱毒が大いに発作し、肌肉は痩せ、腹が膨脹し、数ヶ月で死んでしまう。金谿(江西省)の周瑞生、龔吉貞はみなこの種のことで死んだのである」(「〈緬人之蠱〉不肯無故藥人、必無頼客子侵其妻妾、勒其貨財物、乃以此法治之。漢人中毒而還、彼又計其道里之日月、復誦神呪、則蠱毒大發、肌瘦而腹脹數月而死。金谿周瑞生・龔吉貞皆死此物也」）。

異性を引き留めるために行う蠱毒の事例としては、民国・陳国鈞「苗族的放蠱」の記述を引用する。

「およそミャオ族の居住区では、苗女（ミャオ族の女性）を娶った漢人は、もしも彼が故郷に帰ろうとするならば、苗女はかならず彼と帰ってくる期日を約させ、ひそかに蠱を食物のなかに入れ、まず彼に喰わせる。期日通り帰ってくると、苗女は解毒薬で蠱を解くが、もし期日になっても帰らないと、蠱毒は発作し、たちどころに死ぬ」（「凡在苗區中娶苗女爲妻的漢人、若要歸他的珂里一行、苗女必須和他約定歸期、暗地將蠱放在食物中先使他誤食、到期歸來時、苗女給以解藥解去、如若到期不歸、那蠱毒便會發作立時會死」）〔陳国鈞　一九四二：二五〇〕。本章では五節に引く清・金鉷修、銭元昌纂（雍正）『広西通志』巻一百二十八「芸文」引『永福県志』が同種の記事に属する。

（29）清・袁枚『子不語』巻十四「蠱」「雲南人家家畜蠱、蠱能糞金銀以獲利。毎晩即放蠱出、火光如電、東西散流、聚衆噪之、可令墮地、或蛇或蝦蟆、類亦不一。人家爭藏小兒、慮爲所食。養蠱者別爲密室、命婦人喂之、一見男子便敗、蓋純陰所聚也。食男子者糞金、食女子者糞銀。此云南總兵華封爲予言之」。

（30）清・金鉷「厳査養蠱以除民患示」（清・金鉷修、銭元昌纂〈雍正〉『広西通志』巻一百十九「芸文」）「訪得養蠱之家世代密傳、毎有女出嫁、其母分給蠱蟲、並傳方法。又有本人臨死、始將蠱蟲交付親愛子女、以爲至寶」。

（31）清・陳倫炯『海国見聞録』巻上「（呂宋）其蠱殊甚、母傳女而不傳子、即如牛皮・火腿、咒法縮小如沙、令人食而脹斃。又有蝦蟆・魚蠱之類、彼能咒解、從口躍出成盆」。

（32）晋・干宝『捜神記』巻十二「余外婦姊夫、蔣士有傭客、得疾下血。醫以中蠱、乃密以蘘荷根布席下、不使知。乃狂言曰、食我蠱者、乃張小小也。乃呼小小、亡云。今世攻蠱多用蘘荷根、往往驗。蘘荷或謂嘉草」。

（33）晋・葛洪『肘後備急方』巻七「治中蠱毒方」第六十「蘘荷葉密著病人臥席下、其病人即自呼蠱主姓名也」。同書同巻「欲知蠱毒主姓名方」「取鼓皮少少、燒末飲病人。病人須臾自當呼蠱主姓名、可語便去則便愈」。

（34）清・蒋琦溥等修、張漢槎等纂（光緒）『乾州庁志』巻七「聞其法不論男婦皆可學、必秘設一壇、以小瓦罐注水、養細蝦數枚、或置暗室床下土中、或置遠山僻徑石下。人得其瓦罐、焚之、放蠱之人亦必死矣」。「將死一月、必見其放蠱人之生魂、背面來送物、謂之催藥」。

（35）二節に一部引用した馬場英子氏の浙江省温州市甌海区藤橋鎮の漢族の伝承は、全体としては熱湯を掛けて蠱を殺したという話であり、『捜神記』巻十二の記述に通じる蠱毒伝承の一つのパターンとなっている。以下にその全文を引用する。

「蠱を得るにはさまざまな虫や蛇を端午の節句に捕まえて四つ辻に埋める。蠱は財産を運んできてくれるが、三年に一度、人を食わせねばならない。ある家で、困って嫁を食わせてしまおうとしたが、これを知った嫁は、蠱が鍋の中で寝ているところを、前掛けでさっと覆ってしまい。下からどんどん火を焚いて焼き殺した。夜は必ず鍋に少し水を張っておき、朝になると捨てる習慣は、蠱が住み着かない用心のためだ。蠱はお茶の中で育つ。蠱を養い切れなくなって追い出そうとする時は、蠱がお茶に毒を入れるかもしれないから、お茶は飲まない」(潘順法、藤橋鎮寺西村)[馬場　一九九九：二〇三]。

雲南省西北部に居住するプミ族は、ナシ族支系モソ人とともに「ドゥー」と呼ばれる呪術的霊物の伝承があり、プミ族のみは蠱に類する霊物がないとして、次のような伝承を伝える。

「昔のこと、ある寡婦が蠱を養っていた。ある時、蠱は発作し、この女性に彼女の一人息子に蠱を放つように求めた。蠱は彼女の首にまとわりついたが彼女は蠱に咬みつかれて我慢できず、息子が山から下りてくるまで待つように蠱に求め、帰ってきてから蠱を息子に放つと答えた。ちょうどこの話を嫁が聞いていたが、嫁は山に行き、夫に事の次第を話した。二人が家に帰ると果たして母親が料理を作って待っている。夫は料理が冷めていると言い、鍋で湯を沸かすと突然料理を鍋の中に入れ、蓋をきつく閉めた。鍋はひとしきり暴れる音がしたが、音が止むのを待ってから蓋を開けると、毒蛇が死んでいた」(「普米不信蠱」)[王震亜　一九九〇：一四七]。

熱湯を掛けたことによって蠱は死んでしまい、プミ族には蠱がいなくなったという結末である。しかし、前記の浙江省の漢族の伝承とプミ族のこの話の場合、蠱の扱い主自身の顛末は記されていない。

曽士才氏の「落魂、呪い、そして憑きもの」は、顧維君「苗族信仰中的醸鬼和蠱問題」(『黔東南社会科学』一九八九年第一期)を引き、ミャオ族の蠱に関する民間伝承を紹介される。この伝承も前記のプミ族の伝承と近い内容である。

「むかし蠱を持つ母親がいたが、この蠱が彼女の息子を気に入ってしまい。彼女に命じて息子に蠱を放つようにさせた。彼女にとっては大事な一人息子、そうすることを望まなかった。蠱がひどく彼女の身体を噛むので、彼女はしぶしぶ承知した。蠱と彼女のやりとりを外で立ち聞きした嫁はあわてて村外れで夫の帰りを待った。草刈りから戻ってきた夫に事の次第を告げ、戻っても母親が彼に残してある玉子炒めを食べないように注意した。そして嫁は急いで家に戻り、大釜で湯をわかした。夫が戻ってくると母親は玉子炒めを息子に食べるように言ったが、嫁は玉子が冷えてしまったから温めると言って、玉子を沸騰している湯のなかに放り込み、釜の蓋を力一杯押さえつけた。釜のなかからは何か大きなものがもがく音がした。しばらくして蓋を開けると、一匹の大蛇が釜の中で死んでいた」[顧維君　一九八九：四四、曽　一九九六：一〇三]。

曽士才氏は「蠱が人格化し、宿主である人に命令して自分の気に入った相手に放蠱させている。もし宿主が命に服さなければ、痒くてしかたなくなると信じられている。そして寄生虫が新たな宿主を求めるように、蠱は母から娘、娘から孫娘へ遺伝すると言われている」と解説される[曽　一九九六：一〇二―一〇四]。

この伝承に示されるようにミャオ族において蠱はそれを扱うとされる者自身が蠱に支配されているという観念がある。曽士才氏はミャオ族の蠱の特徴として、蓄財との関係が希薄であるとも指摘されるが、この伝承は本節で論じている、扱い主が蠱の第一被害者であるという伝承の一例でもあり、示唆に富む。

なお、柳田國男は『巫女考』で、讃岐地方のトンボガミ（「土瓶神」）について、客人が湯を注いで殺したところ、家の者に喜ばれたという類話を記している［柳田　一九六九：二六三］。

(36) 民国・李植人「苗族放蠱的故事」「她是一個頗好看的女子、看上去要比她所說的五十八歲的年齡年青些、眼角也是紅的、自稱在三十二歲時、母親給與她一件舊衣服穿。（中略）別人說從穿上這件衣服後、她便感覺周身不舒暢、又說她在入獄之中先後二十多年間、放蠱害死小孩若干個、她自己有七個小孩、一個也不在了、全是她害死的、還有一個兒子在外、至今不敢歸家」。

(37) 民国・陳国鈞「苗族的放蠱」「據說苗女蠱發時、她的理智會全都喪失、情不由意地去施害他人、若放中了別人、那時她的身子舒暢、如放下了重擔一般輕鬆、聞有蠱的苗婦、至低限度一生要放一次」。

(38) 民国・李植人「苗族放蠱的故事」「據說有蠱毒的婦女、（中略）蠱發時、便感覺遍身不舒暢、必找到對象將蠱放出、對象很可能是她的仇人、但是如果機緣不巧、她也會找到其他的大人和小孩、甚或自己的親人的、放蠱時她的理智全失掉、如果不想法放出、自己的性命也有危險、有蠱的苗夷婦女、一生中最低限度要放蠱一次」。

(39) 清・金鉷修、銭元昌纂（雍正）『広西通志』巻一百二十八「芸文」引『永福県志』「蠱初成者尚未有毒緣、因初婦有所私與夫不睦、乃從蓄蠱婦教之置飲食中、餌其夫與所私、日後自然和合、謂之和合藥亦名粘食藥。日久此藥漸毒、遇藥發時遍身搔癢、必欲毒人而後已。或無外至者、卽夫與子亦必施焉」。

(40) 明・田汝成『炎徼紀聞』巻四「蛮夷」「（苗人）善爲蠱毒、蠱無形、而毒有物、中之皆能殺人。或言蠱有神、熠燿若月、以昏暮流人家爲祟、以其日作蠱、浹辰而出之、以中生人則已、無生人則主人以其身服蠱、解而哇之、否則神將蔓殃于其室」。

(41) 明・謝肇淛『五雑組』巻十一「物部」「毒之初行、必試一人、若無過客、則以家中一人當之」。

(42) 清・顎爾泰等修、靖道謨等纂（乾隆）『貴州通志』巻七「苗蛮」「（狆家）畜蠱毒、夜飛而飲於河、有金光一道、謂之金蠶蠱。每以殺人、否則反噬其主、故雖至戚、亦必毒之、以洩蠱怒」。

(43) 民国・劉錫蕃『嶺表紀蛮』第二十一章「蠱毒」「擅蠱術者、諸蠻之中、惟獞婦最多。苗狪婦女亦知之、但比較爲少。其說『以爲人被蠱而死、則其鬼爲蠱鬼。殺人多者、鬼益靈、家益富。術者死後、并得爲藥王、蠱鬼卽爲其僕役。久不殺人、卽六畜亦須毒之、否則蠱鬼餒餓、而殃及於術者』」。

(44) 花部英雄氏はまた、御伽草子『天稚彦草子』の蛇神である天稚彦が小唐櫃のなかで娘と臥すくだりに、蛇神が本来の姿を現す場としての唐櫃で、蛇神との結婚が行われる点などを取り上げ、「天稚彦の入っていた唐櫃こそ、オオサキ（財物を運搬するとされる憑きもの――筆者註）を飼っている櫃ではなかったか」と指摘される。つまり人間と、異類の変化した神霊との通婚譚を背景に神の零落した姿を憑きものに見ておられる。

中国の蠱も、家庭内で主婦が祭祀することが多いことは日本との共通点として指摘できるが、花部英雄氏の論じる蛇神婚姻譚的な背景を中国の蠱毒伝承に見て取ることができるかは本章とは別個の問題である。また、中国の蠱の伝承が「憑きもの」的な性格をもつにしても、それが神話的事態が、民間に投影されたものであるとは言い切れない。宮田登氏の「祀り上げ」「祀り棄て」の概念が示すように［cf. 宮田 一九九六］、民間での伝承の有り様が、逆に呪術的霊物を神としての地位に祀り上げる方向性も考えられる。一例として、拙稿「雲南省の五通神信仰――保山市独脚五郎・五郎神の精怪伝承」は、中国の南部に多い五通神と呼ばれる動物霊的な神格に関する信仰伝承を取り上げ、雲南省保山市の事例では、山中の精怪である独足精である独脚五郎が、家神として「祀り上げ」られ、のちに廟堂に祀られることにより、逆に家神としての性質を「祀り棄てる」という方向性がみられる点を論じている［川野 一九九八］。

中国の場合、蠱は家庭内で祭祀される蠱神としての性格をもち、女性が祭祀する私的な蠱神とされるのは、男性よりも女性のシャーマニックな能力がより適格であるという理由もあろう。蠱を祭祀するのは、中国でも女性が多い。呪術的霊物と女性との神婚的要素もしばしばみられることも事実である。前記の五通神を例とすると、五通神は特定の家庭に祭祀され、他の家から財物を盗り、その家庭を裕福にするとされている。五通神の伝承では多くの場合、その家庭の女性と五通神との性的な関係を強要されることが、五通神祭祀の前提となっており、中国南部のこの種の伝承においても、神婚的要素がある。たとえば、現代の事例では、鄧啓耀氏の『巫蠱考察』に記される麗江市古城区と玉龍納西族自治県のナシ族の場合、五通神系統の伝承と思われる小神子は、次のようにいわれる。

「小神子は女主人と寝る。夜だけでなく、昼も事に及ぶ。その主婦は街で露店を出し、麻布を売っていたが、小神子はついてゆき、人々がいる前で事をはじめたのだった。周囲の者にはみえないが、その主婦は口を曲げ、顔を変え、恍惚とした表情で唸っていた。事が終わると、小神子は戻ってゆき、その主婦は普段通りに戻った」［鄧啓耀 一九九八：一六〇―一六一］。

また、蠱についても、蠱を扱うことの条件として、その家の婦人が蠱と性的関係にあるという記事もみられる。清・張泓『滇南新語』は雲南の蠱について、「しかしながら蠱を飼う家は、その婦女はみな蠱の淫するところとなる」（「然豢蠱之家、其婦女咸爲蠱所淫」）としており、また、清・曹樹翹『滇南雑志』巻十四「蠱四則」も「畜蠱の家は、この蠱神を奉じるが、しかし蠱家の妻女は、蛇はかならずこれを淫する」（「畜蠱之家、奉此蠱神、能致富。但蠱家妻女、蛇必淫之」）と記す。

ただ、呪術的霊物の性的関係の強要については、七節に取り上げた、呪術的霊物と扱い主との一種の互酬的な契約関係の側面に、より注意を向けねばならないと筆者は考えている。

(45) 清・金鉷「厳査養蠱以除民患示」（清・金鉷修、銭元昌纂〈雍正〉『広西通志』巻一百十九「芸文」）「藏畜日久更有滋生、蠱仔遺孽漸繁爲害日衆。總之愚民無知、貪愛財物、惑於邪術、以陰謀毒害爲家業、以他人性命爲生涯。間有良心偶發、不肯害人、蠱蟲無所依養、將養蠱之人咬蝕、以至肌肉黄痩、面有青痕、甚至親生兒女亦爲蠱蟲所喫、忍心若此」。

(46) なお、金蚕については密閉した空間で喰らいあわせるという造蠱法の記述は、清代よりあらわれるが、七節で述べるように、転嫁法の伝承に重点が置かれる金蚕の伝承も、富の増大と、金蚕を祭祀することの危険性は、比例的に増大すると考えられており、その点蠱毒の過剰性についての観念は、金蚕についても当てはまると考えられる。

(47) 清・張泓『滇南新語』「蜀中多蓄蠱、以金蠶爲最、能戕人之生、攝其魂、而役以盜財帛、富則遣之、故有嫁金蠶之説。滇之東西兩迤無金蠶、其鼠・蛇・蝦蟆等蠱害較烈。毎夜静雲密、有物熠熠如流星、低度掠屋脊而遄飛、尾鋩修爍、寒焰搖動心目。余甚詫之、詢於同官、始知民家有放蠱事、併述蠱所止、善食小兒腦、爲鬼盜如金蠶。然豢蠱之家、其婦女咸爲蠱所淫、稍拂欲、卽轉食蠱家小兒女、千計莫遣、必蠱家貧絶、始自去。人頗畏不敢蓄、且官法日嚴、亦無造蠱者。而遺孽未殄、散落民家、猶懼禍豢養、蹤跡隱秘、比鄰莫知」。

(48) 明・談遷『棗林雜俎』「中集」「金蚕」「無錫鄒迪光『金蚕説略』曰、金蠶閩中有之、形似蠶、色黄、其説不見於諸書。閩人云、蠶所在有金焉。或遇而拾其金蠶、必與俱之家。若不令與俱、輒營營然緣足、而撲之復起旋、撲旋起、延及身手、膠手、掣足、瞶耳、窒鼻、兩目眊眩、類無色澤、四肢百骸惝怳而死迫矣。卽不與俱而還其金、亦由首企踵迴然下地、而不然者果死矣。既已之家必倍其金、以嫁於道路乃出、否則不出也。而所居家日殺一人、亡論親疎怨徳觸之必死、死必其日所觸者。其毒蓋寓於盤飧飲食間、故閩人有不知而偶拾其金以歸、及已知而苦無金倍送者、或知且有金、性貪以忍者、往往育是蠶云（『欝儀樓集』）」。

(49) 清・東軒主人『述異記』巻二「蝦蟇蠱」「閩有蝦蟇蠱、與金蠶蠱大略相同、事之者、輒富其來也。人或於路側見金帛甚多、知是送蠱、貪麻者遂奉以歸、其蠱亦随至。送者遺一冊書、事蠱之法及行蠱之術甚備。（中略）事蠱之家、蠱死之人、皆爲役使、凡耕織之事、鬼皆任之、故不用人力而粟滿庚帛盈箱。至除夕、則以鷄子祀之、夫婦裸拜、且與算帳、毎蠱一銜役、算銀五錢、秀才算銀四兩、官長算銀五十兩。蠱多者、獲利必厚、少則薄。如或厭惡之者、必倍其來之數以送之、又有貪財者、奉之而去」。

(50) 民国・葉国慶「金蚕鬼的伝説」「南靖頂一带地方、養金蠶的人很多。金蠶是一種會聽不會看的無形的東西。牠能替人做事、譬你要插秧、你先插一根給他看、牠便把整畝的秧插好。牠勤于洒掃、養金蠶的屋子是很乾淨的、你進一家屋子用脚在門限上一踼、回頭看見門限上的沙土忽然沒有、你便可知道這家養著金蠶。取金蠶的法是、用十二種蟲類（如蜈蚣蛇等類）埋在十字路頭、經過若干日取出奉在香爐中、這就是金蠶了。金蠶喜喫人、若干年定要喫一個人。年終歳暮時、主人須和牠算帳、若有贏餘便須買人給牠喫。因此算帳時、主人打破一個碗要假説打破二十個、對牠説生息虧本、限明年買人飼牠。主人如不願養牠、可把他『嫁』出去（但金蠶若不願去是不可以的）。嫁時包一包銀子・一包花粉・一包香灰（卽金蠶）放在路上、要養金蠶的人可連銀子取去。不知道情形的人誤取銀包、金蠶也會跟他去。金蠶喜睡釜中、現時人家煮完了飯要擱些水在釜中、就是怕金蠶來睡的緣故」。

（51） 民国・柴萼『梵天廬叢録』巻三十三「蠱」「福建龍巌有曾翁者、於途中拾得一箱、啓視之、中有銀二十許兩、携之以歸。其夜有少年來、勒翁當天焚香設誓、訂下毒之期、翁始知爲金蠶鬼、極力拒之，鬼糾纏不得脱。不得已、從之。一日、其婿來、値下毒之期、鬼潛以毒置飲食中。婿歸、腹痛欲絶、翁急爲解之。鬼大怒、讓翁。翁曰、吾女以婿爲天、況又無子、庸可毒乎。後屆期、又値其外甥至、甥歸亦病、翁復爲解之。是夜鬼大擾、合家不得安枕。翁謂鬼曰、吾姊少寡、止有此子、今中毒而死、嗣絶矣。總之、此等害人之事、吾實不樂爲之。今與汝相商、願將前銀璧還、請去而之他、若何。鬼曰、自我來汝家，田產日增、乃頓忘息壤、至今未毒一人、如欲我去此、除本銀外、須利息三分、否則不甘休。翁於是握珠盤而算、至是該償還銀二百餘兩、乃鬻其田產、將金納箱中、仍送至原處遺之」。

（52） 五通神の伝承にみられる契約関係について、雲南西部保山市では、独足の精怪である独脚五郎について、次のようにいう。「独脚五郎を祀るとその家は毎日供物を捧げて丁重に扱う。とくに鶏の肉とアヒルの肉が好物で日々捧げる。祀れば家は豊かになるが、いったんやめると怒って家の財産をよその家に持っていってしまい、家に火を着けたり、屋根瓦を壊したり、壁を崩したりする」（保山市隆陽区B鎮・WS・漢族・女性・五六・農民）［川野　一九九八：一二一―一二二］。

（53） 清・李宗昉『黔記』巻二「苗婦蓄蠱者多得財、蠱多、必須嫁之、或月一嫁焉、不知者往往於山僻小径拾得金錢・衣包之類、取之歸而蠱亦随至。至家則朝夕供俸、稍不厭其欲、必爲害甚、有破家亡身者」。

（54） 広川勝美氏は『憑きもの――タタリガミと呪い』で、日本の民俗社会においては、「何か障害が起きたとき、ツキモノスジの誰かが邪魔をした」という論理があり、「もともと誰がツキモノスジなのかはムレが決めつけ承認されているから、それをやっぱりあいつかと確認するしくみになっている」、つまり、「原因を知るということが、それを信じるという結果になっている」とし、「ツキモノスジだといわれる側からは反論もできない」と指摘されている［広川　一九八二：一〇七］。本論では、中国の蠱毒伝承にも反証不可性のレトリックがみられる点を、転嫁法のモチーフで説明したが、呪術的霊物の民俗事象の原因者とされる者に対してレッテルを貼るという行為において、対象者の反論に先回りする形で相手の反駁を封じるという、動的な意図があることを強調したい。口承文芸研究の側面からの研究が必要であるが、文化人類学、宗教人類学的研究や社会学研究、文学研究で使用される言説分析などの手法を適用しつつ（たとえば、社会学者の浦野茂氏は、物語の相互行為性に着目し、エスノメソドロジーの立場から、佐渡の「トンチボ」〈「頓知坊」・「ムジナ」とも呼ばれる動物〉についての語りの分析を行っている）［浦野　二〇〇二］、中国の呪術的霊物をめぐる口頭伝承について、言説内容の分析的研究を行う作業が必要となるが、この点は今後の課題としたい。

六章　蠱毒・地羊・僕食——漢人の「走夷方」からみた西南非漢民族の民族表象（一）

一　「走夷方」——漢人の西南辺疆旅行

本章では、明代から民国期までの漢人の西南地区辺疆旅行から、主として非漢民族が漢人（中華人民共和国成立以前の漢民族の呼称）を襲うとされる呪術行為に関する漢人側の記事を扱い、漢人と非漢民族の接触による漢人側を主とした他民族表象の様相を論じる。

雲南の諺には、「窮走夷方、急走廠」（「貧しくなれば異民族地区へゆき、切羽詰まれば鉱山働きに出る」）という言葉がある。雲南地方の漢人は、基本的に各地に点在する城市を中心とした漢人居住地を中心に居住するが、一九二〇年代、四川から出て雲南西部辺疆からビルマを放浪した作家、艾蕪（一九〇四—一九九二）が『南行記』『漂泊雑記』などの作品でしばしば記す言い方を借りれば、これを「漢朝地」（Han Chao Di・漢語「ハンチャオティ」）という。対して辺疆に広がる非漢民族居住地は「夷方」（Yi Fang・漢語「イーファン」）という（両者の関係については、尾坂徳司氏の遺著『四川・雲南・ビルマ紀行——作家・艾蕪と二〇年代アジア』の作品解説に詳しい）［尾坂　一九九三：一九一—二二〇］。

この諺にみるように、雲南漢人にとり、てっとり早く稼ぐためには、夷方に出稼ぎにゆくのがよいとされていた。

夷方とは、主として雲南部から西部辺疆に広がる「擺夷」（漢人側の他称。「百夷」、「白夷」、「擺夷」とも表記される。Ba Yi・漢語「バイイ」）と呼ばれるタイ（傣）族系民族集団の居住地からビルマ領内を指す。今でも雲南漢族の年輩者はタイ族を「擺夷」の呼称で呼ぶ。なお、この種の呼称は「夷」の字が当てられているように、西南非漢民族に対しての貶意を含んだ語感を排除することができないが、文献上記載される民族集団の歴史的呼称として使用され、他の呼称で置き換えることは困難であり、本書もこの呼称を歴史的な文脈において論述中に使用する。

雲南地方の漢人は、元代にはじまり、いわゆる「南京応天府人氏」を自認する家系が多いことでも知られるように、主として明代以降、揚子江中、下流域を中心に他省から移民として雲南省に定住している。

万暦年間（一五七三―一六二〇）末年の書、明・謝肇淛『滇略』巻四「俗略」は、「高皇帝（洪武帝、朱元璋を指す）が滇（雲南地方の伝統的呼称）中を平定して、江右（江西を中心とした長江下流域北西岸の地方）の良家や富裕な者を移し尽くして（雲南の人口を）充填し、罪人で流謫され辺疆防衛に当たらせた者は、みな家族ごと移住させた。それゆえ土地の者は土着の者が少なく、寄籍者が多い。服装礼儀、言語風俗は、おおよそ（明朝）建業の状態に類する」とあり、明初の移住政策で、辺疆防衛などの理由で移住させられた漢人が多かった雲南地方の状況を簡潔に記している。(1)

雲南漢人の外地での代表的な生業は、大別して三つの職種がある。一つは鉱山労働で、これが「走廠」（Zou Chang・漢語「ゾウチャン」）である。世界屈指の錫産地である現在の紅河哈尼族彝族自治州個旧市にある個旧鉱山が有名である。後の二つは行商人と運送業を指し、これが「走夷方」（Zou Yi Fang・漢語「ゾウイーファン」）である。運送業は、ラバや馬の隊商・キャラバンである「馬幇」（Ma Bang・漢語「マーパン」）が代表的な職種で、漢人だけでなく、現在のペー（白）族である民家、イスラム教徒である回民（現在のホイ〈回〉族）、ナシ（納西）族に当たる麽些、雲南チベット（蔵）族に相当する古宗なども従事した。単独の運搬夫である「脚夫」（Jyo Fu・雲南漢語「ジョーフー」）

もあり、民国期に大理地方で調査したフィッツジェラルド（C. P. Fitzgerald）によれば、四川人が多かった［Fitzgerald 1941：10-11］。

デービス（H. R. Davies）によれば、雲南地方は「インドと揚子江を結ぶ環」であり、インドと中国西南部とを媒介する中間地帯であり［Davies 1909、デービス 一九八七］、黒澤信吾氏は「滇緬交渉史管見――特に明代・清初の雲南に於ける漢蛮の接触に就いて」で、明代から清初、フロンティアとして漢人が進出、殖民するなかで、雲南地方が中国とインド・ビルマの両地域の緩衝地帯の意味をもっていたと指摘する［黒澤 一九四〇：六二］。

より具体的には、雲南地方に進出した漢人にとり、南方奥地に当たるビルマ北部、タイ族系民族集団であるシャン族居住地、すなわちスコット（K. C. Scott）のいう上部ビルマ（Upper Burma）地方への進出が、明代から清代初期にみられるようになる［cf. Scott 1911］。その誘い水としての役割を果たしたのが、上部ビルマ地方に豊富な宝石類の鉱産資源であった。これらの地方では、もともと鉱産資源の開発は明代に盛んであり、とくに翡翠などの宝石の採掘は現在のミャンマー領内にある孟密（現在のシャン州・Shan、モンミット・Mongmit）、宝井（マンダレー管区・Mandalay、モゴック・Mogok）などの地で行われ、内地の漢人が宝石交易に往来し、繁栄していた。

明末清初、前記の採掘地へは雲南西部の要衝、永昌（現保山市隆陽区）から騰越（現保山市騰衝県）を経由して到達し、孟密、宝井からは阿瓦（アヴァ・現マンダレー管区内）を経てベンガル湾へ至るルートがあった。清初の著作、倪蛻『滇小記』「宝石」によると、この地で採れた宝石は、永昌では「三倍の利ざや」になり、京師では「十倍の利ざやにもなった」という(2)。

清代以降、雲南地方では漢人の辺疆進出が隣国のビルマを含めて一層急速に広がる。清初には、明末につづき一般民の鉱山経営への参加が広く認められ、漢人と回民により、各地で鉱山開発が盛んに行われる。漢人の鉱山経営者は、現地民の首領と契約を交わすなどして鉱山を開発し、巨万の富を築いた。乾隆年間（一七三六―

一七九五）にビルマ国境のカワ人（現在のワ〈佤〉族）の部族が割拠する葫蘆地にあった茂隆銀山はその典型である。鉱山経営者は労働力として漢人や回民の労働者を大量に雇い採掘に当たらせた。

経営者と労働者の間には契約関係があり、収入は保証されている一方で労働条件は劣悪であったが、[3] 民国期には、怒江（サルウィン河の中国側名称）の大橋、恵通橋の建設資金を献金したことで知られる梁金山（今の保山市隆陽区・蒲縹の人、生没年不詳）のように、ビルマ最大、現在のシャン州ラシオ（Lashio）附近のボードウィン（Bawdwin）銀山で採掘を請け負う棟梁として、五万人もの雲南人労働者を配下に治める者もいた［cf. 陳碧笙　一九四一：五四］。なお、ボードウィン銀山は、清代初期に開発され、南明政権の永暦帝がビルマに流亡して後、漢人出身の軍民たちが生業を得るため、鉱山開発に当たり、以来漢人移住者を中心に操業されている。

鉱山労働者とならんで実入りのよい稼業は、非漢民族居住地区への交易や行商に出ることで、これがすなわち走夷方の代表的な生業であった。交通も不便で、自給自足の経済を中心とする非漢民族居住地に、針や囲炉裏の鍋台に代表される鉄製品など、貴重な物品を行商したり、交易することは、利ざやが高かったのである。たとえば茂隆銀山の経営者の呉尚賢（生没年不詳）は雲南南部石屏州（現在の紅河哈尼族彝族自治州石屏県）出身であるが、王明達・張錫禄『馬幇文化』によると、清末民初にかけて、茶葉の集積地であった思茅、普洱両地を中心に、雲南西南部の非漢民族居住地では、石屏州出身の商人に移居する者が多く、行商人の多数を占めていた［王明達・張錫禄　一九九三：九二］。

走夷方について、民国・胡樸安『中華全国風俗志』下巻、巻八「雲南」はいう。

「滇人は夷人の居住地を夷方と呼び、その地は瘴癘の毒気が極めて盛んである。漢人の往く者は、容易に瘴癘に感染して命を失う。しかし夷方に販売するならば利益は極めて大きいので、暴利を貪る者はもっぱらこの種の交易に従事し、名づけて『走夷方』という。これもまた商業の一種である。しかし当事者たちは阿片や酒の癖に染まりやすい。けだしそれらのみが瘴癘の毒を避けることができるからであろう」[4]。

走夷方は生命の危険を伴う。非漢民族地区に入る者は、相当な覚悟と胆量を要したであろう。艾蕪は、鎮南県（現在の楚雄彝族自治州南華県）の旅人が唱う物憂げな唄を記している。

「男走夷方、女多居孀、生歸生疫、死棄路端」
（「男は夷方を歩き、女は多くは家で後家となる。生きて帰れば疫病に、死なば路傍に棄てられる」）
『漂泊雑記』「走夷方」［艾蕪　一九八九ａ：四七］

清末民初にかけては、現地民相手の高い利益を目指した行商人たちが、雲南の辺疆地帯やビルマ、タイなどの各国を往来していた。国境地帯や上部ビルマ地方の城鎮は、行商人を受け入れるための宿も建ち並び、移住漢人のコミュニティーがあり、これらの街を拠点として、現地民相手の行商も盛んに行われた。現地民相手に利ざやを稼ぐには、ある程度のしたたかさも必要であったであろう。詳しくは次節に譲るが、糸玉を表面だけ巻き付け、タイ族の女性に売るなど、詐欺まがいの商売をする商人もおり、非漢民族の現地民と紛糾し、敵意を引き起こすこともしばしばあった。

交易には個人的な行商人のほかに、前述の馬幇という隊商が活躍していた。栗原悟氏が「清末民国期の雲南における交易圏と輸送網――馬幇のはたした役割について」で、指摘されるように、馬幇は主として「清末、民国時代にかけて、雲南を拠点とし、中国と東南アジア（主にビルマ）の交易・輸送に重要な役割を果たした」が［栗

原　一九九一：一二七〕、明末、徐霞客（本名、弘祖・一五八七―一六四一）『徐霞客遊記』には、すでに鉱石の精錬に使う薪を運ぶのに馬の輸送隊が列を連ねて往来する様が描かれている。(5) 内陸の山地にあり、地理的な理由で交通不便で陸路の輸送に頼らざるをえなかった雲南地方では、国内外ともに各地を結ぶ交易や物資輸送は馬に頼っていた。

馬幇は物資輸送と対外交易に活躍したが、とくに清代は茶葉交易が代表的な交易として繁栄した。茶葉生産は明、清代通じて雲南省の重要な産業であったが、清代では最大の生産地は六大茶山として知られる十二版納（シップソンバンナ）地方（今の西双版納傣族自治州一帯）にあった。今でも「普洱茶」の名で知られる普洱（今の思茅市普洱哈尼族彝族自治県）は茶葉の集積地である。茶葉の需要は、バター茶を飲むチベット族の住むチベット地方、雲南内部と中国各地、とくに南部の広東地方、あるいはビルマ、タイ等の東南アジア等の地域であるが、各地の商人が国内外から普洱に買い付けに来、馬幇によってこれらの地域に茶葉が輸出された。とくにかつて唐代、南詔国と吐蕃との間の交通道は、清代に茶馬古道としてチベット地方への茶葉輸送ルートとなり繁栄する。前半は普洱から現在の景谷、景東両県を通り、現在の巍山彝族回族自治県を通り、大理白族自治州の鳳儀鎮、下関鎮に至る路線であり、巍山、鳳儀、下関、大理の回民、漢人、現在のペー族に当たる民家などが馬幇交易に従事していた。後半は下関から麗江、金沙江を北上して中甸へ着き、徳欽の奔子欄から白馬雪山を越え瀾滄江沿いにチベット地方に入る路線で、現在のナシ族に当たる麼些や、チベット族にあたる古宗が馬幇に従事していた。また、前述の通り、すでに明代には上部ビルマ地方では宝石交易が繁栄し、孟密、宝井両地が栄え、漢人出身の商人が雲集していたが、栗原悟氏が指摘されるように、とくに清代以降、交易ルートは、雲南西部の騰越からイラワディ河上流の水陸ルートの物資集積地であった蛮莫（蛮暮・現カチン州・Kachin、バモー・Bhamo）が栄え、江頭城（現ザガイン管区・Sagaing、カター・Katha）へ至るルートを経て、阿瓦からアンダマン海やベンガル湾に至るルートがにぎわい、馬幇の往来が盛んであった。とくに蛮莫は清初以来新街の名で呼ばれ、漢人が多く居住し、市場経済を掌握していた［栗原　一九九一：一三三］。

二　旅行の危険としての蠱毒

漢人が非漢民族の居住地域を旅行する場合、他民族の生活圏を往くなかで様々な危険を意識せざるを得ないことは容易に想像できる。中国南部の特有の気候や風土病による危険では、瘴癘の危険がある。瘴癘とはマラリアに相当する病気で、河谷や低高度の盆地に生じる瘴気という毒気が原因とされていた。

雲南地方の場合、たとえば徐霞客が雲南西部の辺疆、騰越からの帰路、風土病に罹って命を縮めたように、瘴癘の害が発生するのはモンスーン気候を要因とし、雨季に入ってからで、初夏から秋にかけては旅行の危険な時期であった。雲南地方の瘴癘は古来より有名で、すでに晋・干宝『捜神記』巻十二に「鬼弾」として記されている。(6) 明末の書である劉文徴『滇志』巻之三十一「霊異」「雑志」は、「瀾滄江は順寧県（今の臨滄市鳳慶県）の東南四十里にあり、毎年五、六月になると、河に物（霊的な得体の知れない「もの」の類）が出て、黒いこと霧のようで、触れるとすぐに死んでしまう。光ること火のようで、音は木を折るか岩が割れるかのようである。あるいはこれを瘴母という」と記す。(7) 水中から生じる毒気が盛んなことを記し、この妖物が瘴癘の原因物であるという。

瘴癘はいわば自然現象のもたらす危険であるが、人為の危険では、盗賊や、蠱毒等の呪術行為が警戒すべき危険としてあげられる。盗賊については、たとえば、清・劉崑『南中雑説』（康熙年間・一六六二―一七二二の書）に「保頭銭」として次のように記し、盗賊の跳梁が激しい辺疆の土地柄が窺われる。

「魯魁山は滇南（雲南南部）の大きな山地である。南は沅江（紅河・ベトナム名ソンコイ河の上流部を指す）に始まり、北は楚雄（現楚雄彝族自治州）に尽きる。東は安寧（現昆明市安寧市）に至り、西は洱海（大理白族自治州大理市の湖）を極とする。野族が山中に盤踞しており、しばしば道路に出没し客貨を奪い、はなはだしくは人を殺すこともある。村落に住む土着の民には、その戸の高い低いの程度に応じ、年ごとに財貨を取る。これを『保頭銭』と呼ぶが、納めなければ頭が保てないという意味である」(8)。

また、蠱毒は瘴癘と並ぶ危険であった。南方旅行の苦しさは、南朝梁・鮑照「炎熱行」（『文選』巻第二十八「楽府」下「楽府八首」）にも記されるが、この詩には「含沙射流影、吹蠱病行暉」（「沙を口に含む蜮〈砂虫の類〉は、水に映った人影を射て頭痛にし、吹蠱は道行く人に当たって病にし、元気な色艶を失わせる」）の句がある（『捜神記』巻十二を典拠とする）。明・劉文徴『滇志』巻之三十一「補、霊異」「畜蠱」条は、「炎熱行」を引き、「南中（西南地方）の畜蠱の家では、蠱は黄昏に飛び出て水を飲む。光は彗を曳くが、いわゆる行暉である」とし、『文選』同詩註にある、「行暉、行旅の光輝である」というのは、誤っており、そうではなく、飛蠱の放つ光であるとし、牽強付会の解釈をする(9)。また、清・李焜纂修（乾隆）『蒙自県志』巻十二は、「蒙自（現在の紅河哈尼族彝族自治州蒙自県）の地は江（紅河）外の諸々の過酷な土地に接し、瘴癘蠱毒は、毎年中《あた》って死ぬ者が数え切れない」とし、蠱毒と瘴癘の犠牲者が多いという(10)。

ここでいったん目を転じて、雲南地方以外の地方として、広東、広西両地方の事例を参照してみる。清・屈大均『広東新語』巻之二十四「虫部」に「蠱」の記事がある。

「広東の山地部の各県は、住人は傜蛮がまざり、またしばしば蠱を下す。挑生鬼というものがあり、（中略）旅商を害する。蠱の扱い主はかならず敬って蠱に仕える。投宿する者は、その家屋が清潔かどうかを調べ、塵や蜘蛛の巣がないと、挑生鬼の仕業なのである。飲食は先に甘草を噛み、蠱に中れば吐き出す。また、甘草と生姜を煮て水で飲むと蠱病にかからない。蛮人の村に入るのには、いつも甘草を携えておかねばならない。挑生鬼は蠱の類であるが、鬼にして蠱でもあるものなのであろう」[11]。

挑生は、主に広西地方の非漢民族に伝わる蠱術で、宋代より記載がある。周去非『嶺外代答』巻十「挑生」に記載される。同書は「広南の挑生殺人は、魚肉を用いて客人をもてなし、これに対して厭勝（まじない）の法を行うと、魚肉はよく人の腹中に生き返り、人を殺す。死ぬと、その家で陰役されると言い伝えられる」と記す[12]。澤田瑞穂氏の「挑生術小考」に詳しいが、「『挑』には挑撥、使嗾の意味があるから、挑生とは魚肉その他を食わせて、これを腹中で生長させ人を害する妖術の類か」とされる〔澤田　一九九二c：二七〇〕。華南地方の非漢民族の行う呪術である「南法」は、宋代以来福建、広西、広東地方に伝わる奇異なマジックとして、漢人文人のエキゾチズムを刺激し、多くの筆記類に記されるが、挑生は南法の典型的な蠱術である。

広西地方の事例では、民国・劉錫蕃『嶺表紀蛮』第二十一章「迷信」「蠱毒」が詳しい。

「蛮人が蠱毒を感じた時、禳解の効果がなければ蠱を炒め、蠱を炊く（蠱毒を祓う呪術的方法を指す――筆者註）。そうすると蠱を放った者も蠱を受けた者もみな同一の痛苦を覚えて死ぬ。漢人は蠱を炒めることを知らないので、多くは蠱のために死ぬ。金を携えて遠くへ旅行する者はもっとも備えを厳しくする。蛮区に久しく客住している商人は甘草を携え、食前にわずかばかりを噛むと蠱毒を解くことができる。耳垢を爪に隠し、飲む前にひそかに酒杯に弾く。もし蠱酒であると沸騰するかのようになり、その毒に遭うことも少なくなる。貴州の苗人の婦人がいつも食物を市で売っているが、漢人の買わんとする者はかならず蠱の有無を訊く。この時苗人は『ありますよ。大きな尻』などという。そうしてから買う。これを説明していうには『もしこの言葉を先に言えば、蠱術は効かなくなる』というのである。その猜疑することかくのごとくである」[13]〔劉錫蕃 一九三四：一八六―一八七〕。

劉錫蕃氏の記述で興味深い箇所は、苗人の婦人と漢人が市で売買する際、苗婦が「ありますよ、大きな尻」(「有、大屁股」)と言うことによって蠱毒の危険がなくなったことを表明する部分である。これは蠱毒の危険が漢人側のイメージとして、苗婦の属性として賦与されていることを苗人の側でも知っており、交易の際に漢人とのつきあい上、相手を安心させるためにこのような言葉のやりとりをしていたということであろう。

商人が非漢民族居住地域に入る時は、蠱毒に毒されないために、さまざまな防衛手段が知識として知られていた。たとえば前記記事にあるように、甘草が蠱毒を解くと述べられているような医学知識はとくに必要であった。また、耳垢が蠱毒を判別するという俗信めいた言い方も、旅行の当事者にとっては棄ておけない必要性があったであろう。

薬草等に関する知識は「験蠱術」として、医書に載り、旅行の際、旅人は蠱毒に効く薬を携行していた。明末、万暦年間に西南地方を旅行した王士性の『広志繹』巻之五「西南諸省」は『博済方』に載せる「帰魂散」、『必用方』に載せる「雄球丸」が効き目のある医薬として記される[14]。

また、蠱を扱う家に投宿するのを防ぐために、見分ける方法があり、『広東新語』と『嶺表紀蛮』の記事では蠱を扱う家は清潔で、門に埃一つないことが判断基準となっているが、この点は宋・周去非『嶺外代答』巻十「蠱毒」をはじめ、多くの文献が記載し、漢人の南方旅行の際の常識であった[15]。

雲南地方の事例に立ち戻る。清・曹樹翘『滇南雑志』巻十一「飛歹」は次のように記す。

「緬僧（ビルマ人僧侶）に邪術があり、よく他物をもって人の臓腑や肢体を換える。名を『飛歹』という。また夷人に薬で人を毒する者がおり、年月の遠近を限り、時期が至ると薬が発作して死ぬ。昔ある者が夷地で交易していたが、その宿泊していた家では、彼をしばしば毒に中てたが死ななかった。そこで真実を告げて言った。『私は君を毒すること十二回に及んだが、死なないのは、君の福分のなんと大きいことだ』。その友人がひそかに毒害を防ぐ術を訊ねたが、香櫞（クエン）を粉末にし、毎朝水を沸かし薬匙一杯分を服用すると、毒に遭えばかならず吐き出して、害はないということだ[16]」（澤田論文が一部引く）［澤田　一九八二：三九三］。

記事前頭の「飛歹」とは、後述の「地羊」といわれる、人の手足や内蔵を木石に換える邪術と同類であろう。「歹」（Dai・漢語「ダイ」）は雲南方言では「悪いもの」を意味し、たとえば現在でも昆明から大理、保山にかけての雲南漢語では、蠱を放つことを「放歹」（Fang Dai・漢語「ファンダイ」）という。この場合、歹は蠱毒、蠱薬の類を指す言葉でもある。また、この記事は非漢民族地区に居住して交易する漢人が、あらかじめ毒を放たれることに用意周到な準備をしていたという内容であり、毒物に対する対処法が成功した点が強調された記事である。

ところで、見落としてはならない点として、走夷方と呼ばれる漢人の辺疆旅行の場合、漢人のみが非漢民族との関係において警戒し、被害を予防しなければならない立場にあったのではない。非漢民族の立場も、ときとして漢人の旅行者の横暴に遭ったり、騙されたりすることもあった。

澤田瑞穂氏は「メタモルフォーシスと変鬼譚」で、清代の貴州省の苗民反乱の背景として、「政治的・経済的に圧迫を加えて収奪を恣にする漢人に対して、原住の異民族が不信と警戒の念を懐き、その収奪に耐えかねて造反することもしばしばであった」と指摘され、「漢人の脳中に伏在する差別、猜疑、恐怖などの感情は、その呪術の怪奇を一段と誇張して伝える」と指摘される〔澤田　一九八二：三九七―三九八〕。異民族の呪術的行為に対する恐怖の表現をもたらすものとして、まさにそのような感情が、非漢民族で扱われる蠱毒などの呪術行為のイメージ形成の根源にあろう。

漢人の、非漢民族現地民に対する収奪的態度を記した記載として、明代では、謝肇淛『滇略』巻四「俗略」は万暦末年当時、尋甸（現在の昆明市尋甸回族自治県）、武定（楚雄彝族自治州武定県）、景東（思茅市東景彝族自治県）、元江（玉渓市元江哈尼族彝族傣族自治県）、蒙化（大理白族自治州巍山彝族回族自治県）、順寧（臨滄市鳳慶県）を漢人と非漢民族の雑居地としてあげ、「夷人は気が荒いが、純朴素直で欺かず、狡猾で虚偽をなすのはみな漢人である」とする。[17]

清代では貴州巡撫を務めた長白愛必達は『黔南識略』巻十九「銅仁府・銅仁県」で貴州省の苗民反乱の理由に、漢人の収奪をあげ、「査するに、漢民の狡猾なる者、多くは江右（江西省一帯）より来て、布を抱き糸を商い、苗寨を歩き巡る。はじめは儲けを貸して厚く利息を取り、ついでは土地家屋をかたに取って代価とする」と記す[18]（澤田瑞穂氏「メタモルフォーシスと変鬼譚」に引く。前述の澤田氏の指摘は、この引用直後のコメント）〔cf. 澤田　一九八二：三九七〕。

事情は清代の雲南地方でも同じで、乾隆年間に雲南の地方官（尋甸知州と麗江府知府）を務めた呉大勲の『滇南見聞録』上巻「天部」「漢人」条は次のようにいう。

「今に至って城市の者はみな漢人であり、山谷荒野の中はみな夷人である。かえって外地の者が主となり、楽国の様を呈している。旅店飯屋、商人、鉱山労働者、および夷寨の客商や店舗経営者は、みな江西、楚（湖）南両省の者である。単身雲南に来て、欺き騙しをやりくりし、夷人は愚かで、籠絡される。財産を積んで家を成し、妻を娶って家産を置く。僻地寒村であっても、両省の者が混住していないところはない[19]」。

また、同書同巻「漢奸」条は次のようにいう。

「夷人は酒肉をもっとも嗜好し、計算に昏い。江西、楚（湖）南の奸民は、普段わずかな土布、絹糸、わずかな什物を頻繁に貸し付け、酒肉で宴席を張って飲み喰いさせ、酔った隙に歓呼し、帳面を出して指折り計算するが、（夷人は）愚弄するに任せ、茫然として知らない。はなはだしくは（奸民は）狡猾な夷人と結託し、田産の契約書を書かせ、指を咬んで拇印を押させ、ついには田畝をかたに取る[20]」。

民国期の事例では、一九二〇年代に雲南からビルマを放浪した作家、艾蕪の「松嶺上」は非漢民族の婦人に糸巻きを騙し売りする漢人商人の姿を書く。麦がらにくず糸を巻き、うわべだけ色糸を巻きつけるのである［艾蕪 一九八〇：四一―五三］。また、『西双版納傣族自治州概況』は民国年間の状況を記し、「なんと一本の針で現地の民衆の鶏一羽と交換し、一箱のマッチを豚一頭と交換した」「南嶠県曼勐養（現在の勐海県境内）でタイ族の婦女が奸商が渡した草薬（漢方薬）のために、鞍ごと一頭の馬を取られた」などの記事をあげている［『西双版納傣族自治州概況』編写組　一九八六：一三〇、一六七］。

非漢民族地帯を流浪する漢人は、一儲けや荒稼ぎを狙う無頼漢もいたであろうし、走夷方には度胸や腕っ節、非漢民族とつきあうための狡知に長けていることも、ある程度必要であっただろう。時として横暴な漢人がいたとして、対する自衛の術も現地民の側にあったはずである。次の記載は、蠱術が、漢人に対して自己防衛として使われている例である。

明代、嘉靖初年（一五二二）に嘉靖帝世宗に諫言し、雲南地方の永昌衛（現在の保山市隆陽区）に流謫された四川出身の楊慎（一四八八―一五五九）の書である『滇程記』は、内地文人の手による雲南辺疆部の記録として貴重な資料であるが、「孟艮蛮」について次のように記す。孟艮は明代の孟艮御夷府を指し、今のミャンマー領シャン州ケントン（Kengtung）一帯、サルウィン河以東の地であり、孟艮蛮はタイ族系現地民であろうか。

「（孟艮蛮は）また幻術多く、家にはかんぬきや鍵を設けない。漢人が宿泊してその貨物を盗むと、夷人の家主は呪詛し、盗んだ者は心腹を病むので、かならずその家に戻り、貨物を返して謝罪する。そうするとその人は術を解いてやる[21]」。

清・劉崑『南中雑説』「緬甸蠱」も、雲南西南部＝上部ビルマ辺疆地帯のこととして、緬人、つまりビルマ人が漢人の被害に遭って、復讐のために蠱を放つことを記す。

「もっとも奇怪なのは、緬人の蠱は、薬を用いず、鬼を使う。代々神呪を伝え、四十九日間牛皮をまじないして芥子粒のように縮めることができ、『牛皮蠱』と呼ぶ。犂の鉄刃も芥子粒のように縮めることができ、『犂頭蠱』と呼ぶ。蠱を下す方法は、飲食にはよらず、爪の隙間に隠して相手に弾くだけで、蠱薬はすでに腹中に入る。しかし故なくして人に仕掛けることはない。かならず無頼の旅行客がその妻妾を犯したり、財産物品をとりあげたりしたとき、はじめてこの法を行い漢人を懲らしめる。漢人が中毒して帰ると、向こうでは行く道の月日を計算し、神呪を復誦すると、蠱毒が大いに発作し、肌肉は痩せ、腹が膨脹し、数ヶ月で死んでしまう。金谿（江西省）の周瑞生、龔吉貞はみなこの種のことで死んだのである[22]」。

また、タイ族系住民が多い雲南西南部の元江（現在の玉渓市元江哈尼族彝族傣族自治県）は、現地民と漢人とのもめ事から現地民が蠱毒を使う記事が多数みられる。

明・劉文徴『滇志』巻之三十「羈縻志」「僰夷」（「擺夷」「百夷」に同じ）は、現代のタイ族系統の民族集団を指して僰夷としているが、次のように記す。

「外地の者と交易し、約束を違え信義を無にしたり、ひそかにその妻女を窺う者は、かならずこれを毒する。正直で純朴な者はたびたび出入りしても傷害を負わない[23]」。

時代は下るが清末の書、楊瓊『滇中瑣記』「放歹」は次のようにいう。

「迤西（雲南西部の迤西道）南辺の夷人は、薬を使って人を害するが、名づけて『放歹』という。薬が腹中に入ると、久しくして出来物となり、固り溶けない。当人は次第に痩せ細る。相手に対して仇があると、呪文を唱えただけで、相手は薬が発作して死に、私通の相手の場合は、相手に薬を発作させれば、帰ってくる。欲するところ、思うままにならないことはなく、まことに憎むべきものである。（中略）石屏（現在の紅河哈尼族彝族自治州石屏県）の余茂才という者は、元江州境内の夷村に館を構えていたが、賭事の癖があり、しばしば夷家の子弟を誘って賭事をし、相手を負かしてきびしく相手が引き延ばしたところの負債を取り立てた。ために夷家は含む所があり、『歹薬』（蠱薬の一種）を放って殺した。その兄は末弟と自分の子を伴って夷村に行き、憤り争いになったが、みな、歹薬に中り死んだ。まことに恐るべきものである[24]」。

石屏州は明、清時期に蒙自県とともに附近の個旧鉱山や、紅河の水運ルートを利用した越南との交易で繁栄した臨安府（現紅河哈尼族彝族自治州建水県）の隣県であり、臨安府とともに鉱山経営者や商人を輩出した土地であるが、一節で述べたように、雲南西南部の非漢民族居住地に移住する者も多かった。非漢民族居住地に客居した漢人が、現地の者ともめ事になり、殺人事件の被害者となった内容であるが、現地民の殺人の方法として、蠱薬が使われたとされる。また、この記事は、蠱薬が他人を傷害するために使われるだけでなく、異性を引き留める作用があることを記す。異性を引き留めるための蠱薬の伝承は、その恋愛呪術的な性格を窺う伝承として重要な意味をもつが、この種の伝承については、次章で稿を改めて論じたい。

三　土司の扱う蠱と漢人

土司は朝廷の任官により認められた非漢民族居住地の現地民族出身の統治者であり、統治区域の犯罪を取り締まる役割があるが、蠱毒に関する事件（蠱案）の取り締まりも任務としていた。清・陳鼎『滇黔土司婚礼記』（康熙年間の書）は、雲南、貴州省の境界地域に勢力をもった宋家、蔡家、羅家と並ぶ統治者階級である苗人の土司、龍家について「その属する所の部落で犯罪を犯した者、蠱をまじないして漢人を劫殺した者は長官が衆を率い捕えて斬り、子女を捕らえて帰る」と記す[25]（民国・胡樸安『中華全国風俗志』下巻、巻八「雲南」「龍土司之婚礼及家儀」にも引く）。

土司については蠱案を取り締まる役割のみならず、土司自身が蠱毒を用いたり、後に述べる変鬼術をおこなう記述も、明、清時期の文献に散見される。清・劉崑『南中雑説』は次のようにいう。

「世間では、南人（西南地方の人間）は造蠱をよくするというが、私は昆明から騰衝まで十年余り閲歴し、おおよそ両迤（迤西道と迤東道。雲南の東、西両地方を指す）にわたり足跡を半ばしたが、概して蠱をみることはできなかった。ただ、ひとり元江の土司が代々蠱を扱う法を伝えていた。その蠱薬はもっとも毒があり、神奇な作用があり、およそ郡守が新任すると例によりかならず宴を設けて歓迎するが、このときすでに蠱薬は腹中に入っている。在任し、政事に携わる期間はすぐには薬は発作しないが、両目とも瞳が黒く、藍色になり、顔も黒ずみ、肌も黄ばみ浮腫のようになる。離任して一月経つと、幕客一門みな命を失う[26]」。

元江は明初洪武十五年（一三八二）に元江府、永楽三年（一四〇五）には元江軍民府となり、雲南布政使司の統治下に置かれ、早期に朝廷の直接統治下に置かれた土地である。中央朝廷から派遣された地方官僚（流官）と、従来代々その領地を安堵され、統治を許されてきた現地民出身の首領と地方官のあいだに矛盾が生じることはありうる（鄧啓耀氏も同じ指摘をする［鄧啓耀　一九八八：一四二］）。地方官として夷地に赴任した者が自身の生命の危険をかかる形で意識したとも理解できる。元江以外の土地でも、とくに清代、雍正年間（一七二三―一七三五）に大規模に実施された改土帰流以降、現地民出身の統治者と、流官との矛盾は一層増加し、反乱が続発する。

清・劉崑『南中雑説』は、先のビルマ僧の蠱の記載につづき次のように記す。

「また奇怪なのは、騰越の地に属する土司に、楊招把なる者がおり、同じく神呪を唱えることができ、蠱毒を弾き出して漢人を生かし、緬人を殺す[27]」。

蠱術を使い、ビルマ人を挫き、漢人を助ける者の記述である。騰越（今の保山市騰衝県）越は明朝、清朝ともに対ビルマ防衛の拠点であり、現在の旱タイ（タイ・ナー）に相当する民族集団で旱擺夷の居住地である。その風俗は漢人の影響が強く、竹楼に住む水タイ（タイ・ルー）とは異なり、瓦葺きの土壁の家に住む。中央朝廷に帰順し、外来の者に対して保護を与える土司の役割から、漢人を助ける旨が記されていると思われる。

非漢民族側の統治者が霊的な虫類を養うという記述は、漢人官僚が見聞した記録として、清・紀昀『閲微草堂筆記』巻十五がある。この場合は貴州省の苗人の土司が調査に訪れた漢人官僚に友好の意を表すために虫類を献じたものと思われる。

「李又聃先生の談によれば、東光の畢某は（名前を忘れてしまったが、貴州の通判に任ぜられ、苗人討伐の時に兵糧輸送の際に敵と遭遇して戦死した人である――原文のまま）、生前に勅命を奉じて苗峒の地界（苗人峒人の居住地域）を調査した。苗人の土司が盛大な宴席を設けて歓待したが、蓋つきの陶磁の酒杯を主人と客人の両方の面前に置いた。土司が手に捧げて開き見れば、ムカデのような虫があり、もぞもぞ動く。通訳の者がいうには、『この虫は蘭の花が開くと生じ、蘭が散ると死にます。ただ蘭の蕊だけを食べ、極めて得難いものです。幸い蘭の咲く季節ですので、岩窟を捜し穴を掘り、二匹を捕まえましたので、生きたまま献じて敬意を表するのです』。そこで塩を少し杯に注いで蓋をする。しばらくの後開いて見ればすでに水と化し、澄んだ緑色で琉璃のように透きとおり、蘭の気が鼻を撲つ。これを酢の代りに使うが、香りは歯に沁みて半日後も名残を留めていた。ただ残念なことに名を問うのを忘れた」[28]（澤田瑞穂氏「蜈蚣蠱」に引く）［澤田　一九九二b］。

四　「変身する夷人」のイメージ

現地民出身の統治者である土司については、蠱を使うほか、本人自身が動物に変身する術をもっているという記事もある。

清・東軒主人『述異記』巻三「土司変獣」は、雲南省趙州（現在の大理白族自治州鳳儀鎮）の土司について、次のようにいう。

「また、土司に楊姓の者があり、三種の動物に変身することができる。現地の者はみな知っており、虎に変身する時期には軒を連ねて門を閉ざし、外出しない。あらかじめ城門を開いておき、深山を望んで飛び跳ねて去る。一晩すると返り、人間に戻る。ロバに変身する場合、藊豆草（アオイマメの葉）の飼い葉を街道に置いておくと、欲しいままに喰らうだけである。猫に変身する場合は、肉を盗んで喰らうに過ぎず、すぐに人間に戻る。祖先代々このようであるといい、動物に変身する時期も定まっており、対応することができる」[29]（澤田瑞穂氏「メタモルフォーシスと変鬼譚」に引く）［澤田　一九八二：三八六］。

漢人の西南地方の非漢民族に対するイメージのなかに、動物に変身するというイメージは、多くの文献に記される。

西南地方の非漢民族に対する漢人のイメージとして、非漢民族の人間が動物に変じる「変鬼」の観念がある。澤田瑞穂氏の論考「メタモルフォーシスと変鬼譚」によれば、この種の変鬼は、晋・陶潜『捜神後記』（『太平御覧』巻八百八十八「変化」下・『捜神後記』十巻本巻四「虎符」）に尋陽県（現在の江西省）で、前将軍の周某が奴僕に命じて山に入って薪を刈らせたとき、奴僕が虎に変じたことを記す[30]。澤田瑞穂氏は、この説話がまぎれもなく漢人以外の異種族の男であったという点に注意を促されている。「後世の変鬼譚も多くは西南夷人の妖術ということになっている。この伝承は唐・宋・金・元の中古時代の史料からはまだ検出することはできないが、実際には西南各地に漢人と異民族の接触が増え、かつ漢人の異民族支配が強化されるようになったころであるらしく、文献ではやはり明代以降に多く見かける」［澤田　一九八二：三八〇］。西南地方の非漢民族の変身については、変虎譚だけに限っても、民族では苗人、猺人、獞人、羅羅など現在のミャオ（苗）、ヤオ、チワン（壮）族やイ族系の民族集団について、地域では広西から雲南、四川にかけて西南地方に広くこの種の記載をみることができる。

このような「変身する夷人」のイメージは、漢人の走夷方にとって、よく知られていた危険であっただろう。明・王士性『広志繹』巻之五「西南諸省」は次のように記す。

「（広南・現在の雲南省東南部広南県）その地は毒も瘴癘も多く、流官も敢えて踏み込もうとはしないし、入れるものではない。部属の土民たちに幻術があり、よく猫や犬に化して人を毒し騙す。しばしば判決文書に見えるところである。しかしながらこれは小事、人を惑わすに止まり、この術を大いに敵対したりや、軍営や村寨に押し入るなどのことに使うのならば、そこまでの効き目はない。みずから変身する者もいれば、他人を変身させる者もいる。この幻術は迤西の夷方にもっとも多い」[31]。

たとえ流官として赴任した者でも、容易に入ることのできない土地があり、危険として瘴癘、蠱毒とならび、「変身する夷人たち」があったことがこの記事から知られる。

『広志繹』の記す幻術は、一種の変鬼伝承であるが、同種の記事では夷人が幻術を使って動物の姿に化し、人の魂を盗んだり、身体を傷害したり、物を盗ったり、あるいは死体を喰らう。西南地方の変鬼の伝承は、漢人旅行者が夷方を旅行するなかで接触する事態として書かれるのが特徴で、前述『捜神後記』に描かれた変虎譚が、非漢民族の祖霊信仰の側面が強いのに対して、別個のカテゴリーとして明確に区別して論じる必要がある。

明代の地方資料に変鬼などの呪術伝承が多く記されるのは、内地の中央朝廷に服属した雲南地方が、屯田政策や流民など、これまでになく漢人の移住が増え、漢人にとって西南地方の見聞と知識が圧倒的に増えたことに理由があろう。それは明代の文人たちにとり、一種のエキゾチズムとしての、好奇心に触発された認識の地平の拡大を意味している。

明代は朝廷での役人勤めから故郷、永昌に帰還した張志淳が正徳年間（一五〇六―一五二一）に著した『南園漫録』の後、嘉靖年間（一五二二―一五六六）に雲南に流謫された楊慎が『滇程記』を著したのをはじめとし、厳従簡が『雲南百夷篇』に嘉靖年間の雲南についての記録を残し、明末には崇禎年間（一六二七―一六四四）に西南地方を旅行し、『徐霞客遊記』を著した徐霞客など漢人出身の文人たちも多く雲南を訪れ、雲南地方の非漢民族の風俗習慣について記録を残す。とくに万暦年間には、徐霞客と並ぶ旅行者である王士性が『広志繹』を著し、朱孟震が、雲南従軍者の見聞を記録した『西南夷風土記』を著す。謝肇淛は晩年に雲南の地方官（布政使司左参政）として『滇略』を記した。また、雲南出身の官僚も著述を残す。万暦年間には大理府浪穹県（現大理白族自治州洱源県）の民家（現在のペー族）出身の李元陽が（万暦）『雲南通志』を編纂し（万暦四年・一五七六）、天啓年間（一六二一―一六二七）に昆明出身の漢人、劉文徴が『滇志』を著す（ただし当時版刻されず、抄本のみ伝わる）。

前記の資料は澤田瑞穂氏が取り上げておられないものが多く、澤田瑞穂氏は内地の文人たちの筆になる筆記雑著を中心に取り上げられている。このことは、とりもなおさず、明代には、当時の内地の文人が、西南地方について書かれた文献を照覧することができ、同時代的な引用が可能であったということを意味している。つまり、西南辺疆での見聞から得られた一次的文献は、明代には出版業の繁栄も手伝って流布され、内地の文人の目に止まる機会も多かったと思われ、そこから二次的な文献として筆記雑著や類書などの分野に記され、引用される。

加えて雲南地方でも内地の出版文化の隆盛と呼応し、多くの書籍が刊行される。明初に周王（太祖の第五子）朱慵が『袖珍方』四巻を編纂させ、印行したのを始めとし、官営の版刻が行われ、書籍の刊行事業が開始される（ただし、内地と異なり個人経営の坊刻本が雲南でも刊行されるのは清代からとなる）。明代は雲南各地に置かれた布政使司が資金を拠出し、地方官府での刊行事業を促進している。張秀民氏の指摘によれば、雲南布政使司の刊行による書籍は二十五種に及び、陝西布政使司の三十五種に次ぐ出版数に達している［張秀民　一九八九：三九七］。李孝友氏の「雲南的刻書事業」によると、大理府では李元陽編纂の『雲南通志』や、謝肇淛の『滇略』が同地で版刻、刊行されている［李孝友　一九九八：二二五］。また、井上進氏の指摘によると、雲南地方も万暦年間には内地の出版業者の販売ルートに組み入れられ、俗書が販売され、『十三経注疏』の刊行で知られる南京、毛晋経営の汲古閣などが雲南に販路をもっていた［井上　一九九五：三二八］。

明代の著述活動と出版文化の繁栄を背景とし、内地文人の雲南関係文献の引用は、変鬼などの呪術伝承に関する記載だけを取り上げても、嘉靖年間には、郎瑛『七修類稿』が厳従簡『雲南百夷篇』を引き、万暦年間には、沈徳符が『敝帚軒剰語』と『万暦野獲編』で楊慎『滇程記』、謝肇淛『滇略』などの文献を引く（ただし『万暦野獲編』の引用は孫の沈振輯纂の補遺として）。また、徐応秋『玉芝堂談薈』が朱孟震『西南夷風土記』を引き、馮夢龍『古今譚概』が王同軌『耳談』の貴州省の変鬼譚の引用をしている。

五　鬼人伝承としての地羊・僕食

漢人旅行者を襲う夷人について、呪術的行為や変鬼を記した記載は、雲南地方では孟密、木邦など、現在の雲南西部のビルマ国境内外の地や、沅江流域地帯が目立つ。二節、三節でとりあげた蠱毒のほかには、「地羊」といい、通行人の手足、内臓を木石に変えるというものと、「僕食」といい、夷人が動物に変身し、通行人を襲うとされる記載が多い。両者は「地羊鬼」「撲（僕）食鬼」などとも記され、いずれも「鬼」の一種として書かれているが、本節から以下の各節では「鬼」でもあり、同時に生身の「人」でもあるような二重性をもった霊物を、「鬼人」と呼ぶ。

両者はいずれもこの種の呪術を行う者の魂が、本人の身体を抜け出したり、変身して他者に被害をもたらす点で、生者の霊魂の作用にもとづき、あるいはその変化態であることを特徴とする。日本でいう「生霊」にも近い性格があろう。日本民俗学では飛騨の「ゴンボダネ」（牛蒡種）や沖縄の「イチジャマ」（生邪魔）が、生霊的信仰に属する民俗伝承として知られるが、中国でも同種の生霊信仰は、現代の事例でも、ロッパ（珞巴）族、メンパ（門巴）族の「鬼人」、ヌー（怒）族の「ナムサ」、ミャオ族の「醸鬼」などがある。ただ、「生霊」に相当する概念設定は、中国民俗学においてはなされておらず、さしあたりの概念設定として、本論では前記の「鬼人」を用いる。「鬼人」の「鬼」とは、人間の霊魂的実体を指す言葉であり、生者の鬼魂が変化したり、作用する霊物を「鬼人」の概念であらわす。

なお、地羊については貴州省では駅站名らしい地名に「地羊駅」があり（馮夢龍『古今譚概』「霊迹類」巻三十二「貴竹幻術」に明・王同軌『耳談』巻四「地羊駅」を引く。ただし『明実録』には駅站名の記載がない）[cf. 楊正泰 一九九四]、苗人の風俗として書かれ、雲南以外の非漢民族居住地にもこの種の伝承が伝えられている[32]。これらはいずれも澤田瑞穂氏が紹介されているので、本論では以下、ビルマ、雲南における鬼人伝承の記事を取り上げる。

明・鄒応龍修、李元陽纂（万暦）『雲南通志』巻十六「羈縻志」十二は、永昌から騰越を経て、孟密（現在のミャンマー領・モンミット）、宝井（モゴック）、緬甸（緬甸宣慰使、現在のマンダレー管区内）、トングー（現在のミャンマー領モン州・Mon、タウングー・Toungoo）、ペグー（現ペグー管区ペグー・Pegu）に至る道を「貢象道路・上路」として記す。朝貢貿易で象の献上に使われたルートであり、駅站が整備されていた（地図4）。万暦年間初期、当時の宣慰使は、車里

地図4　明末・雲南＝上部ビルマ地方交通路の概念図

（現在の西双版納傣族自治州）、木邦（現在のミャンマー、シャン州センウィー・Senwi）、孟養（ミャンマー、カチン州、モニン・Mohnyin）、緬甸、八百大甸（現在のタイ北部チェンマイ・Chengmai、チェンライ・Chengrai 一帯）、老撾（現在のラオス北部の要衝、ルアンプラパン・Luangprabang 一帯から雲南省西双版納傣族自治州にかけて）の六宣慰使が置かれ、宣撫司は南甸（現在の徳宏傣族景頗族自治州梁河県）、干崖（現在の同州盈江県）、隴川（現在の同州隴川県、瑞麗市）の三宣撫司、孟密に安撫司が置かれた（万暦十三年・一五八五、宣撫司となる）。

a　地羊

鬼人伝承のうち、ここではじめに地羊について取り上げるが、まずはもっとも記載の多い孟密の記事をあげる。明・厳従簡『雲南百夷篇』は嘉靖初年の擺夷（百夷）を中心とした辺疆事情について記した文献であるが、次のように記す。

「孟密安撫司は、漢の孟獲の地である。朝廷は毎年宝石の採掘事業をこの地で行う。その地の夷俗は、鬼術はなはだ驚くべきものあって、地羊鬼と名づくものがあり、よく土木をもって四肢、五臓を換える。この術に中ったときは、気がつかないが、その術数によって幾ばくかの時に発作し、発作すれば腹が痛くなり、死に至れば五臓はなくなって、ようやく土木となっていると知る。あまり憎んでいない者は、やはり一手一足のみを土木に換え、ついにその人を残疾にしてしまう[33]」（厳従簡『殊域周諮録』巻九「南蛮諸国」に載せる。明・郎瑛『七修類稿』巻五十一「孟密鬼術」にも引き、澤田訳あり）［澤田　一九八二：三八二―三八三］。

孟獲の地というのはもとより牽強付会の説であるが、その動機として地羊鬼が、憎悪の対象に向けられ作用するとされることが注意される。

明・謝肇淛『滇略』巻九「夷略」は、「地羊鬼は短髪で黄色い瞳で、性は狡猾で利を貪る。出没は予想しがたく、人と相い讎（仇）し、よく器物を用いて妖術をなし、肝、胆、心、腎臓などの臓器を木石に変えるが、救わないと死ぬ」という[34]（清・師範『滇繫』十之二「属夷」が引く）。また、当時の孟密宣撫司について、「猛密は騰越の南一千余里にあり。その地は宝井があり、金鉱を産する。外来の者が雲集するが、山は高く田は少ないので、米価は高沸している。花、果物、瓜、野菜は中国と同じである。しかし、地羊鬼が多く、通行人に祟る」といい、地羊の害の多発を記す[35]。

孟密は、宝石、金の産地として知られる。明・朱孟震『西南夷風土記』は、「孟密、東は宝石、金を産し、南は銀を産する。北は鉄を産し、西は催生文石（瑪瑙）を産する」とする[36]。孟密から二日の行程の宝井も宝石の出産地として有名であり、現在でもルビー、翡翠の産地として知られる。これらの地は元代にすでに内地の漢人が宝石の買い付けのために往来し、明代には繁栄を極めた土地柄である。また、明・鄒応龍修、李元陽纂（万暦）『雲南通志』巻十六「羈縻志」十二は、孟密に至る途上の隴川（現在の徳宏傣族景頗族自治州隴川県）は諸葛孔明が現地民を服従させるため山に向かって矢を放ったとする孔明寄箭山の地名を記し、漢人に由来する伝承が現地にも浸透していたことが窺われる。このような状況を背景とし、漢人と現地民の接触する局面が増え、地羊についての記事が書かれるようになったと思われる。

『西南夷風土記』は現在のカチン州カター（Katha）に当たる江頭城について、「江頭城外には大明街があり、閩、広、江、蜀の定居した商人や遊芸者は数万人」とし、南甸、干崖、隴川の三宣撫司と、車里、木邦、孟養、緬甸、八百大甸、老撾の六宣慰使も「（採掘などで）連れてこられた者はまた数万人」とし[37]、また、「五日か十日ごとに市が立つが、孟密だけは一日ごとに小市が立ち、五日ごとに大市が立つ。けだしその地は宝産の蔵すること豊富で、商人は四方八方から集まるので、物価はつねに安い」と記す[38]。

地羊について、『明史』巻三百十五「列伝」第二百三「雲南土司」三の記事を記す。

「(木邦宣慰使は)属地に地羊寨があり、孟密の東にある。往来の道路でかならず通らねばならないが、土地の者は幻術に巧みで、(孟密、宝井の金鉱、宝石採掘を監督する)採辦人で、飲食を無理強いして求める者は、多く腹痛を起こし死ぬ。乗馬もまた死ぬが、割ってみると馬の腹はみな木石である」[39](『欽定大清一統志』巻三百八十九にも記載)。

地羊寨は、漢人の命名で、地羊の多発地帯として、特定の現地民の村寨を指して呼んだものであろう。これらの地は、カチン族(中国側ではジンポー〈景頗〉族)、パラウン族(中国側ドアン〈徳昴〉族)などの民族の居住地であった[cf. Scott 1911 : 464]。孟密、宝井の繁栄とともに、採掘に当たる漢人が、通行中に地羊の被害に遭ったというが、注意すべきは「飲食を無理強いして求める」(「强索飲食者」)と限っている点である。恐らく路上で現地民の飲食を強奪同然に徴発しようとする漢人に対して、自衛と報復のために幻術を行うと認識されている。その点、二節の『南中雑説』の蠱毒同様、横暴な漢人に対する報復なのである。

明・王士性『広志繹』巻之五「西南諸省」にも孟密の地羊寨の記事がある。

「孟密所属の地には地羊があり、官道の往来の地に当たる。その住人は黄色い瞳に黒い顔で鬼に類し、古い銅器を切って繫ぎ、膝から足の甲まで連ねて飾りとする。妖術があり、人の心肝腎腸、手足を易えることができるが、当の者は気づかない。牛馬も同じ害に遭う。その地を過ぎる者は、意を曲げて会い、針糸や果物をあたえる。そうでなければ村寨を離れたとたんに死に、腹中を割るとみな木石になっている」[40](清・鄒弢『三借廬筆談』巻二「異俗」がこの記事を引いており、澤田瑞穂氏の「メタモルフォーシスと変鬼譚」に引かれる）［澤田　一九八二：三九三］。

この記事では旅行者は、現地民にとって貴重な鉄製品などを送り、地羊寨の者を手なづけるとされる。『明史』の記事とは、漢人の、現地民との関わり方が表裏をなして置き換えられている。また、古銅器を膝下に飾るという服飾は、カチン族が現在銀器を服に連ねて飾りとする民族衣装などを想起させる。地羊とされる者は、現在のカチン族（あるいはパラウン族）に属する民族集団の者に対していわれている可能性もある。カチン族は首狩りの風習をもっていたことで知られ、とくに道行く通行人を首狩りの対象とすることがあった。艾蕪は『漂泊雑記』で「殺人致用」として、カチン族、ワ（佤）族、ナガ族の首狩りの風習についても触れているが［艾蕪　一九八九c：六五］、日本人でも妹尾隆彦が、第二次世界大戦中カチン族の宣撫工作を行うなかで、国民党兵士を捕縛し、首狩りをするカチン族の姿を目撃している［妹尾　一九七八］。漢人を襲う地羊の記事には、首狩りといった現実上の風俗の背景もあろう。

清・陸次雲『峒谿纖志』上巻は、孟密と隣接する木邦につき次のようにいう。

「木邦は、一名孟邦ともいう。当地の人は幻術多く、よく木を用いて人間の手足に換えると伝わる。はじめは気づかないが、久しく旅し遠くまでゆくと、痛くて我慢できなくなる。その説を信じない者がおり、死んだ日に足を開いて見てみると、はたして果物の木であった。また、汚物を道に置き、触れた者は羊、豚に化し、金銭を払って購うと、また人に戻る。これを知る者が汚物を他方に移動させると、（幻術をなす）その人が却って異類に変わる」[11]（澤田論文にも引かれる）［澤田　一九八二：三九三］。

地羊に対して対抗呪術の手段を記す点が注目される記事である。

元江府近辺でも、孟密周辺に多い地羊系統の霊物を記した記事がある。清・張泓『滇南新語』（康熙年間の書）は、「その害は蠱に準ずる」として元江の鬼人の記事を雲南地方に瀕発する蠱害とならぶ邪術として記している。

「さらに聞くには、元江郡の沅江の外地では、木で旅行者の足を換え、財を求めて足りると、脛をもとに戻してやるが、そうでなければ木は抜けて一本足となる。その害は蠱に準ずる」[42]（澤田論文にも引かれる）〔澤田一九八二：三九三〕。

この記事では、旅行者の足を木に換えるという地羊伝承が、財貨を奪うという目的によって行われることを記す。足を木に換えるのは旅行者にとって旅行を不可能にし、夷地に取り残されることを意味するが、その恐怖を与えることにより、財を脅し取ろうとするという内容理解がある。漢人の記録者が、この種の鬼人伝承になみなみならぬ関心を注いでいるのは、畢竟、旅行先で帰還不能に陥り、夷地に留めおかれることが、言いしれぬ恐怖をあたえるからではあるまいか。

b　僕食

次に僕食の記事を通覧する。はじめに孟密と木邦方面への入り口である蛮莫（現在のミャンマー・カチン州バモー）の記事を取り上げるが、地羊も僕食（次の記事では「卜思鬼」とする）も併記されている。

明・朱孟震『西南夷風土記』は、漢人の従軍者による見聞を詳細かつ具体的に記す。蛮莫近辺は辺疆防衛のため、漢人の軍隊が駐屯していた。

「邪術。（南甸、干崖、隴川）三宣慰使に卜思鬼というのがあり、婦人が習う。夜に犬、猫に化し、人家にぬすみ入り、病人に遇うと、手足を舐めたり、口や鼻を嗅いだりし、その肉を摂り、水中に吐き出すと、蝦になり、取って売る。

蛮莫の外の地では地羊鬼といい、頭を剃り、黄色の瞳で、顔は黒く、醜悪な者がこれである。泥土沙石を人や牛馬の五臓と換えることができる。逆らえばかならず被害に遭う。はじめは聞いて荒唐無稽な話だと思ったが、のち、軍隊が蛮莫の威遠営に出征したとき、火薬匠がおり、夷人と戦ってのち病没し、兄が火葬にしたが、腹部全体に泥沙が詰まっていた。

軍隊が帰還し、張擺箐を通過したとき、二体の死体が路傍にあり、蝉の脱殻のようであった。問うと、卜思鬼に摂られたものという。そこで始めて卜思鬼、地羊の二説が真実であると知った。卜思鬼は犬だけがこれを破ることができ、地羊鬼は青衣を身体に密着させると、みずから互いに害することができなくなる。およそ夷地に入る者は知らないではいけないことである」[13]（明・徐応秋『玉芝堂談薈』巻九「卜思奇術」に要約がある）。

「卜思鬼」は、「僕食」と同じく、発音は「プースー」（Pu Si）である。人肉を摂る術を行うとされ、犬、猫に化すとあることから、変鬼の一種である。また、僕食を防ぐ対抗呪術上の方法として、犬が有効なことは、民国期まで伝わる伝承である。

明・楊慎『滇程記』は、「撥厮鬼」と記し、人肉を摂るという『西南夷風土記』の記事に対して、こちらは人魂を咬む摂魂術を行う。

「百夷は家に撥斯鬼を畜い、姿かたちなく、よく人魂を咬む。中った者は一晩越せば死ぬが、死ねば百夷はその屍を取って塩辛にする。この鬼は犬の声を聞けば百里も逃げる」[11]（明・沈徳符『敝帚軒剰語』巻上「人化異類」が引く）。

明・謝肇淛『滇略』巻九「夷略」は『滇程記』の前述の記事と関連させ、「僕食」について記すが、ここでも動物に変身する鬼人として描かれる。

「夷人で僕食と呼ばれる者は、男女を問わず、老人になると、夜に犬、豚、ロバなどの異形に変身し、墳墓の前で拝めば死体が出、彼に喰われる。おそらく白夷の一種より出たものであろう」[45]（明・沈徳符『敝帚軒剰語』巻上「人化異類」も引く）。

明・王士性『広志繹』巻之五「西南諸省」は現在の徳宏傣族景頗族自治州梁河県一帯に相当する南甸宣撫司について、次のように記す。

「南甸宣撫司の領内では婦人によく異物に化する者がいる。富める家の婦人は牛馬に化し、貧しければ犬猫に化す。夜になると夫が熟睡しているのを窺って、短木を懐中に置く。夫が気づいて目覚めれば、そのまま共に寝るが、気がつかねば、婦人は変身して去り、魂魄を撮って死に至らしめ、屍肉を喰らう。人が死ねば、葬儀が終わるまで大勢で守る。そうでなければ喰われてしまう。附近の郡民で経商や公事でその地を通る者は、夜は敢えて眠らず、互いに警戒し合う。もし妖物が来たと気づけば、皆で追い払う。もし生け捕りにしたならば、その夫の家では金を支払い、ただちに買い戻す。もしその場で殺されればもはや原形に化すことはできない」[46]（記事は清・鄒弢『三借廬筆談』巻二「異俗」にも引くが引用が正確でなく、澤田瑞穂氏も文意が通じないと指摘する）〔澤田　一九八二：三八五〕。

これも僕食の類について記していると思われるが、死肉を喰らうとともに、人魂も奪うという二つの性格が書かれる。実際に旅行者たちが僕食の危険を強く怖れており、その多発地帯を旅行するときは夜も眠らずに警戒していたほど、深刻に受け止められており、けっして興味本位の伝聞やうわさ話ではなかったであろう。同種の記事は、明・厳従簡『雲南百夷篇』も前記の孟密の記事として、次のように記す。

「また、撲死鬼と呼ばれるものがあり、死人の骸ばかり喰う。人が死ぬと、親戚知人は銅鑼、太鼓を打ってこれを防ぐ。些かでも備えをゆるめるならば、その鬼は禽獣飛虫に変身して突入し、骸を喰らう。みな理では説明のつかぬものである[17]」。

明・劉文徴『滇志』巻之三十「羈縻志」「種人」「僰夷」は、百夷、すなわち、現在のタイ族系統に属する種族として、元江の土民に変鬼して通行人を襲う者がいるという。動物に変身する点では、僕食に近く、臓物を喰らい、土に換える点では、地羊に近い。

「（僰夷の）元江にいる者は、鬼魅に化することができ、箒を衣服の背後に結わえつけると、象、馬、豚、羊、猫、犬などの姿に変り、街道に立ち、あるいはまっすぐ通行人にぶつかる。すこしでも畏れて避ければ、とり憑かれる。腹中に入り、五臓を喰らい、土に換える。昔ある外地の者が病に臥し、医療の効き目がなく、観音大士に祈ったところ、夢にひとりの美しい女子が脇の下から子供を出した。だんだんと老人の姿になったが、女子が叱ると去り、病は治った。先の物（霊物としての「もの」）について知る者は手で捉え、他の手で痛打すると、かならず人間に戻る。箒を奪い、縛りつけると、家財の半分を渡すと言って哀求し、逃がしてもらうように頼む[48]」（清・師範『滇繫』十之二「属夷」に引く）。

観音菩薩があらわれ、漢人を救助する話が書かれるが、たとえば代表的な「漢朝地」である大理、昆明などの地は南詔国以来仏教信仰が強く、大理の三月街の交易市を「観音市」と呼ぶように、観音信仰がとくに強い土地柄であり、雲南地方に伝統的に観音信仰が浸透していたこともこの記事の背景の一つといえるかもしれない。また、鬼人伝承の記事ではないが、元江からさらに南へ下ると、車里（現在の西双版納傣族自治州）近くの十八寨にも土民が蠱を蓄う記述がある。「十八寨、性、倹（険）にして殺生を好み、蠱を蓄い毒を喰らわす。魚を捕り、鼠を喰らう。骨を焚き葬る」とし、火葬の風習から上座仏教を信じるタイ族系の現地民の記載と思われる[49]。

僕食の特徴をまとめる。㋐動物変身的な性格をもち、㋑人肉食的行為を行う、㋒『滇程記』が記すように、肉体への侵入による摂魂術をも行うらしい、㋓対抗呪術があり、犬に弱く、捉えて殴打するともとの姿に戻る。総じて、僕食は、西南辺疆の一部現地民に対しての、人肉食的イメージをことさらに強調した形象で語られる特徴がある。

c　その他——大理地方の事例

大理地方では民家（現在のペー族に属する民族集団）の事例として、前述の趙州の土司の動物変身の記事のほかに、趙州と隣接する賓川府（現在の賓川県）について、変鬼があるとする。タイ族、カチン族系民族集団以外の事例として以下にあげる。

清・陳鼎『滇黔紀遊』（康熙年間の書）の記載は次のようにいう。

「賓川府は瘴癘の気が甚だ濃く、四、五月の間鶏足山（賓川境内にある仏教の名山）への通路は人の往来が絶える。さらに変鬼という者があり、婦女に多い。猫、羊、鶏、鴨、牛糞、象、馬などに変ずる。一人で旅する者があれば、殺してその財貨を奪う。村落内にこの種の人があると、隣家の者が必ず官に訴えて処置してもらう。そうしないと連座されてしまう。その人は顔は黄色で眼は赤く、神情恍惚として容易に識別できる」[50]（澤田論文にも引かれる。清・東軒主人『述異記』巻三にも記載あり）〔澤田　一九八二：三八六〕。

賓川県は洱海の東岸に位置するが、現在でも土地が痩せており、水の便も悪く、金沙江沿いの地域はとくに高度が低くなり、炎熱の地である。実際に大理地方ではペー族語で「ピョ」（Pyo）と呼ばれる蠱毒の一種を扱うとされる場所は賓川県がもっとも多いとされ、人々の語るところでは三軒に一軒はピョを扱うとし、多発地帯でもある。大理地方でもピョを扱うのは婦女であり、特徴として血走った目などの邪視的要素が強く語られる。ピョの扱い主は変身するものではないが、この記述は現在語られている蠱婦の形象からみてもなんら異質ではないし、極めて近い類縁性をもっていることが指摘できる。

六　「種人」としての地羊

蠱毒、地羊、僕食は、漢人にとり、ともに一部非漢民族現地民の行う呪術行為として理解されており、漢人に対してなされる民族間呪術にまつわる伝承を負わされた霊物信仰の伝承である。呪術行為の対象者に対して被害を及ぼすという点で、これらは長島信弘氏のいうところの、様々な個人的不運や災いをどのように説明し、対処するかという意味での「災因論」的内容をもった民俗事象としての共通点がある［cf. 長島 一九八七］。また、それと同時に、これらの記事は、書き手である漢人文人の側からすれば、異地における帰還不可能という事態を典型的に物語るものとして、呪術行為を通じた他民族イメージとしての「民族表象」を形成するものであった。

しかしながら、地羊については、一種の突出した性格がみられる。地羊は、たんに他民族を対象としたある特定の民俗事象についてのイメージというだけではなく、そのものが、地方誌上の「種人」のカテゴリーに括られて理解される。かかる点が、地羊が畢竟なにを意味するかを理解するうえで見落とせない重要な性格である。すなわち、民族集団それ自体の類別や認識に関わるという点で、地羊のイメージが表象するものは民族集団レベルでの漢人の種族認識なのである。その意味で、地羊は漢人が西南非漢民族について抱く、一種の類型的イメージとしての「〈民族〉表象」をも形成している。

前述の明・謝肇淛『滇略』巻九「夷略」では、地羊は、雲南地方の種族であり、小伯（白）夷、大伯（白）夷、蒲人、阿昌、縹人、緬人などの諸民族にあわせ、列記される[31]。

謝肇淛は、『滇略』で僕食も「夷人のなかで僕食と呼ばれる者は男女を問わず、老人になると」とか、「おそらく白夷の一種より出たものであろう」などと記し、やはり種人の一種とみなす意識が窺える。

地羊を種人とみなす謝肇淛の考えは、明・劉文徴『滇志』巻之三十「羈縻志」「種人」「地羊鬼」も『滇略』を引き、これを種人とするように、その後清代末期に至るまで、雲南地方誌における種人の分類に影響する。

阮元、伊里布等修・王崧、李誠等纂（道光）『雲南通志』巻一百八十七「南蛮志」三之六「種人」六の項も「地羊鬼」を載せ、岑毓英等纂修〈光緒〉『雲南通志』も道光『雲南通志』の項目を引き継ぐ。ただ、（道光）『雲南通志』の挿図は旱擺夷（今のタイ・ナー）と似たタイ族系現地民に類する姿で、前述の明・王士性『広志繹』巻之五「西南諸省」にいう古銅器を膝下に飾るという姿とは異なる（図35）。

地羊鬼は、中華世界のいわゆる「華夷秩序」のなかで一つの種族として数えられているわけである。地羊について、明・謝肇淛『滇略』巻九「夷略」は、前述のように、「人と相い讎（仇）し」（「與人相讎」）と記すが、この記述の「人」を、漢人をはじめとする中華世界の礼教秩序に教化された民を指すとすれば、それと敵対する「化外の民」のイメージこそ、地羊が民族表象として負わされてきた意味内容なのではないかといえるのである。

図35「地羊鬼」（道光）『雲南通志稿』

七　鬼人的信仰伝承の現代的様相――とくに枇杷鬼について

本章後半で論じた地羊と僕食は、いずれも原因者の魂が脱け出て他者に被害を及ぼすという脱魂型の鬼人に関する伝承であった。このうち、地羊については、足を木石に変えるという荒唐無稽な内容もあり、地方誌や民族誌などの文献資料を通覧したかぎりでは、現代には相当する記事がみられなくなる。ただ、現在でも民間伝承として、漢族（以下、中華人民共和国成立後の状況については、現在の民族呼称に従い「漢人」ではなく、「漢族」の呼称を用いる）

に対し、非漢民族が歩行を不可能にする呪術を仕掛けるという伝承は現実に語られ、その意味で地羊伝承のモチーフはなおも残されている。[52]

一方で、僕食は現代の文献資料にも動物変身の呪術伝承として記され、タイ族とラフ（拉祜）族（チベット・ビルマ語族イ語支）に民族誌的記述がある。

民国期の記述としては、双江簡易師範の教師、彭桂蕚が、双江県（現在の臨滄市双江拉祜族佤族布朗族傣族自治県）の擺夷の民俗を記した『双江一瞥』で次のようにいう。

「擺夷には迷信が多いが（中略）、一種は僕死といい、ほとんどが婦女が夜中に変身する。変身するとき、彼女自身は知らないという。突然灰の上に転がり打ち、青ざめて意識が昏くなり、半眠状態で家で眠り込む。彼女の魂が身体に戻ってきて、ようやく目覚める。猫に化して人肉を喰らい、肉に悪臭を放たせて食べられなくしたり、人形に化身して他人の子供をつねり、身体を青痣、緑痣だらけにし、子供を一晩中泣き喚かせるか、病痛を引き起こす。また、大きな白馬、牛糞、穀物の類に変身し、暗夜の路上で通行人を驚かせる。もしも正体を見破ったなら、手を返して彼女を殴るか、法術で彼女を縛り付けてしまう。半夜経ち、鶏の鳴く時分になると、焦って哀れを乞うが、それ以上束縛していると、家の中の原身は死んでしまう」〔彭桂蕚　一九八六：一一〇〕（姚荷生『水擺夷風土記』が多くを引く）〔姚荷生一九九〇：二一六―二一八〕。

この記事後半の記述は、明・劉文徴『滇志』の記述と変わらず、明代以来伝わる対処法を記す。僕食伝承の民間信仰としての強固な持続力が窺われる。

中華人民共和国成立後の記事では、暁根『拉祜文化論』の大意を記す。雲南省臨滄市に多く居住するラフ族では子供などが病気になり、身体に白と青の色の塊が出ると、「撲死鬼」に祟られたとする。これは女性の魂の変化で、魂が抜け出して漂い、出会った者に祟りなす。家の者は「モーパ」（Mo Ba・ラフ族語「摩巴」）と呼ばれる宗教職能者を呼んで祓う。撲死鬼は誰かの身体に棲み、まず誰のもとに居るのかを判断するために占いをする。誰か分かると村寨全員で彼女を焼き殺し、家族を追放する［暁根　一九九七：二一八］。

また、海南島に居住するリー（黎）族（チワン・トン語族リー語支）の「禁母」（Jin Mu・リー族語「チンムー」）は、僕死と同じく、変身して人肉を喰らう鬼人である。田や村の境界などで木や石、牛、馬、羊、豚、犬、猫に化し、目を見開き、光を放ち通行人を襲い、死人を喰らうという［王萍昆　一九九八：七二五］。

ところで、現代中国での漢族の他民族表象として、タイ族系民族集団を対象としたイメージとして知られる民俗事象としては、僕食よりも、「枇杷鬼」と呼ばれる鬼人的霊物の民間信仰伝承がある。しかも、この伝承は中国国内に膾炙する。枇杷鬼については、明、清代には記事が見えないが、民国期以降には盛んに記事にされ、民族誌資料には僕食と併記することが多い。たとえば、民国期のタイ族系民族集団に関する代表的な民族誌である、江応樑氏の『擺夷的生活文化』は（水タイ＝タイ・ルーと乾タイ＝タイ・ナー双方を扱うが、筆者は立場上両者の区別を取らず、記述上の区別は明確でない）、地羊の記載がなく、「放蠱」「放歹」「僕食」「皮迫」（枇杷鬼）を記載する［江応樑　一九五〇：二五二―二五九］[53]。

僕食も枇杷鬼も脱魂型の鬼人であるが、僕食と異なる点は、僕食が外来の者を襲うという記事が多いのに対して、枇杷鬼は村寨内部にあり、他の居民を襲うという記述が中心である。枇杷鬼は、後述する姚荷生『水擺夷風土記』が、漢人を襲わない旨記しており、そのため、本来タイ族系民族集団内部の信仰伝承である枇杷鬼伝承が、外部の漢人にとっては清代まで関心にのぼらなかった可能性もある（ただし、前述した『双江一瞥』と『拉祜文化論』の二則の記事をみるかぎり、現代においては僕食に関する記事も、村寨内部の他の住民に被害をもたらす。僕食ももともと非漢民族言語の発音を漢字表記したと思われ、枇杷鬼と同じく、タイ族系民族集団内部の信仰伝承であったとは言い得るであろう）。

枇杷鬼とはタイ族語の「ピーパー」（Pi Pa・「屁拍」）あるいは「ピーポー」（Pi Po・「皮迫」）の音訳である。タイ族に多く、タイ族文化の影響が強いラフ族、ジンポー（景頗）族にも伝わる。民国・彭桂萼『双江一瞥』は、擺夷の「屁拍」につき、「僕死（食）」と合わせて記す。

「婦人にあるといい、屁拍の家の物を取ってゆくと、彼女も物といっしょについてゆき、年長者であるか否かに関わらず害する。審断できる者によって詰問し、病人の口から直接聞きだして確かめると、病人の家では応分の酒肉を贈物として、彼女を送り出す」。「およそ屁拍の婦人は、それぞれ彼女の娘に遺伝させる。村寨にピーパーの女性がいると、村人みんなで群れ集まり、彼女を追放する」［彭桂萼　一九八六：一一〇］。

姚荷生『水擺夷風土記』は、一九四〇年前後の十二版納（シップソンパンナ）地方の水タイ（タイ・ルー）に関する見聞記であるが、『双江一瞥』の記事を引いたあと、著者の見聞を記す。

「車里にいたとき、我々は琵拍の祟りなす様に出会った。車里街（景洪市街を指す――筆者註）に卓姓の広西人がおり、擺夷の夫人を娶っていた。ある日彼女は夜中に帰ってきたが、両目とも白く、様子が尋常でなかった。卓某は何度も声を掛けたが、答えがない。彼は非常に驚き慌てて、左右の隣人を呼んで見てもらった。皆は一致して琵拍に襲われたのだと認めた。そこで卓某は、辟邪のための虎の歯で、彼女の身体を手当たり次第に引っ掻き、琵拍がどこに居座っているのかを探し出そうとした。腕を掻いたとき、彼女は突然大声をあげたが、琵拍はそこに居座っていたのである。卓某は力を込めて刺し、その物の来歴を問いただし、同時にもし帰ろうというのであれば、礼品を得さしめようといった。しかし、その物は声をあげない。周囲のある者が爆竹を鳴らして脅かしたが、その物は二声ばかり冷笑するのみである。（中略）最後に卓某は赤々と燃えた木炭を一皿取り出し、鉄挟みで一塊をつかんでその物を焼こうとした。その物はようやく驚き慌て、身元を明かすことに応じようとし、名前を白状した。その物は某村に住んでおり、門前に大樹があるという。あわせて言うには、もしも焼くのを思いとどまってくれるのならば、ただちに帰ってゆくという。口を閉じたとたん、彼女は寝台から這いだし、門外に駆けでた。すさまじい速さであった。三叉路まで駆けると、突然地に倒れ伏し、人事不省となった。誰かが彼女を扶けおこすと、しばらくして彼女の意識はだんだんと回復した。先ほどまでの状況を訊ねても、すべて憶えていないのである。

彼女が後日人に語ったところによると、その日の朝、彼女は飴を買うのに他の婦人と口論となった。あるいはその女が琵拍を養っていたのではないか！。

この種の鬼物は平時は小さい動物に変じていて、動物の血を吸うのを好むという。強きを恐れ、弱きを挫く。漢人には危害を与えようとせず、ましてや白人には近づこうなどとはしない。あるとき一人の婦人が、琵拍を連れて思茅（現在の思茅市翠雲区市街を指す）まで来たが、城門まで来ると、琵拍は突然叫びだし、帰りたいと要求した。なぜならば城内はすべて恐ろしい漢人たちだからである」［姚荷生　一九九〇：二一三―二一五］。

琵拍（枇杷鬼）について、漢人は被害に遭わないと認識されている。その意味では、漢人との関係性が希薄であり、これまで論じた蠱毒や地羊、僕食とは区別される性格が看取できる。ただ、そうであるにしても、「漢人を襲わない」という性格づけそのものが、漢人にとって、漢人の権勢にもとづいたタイ族に対する一種の優越的な感覚を表白したものであることは、注意されてよい。なにしろ「強きを恐れ、弱きを挫く」のである。琵拍というタイ族内部の信仰伝承が、漢人が被害を負わないという点において、逆に漢人と関係づけた表象を形成している。

タイ族以外にもこの種の信仰伝承があり、暁根『拉祜文化論』によると、ラフ族の場合、臨滄市双江拉祜族佤族布朗族傣族自治県では「チーポー」（Qi Po・「気迫」）といい、婦人が魔物に変化するという。村寨内の病気や災難はチーポーの所為とされ、村寨から追放されたり、焼き殺される。県内には追放された者だけで集まった村寨がある［暁根　一九九七：二一八］。

枇杷鬼はタイ族内部における深刻な社会問題として、中華人民共和国成立後にいわゆる「封建迷信」に対する啓蒙運動「破四旧」の対象としてとりあげられるが、この信仰伝承を中国全土に知らしめたのが、映画『莫雅傣』（上海・海燕製片廠、一九六〇年）である。主人公の女性イライハン（依莱汗・依莱漢）は、地主の誣告により枇杷鬼とされ、村を追放されるが、共産党に参加し、女医となって帰郷し、人民解放軍辺疆防衛部隊の援助のもと、タイ族社会にみられる「迷信」を打破する。枇杷鬼の民間信仰伝承が、地主の残酷さと、無辜の人民の犠牲を対立させる階級的構図を象徴するものとして描かれる。

この映画は、雲南省内では伝統戯曲「花燈」の体裁に改編され、劇目『伊莱漢』として各地の文芸工作隊により上演され、民衆教育の一端を担ったが[51]、雲南省ばかりでなく、全国的にタイ族における呪術信仰のイメージを普及させるきっかけとなり、枇杷鬼はタイ族の民間信仰でもっとも知られた事象となった。遅れた「封建迷信」と、それを信じるタイ族の民俗社会に対し、史的唯物論と科学的社会主義にもとづいて、迷信を打破し、旧社会に存在した差別をなくし、平等社会を実現させる共産党の指導の正確さがプロパガンダされる。枇杷鬼は、まさにこの映画のなかで、非漢民族社会における社会差別の典型として取り上げられ、社会主義社会の中で退場すべき、消滅すべき陋習のシンボルとしての役割を「演じ」ていた。また、その主題と内容の深刻さにも関わらず、枇杷鬼を通じて映画に描かれたタイ族の村寨生活は、多分にエキゾチズムを喚起する描写に彩られ、劇中に描かれる地主の姿は、同時期の国共内戦を題材とする映画に描かれる国民党の軍人と同じく、悪辣ながらも、いささか滑稽な役付けで描かれていた。

枇杷鬼については、一九八〇年代以降に論文も執筆される。桑耀華氏の「徳宏某些地区的『枇杷鬼』還在害人」によると、徳宏傣族景頗族自治州のタイ族と、ジンポー族、一部の漢族は、家庭での怪我、病気、天災、人災を枇杷鬼の所為とみなし、枇杷鬼と名指しされると結婚できない婚姻忌避の問題が生じている。枇杷鬼は女性がなり、変幻の術をもち、犬、猫などに化し（この点僕食と似る）、他人に危害を及ぼす時は、病気、死亡、家庭運の不順をもたらす。自分が枇杷鬼であると知らない者はとくに酷い被害を生じさせる［桑耀華 一九八三：二八九―二九六］。

また、同種の民俗事象の研究では、夏之乾氏が「談談『放蠱』及其類似習俗産生的原因和危害」で、ミャオ族の蠱毒を社会問題として取り上げ、ヤオ（瑤）族、リス（傈僳）族、ハニ（哈尼）族、ロッパ（珞巴）族における、蠱毒信仰や生霊的な鬼人信仰の社会差別の問題を総合的に論じた論文を発表し［夏之乾 一九八四］、ミャオ（苗）族では顧維君「苗族信仰中的釀鬼和蠱問題」が、ミャオ族の蠱と、脱魂型の鬼人信仰ともいえる釀鬼の社会内差別の問題を取り上げる［cf. 顧維君 一九八九］。個別の非漢民族の社会調査は、海南島のリー族の禁母と呼ばれる鬼人信仰について調査した『海南島黎族社会調査』、チベット地方のブータン国境辺のメンパ（門巴）族、ロッパ族についての社会調査、『門巴族社会歴史調査』『珞巴族社会歴史調査』などに同種の鬼人信仰の調査がある［cf. 中南民族学院『海南島黎族社会調査』編輯組 一九九八、呉従衆・劉芳賢・張江華 一九八七、呉従衆・劉芳賢・張江華・姚兆麟 一九八七、国家民委民族問題五種叢書之一・中国少数民族社会歴史調査資料叢刊『珞巴族社会歴史調査』編写組 一九八九］。

中国の民族学的研究において、この種の鬼人的信仰を研究する視点は、日本における戦後の「新生活運動」における「憑きもの」信仰の排除と同じく、啓蒙的な意図で行われ、基本的にはこの種の信仰による社会差別をなくすべく、要因を各民族の民俗社会内部に探る。ただ、その理論的前提は、マルクス主義思想における社会進化論的観点にもとづくもので、生産力の低い社会の発展段階における「原始宗教」として一括されて論じられる。アカデミズムの領域において、この種の社会差別の原因となる民間信仰そのものが、指導的イデオロギーの内部であるべき位置づけを与えられ、「遅れた」（「落後」）社会のシンボルとして表象されることが、現代中国での非漢民族の、とくに宗教文化的側面に顕著にみられる民族表象の特徴である。アカデミズム自体が、指導的イデオロギーにより規定された社会発展の方向性により、消滅すべき民俗事象を設定しつつ、啓蒙的作用を社会内部で果たす前提で機能しており、いうまでもなく、現代中国社会では、アカデミズム自身が民族表象の表象化作用に大きな役割を演じている。

八　結論と尾声——非漢民族の「国家」想像手段としての枇杷鬼

本章では、これまで、中華世界における「華夷秩序」の中で、漢人の非漢民族に対するイメージ、つまり「中華」の立場からの「夷」のイメージとして、「災因論」的な民族間呪術の伝承を扱ってきた。この種の呪術伝承は、漢人の伝統的な世界観の枠組に符合しつつ、夷地での漢人旅行者の恐怖を象徴的かつ説得的に物語る伝承として、明代以来現代にいたるまで、持続的に語られつづけられてきた。しかも、それは地羊にみるように、地方誌においては「種人」の範疇に類別され、西南非漢民族に対する一部「化外の民」としての究極的かつ典型的な「民族」表象を形成していた。しかしながら、この種の呪術伝承も、中華人民共和国成立後には、国家的イデオロギーの介入により、新たな性格をも獲得する。呪術伝承は、「封建迷信」として、無根拠性を強調され、それにもとづき「消滅すべき陋習」として新たに規定される。

中華人民共和国において、この種の呪術的伝承は、批判の対象として取り上げられ、国家によって作り上げられた民族表象としての性格を有することになった。しかし、国家の側からする「封建迷信」としての規定は、あくまでも「啓蒙」という目的によって、国家の側から民衆に提示された「正しい解釈」にすぎず、この種の伝承を語る当事者の属する民俗社会内部においては、かならずしも無根拠とみなされえず、伝承のもつ現実性は失われてはいない点は、注意すべきであろう。以上の概括をもって本章の結論とする。

最後に、ある漢族作家が下放体験のなかでタイ族と出会うなかから経験した一つのエピソードを紹介して本章を締めくくりたい。現代中国において、この種の呪術伝承は、いかなる意味と位相から、民俗社会における現実性をもちえていたのか、その一端をここに示したい。解説が先立つが、筆者のみるところ、このエピソードは、中華人民共和国という近代国家内部における、民俗社会の想像力の一つのあり方を、タイ族の場合に拠りつつ典型的に示したものとしてきわめて興味深いものである。国家の側から封建迷信として規定されたはずの民俗事象が、その民俗事象を有するとされる民族集団内部で、国家的イデオロギーの受容の過程において、むしろその影響を受けつつ、国家そのものへの想像力を喚起する手がかりとして新たな意味を獲得している。このエピソードでの枇杷鬼は、タイ族の側では国家そのものに関わる災難の一因として考えられている。いわば「夷」の立場からの「中華世界」の「災因論」的な現実解釈となっていることが興味を惹く。

『孩子王』（邦題『子供の王様』）などの作品で知られ、雲南辺疆を題材にした小説も書く当代作家、阿城は、文学史的エッセイ、『閑話閑説』で、以下の挿話を記す。

阿城はある日山麓のタイ族の村寨で、村中の者が娘を追いかけるのを見た。訊ねると「今日も運動、明日も運動、今はまた『批林彪批孔老二運動』をする。きっと枇杷鬼が出たに違いない。今日枇杷鬼を捕まえれば、少しは良くなるかもしれないと思う」と答えた［阿城　一九九四：二一九］。

「この枇杷鬼なるものは、我々のいう蠱と似て、枇杷鬼を捕まえるのがタイ族の巫俗である。もしも大瘟疫が起こって一族の者が死ぬと慌てふためき枇杷鬼を捕らえることを始め、焼く。そうすると瘟疫は止む」［阿城一九九四：二二九―二三〇］。

タイ族での従来の民俗観念では、村寨の生活を脅かす事態が生じた場合、枇杷鬼が原因とされ、枇杷鬼とされる人物を捕縛するが、この場合、文化大革命とそれ以降頻発する全国的な政治運動までが枇杷鬼を原因とみなしている。この時期に至って、本来批判されるはずの「封建迷信」的な信仰習俗が、むしろ社会情勢の原因説明の概念としてタイ族の村落社会の内部に機能していたことに、この種の伝承の根深さと民間信仰としての強固さが感じられる。中華人民共和国成立後、タイ族社会は領主である「召片領」（Zhao Pian Ling・漢語表記「チィヤオピィェンリン」）に代表される伝統的な統治者階級が、共産党幹部による政治指導に取って代わられ、権力構造の転換がなされる。それは同時に中華人民共和国の一員として、タイ族が国家体制に組み込まれたことを意味し、タイ族自身が、タイ族を多民族国家中国の一員として自己規定しつつ、積極的に「新中国」の建設に参加してゆく新しい時代状況をもたらした。しかしながら、文化大革命の長い混乱の時代を経て、前記のタイ族村民の言葉にあらわれた周縁民族からの中華的世界のイメージ、あるいはそれと重なるようにして自覚された「新中国」と呼ばれる所属国家の内部イメージは、日常に連続する社会的不安の原因を、中華人民共和国という国家体制の枠組内部に生きる自身の定位を確認しつつ、国家に対する信頼をなおも表白しながらも、枇杷鬼という自民族における伝統的な厄災の説明概念に求めるという解釈行為に、はからずも逆説的に表現されることになったのである。

阿城の記事からは、国家全体にわたる動乱の時代に組み込まれつつ生きるタイ族村民の、困惑と苦衷に満ちた自己表白を窺うことができ、この場合の枇杷鬼は、阿城の出会ったタイ族村民にとり、「新中国」の現実イメージを想像し、表出させる表象装置であったということになる。枇杷鬼は、近代国家の創出する啓蒙的イデオロギーにより「封建迷信」としてタイ族の民俗社会から駆逐されようとしていたにもかかわらず、皮肉にも彼らが希望を託して生きることとなった新国家の背後にとり憑く霊物として、むしろ彼らの民俗観念の中に原因説明の概念として意識され、その位相を転換されていたのである。枇杷鬼は彼らにとり、まさしく国家を徘徊する幽霊なのであった。

註

（1）明・謝肇淛『滇略』巻四「俗略」「高皇帝既定滇中、盡遷江右良家閭右以實之、及有罪竄戍者、咸盡室以行、故其人土著者少、寄籍者多、衣冠禮法、言語習尚、大率類建業」。

（2）清・倪蛻『滇小記』「宝石」「自永昌市之、取利三倍、至京師市之、可取利十倍」。

（3）『支那省別全誌』第三巻「雲南省」によると、鉱山経営の出資者は「供頭」といい、年度内の採掘に必要な資金と食糧、日用品を準備し、労働者の供給を扱う鉱主である「上前人」は、鉱夫を募集した。鉱夫は「砂丁」という。世界有数の錫鉱である個旧鉱山の場合、第一次世界大戦当時の最盛期に十五万人の「砂丁」が労働したが、その半数は十五歳以下の少年であったという。錫の鉱石には砒素が含まれているため、三分の一近くが鉱毒の害などで死ぬという過酷なものであった［東亜同文会『支那省別全誌』刊行会　一九四二：九四三］。

（4）民国・胡樸安『中華全国風俗志』下巻巻八「雲南」「滇人稱夷人所居之地爲夷方、其地瘴毒甚盛。漢人往者、易染瘴而喪命、然因販賣於夷方者、利益極厚、故貪重利者、專從事於此種貿易、名爲走夷方、亦商業之一種也。但其人易染煙酒之癖、蓋惟煙酒或可以避瘴毒也」。

（5）明・徐弘祖『徐霞客遊記』「滇遊日記」八「以炭駝相接、不乏行人也」。

（6）晋・干宝『捜神記』巻十二「漢の永昌郡の不違県に禁水という川がある。水に毒気があるからで、十一月と十二月は渡ってもまず大丈夫だが、正月から十月までは、渡ってはいけない。その間に渡れば病気になって死んでしまうのである。水の毒気のなかに悪いものがいて、形は見えないが声らしいものを出す。そして水中からなにかをぶつけ、それが木に当たれば木は折れてしまうし、人に当たれば傷つけられる。土地の人々はこれを鬼弾と呼んでいる。だから、郡内に罪人が出ると、この川まで連れてきて護岸工事をさせるのだが、十日もたたぬうちにみな死んでしまう」（竹田晃氏訳による）［干宝一九六四：二四五］（「漢永昌郡不違縣有禁水、水有毒氣、唯十一月・十二月差可渡渉。自正月至十月、不可渡、渡輒病、殺人。其氣中有惡物、不見其形、其似有聲、如有所投擊、中木則折、中人則害、土俗號爲鬼彈。故郡有罪人徙之禁防、不過十日、皆死」）。

（7）明・劉文徴『滇志』巻之三十一「霊異」「雑志」「瀾滄江在順寧東南四十里、歳五六月、江有物、黒如霧、触之則死。光如火、声如析木破石、或云瘴母」。

（8）清・劉崑『南中雑説』「保頭銭」「魯魁山、滇南之大山也。其南起沅江、北盡楚雄、東抵安寧、西極洱海。而野族盤踞其中、往往出没道路、攔截客貨、甚至殺人者。至村落土著之民、則其戸之高下、歳輸貨財、號曰保頭錢、言不納此錢則頭不保也」。

（9）明・劉文徴『滇志』巻之三十一「補、霊異」「畜蠱」「鮑照『炎熱行』『含沙射流影、吹蠱病行暉』。南中畜蠱之家、蠱昏夜飛出飲水、光如曳彗、所謂行暉也。『文選』注云、『行暉、行旅之光也』。非也」。

（10）清・李焜『蒙自県志』巻十二「蒙邑地接江外諸猛地、瘴癘蠱毒、毎年中而死者不知凡幾」。

（11）清・屈大均『広東新語』巻之二十四「虫語」「蠱」「粤東諸山縣、人雜傜蠻、亦往往下蠱。有挑生鬼者、（中略）以害商旅、蠱主必敬事之。投宿者視其屋宇潔浄、無流塵蛛網、斯則挑生鬼所爲。飲食先嚼甘草、毒中則吐。復以甘草・薑煎水飲之、乃無患。入蠻村、不可不常攜甘草也。挑生鬼亦蠱之屬、蓋鬼而蠱者也」。

（12）宋・周去非『嶺外代答』巻十「志異門」「挑生」「廣南挑生殺人以魚肉延客、對之行厭勝法、魚肉能反生於人腹中、而人以死。相傳謂人死、陰役于其家」。

（13）民国・劉錫蕃『嶺表紀蛮』第二十一章「迷信」「蠱毒」「蠻人感受蠱毒時、禳解無效、則炒蠱、炊蠱、則放蠱者與受蠱者、皆以同一之痛苦而死。漢人不明炒蠱、故多死於蠱。槖金遠行者、其戒備尤嚴。久客蠻區之商人、行則以甘草自随、食前、嚼少許、能解蠱毒。藏耳垢於指甲、飲前、密彈於杯、如蠱酒、酒如沸湧、故鮮或遭其毒手。黔中苗婦、常以食物售於市廛、漢人購之者、必先問其有蠱無蠱。如苗人答曰、『有——大屁股』。然後始購、説者謂、『若以此言先時道破、則蠱術不靈』。其猜妨如此」。

（14）たとえば、宋・王袞『博済方』巻二「保霊丹、解蠱毒即一切薬毒（方缺）」。

（15）たとえば、清・貝青喬『苗俗記』に記す貴州苗人の事例や、民国・葉国慶「金蚕鬼的伝説」に記す福建省の事例などがこの種の記事としてあげられる。

（16）清・曹樹翹『滇南雑志』巻十一「飛歹」「緬僧有邪術、能以他物易人臟腑肢體、名日飛歹。又有夷人以藥毒人、限以年月久近、時至則藥發必死。昔有人於夷地貿易、其主家屡毒之、不死。乃以實告曰、吾毒君十二次矣、而不死、君福何大也。其友密求其術、蓋以香櫞爲末、毎早滾水服一刀圭後、遇毒、則必吐出無害矣」。

(17) 明・謝肇淛『滇略』巻四「俗略」「尋甸・武定・景東・元江・蒙化・順寧諸郡、皆夷漢雜處。然夷雖悍而樸直不欺、其黠而作偽者皆漢人也」。

(18) 清・愛必達『黔南識略』巻十九「銅仁府・銅仁県」「査漢民之黠者、多來自江右抱布貿絲游歴苗寨、始則貸其贏餘而厚取其息、繼則準折其土地廬舍、以爲値」。

(19) 清・呉大勲『滇南見聞記』巻上「天部」「漢人」「至今城市中皆漢人、山谷荒野中皆夷人、反客爲主、竟成樂國。至于歇店飯舗、估客廠民、以及夷寨中客商舗戸、皆江西・楚南兩省之人。只身至滇、經營欺騙、夷人愚蠢、受其籠絡、以至積趲成家、娶妻置産、雖窮村僻壌、無不有此兩省人混跡其間」。

(20) 清・呉大勲『滇南見聞記』巻上「天部」「漢奸」「夷人最貪酒肉、昧於計算。江・楚奸民、平日以尺布寸絲、零星什物、頻賒予之、遂置酒肉延之飲啖、乘其醉後歡呼、出賬指算、一任愚弄、茫然不知。甚至串一黠夷写成田契、哄其指印、遂以田畝準折」。

(21) 明・楊慎『滇程記』「(孟艮蠻)復多幻術。爲家不設扃鑰、漢人舍之有竊其貨者、夷主諷呪、盜者卽病心腹、必詣其家歸貨謝過、其人復爲解之」。

(22) 清・劉崑『南中雜説』「緬甸蠱」「尤可怪者、緬人之蠱、不用藥而用鬼。世傳神呪、能于四十九日呪牛皮如芥子、號曰牛皮蠱。呪犂頭鐵亦大如芥子、號曰犂頭蠱。下蠱之法、不需飲食、但藏芥子于指甲之内、對人彈之、藥已入腹矣。然不肯無故藥人、必無賴客子侵其妻妾、勒其貨財物、乃以此法治之。漢人中毒而還、彼又計其道里之日月、復誦神呪、則蠱毒大發、肌痩而腹脹數月而死。金谿周瑞生・龔吉貞皆死于此物」。

『南中雜説』のこの記事は、ビルマ人の行う呪術を指し、漢語の「蠱」を当てる。この場合の「蠱」の用語は、翻訳語的に使用された言葉使いであろう。蠱毒伝承は、中国南部全域にみられ、漢人、非漢民族双方に伝わる。その点、漢人と非漢民族いずれかに本来的な伝承であるかを分別するより、一種の「南中国的なエートス」ともいえる精神風土を典型的に示した信仰習俗であると考える方が理に適っている。ただ、西南地方の蠱毒伝承のなかで、タイ族系民族集団やビルマ人について記される蠱毒伝承は、他の地方の同種の呪術伝承と比較すれば、かならずしも動物霊や虫霊的な霊物を使役するのではなく、牛皮や鉄器などの物資や器物に霊的な呪力を与えて使役する点で特徴がある。この場合は、タイ族系民族集団やビルマ人における呪術的習俗を、漢人が記録する際、「蠱」の字を当て翻訳的に使用しているものと考えられる。その背景には、記録者の側に、仏典訳語に由来する民俗伝承のイメージ理解があろう。

たとえば、現代小説では、ビルマに滞在し、一九一〇年代華僑学校で教鞭を執っていた許地山「命命鳥」が、ビルマ人の蠱術と蠱師について触れている。この作品は、ビルマの青年、加陵と、劇団主の娘、明敏が恋に陥るが、明敏の父には反対され、情死する話であるが、明敏の父、宋志は、二人の仲を引き離すために、蠱師、沙龍に呪術を行わせる［許地山　一九八八］。

「インドシナには蠱師と呼ばれる者がおり、もっぱら符や呪文などの秘文やまじないの言葉で、人の運命を操る。時には愛情のない男女に突然愛情が生じ、時には仲のよい夫婦を仇敵に変える。この職業の者はタイ人の僧侶がもっとも多く、人々に厚く信仰されている。ビルマ人でこの職業についている者も少なくない」。（松岡正子氏訳）［許地山　二〇〇〇：二四］

沙龍は、彼女の日用品に符を描き、呪文を唱え、戻して使わせれば、恋を裂くことができるとする。愛情を生じさせたり、失わせたりするという点では、この種の呪術は、一種の恋薬呪術に近い内容であり、「蠱」は、この場合「蠱術」（「まじないの術」）、つまり呪術的行為そのものを指し、いわゆる「蠱毒」を指したものではない。「命命鳥」は、仏教的色彩が極めて強い小説である。松岡純子氏の註釈によれば、「命命鳥」という題名自体が、梵語の jivajivaka、つまり、『阿弥陀経』で極楽浄土に住み、妙音を発し、衆生を教化する鳥を意味している［許地山　二〇〇〇：四四］。

蠱術との関連では、加陵の父が、結婚に反対し、彼を僧侶にさせるために、僧侶に仏法を説かせたことを加陵が明敏に告げる場面では、安世高訳『摩鄧女経』（『大正藏』巻第十四）が引用される。この『摩鄧女経』は、西域の呪術である「蠱道」について触れた経典である。阿難に出会って心魅かれた摩鄧女は、母の摩鄧に蠱道によって阿難を誘惑するように頼む。しかし、仏道に阻まれ果たせず、仏は摩鄧女に、阿難の妻になるために剃髪するように説く。母の反対を押して彼女が剃髪して仏の許に至ると、仏は彼女に身体の六事に囚われていると諭し、彼女は悟りを得る。じつは摩鄧女は前世五百世に渡って、阿難の妻であったので阿難に心魅かれたのである。仏典に通暁した宗教学者でもあった許地山は、当然『摩鄧女経』の背景を知った上で、愛情を絶つ蠱師の蠱術について作品で触れているものと思われる。

インド的な呪術を、蠱道としたのは、仏典翻訳の結果によるものであるが、ビルマの呪術師を「蠱師」と記した許地山は、ビルマの呪術に、仏典の訳語でいう「蠱道」が重なることに気づいたうえで、この言葉を使っているものと思われる。蠱道の名辞は、後漢・安世高訳『摩鄧女経』では、摩鄧が阿難を無理に娘と結婚させようとして脅し、「以蠱道縛阿難」（「蠱道を用いて阿難を縛り付け」）などと書かれる（『大正藏』第十四巻、五五一）。荒見泰史氏が筆者に御教示されるところによると、同系説話の異訳である失訳人名・附後漢録『雑譬喩経』（巻下、『大正藏』第四巻、二〇五）では、摩鄧女に当たる女性が「蠱道女」と訳され、「母便召所奉鬼使惑阿難」（「母は奉じるところの鬼を召し使いて阿難を惑わす」）とあり、使鬼術として使われている。このような仏典の翻訳語として使われる「蠱」の名辞は、島田成矩氏の「蠱道の研究（一）」によれば、唐・慧琳『一切経音義』では「蠱道」九例、「蠱狐」五例、「蠱毒」五例、「厭蠱」五例、「妖蠱」「邪蠱」「蠱魅」「蠱」など各一例に及ぶという［島田　一九六六：一二］。

許地山の「命命鳥」は、ビルマに伝わる呪術習俗が、仏典訳語としての「蠱」と重ね合わされ、翻訳されている。仏典中の蠱道のイメージを、ビルマや雲南西南地方の蠱術に見いだすことは、これらの地方が上座仏教の信仰圏であることを考慮すれば理解できるし、漢人にとって、これらの民族集団の呪術習俗を蠱術とみなすことは、自然の成り行きであるともいえる。

前述、『南中雑説』「緬甸蠱」の記事は、作者の次のような見解で締めくくられる。

「仏書にいうところの毒薬、および毒物は、彼の地の人においてはある。天地の大なること、無いものはない、耳目に入らないからといって、すべてを荒唐であると排斥するまでのことはない」（「佛書所謂毒藥及毒物、還加于彼人。天地之大、何所不有、耳目所不經見、未可盡斥爲誕妄也」）。許地山と同じく、清初の劉崑においても、仏典がビルマ人の呪術を認識するうえでの参照知識とされる。言い換えれば、漢人の記録者においては、ビルマ人およびタイ族系民族集団の民俗伝承を理解するうえで、仏典と、その翻訳語が、イメージ形成の触媒的な作用を果たす知識として介在していることが指摘できよう。

(23) 明・劉文徴『滇志』巻之三十「羈縻志」「擺夷」「與外人交易、償約失信及私窺其妻女者、必毒之。眞實樸厚者、累出入亦無傷」。

(24) 清・楊瓊『滇中瑣記』「放歹」「迤西南邊夷、使藥害人、名日放歹。藥入人腹中、久而成痞不化、人乃漸消瘦。其與人有仇、一念咒語、卽令人藥發而死。其與人有私、一念咒語、卽令人藥發而回頭。惟所欲爲、無不如意、眞可惡也。（中略）石屏余某茂才、館於沅江州屬之夷村。余癖於賭、往往誘夷家子博、輸而向夷家悪索所逋、夷家含之、放之以歹死。其兄攜其季弟及己子并至夷村、憤與爭訟、亦皆中其歹以死、可畏也哉」。

(25) 清・陳鼎『滇黔土司婚礼記』「其所屬部落、有爲姦犯科魘蠱切殺漢人者、長官卽率衆掩而斬之、俘其子女以歸」。

(26) 清・劉崑『南中雑説』「世傳南人能造蠱、然余自昆池戍騰衝、閲歴十年、足跡半兩迤、亦不能概見也。獨沅江土司世傳此法、其藥最毒而最奇。凡郡守新任、例必設宴迎風、藥已入腹矣。在任理事、藥不卽發也、但兩目瞳子變黒而爲藍、面色淡黄、狀類浮腫、至離任一月則闔門并命矣」。

(27) 清・劉崑『南中雑説』「又可怪者、騰越所屬土司中、有楊招把者、亦能誦神咒、則蠱毒大發、潑出蠱毒、活漢人而殺緬人」。

(28) 清・紀昀『閲微草堂筆記』巻十五「姑妄聽之」一「李又聃先生言、東光畢公（偶忘其名、官貴州通判、征苗運餉遇寇、血戰陣亡者也）、嘗奉檄勘苗峒地界、土官盛宴款接。賓主各一磁蓋杯置面前、土官手捧啓視、則貯一虫如蜈蚣、蠕蠕旋動。譯者云、此虫蘭開則生、蘭謝則死、惟以蘭蕊爲食、至不易得。今喜値蘭時、捜岩剔穴、得其二。故必獻生、表至敬也。旋以鹽末少許酒杯中、覆之以蓋、須臾啓視、已化爲水、湛然淨綠、瑩澈如瑠璃、蘭氣撲鼻。用以代醯、香沁齒頰、半日後尚留餘味。惜未問其何名也」。

(29) 清・東軒主人『述異記』巻三「土司変獣」「又土司楊姓者、能變三獸。土人知之、至變虎之期、遂家比戸俱閉門不出、預開城門。

彼則望深山騰躍而去、一宿卽返、返則仍爲人。若變驢、則土人置蒭豆草具於通衢、恣啖一飽。變猫、不過竊肉食之、須臾則爲人。云係祖傳世世如此、其變獸亦定期、故得備之」。

(30)『太平御覧』巻八百八十八「変化」下「『捜神後記』曰、尋陽縣北山中蠻人有術、能使人化作虎。毛色爪牙、悉如真虎。鄉人周眕有一奴、使入山伐薪。奴有婦及妹亦與倶行。既至、奴與二人云、汝且上高樹、視我所爲。如其言。既而入草、須臾、見一大黃斑虎從草出、奮迅吼喚甚爲可畏。二人大怖、良久還草中、少時復還爲人、語二人曰、歸家愼勿道。後遂向等輩説之。周得知、乃以醇酒飲之、令熟醉。使人解其衣服及身體、事事詳視、了無所異。唯於髻中得一紙、畫作大虎、虎邊有符、周密取録之。奴既醒、喚問之。見事已露、遂具説本末云、先嘗於蠻中告糴、有一蠻師云有此術、以三尺布、數升米糈、一赤雄鷄、一升酒、受此法」。

(31)明・王士性『広志繹』巻之五「西南諸省」「(廣南)其地多毒善瘴、流官不敢入、亦不得入。其部下土民有幻術、能變猫狗毒騙人、往往爰書中見之。然止以小事惑人、若用之大敵偸營劫寨、未能也。有自變、亦有能變他人者。此幻術迤西夷方最多」。

(32)変鬼をはじめとする鬼人の伝承は、貴州地方地羊駅や、四川地方のチベット族系住民の居住地域などにもありもいずれも澤田瑞穂氏「メタモルフォーシスと変鬼譚」に掲載されている。澤田瑞穂氏があげる事例は、貴州地方の事例では、明・馮夢龍『古今譚概』第三十二「貴竹幻術」が「貴竹(貴竹長官司、広くは貴州省を指す)の地羊駅は民夷雑居し、幻術多く、よく木をもって人の足に換える」(貴竹地羊驛、民夷雜處多幻術、能以木易人之足)とあり、その幻術の名と内容が、孟密の地羊伝承と同じ類であることが注意される。清・袁枚『子不語』巻五「蔵魂譚」にも、貴州省の記事がある[澤田　一九八二：三七四—四〇四]。

四川地方では大渡河上流の金川(現在の金川県東)、茂州(現在の茂県、汶川県)に変鬼の記事があり、澤田瑞穂氏は、清・李心衡『金川瑣記』巻九の「変鬼法」に関する記事と、清・兪樾『右台仙館筆記』巻九、茂州の「毒薬鬼」の記事をあげられているので参照されたい。

(33)明・厳従簡『雲南百夷篇』「孟密安撫司卽漢孟獲之地、朝廷毎歳取辦寶石於此。其地夷俗鬼術甚駭、有名地羊鬼者、擅能以土木易肢臟、當其易時、中術者不知也。憑其術數、幾時而發、發則腹中痛矣、痛至死而五臟盡、乃知土木。或惡人不深、但易其一手一足、其人遂爲殘疾」。

(34)明・謝肇淛『滇略』巻九「夷略」「地羊鬼、短髮黃睛、性奸狡嗜利、出沒不常、或與人相讎、能用器物行妖術、易其肝膽心腎、使爲木石、不救以死」。

(35)明・謝肇淛『滇略』巻九「夷略」「猛密、在騰越南千餘里。其地產寶井金礦、估客雲集。山高田少、米穀騰貴、花果瓜蔬與中國同、但多地羊鬼、爲行人祟」。

(36) 明・朱孟震『西南夷風土記』「孟密東産寶石、產金、南產銀、北鐵、西產催生文石」。

(37) 明・朱孟震『西南夷風土記』「江頭城外有大明街、閩・廣・江・蜀居貨遊藝者数萬、而三宣六慰被携者亦數萬」。

(38) 明・朱孟震『西南夷風土記』「交易、或五日一市、十日一市、惟孟密一日一小市、五日一大市、蓋其地多寶藏、商賈輻輳、故物価常平」。

(39) 『明史』巻三百十五「列伝」第二百三「雲南土司」三「屬有地羊寨、在孟密東、往來道所必經。人工幻術、採辦人有强索其飲食者、多腹痛死已、所乗馬亦斃、剖之則馬腹皆木石也」。

(40) 明・王士性『広志繹』巻之五「西南諸省」「孟密所属有地羊、當官道往來之地、其人黄睛、黧面、狀類鬼。翦舊銅器聯絡之、自膝纏至足面爲飾。有妖術、能易人心肝腎腸及手足而人不知、於牛馬亦然、過者曲意接之、賞以鍼線果食之類、不則、離寨而死、剖腹皆木石」。

(41) 清・陸次雲『峒谿纖志』上巻「木邦、一名孟邦。相傳其人多幻術、能以木換人手足。人初不覺、久之行遠、痛不能勝。有不信其説者、死之日、剖股視之、則果木也。又能置汚穢於途、人觸之者、變爲羊豕、以錢贖之、復變爲人。有知之者、易置穢物於他方、則其人反自變爲異類」。

(42) 清・張泓『滇南新語』「更聞元郡江外、以木易客腿、索財既足、始復其脛。否則木脱斃立矣。其害亞於蠱」。

(43) 明・朱孟震『西南夷風土記』「邪術、三宣有卜思鬼者、婦人習之、夜化爲猫・犬、竊人家、遇有病者、或舐其手足、或嗅其口耳、則攝其肉、唾于水中、化爲水鰕、取而貨之。蠻莫之外有曰地羊鬼、髡頭黄眼、面黒而貌陋悪者是也。能以泥土沙石換人及牛馬五臓、忤之必被其害。初聞以爲怪誕、後軍蠻莫威遠營、有火藥匠、與夷人鬨、已而病没、其兄焚之、滿腹皆泥沙。軍回、過張擺箐、見道傍二屍如蛻蟬、詢之乃（卜）思鬼所攝者、始知二説皆不謬也。卜思鬼惟狗可以碎之、地羊鬼貼身服青衣、自不能相害、凡入夷者、不可不知也」。

(44) 明・楊慎『滇程記』「(百夷) 家畜一撥廝鬼、其鬼無形而善噬人魂、中者越宿死、死則百夷取其屍爲醢、是鬼聞犬聲遁百里」。

(45) 明・謝肇淛『滇略』巻九「夷略」「夷人中有號爲僕食者、不論男女年至老、輒夜變異形、若犬或象或驢、於人墳前拜之、其屍即出、爲彼所食、蓋出白夷一種焉」。

(46) 明・王士性『広志繹』巻之五「西南諸省」「南甸宣撫司有婦能化爲異物、富室婦人則化牛馬、貧者則化猫狗。至夜、伺夫熟睡、則以一短木置懐中、夫即覺仍與同寢、不覺、則婦随化去、攝人魂魄至死、食其尸肉。人死則羣聚守之、至葬乃已。不爾、則爲所食。隣郡民有經商或公事過其境者、晩不敢睡、羣相警戒、或覺物至則羣逐之、若得之、其夫家急以金往贖、若登時殺死、則不能化其本形」。

(47) 明・厳従簡『雲南百夷篇』「又有名撲食者、惟欲食人屍骸。人死親朋鑼鼓防之、少或不嚴、則鬼變爲禽獣・飛蟲突入而食之矣、皆不可以理喩者」。

(48) 明・劉文徴『滇志』巻之三十「羈縻志」「種人」「僰夷」「有元江者、能爲鬼魅、以箒繫衣後、即變形以象・馬・猪・羊・猫・犬、立通衢、或直衝行人、稍畏避之、即爲所魅、入腹中、食其五臓、易之以土。昔有客言嘗臥病、醫無效、禱於大士、夢好女子於其脇下出一小兒、漸成老人、女子叱之乃去、病遂已。知者遇前物、以一手捉之、一手挺拳痛捶之、必還復爲人、奪其箒而縻之、哀求以家資之半丐脱」。

(49) 明・劉文徴『滇志』巻之三十「羈縻志」「種人」「僰夷」「十八寨者、性儉（険）好殺、畜蠱餌毒、捕魚食鼠、焚骨而葬」。

(50) 清・陳鼎『滇黔紀遊』「賓川州瘴氣甚濃、四・五月間、鶏足道絶人行。更有變鬼者、婦女居多、或變猫、變羊、變鶏・鴨、變牛糞、變象・馬、遇單客、則殺而奪其貨。村落中或有此種人、左右隣必鳴官擒治、否則連座。其人面黄眼赤、神情恍惚、容易識認」。

(51) 明・謝肇淛『滇略』巻九「夷略」「其類有小伯夷・大伯夷・蒲人・阿昌・縹人・古剌・哈喇・緬人・結些・遮些・地羊鬼・哈杜・怒人・野人等」。

(52) 筆者は大理古城在住のYPさんより次のような話を聞いている。YPさんが解放直後辺疆防衛部隊に参加して雲南西部辺疆の徳宏傣族景頗族自治州潞西市の州、市政府所在地である芒市に駐留していた頃、市街で漢族の屠夫が肉を売っていたが、タイ族の老婦が肉を買いに来たが、身なりがみすぼらしかったので、この老婦を後回しにして肉を売った。怒った老婦は屠夫の足を蹴り上げ、睨みつけたが、その後、屠夫は足が腫れあがり、歩けなくなり、老婦に謝罪して治してもらってようやく回復した（大理市大理古城鎮・YP・男性・漢族・六二・自営業・二〇〇二年二月取材）。詳細は次章四節参照。

(53) 江応樑氏『擺夷的生活文化』は、現在のタイ族系民族の巫術に関する習俗として、放蠱、放歹、撲食、皮迫の四つを挙げているが、以下その内容を要約する。

㋐放蠱

端午の日の正午に五種の毒虫（蛇、サソリ、ムカデ、蜘蛛、ガマ）を瓶に入れ、紅布で包み、地下に埋める。二年目に掘り出し、最後に残った一匹は蠱に変わっている。家にもって帰り、天に対して誓い、蠱と誓う。以後蠱は主人に従い、使役に供せられる。大瓶に蠱を養い、鶏卵を供すると随時放ち出て人に祟る。蠱が誰かに傷害されると、蠱を蓄えている者も同時に身亡する。

㋑放歹

タイ族では漢語で「放歹」と呼ばれる邪術の一種が知られる。ある物品の大きさを自在に変え、ひそかになんらかの物の内部に納めるといい、悪意による傷害を目的とするものと、予防のためになされる場合との二つがある。前者は憎むべき家の者を害する、後者は妻が夫に捨てられるのを恐れるために、夫に仕掛けるものがあるという。

㋒プースー（撲食）

「プースー」（Pu Si・タイ族語「撲食」）とはいわゆる変鬼術で、術を扱う本人が動物に化身するものである。江応樑氏はこれに男女の別があり、男子は牛、虎、馬に化し、女子は猫、犬、鶏、豚などに化すという。人家の食物を喰らい、墓中の死体を喰らう者もいる。宴会で食物が腐ると、撲食に盗み喰われたとされ、撲食は食べ物の精を吸い取るので、たちどころに腐る。外見的な特徴としては尻尾がなく、尻尾のない猫や犬を見つけたら皆で捕まえ、追い払う。

㋓ピーポー（皮迫）

「ピーポー」（PiPo・タイ族語「皮迫」）は、一種の「精怪」の類で、人に憑き、憑かれた者の生魂を使役する。憑かれた本人は自分が皮迫であることを知らない。しかしその生魂は知らずして人に祟る。祟られた者は、病気に掛かり、言語行動が尋常でなくなる。本人の挙動言動ではないが、皮迫となった者の挙動言動に似るので、その来源が知れる。村寨あげて皮迫の者を追い払うという［江応樑　一九五〇：二五二―二五九］。

㋐は蠱毒、㋑は恋愛呪術、㋒は僕食、㋓は枇杷鬼であり、地羊についての記事は記載されていない。

（54）　たとえば、東京都立大学名誉教授、村松一弥氏による中央広播電台の短波放送番組録音の中国古典音楽・芸能コレクションにはテープ番号一一、『伊莱漢』、雲南人民藝術劇隊花燈劇団、一九八〇年六月一五日録音、テープ番号一九八、『伊莱漢』、一九八〇年一二月二二日録音の二本が収録されている。

七章　恋薬・鬼妻をめぐる恋愛呪術伝承
――漢人の「走夷方」からみた西南非漢民族の民族表象（二）

一　はじめに

前章と前々章で論じた蠱毒伝承や、地羊・僕食にみる鬼人伝承は、呪術行為の対象者（影響者）に対して被害を及ぼす特徴があり、長島信弘氏のいうところの、様々な個人的不運や災いをどのように説明し、対処するかという意味での「災因論」的内容をもった伝承であるという共通点がある［cf. 長島 一九八七］。しかしながら、本章で論じる恋愛（性愛）呪術的な伝承は、漢人と西南非漢民族とをめぐる民族間呪術に関わる他民族表象として、蠱毒伝承、鬼人伝承と共通点があるが、恋愛呪術本来の性格に即せば、かならずしも被害的結果を及ぼさず、災因論的に解釈されうる民俗事象ではない。呪術内容としては、いわゆるブラック・マジック（brack magic）の範疇に属さず、澤田瑞穂氏のいう「紅い呪術」（pink magic）、あるいは長島信弘氏のいうところの「福因論」としての性格をもつ［cf. 澤田 一九九二e、長島 一九八七］。西南非漢民族の間には、異性間に、恋愛を成就させるために行う「恋薬」に関する媚薬伝承――以下「恋薬伝承」と呼ぶ――が広範にみられる。本章では、手始めに一般的な恋愛呪術の伝承として、恋薬伝承の有様を概観する。

しかしながら、漢人にとり、この種の伝承は、いったんそれが民族間の関係性のもとに位置づけられると、異民族の女性（とくに寡婦）が、漢人をみずからの伴侶とするために呪術を行うという「鬼妻」に関する伝承を生む。本章はこれを「鬼妻伝承」と名づけ、主題として論じるが、鬼妻伝承は、旅行者が異地にあって帰還不能になる恐怖を意味する伝承として語られ、異地における恐怖という点からすれば、蠱毒、地羊、僕食の伝承とも共通の特徴をもち、内容としても密接に関わるが、この種の伝承を語ったり、記録する側からの視点は、災因論的な範疇に属する民俗事象の性格が際だつ（ただし、呪術行為の被害者自身にとり「災い」か「幸い」か論断できない双方の要素がみられる）。

二　恋薬伝承

エバーハルト（W. Eberhard）は、『古代中国の地方文化』で、蠱毒を「性愛呪術」の範疇に属するものとして捉える。蠱毒は殺人致富を目的とすることが多いが、エバーハルトはむしろ異性を魅きつけるための媚薬の作用をより重視し、今日に至るまでも新鮮な観点を提出する。「蠱の本質は、壷の中で生き残った動物から作られる媚薬である。それは女性のもとに愛している男性が戻って来るようにするための媚薬として使われるものである」［Eberhard 1942：137-138、エバーハルト　一九八七：一四〇］。

媚薬に使う薬草の伝承は、晋・干宝『捜神記』巻十四にこのような記事がある。

「舌埵山の王の娘が死んで、不思議な草になった。葉が鬱蒼と茂り、花は黄色で、実は兎糸に似る。それゆえこの不思議な草を服用すると、いつも人の心を迷わすようになるという[1]」。

竹田晃氏によれば、兎糸は根無しかずらのことで、女羅（つた）にからみついて生えることから、女性が男性に寄りそうたとえに使われるとのことである〔干宝　一九六四：二六九―二七〇〕。

雲南地方では、男女間の恋愛（性愛）呪術に使われる薬草の伝承があるが、『捜神記』の記事よりははるかに時を経て、清代に記事が集中する。この種の惚れ薬は、蠱薬の一種であり、「恋薬」と呼ぶ。恋薬は、澤田瑞穂氏「紅い呪術」にも文献を紹介される（以下清・曹樹翹『滇南雑志』まで澤田瑞穂氏の紹介がある）〔澤田　一九九二ｅ〕。

清・張泓『滇南新語』「氤氳使者」

「合和草はかならず一対で生じる。夷人の女が採集して粉末にし、ひそかに飲食の中に置く。好きな少年に食べさせると膠のごとく恋慕して、その効果は、黄昏散じるに及んで勝り、いよいよ帰りたくなくなる。仲がよくない者はよろしくこれを用いるとよい。夷地の深山中に生える(2)」。

清・徐昆『柳崖外編』巻一「和合草」

「永昌府瀾滄江（メコン河の中国側名称）のあたりに和合草というものがあり、根は潔白で、男女の交媾の姿で絡まり合っている。現地の者はこれを見つけると米で周囲を囲んで掘って採集する。そうしてようやく得ることができ、そうでなければ逃げてしまう。夫婦仲の悪い者がこれを飲むと仲よくなる(3)」。

澤田瑞穂氏は前記二則を取り上げたあと、和合草について朝鮮人参を連想させると書くが〔澤田　一九九二ｅ：三九六〕、朝鮮人参については東北地方に人参が精となって採取者から逃れたり、飛んでいったりなどの伝承があり、人参類についてのイメージは自然物の気が凝集して成った精怪としてのイメージがある〔cf. 吉林省民間文芸研究会　一九八〇、中国民間文芸研究会吉林分会　一九八四〕。それと同じく精となる植物のイメージとして、西南地方にも『柳崖外編』が採取者から逃れる和合草について記すように、人参類に関する同種の伝承を生じる余地があろう。実際筆者は雲南地方から貴州地方に旅行した時、列車の車内で農民が男女の形をした一対の人参を持って売り回る場面に出会った。男女仲に効く媚薬としての人参は、現代にもマンドラゴラ的な人形《ひとがた》人参を出現させる余地を残す。和合草の伝承が背後にあるからこそ、現地の者が旅行者相手に和合強壮の薬として人参を売る商売が出てくるのではないだろうか。

清・曹樹翹『滇南雑志』巻十四「霊草」は「安駝駝」という霊草について記す。和合草以上に呪術的性格が誇張されているところが注目される。

「安駝駝という霊草があり、四方から雲の如く購入者が集まる。銅を銀に煉成することができ、また病気も治せる。彼の地の夷婦はこれをよく媚薬とし、男を悦ばせる。その薬ができればかならず効き目を試す。その方法は二つの大きな石を部屋の東西の端に置き、一丈ほども離しておいて、それぞれに薬を塗る。夜になるとひとりでに合わさっている。その薬はいろいろ薬草を合わせて作るが、その作り方は伝わらない」(4)。

この記事からは、非漢民族の者が媚薬として使うとされる草が内地にもその話が喧伝され、購入者が各地より集まってくるとされ、内地の漢人にこの種の薬草についてのうわさが耳に入る機会があったことを窺わせる。

雲南省は薬材の産地として知られ、明初正統元年（一四三七）にはすでに蘭茂『滇南本草』が編まれる。薬材の主要産地は雲南西北部で、明代には旧暦三月に大理の葉楡城（現在の大理古城）外で開かれる交易市である観音市（現在の三月街）などで、古宗（チベット〈蔵〉族に当たる）、羅羅（現在のイ〈彝〉族に連なるとされる民族集団）や民家（現在のペー〈白〉族に当たる）をはじめとする各民族集団出身の商人が集まり、物資の交易を行っていた。民族間の薬材交易を背景とし、清代に至って、雲南省の薬材交易も外省との交易ルートが本格的に確立され、主として四川商人、広東商人などの薬材商が昆明に店を構える。

薬材の産地である雲南西北部は辺地にあり、雲南西部の大理地方の下関街（現大理白族自治州下関鎮）が雲南省の薬材の一大集積地で、麗江、永昌（現保山市隆陽区永昌鎮）の地も、雲南西北部の雪山の連なる金沙江、瀾滄江、怒江（サルウィン河）の併流地帯への入り口であり、薬材の集積地であった。貝母、茯苓、黄連、大黄、麝香、冬虫夏草などが集められ、清代から民国期にかけては、主に昆明の薬店が買い付けに赴いた。また、永昌などの漢人商人や、麗江、大理出身の非漢民族（現在のナシ〈納西〉族に当たる民族集団である摩些や、ペー族にあたる民家）は、薬材の買い取りに、雲南西北部の辺疆地帯である高黎貢山、怒江渓谷、独龍渓谷（イラワディ河上流部）にも入り、俅人（現在のトールン〈独龍〉族に当たる）などから貝母、黄連、麝香など、内地で高額で取り引きされる薬材を買い付け、現地では貴重な鉄器、糸、塩などを商人側に高い交換率で物々交換し、高い利益を上げていた。(5) 雲南地方の恋薬伝承が漢人の知識に入ってくる背景は、薬材交易の雲南西北部での興隆と、薬材商人の辺疆地区での交易活動を考慮せねばなるまい。

民国期の雲南地方を回顧した作品である羅養儒『雲南掌故』巻十三「滇南景物志略之四」「低頭草与和合草」によると、作者は麗江に旅行した際その実物を見せられたという。和合草は、現地民内部にも伝承として成立していた。

「和合草、生えている様子が如何なる様子か聞いたことはないが、ただ昔麗江にて、乾したものを人に示されたことがある。葉は一寸ほどの長さで、毛尖茶（雲南緑茶の一種）の茶葉に似る。葉を二片、紅い毛糸で刺し合わせて一つにする。話によると、男女いずれとも、この葉を手中に握り、手のひらに汗が出るのを待ち、汗を他人の肌肉のうえに塗ると、相手は自分についてくる。男が女に施しても、女が男に施しても同様の効果がある」。

赤い毛糸は寿老人が縁結びのために繋げる赤い糸に通じた呪術的意味があろう。記事はさらにつづけて、牛馬を獲得するときにも使うという。

「あるいは汗を牛馬の身上に塗ると、牛馬もまた必ず来て自分についてゆく。つまり先に性を惑わせ、のち自分の要求を聞き入れさせ、欲するところをなす。またそれは低頭草（毒草の一種――筆者註）よりも激しい。またある人がいうには、草を懐に忍ばせる者は、名利の上でもはかばかしくなく、そのうえつねに災禍を招き、凶死することすらある。ために、これを所有する者は少ない。天道はお見通しというべきである」(6)［羅養儒　四二一―四二二］。

恋愛のみならず、他人の牛馬の獲得に使うのは、対象を惹きつけるという作用からは納得のゆく呪術である。恋薬を動物捕獲に応用する例は、チワン（壮）族にもあり、広西壮族自治区靖西県のチワン族の使う恋薬は、狩猟にも使われるという［cf. 凌樹東　一九九八b：五八三―五八四］。もっとも、この草の効果が信じられる反面、所有すれば実益上も良いことがなく、運勢も悪くなるというのは、扱い主が致富のために邪術的に使役するとされる蠱毒や、中国南部に広汎にみられ、財産を扱い主の家屋に移動、運搬するとされる「五通神」（雲南では「小神子」「五郎神」などと呼ばれる）を扱う者が、やがて没落するとされる伝承と一脈通じるものがあり、「因果応報」的な観念が見て取れると同時に、一時良い目に遭っていた者が没落した場合の説明概念として和合草の所持が、蠱や五通神と同じく語られているとも解釈できよう。

三　鬼妻伝承

恋薬伝承と相通ずる伝承として、非漢民族が、漢人の異性を我が身に留め置くために蠱薬を使う伝承がある。前章第五節で地羊にみられる鬼人伝承について、「漢人の記録者が、この種の鬼人伝承になみなみならぬ関心を注いでいるのは、煎じ詰めれば、旅行先で帰還不能に陥り、夷地に留めおかれることが、言いしれぬ恐怖をあたえるからではあるまいか」と記したが、鬼妻伝承も、鬼人伝承とも相通じた恐怖をあたえる伝承である。

この種の蠱薬の扱い主は婦人が多いとされ、しかも夫を失った寡婦であるという。この種の婦人を「鬼妻」という。以下、鬼妻伝承にあらわれる漢人側の他民族イメージを追う。

康熙三十九年（一七〇〇）の刊行になる清・屈大均『広東新語』巻二十四「蟲語」「蠱」は広西地方の状況として次のように記す。

「西粤（広西地方）の土州（非漢民族の居住地）は、寡婦を『鬼妻』という。現地民は娶らない。粤東（広東地方）の商人は、多くは往きて婿入りする。帰ろうとするならば、約束をせねばならない。三年に帰るならば、婦人は三年の蠱を下し、五年ならば五年の蠱を下す。これを『定年薬』という。期限を違えば、蠱は発作し、（腹が）膨脹して死ぬ。期限通り帰れば、その婦人は薬で解毒し、無事である。土州の婦人は、粤東の婿を迎えるのを譽れとする。現地の俗諺では、『広西に留人洞という地があり、広東に望夫山という地がある』という。蠱を使い人を留め、人また蠱のために留まる。（中略）蠱を下すのは、みな僮に出、僮婦に出る。もし傜人の女性ならば、蠱を下すことはできない」[7]（清・李調元『粤東筆記』に同記事あり）。

塚田誠之氏は「壮族と漢族の通婚にみられる史的考察」で、この記事から知られる広西地方の漢人と非漢民族の通婚関係の十七世紀末から十八世紀初の状況として、以下の諸点を指摘される。

広東地方から広西地方にくる商人の多くが、非漢民族、とくに現在のチワン族に相当する民族集団である僮人の居住地に来て婿入りしていた。また、商人は広西に定住せず、商業活動によって財産を得たあと帰郷し、その際、現地民の婦人は商人がふたたび戻ってくるように、期限を決めて「蠱を下した」とされる。広東商人を婿に迎えることは僮人の婦人には栄誉とされ、『広東新語』が刊行された康熙年間当時の、僮人の漢族に対する意識の在り方が窺い知れる。しかも、広西に留人洞があり、広東に望夫山ありといわれるように、地名に仮託した俗諺が生み出されたほど、それなりに多くみられたらしい、などの諸点が知られる〔塚田　二〇〇〇：二四七〕。塚田誠之氏の指摘は、下記に考察する雲南省の漢人と非漢人間の妻方居住の状況を考察するうえでも大いに参考となる。

なお、管見により広西地方の状況について補足すると、漢人商人が、現地の婦人に婿入りし、蠱毒を使って漢人を引き留めるという記載は、広東出身の文人、明・黄瑜の書である『雙槐歳鈔』に記され、明代の正統年間（一四三六―一四四九）の事柄とする。本書は自序によれば景泰八年（一四五七）から弘治八年（一四九五）までの約四十年間に書かれ、『広東新語』の記載より少なくとも二百年早く、すでに漢人と非漢民族との間に妻方居住的な通婚関係が発生していたらしいことが察せられる。

同書巻第五「蠱吐活魚」は次のようにいう。

「正統年間、呉江の周禮は廣西の思恩（現在の武鳴県）に行商した。陳氏の娘が寡婦となって実家に帰っており、この者の許へ婿入りした。二十年ほど経ち、子供も十六歳の息子がいた。禮は突然故郷に帰りたくなったが、妻は止めることができず、蠱を食物の中に置いたが、本人は知る由もない。妻は息子にともに行かせ、『もし、父が戻るというならば、医治せよ』と、ひそかに言いつけて解蠱の法を教えた。禮は家に帰ると、蠱が発作し、腹は膨脹し、際限なく水を飲む。息子が期限通りに帰るように懇願すると、禮は『自分もまた汝の母を思っている。病をどうにかしたいが、すこしばかり治ったら出ようと思う』という。息子は『治すことができる』といったが、禮を背中向けに柱に縛り付け、彼が喉が渇いたというと、素焼きの皿に水を盛り、口の傍に近づけ、飲もうとすれば皿を取り去ってしまう。かくして数百回もくりかえし、煩悶押さえきれなくなった頃、ついに口から鮒を一匹吐き出した。鮒は潑剌と、生きたままで、腹中の病はついに消えた。蛮夷の地は年月を限る蠱が多くあり、いささかでも期日を越えれば毒は発作して救えなくなる。それゆえ寡婦は『鬼妻』と呼ばれて、誰も近づかない。旅行者が多く被害に遭うとのことである(8)」。

生きたままの鮒を吐き出したというのは、いわゆる「挑生」の蠱術を指す。挑生は、広西地方を中心として非漢民族に伝わる蠱術で、宋代より記載がある（周去非『嶺外代答』巻十「挑生」など）。澤田瑞穂氏の「挑生術小考」に詳しいが、『挑』には挑撥、使嗾の意味があるから、挑生とは魚肉その他を食わせて、これを腹中で生長させ人を害する妖術の類か」とされる［澤田　一九九二c：二七〇］。華南地方の非漢民族の行う呪術である「南法」は、宋代以来福建、広西、広東地方に伝わる奇異なマジックとして、漢人文人のエキゾチズムを刺激し、多くの筆記雑著に記されるが、挑生はその典型的な蠱術である。『雙槐歳鈔』では、この記事を「蛮夷の地」の風俗として記しており、寡婦であった陳氏の娘はおそらく、非漢民族出身者であると思われるが、挑生法を外来の漢人を引き留める現地民の呪術行為として書いている点が、この記事の特徴として指摘できる。
雲南地方においても同種の鬼妻伝承があり、やはり内地や昆明を代表とする漢人居住地域から辺疆の非漢民族居住地域へ漢人が進出するに到って、この種の記事はさまざまな文献に見いだされる。以下、雲南地方の事例として、鬼妻伝承の有様を考察する。
乾隆年間の著、清・呉大勲『滇南見聞録』下巻「物部」「蠱」は、雲南東部、南部は広西地方に近く、蠱術が盛んであるとし、やはり女性が異性に対して蠱毒を用いる。

「蠱は虫毒で、邪術であり、人を殺すことができる。楚、粤に盛んであるが、迤東道、迤南道（雲南東部、南部）の両地は粤西（広西）に近く、蠱がとても多い。聞くに女子が誰かに淫合し、その人が別れて去ろうとするか、あるいはさらに好きな者ができたとき、自分を棄てたことを憎んで、蠱を飯食に入れ、その人が家に帰ると、だんだんに腹部が膨脹して死ぬ(9)」。

広西地方と雲南地方はいずれも蠱毒が盛んな地方であるが、前記の広西地方の留人洞と同じく、雲南地方の記事にも同種の留人洞があることが注目される。
『広東新語』と同時期の康熙年間の記述として、清・劉崑『南中雑説』「和合」は次のように記す（澤田瑞穂氏に紹介がある）［澤田　一九九二e：三九四―三九五］。

「滇（雲南地方）には名門の家というものはなく、風俗は財を重んじ、好んで娘を養い、娘が成長すると外来の流落者の妻とする。しかし容貌の醜く、才の劣る者は慮って谷風を賦し（誘惑の術をなすことを指す）、ひそかに投薬すると、放蕩者の耳目は変わって醜い者でも西施のように見え、その色香は蘇合（小アジア産の香木マンサク科の楓と同属の落葉高木の樹脂）のようで、終生解けない。また、恋薬、媚薬の類があり、飲めばその家を守って去るに忍びない。巨万の元手をもって旅に出ても、二つ目の宿場から先に行くことなく、すぐに惚けた様子で戻る。これを『留人洞』という。我が郷の数十万もの者が祖先の墓を棄て父母妻子を棄て、異域に老死するのは、大抵みなこれに中《あた》ったからだ[10]」。

「慮って谷風を賦し」（「慮賦谷風」）とは、『詩経』「邶風」「谷風序」に、「谷風、夫婦失道を刺すなり」（「谷風、刺夫婦失道也」）とあるが、夫婦の間を裂くような誘惑の術をなすことをいうものと思われる。この記事では、雲南地方でも、現地民の婦人が、流寓の漢人を婿入りさせる習俗があったことが窺われる。また、婿入りした漢人は、数十万というのは大げさな数であるが、帰郷せず、現地に定着する者もかなりあったらしく、漢人商人が資本として持参した財も、現地の婿入り先で失われる（ただ、この記事も、『広東新語』の記事も、留人洞の位置につき記さず、あるいは同地点を指すか）。また、蠱惑術として恋薬が使われる点、前節で論じた恋薬伝承との連続性が認められる。

『南中雑説』は前記記事につづいて、「蕭歪嘴」の記事を載せ、恋薬によって、帰郷できなくなった漢人を治療する民間医の女性について記している。

「永平県（現在の大理白族自治州永平県）に『蕭の口曲がり』（「蕭歪嘴」）と呼ばれる、五十過ぎほどの老婆がおり、不思議な術を使い和合の薬を解くことができる。あるいは少しばかり良い家の者が誤ってこの薬をのみ、狂うと、親兄弟や子供など、醜女を捨てさせ郷里に返そうとする者は、ひそかに『蕭の口曲がり』と計って、あらかじめ僧坊を治療の場所として用意し、狂った者を中に入れ、屈強な男たち数人でその手足を押さえる。『口曲がり』

は薬物を口に流し込む。大いに嘔吐すること二、三日で、毒蠱の作用は止む。当人は痩せて異常な様となり、日々粥と素菜で体の調子を整え、一ヶ月後にようやく美食佳肴を食べさせる。百日後に元に戻るが、このときかつての醜い女を引き合わせてももはや糞土を見るかのように捨てて顧みず、翻然と帰郷を思い立つようになる」[11]。

雲南地方でも妻方居住婚が盛んであったことが知られ、親族の者が帰らざる者を引き戻そうする場合もあったことが知られるが、妻方居住が雲南地方独特の風俗を形成していたことは、清末の書である楊瓊『滇中瑣記』「贅壻」の記事からも窺われる。

「滇俗はおよそ女子あって、(男)子がない者は、多くは他姓の子を婿に迎え、子とする。同姓の子は、弟、従弟に子が多くとも、後継とはしない。家産もまた問うことはない。二子ある場合でも、さらに娘のために婿を迎え、家産を均分して与える。もっとも奇怪なのは、すでに子があっても他姓に婿に出し、他姓の子を自分の子とする場合である」[12]。

雲南地方の妻方居住の習俗については、西南聯合大学で教鞭を執った顧頡剛氏も日中戦争時、雲南省、とくに大理、保山両地方の民家や漢人に婿入りが盛んなことを知り、「贅壻」を書き、非漢民族が、漢人を婿入りさせる習慣について、論じている［顧頡剛　一九六三］。『滇中瑣記』の記事は雲南省内の何処の地域社会の記事かが不明であるが、本書の多くは現在の大理白族自治州洱源県境内洱海北部の民家（ペー〈白〉族）の風俗について記す。ペー(白)族の場合、妻方居住婚は盛んである。とくに、清末民初、土布交易などで産をなした商人には、江戸時代の日本の商家と同じく、優秀な婿を迎えて店の経営を継がせる場合もみられた。現在でもペー族には「麦藁を売って、薪を買え」（「賣麦幹、買柴木」）という俗諺があり、『滇中瑣記』がいう、息子を他家の婿に出し、他家から婿を迎えるという意味である。フランシス・シュー（F. L. K. Hsu・許烺光）は、一九四〇年代当時、大理市西北部の喜州鎮では婚姻全体の三割以上が妻方居住であると記す［Hsu 1949：98-99］。

横山廣子氏は、氏が調査した大理市西北部「蒼村」の場合、ペー族の妻方居住婚は、婚姻件数の一割から二割に達するという。横山廣子氏は、「蒼村」に匹敵するほどの比率で妻方居住が行われるのは、台湾漢族の場合のみであるとし、雲南地方が、漢人進出のフロンティアであったことから、「妻方居住婚を媒介にした外来漢族男性の先住民社会への参入と定着という形で、妻方居住婚を発達させやすい」と指摘される［横山　一九八七：一二八］。雲南の漢人は基本的に移住民を出自とし、漢人進出のフロンティアであるがゆえに、現地の非漢民族社会に定住する手段として、妻方居住婚の方式が採られ、また、雲南の漢人社会内部においても、外来男性を吸収する形で、妻方居住婚が促進されたと考えられる。

また、竹村卓二氏は、雲南省やタイ北部の非漢民族では、ハニ（哈尼）族、リス（傈僳）族などに、外来の者を歓待する風習があるという［竹村　一九九一］。異人歓迎の民俗観念を背景として考えれば、鬼妻伝承は、遠来の客である漢人が、現地民から「まれびと」（stranger）的性格を賦与され、婿入りに歓迎される人物としてみられることを、書き手の漢人文人が自覚的に記述した伝承であるといえる。漢人文人の意識として、辺疆の現地民にとって、漢人が価値ある人間とみなされるという、文化的優越性の感覚を読みとることができる。言い換えれば、鬼妻伝承は、記録者の漢人の視点として、中華世界の「華夷秩序」の中で、「中華」の側に属する者の、周縁世界である「夷」に属する者に対する優越感を表白した伝承なのであるとも言いうる。

雲南ではこの種の妻方居住に関する記載は、明末にはみられる。以下に非漢民族の女性が、漢人男性を引き留めるという記事を集めるが、明・王士性『広志繹』巻之五「西南諸省」は、当時の景東府（現在の思茅市景東彝族自治県）

のタイ（傣）族系統の民族にまつわる話として、鬼妻伝承を記す。

「（景東の）風俗は婦人を多くもち、下層の者でも三、四の妻がおり、嫉妬しない。頭目より上の者はあるいは百人十人ほどもいる。夫が死ねばこれを『鬼妻』と呼ぶが、みな捨ておいて娶らない。省城でその土地に行って経商する者がこれに婿入りするが、これを『上楼』という。上楼すれば髪を切って帰ることはできなくなる。その家では痛哭して死別したものとみなす[13]」。

景東府は、明代すでに有名であった普洱の茶葉交易の運搬ルートにも当たり、漢人商人の往来も盛んであったろう。この記事の行商人は昆明に住む漢人で、やはり現地に定住した者も多くいたらしいことが窺える。なお、この記事でも明・黄瑜『雙槐歳鈔』の記事と同じように、寡婦を「鬼妻」と呼ぶ旨記していることが注目される。明・謝肇淛『滇略』巻九は、地羊の記事につづき、雲南西部＝上部ビルマ地方と思われる事例として次のように記す。

「あるいは蠱を飲食中に行う。婦人に私通している者がおり、余所に往けば薬毒に中て、時期が来て帰れば別の薬で解毒するが、時期が過ぎて帰らねば、死ぬ[14]」。

清・楊瓊『滇中瑣記』「放歹」も、景東府の記事を記すが、地方官のもとで働く下僕を誘惑する婦人の話として記す。

「景東に一人の夷婦が居り、年は五十を越えるが、つねに官府の下僕を誘惑し、招き入れて夫にしていた。夫が死ねばまた招き入れ、十数姓の者を引き入れた。聞くにこの婦人は『放歹』をよくし、容貌は鳩盤茶のようであるが、少年や美丈夫はしばしば拉致され、恋々として離れがたくなる。官府ではこれを知り、下僕がその家に入るのを禁じたが、やはりひそかに入りつづける。下僕でその術に陥った者は、官府でも追い出し、引き離すが、一、二日で舞い戻る。下僕も婦人に対してなす術がなく、官府も下僕に対してなす術がない[15]」。

文中の「鳩盤茶」とは、もともと「鳩槃茶」と記され、梵語の「クンバーンダ」（Kum bhan da）を指し、増長天の眷属とされ、人の精気を吸う鬼類の一種であるが、転じて醜婦の譬えに使われる[16]。この記事では、異性の者を惹きつける「蠱惑」的な意味での蠱毒が、異なる民族集団出身者間の関係において対象化される習俗として定位される。地方官のもとで働く下僕のみを狙う婦人の話は、現地民が漢人を「まれびと」として扱うことを、著者が強調して取り上げている例であると考えられる。

雲南地方では、外地の異性を留めるために使う蠱毒の伝承は、清代以降も散見される。

清・張泓『滇南新語』「蠱」は、タイ族系統の擺夷が、蠱を使い旅行者を引き留める。

「また、山中の擺夷は牛の皮を丸ごと剥き、呪文を掛けてその皮を芥子粒のようにする。交易品を持った旅行者が山に入って注意を怠ると、夷人の女性の悦ぶところとなる。旅行者が仕事が終わり、帰ると言うと、ひそかに飲食に投げ込み、旅行者に喰わせる。女は帰る時期を約束させ、その通り戻ってくれば、術を解くことができるが、時期を越えると蠱が発作して腹が裂け、新たに皮を剥いたような有様になる[17]」。

清・東軒主人『述異記』巻三「滇中奇蠱」は次のようにいう。

「滇の地は蠱が多く、婦人がもっとも甚だしい。交わりを結ぶごとに、この人が遠出するとかならず蠱（まじない）する。時期が至って帰らないと死ぬ。ある外地の者が雲南に来て一婦人と交わり、別れに臨んで、『私はすでに貴方を中毒させました。時期が来て帰らないと、かならず腹が膨脹するのですみやかに帰ってください。一ヶ月を越えると、救うことはできなくなります』といわれた。時期が来て果たして腹が脹れたが、逡巡して帰らず、腹が割けて死んでしまった。その腹中をみると木をくりぬいた豚の餌箱が一つ入っていた。まことに奇怪な事である[18]」。

民国・張自明修、王富臣等纂『馬関県志』巻二は、越南側の擺夷について、次のようにいう。

「（擺夷は）越南の地に居住し、邪術や迷薬を使って（外地の者を）恋留めることができ、華人の彼の地にて交易行商する者は、たがいに警戒注意しあうのである[19]」。

以上、漢人の雲南辺疆進出の危険として、非漢民族の邪術により、現地に留められるという風説が浸透していたことが窺われるが、最後に、清・湯大賓修（乾隆）『開化府志』巻九の、開化府（現在の雲南南部文山壮族苗族自治州）の水タイ（タイ・ルー）の記事をあげる。

「夫が死ねば、名を『鬼妻』と呼び、再婚できない。また、鬼妻となることができる。竹筒で衣服を撃つと、象、馬、豚、羊、猫、犬などの姿に変り、街道に立つ。通行人がすこしでも畏れて避ければ、とり憑かれ、腰中に入り、五臟を食らい、土に換える」[20]。

記事後段は「竹筒で衣服を撃つ」とあることを除き、明・劉文徵『滇志』巻之三十「羈縻志」「僰夷」にみる僕食の記事とほぼ同内容である（『滇志』は「箒を衣服にくくりつける」とする）。僕食とは、動物に変身する現地民に関する伝承であるが、この記事は僕食伝承を実際の内容としつつも、変身者の婦人の呼称を鬼妻とする点に特徴がある。

鬼妻の意味については検討を要する。エバーハルトは、チワン族、タイ族を含む「タイ文化」的な習俗とするが、亡夫の妻として、亡夫の魂が纏わりついた未亡人であると解釈する。「従って寡婦は夫の死後自由になるのではなく、自分に絶えずつきまとう精霊の妻なのである。人はそのような精霊の妻と結婚してはならない」[Eberhard 1942：347、エバーハルト　一九八七：二九三]。

基本的にこの説明は正しいと思われる。エバーハルトの理解に従うならば、「鬼」とは亡夫の魂を指し、その「妻」をば、「鬼妻」と呼ぶ。つまり、亡夫の魂がなおも纏わりついているがゆえに、現地民は未亡人を娶らないという解釈ができる。『開化府志』の記事でも『広志繹』と同様、タイ族系民族集団において、寡婦は再婚できない旨記すが、その理由は、漢人の貞節観念に相当するような人倫上の理由ではなく、同様に記事の作者が、漢人の貞節観念を現地民の民俗事象に投影した結果でもない。『開化府志』の記事の場合、変身し、人を害する魔力をもった婦人を指して鬼妻というとある点が注意を惹くが、亡夫の魂が纏りつき、再婚できないとされるがゆえに、自力で呪術を使い、外地の者を引き入れるというのが、鬼妻伝承の基本的な在り方と思われる。

広西地方でも現在のチワン族に相当する僮人などの民族集団においても、『広東新語』と『雙槐歳鈔』がともに同様に鬼妻について記し、寡婦は再婚できない旨記す。とくに『雙槐歳鈔』は、蠱毒を扱うゆえに、誰もが怖れて近づかないとし、再婚できない理由が、忌避であることを明記する。鬼妻とは、蠱術を使用する寡婦であり、同一民族集団内部で、しばしば蠱毒を扱う蠱家が婚姻忌避に遭い、また、タイ族系統の伝承では枇杷鬼などの脱魂型の鬼人とされた者が代々婚姻忌避に遭うのと同様、現地民の間に婚姻忌避される対象であり、それゆえ、現地民でなく、外地の旅行者を蠱惑し、蠱術により異性を留めるとみなされていると考えられる。

四　現代の事例にみる恋薬・鬼妻伝承の民族表象

ここでは現代（民国期・一九一一年以降）の事例を取り上げ、それらを通じた民族表象の現代的様相について考察する。

民国期以降、現在においても、非漢民族の現地民が漢族（中華人民共和国成立後の民族識別工作に合わせて、漢族と表記することにする）に施すとされる民族間呪術の伝承は、漢族の、非漢民族（とくにタイ族系民族集団）に対するイメージとして、脈々と語られ、定着している。じつは本章執筆の直接の動機も、筆者が雲南西部の古街である大理古城鎮の老人から、この種の伝承を聞いたからである。

大理古城鎮在住のＹＰさんより聞いたタイ族（この場合は旱タイ、タイ族語でタイ・ナーと呼ばれる集団を指す）の「放歹」（「歹」は蠱毒を指す）の話を以下に紹介する。ＹＰさんが解放直後辺疆防衛部隊に参加して雲南西部辺疆の徳宏傣族景頗族自治州潞西市の州、市政府所在地である芒市に駐留していた頃の出来事という。ＹＰさんの話す放歹の内容は、報復呪術と、恋愛呪術との二種に分けられる。前者についてまず紹介する。

「一九四九年以前、タイ族には蠱を養う習俗があった。猫、蛇、サソリ、ムカデなど、毒のある動物を、人に見つからないところで養い、報復や攻撃に使う。また、薬物を施して、報復や、好きな人物を留めおく目的に使う。これらを『歹』というが、各人が放った歹は、『放歹』といい、放った当人にしか解くことができない。放歹は恨みによるものと、愛によるものと二種類ある。

当時、芒市に駐留していた頃、漢族の屠夫が肉を売っていた。商売はとてもよかった。あるとき、タイ族の老婦が肉を買いに来たが、身なりがみすぼらしかったので、この老婦を後回しにして肉を売った。老婦はたいへん怒って、屠夫の足を蹴り上げ、睨みつけてその場を離れた。このとき、屠夫の足は虫に咬まれたように感じ、帰ってから足が腫れあがり、歩こうにも歩けなくなった。家人は彼女の居所を捜し、丁重に贈り物をし、老婦に診てもらった。はじめは医者ではないのでと断られたが、一ヶ月の後、家人の頼みで屠夫のもとにゆき、足を撫でると、午後には腫れが退き、歩くことができるようになった。それからというもの、屠夫は人を見下さなくなった。これが恨みによる放歹である」。

この話は、報復の対象となった屠夫が、呪術によって足が動かなくなったという内容であり、明、清代の記事にある、通行人の足を木石に換えて歩行不能にするという地羊伝承の内容と一脈通じる。地羊伝承は、管見では民国期以降、地羊の記事としては文献資料にみられないが、民間伝承のなかでは形を変えつつ現代に生きつづけていることがわかる。また、漢族出身者の横柄な態度に対して向けられる点も、この種の、非漢民族が漢族に対して仕向ける地羊や蠱毒に関する伝承にしばしばみられる特徴が現れている。

次にＹＰさんは、タイ族の放歹の伝承が、恋愛呪術の側面もあることを指摘する。この点、放歹の伝承が恋薬伝承としての性格もあり、畢竟本章で論じた鬼妻伝承に近い内容がある。ただ、呪術の原因者の身分は、寡婦ではなく、一般のタイ族の娘である。

「愛による放歹は、薬と、まじないを掛けた法水を使って行う放歹の方法である。一九四九年、雲南辺疆が解放された頃のこと、人民解放軍が雲南西部の辺疆地帯に入ったが、芒市の某駐留部隊が演習の折、あるタイ族の村を通った。ある兵士が喉が乾いて村に立ち寄り、村娘に見初められた。当座、村娘はなにかの薬にまじないをかけた法水を合わせたものを兵士に与えた。兵士は一里も歩かないうちに目が見えなくなり、無性に先の場所に戻りたくなり、娘に問いただそうと思った。戻ってみると、見えるようになり、再び、部隊に引き返すと見えなくなる。こうしたことが繰り返され、結局しまいにはタイ族の娘の許に戻ってゆく。兵士が娘と暮らすようになり半年、部隊の方でも兵士の居場所を捜したが、見つからないでいた。ところが、偶然この村に立ち寄った他の部隊の兵隊に見つかった。部隊は報告を受け、村に行って兵士を連れ戻し、放歹の状況を問い質したが、兵士の目はふたたび見えなくなった。病院でも原因がわからないので、結局娘自身に術を解かせることになったが、娘は自分の仕業と認めない。結局、現地の土司に頼んで娘を説得してもらい、土司は現地の法（土法）で圧力をかけると、娘も承服せざるを得なかった。そこで再び別の法水を兵士に与え、兵士の眼病を癒したのだった。これが愛による法水を使った放歹である」（大理市大理古城鎮・YP・男性・漢族・六二・自営業・二〇〇二年二月取材）。

YPさんの話の内容は、報復を目的としたものであれ、恋愛を目的とした者であれ、いずれもタイ族の現地民が、外来の漢族出身者に対して仕向けたものとされている。

YPさんの後者の話に語られる恋薬伝承は、現在でも枚挙に暇無く記されている。その一例として、暁根氏の『拉祜文化論』は、臨滄市のラフ（拉祜）族（チベット・ビルマ語族イ語支）の「放歹」について記す。「放歹」とは女性が変心した恋人に施す呪術であり、一種の薬を食物に入れ、呪語を口にしたものを恋人に喰わせると、恋人は女性から離れなくなる。もし変心した場合、薬物が腹中に発作を起こす。精神が痴呆状態に陥る。女性が放歹を仕掛けたと分かると、神霊に神薬を求めて恋薬の呪縛を解く［暁根　一九九七：二二八―二二九］。

エバーハルトが蠱毒について、恋愛呪術としての性格を重視していることはすでに述べた。蠱毒伝承との関連について考えてみると、蠱毒伝承はペー族、イ族、ナシ族、チワン族、ミャオ（苗）族など、現在でも中国南部の多くの民族に語られるが、大概は蠱毒が他人を傷害して利益を得るという伝承が多い。しかしながら、前記の恋薬伝承も他人を蠱惑する毒薬とみなすことができ、蠱毒の一種である。異性を引き留めるという恋愛を目的とした使用を考えると、蠱毒伝承は、鬼妻伝承とも密接な関わりがあることが予想できる。

近年では、同性愛的内容の作品で注目を浴びている広西壮族自治区出身の女性作家、林白が「回廊之椅」でこの種の蠱毒伝承を取り上げているが、その内容は実質外来の客を寡婦が蠱毒で引き留めるという鬼妻伝承である。この話の主人公（林白自身と思われる人物）は、大学卒業後、西南地方を一人旅するが、雲南省の昆明市から西双版納（シップソンパンナ）への路上で、瀾滄江沿いの水磨という村（おそらく思茅市附近であろう）に立ち寄る。この村には章孟達という富豪の家が残り、三番目の妾の朱涼はこの地で有名な美人であった。章孟達は共産党政府に対して反乱を準備した罪で殺されるが、朱涼はそれ以後失踪し、下女の七葉だけが老いて一人で邸宅を守っている。小説自体は章孟達が惨殺されるまでの出来事を淡々と綴る。主人公は七葉の入れた茶を飲んだ後、熱にうなされ、七葉に蠱毒に毒されたのではないかと感じる（この作品は伊禮智香子氏に翻訳があるが、蠱の記述を重点的に紹介すべく、本論では筆者訳とした）［cf. 林白　一九九九］。

「私の故郷と、すべての大西南では、今に至るも『放蠱』という言い方が伝わる。放蠱とは、ひそかに誰かに一種の薬（この種の薬は、いくつかの奇怪な植物、あるいは珍奇な虫類を配合して造る。生み出す効果も処方によって異なる）。放蠱をする者は、自分がしなくてはならないが、自分ではやりたくない事をさせ、あるいは原因不明なわけのわからぬ病気、腹痛、頸痛を起こす。これが蠱に中《あた》るということで、蠱は解くことができるが、それを行った者だけが解くことができる。

もっともよく知られている伝説は、次のようなものである。外地の者が、ある村に来て、村の寡婦と寝る。彼が出発しようとすると、自分が奇妙な病気に罹っていることを知る。その日寡婦が見送ったとき、村の入り口で寡婦は懐から一束の美しくも怪しい葉を取り出し、彼に向かって振った。外地の者はすぐに目眩《めまい》と吐き気を覚えて地面に蹲《うずくま》り、嘔吐した。吐いた後、彼は全身力が脱けていることに気づく。（中略）夜になって、寡婦は冷たくに彼に告げる。彼女は彼の食事に蠱を放った。もし毒を解いてもらいたければ、彼女と結婚するしかない。（中略）ところが、思いがけずも寡婦はこの種の蠱を解いた後、別の種類の蠱を放つのである。それ以降、外地の者は逃げだせず、毎日自分の陽差しに満ちた故郷を想いながら、仕方なく寡婦と寝るのである。

寡婦は性欲旺盛で（熱帯の女性はみなかくのごとくである）、外地の者より十数歳も年上であるにもかかわらず、毎晩貪婪なのである。短い数年の時間に、寡婦はすぐに老いる（熱帯の女性はみな早く老ける）。外地の者は、自分も数年間に蠱を放つことを覚え、ある日、彼はもっとも激しい蠱を寡婦に放つ。寡婦は蠱に中った後、すぐに死んだ。外地の者は彼女に復讐したい一心と、故郷に帰りたい一心であったが、一つの事を忘れている。寡婦が彼に放った蠱は、彼女だけが解くことができるのである」（括弧内は原文よりの訳）［林白　一九九五：五七―五八］。

主人公は小説の最後で朱涼の幻影と出会うが、これ以上滞在すると七葉から本当に蠱に害されると思い、村を離れる。この作品では鬼妻伝承、蠱毒伝承いずれの要素もみられ、林白の筆によって渾然一体としたイメージを形成している。つまり、扱い主の性質からみれば鬼妻伝承であり、作用とその毒性からみるならば、蠱毒伝承であり、両者には共有した内容があることが見て取れる。

この作品を文芸作品として見た場合、彼女の故郷で伝わる伝説と、雲南の熱帯地域の蠱女のイメージが重ね合わさり、鬼妻伝承に伝奇的な色彩を与えている。また、作者は、熱帯の女性が性欲旺盛であり、早く老いるというイメージを書いており、鬼妻伝承の背景として、孤閨に耐えられない熱帯地方の女性が、外地の人間を拘引するという、いずれも漢族からみたエキゾチズム的偏見を伴った異民族イメージがあることが知られる。

「回廊之椅」は鬼妻伝承の作品化の事例として貴重であるが、伝承としての骨子はほぼ不変である。ただ、この種の伝承は、伝奇的な伝承というだけでなく、旅行者にとっては現実上の重みを伴った伝承であっただろう。明代から現代まで脈々とつづく鬼妻伝承が、強固な異民族イメージを形成している原因は、この種の伝承が、旅行者の漢人にとって、もはや一種の信仰であり、異民族の女性との交際が、警戒すべき禁忌的要素をはらんだ行為であったことに大きな理由があろうと考えられる。

この種の伝承について、現代文学の作品からさらに拾うと、艾蕪は旅先で次のような話を聞いている。

「同道の漢人はこれらの地方（夷方を指す――筆者註）を通るとき、いつも話のなかに神秘な伝説がいくつも流れ出る。たとえばタイ族の女子はみな魔術を心得ており、彼女が好まない男子がたびたび自分を眺めていると、彼女を眺める男子を病気にしてしまう。また、彼女が結婚した漢人は、故郷の家に帰りたいと思っても、脱け出すのはとても難しい。たとえ彼女が帰郷を許したとしてもかならずや期限どおりに帰ってこなければならない。そうでなければ、彼女は別れの前にお前に飲ませた薬が発作し、生命を失うことになる。話をする人は、新参者に警告を与える口調がある」[艾蕪　一九八九b：五〇]。

艾蕪自身は当時この話をただ面白く聞いていたとする。南方に漠然としたロマンを覚えて旅に出た艾蕪にとり、この伝説はエキゾチズムをくすぐる話であり、「走夷方」(Zou Yi Fang・漢語「ゾウイーファン」、「夷方」は非漢民族居住地区を指す)と呼ぶ異域旅行を生業とする漢人旅行者にとり、旅の上の用心として語られ、実際信じられもしたのである。

たとえば、走夷方の代表的な生業として、馬幇がある。馬幇は、隊商を率いる頭である「馬鍋頭」の下、数頭ごとの馬隊を率いる「小鍋頭」があり、その行動は団結が要求された。それは外敵を防止するためであり、行路の安全を図るためであった。馬幇には多くの禁忌があり、蛇は「老梭」といい、狼は「老灰」というように、言い換えねばならない忌み言葉も多くあったが[cf. 王明達・張錫禄　一九九三：一八〇―一八二]、とくに旅行中の異性との性交渉は厳禁された。その理由は、山神の怒りを引き起こすことはしてはならない、という理由のほか、異民族の女性との性交渉が、不測の危険を引き起こすという理由があった。

鄧啓耀氏の『巫蠱考察』は、往年の馬鍋頭たちからの取材として、次のように記す。

「とくに異境の異民族の風流で妖艶な女性に対しては、口の向くまま卑俗な冗談を口にする馬追いの男(原語『趕馬人』)たちは、誰もがいささか『決まり正しく』なり過ぎで、積極的に避ける者さえいた。見識広い『大鍋頭』(『馬鍋頭』に同じ――筆者註)が、私にひそかに教えてくれたことには、彼らは『蠱を畏れ』ていた。多くの馬追いの者たちが、『蠱女』や『迷薬』――一種の誰にも説明できない恐怖の法術――の伝説を信じていた。西南地方では遠出の『跑夷方』(『走夷方』に同じ――筆者註)をする者は、みな『蠱』を放たれたり、『迷薬』を喰わされることに注意を喚起されてきた。蠱を放ち、迷薬を放つ方法は多種にわたり、また、多くは『蛮女』の所為とされる。彼女らに怨まれれば、おのずから逃げることはできず、彼女らに愛されれば、関わりから逃れることはできない。魂を拘束する蠱女は、怨まれても、愛されても大変なことになる」。

「馬追い人はしばしば一種の『恋薬』、あるいは『迷薬』と呼ばれるものについて語る。蠱女がもしも馬幇の兄弟たちの誰かを見初めると、秘製の『恋薬』を爪の隙間に隠し、彼に茶を入れる際にそっと茶杯に弾き入れる。彼が飲んでしまうと、魂魄を奪われたかのように、薬を放った女性に惚れ、どんなに遠くに出かけても、すぐさま彼女のもとに戻る。もしも蠱女の約束した期限どおりに戻らないと、茶も飯も喉を通らず、憔悴して渇き死ぬ。救われたいのならば、ただちに蠱女のもとに戻り、解薬を飲むしか、無事とはならない。このような『蠱女』、あるいは『蠱惑』の術はどんな山間にも、神奇な言い伝えが伝わり、そのうえ人物の姓名を指して、多くの目も鼻もある実際の人物と出来事が語られる」［鄧啓耀　一九九八：一四八―一四九］。

旅先での危険があるゆえに一隊の団結を重んじた馬幇は、外地の異民族の異性についても、その危険を重視していた。非漢民族居住地におけるみずからの異人性は、彼ら自身警戒すべき旅の危険を惹起するものとして自覚されていたといえよう。

五　結論

本論では、西南地方の非漢民族をめぐる呪術伝承を、主に漢人からみた民族間の民族表象の問題として論じた。

多民族社会を内包する中国における呪術的民俗事象の研究は、かならずしも日本民俗学の「憑きもの筋」研究に類するような、特定の社会集団内部での問題として捉えきれない側面がある。このような呪術伝承を基軸にみた場合、中国における蠱毒、鬼人などの呪術的民俗事象に関する民俗学的研究は、異なる民族集団の関係性を視座においた、民族表象論的アプローチが必要とされることが強調されよう。

鍾敬文氏は、中国民俗学の進むべき方向性を、「多民族的一国民俗学」にある旨主張されているが［鍾敬文 一九九九：二七―三二］、その方向性で呪術伝承一般の問題を考えた場合、多民族国家である中国内部での各民族における民俗事象としての資料集積と比較研究は、呂大吉・何耀華総巻主編『中国各民族原始宗教集成』の各族巻の刊行など、しだいに蓄積が進みつつある。しかし、さらに一歩を進めて、「多民族的一国民俗学」の十全な進展のためには、民族間の関係性を象徴する民俗事象の諸要素を研究の主題とすることが不可欠であろう。だが、かような研究が実現されるためには、民族集団間の他民族への先入観、偏見といった負の側面をも直視しなければならない。民族表象とは、民族集団間で対称的な表象を表出するような、「予定調和」的な関係で表出されるものではもちろんあり得ず、非対称的な表象関係を前提とし、形成している。とくに本章で論じた鬼妻伝承にみるように、民族間呪術における他民族表象は、マジョリティーたる民族、あるいは（多くの場合同時に）権力、政治、支配関係で上位に立つ民族が、マイノリティー側の力量に対して過大と思われる恐怖を抱き、あるいはその裏側に透けて見える優越感を含めつつ、イメージ化され、語られているものであると指摘することができる[21]。

民族間呪術の問題は、もちろん漢族＝非漢民族間のみならず、当然非漢民族間の事例もある。その検討は今後の課題としたいが、たとえば、中国国内での一事例として、張有雋「十万大山山子瑤社会歴史調査」によると、広西壮族自治区十万大山に居住するヤオ（瑤）族支系の山子瑤では、「放鬼」といい、仇どうしとなると、鬼を放ち病にするとされる。放鬼と見なされると、村寨を逐われたり、捕縛され、家人子女まで係累となった［張有雋一九八七：二七七］。ところで、「放鬼」は、ヤオ族のあいだのみならず、隣接して居住するチワン族もヤオ族の行う呪術として認識されている。十万大山では、ヤオ族が山地移動民としての生活形態から、山を降りて定住化しているが、周囲のチワン族で人や家畜が病気になったり、死ぬと、ヤオ族の放鬼が疑われ、民族関係に跨る問題となっている。放鬼の方法は二種あるとされ、「一種は蠱毒を水か食物のなかに入れ、他人が飲食すると、病気や死亡に至る。一種は『禁鬼』といい、法術を施し、他人の魂を捉え、魂を失わせ、病気や死亡に至らせる」という［張有雋　一九八七：二七七］。先住民のチワン族にとり移住民としてのヤオ族に対して抱く蠱毒の恐怖は、民族表象の非対称的関係性が看取できる典型的な事例である。

そのような非対称的であることを属性とするような民族表象の問題を扱う際に、中国国内での研究は、さまざまな制約と困難があることが予想される。筆者が本論にみるテーマとアプローチにおいて論述を行ったのも、かかる制約や困難にある程度自由な立場にあるが故であることは否めない。

このことは、筆者が、中国を対象とする民俗学的研究に「外からの目」として参与することを意味する。何彬氏は「中・日の民俗学から習ったもの――霊魂・祖先・比較法」で、鍾敬文氏の「多民族的一国民俗学」を批判的に継承し、「一国」内としての民俗学の考察範囲の限定を超える可能性をも含め「多視角的民俗学」を提案・構想されるが［何彬　二〇〇一：三〇〇―三三二］、何彬氏の議論を参照するならば、「外からの目」としての参与を意味する外国人研究者の研究は、たとえばクラックホーン（C. Kluckhohn）が主張するがごとく、自文化への反省的視点を保持しつつ、かつまた「多様な鏡」によって照射される「多様な（研究）角度」の一視角として、中国を対象とする民俗学研究になにほどかの役割を果たしうる可能性を示唆するといえなくもない。しかしながら、筆者自身が反省を込めて自身の立場を見渡すならば、かかる立場自体が、じつは本論における根本的な制約――すなわち、研究者が一外国人の立場として、中国の民俗事象に関わり、研究することの意味と限界――を反省させる契機をもたらすものであるということは、最後に附言される必要がある。一外国人としての筆者が自国ではなく、外国の民俗事象を対象とし、参与、実践する民俗学的研究の特殊性という問題は、今後とも意識的であらねばならぬであろう。

註

（1）晋・干宝『捜神記』巻十四「舌埵山帝之女、死化為怪草。其葉鬱茂、其華黄色、其實如兎絲、故服怪草者恒媚於人焉」。

（2）清・張泓『滇南新語』「氤瘟使者」「合和草、生必相對、夷女採爲末、暗置飲饌中、食所厚少年、則眷慕如膠、効勝黄昏散、不更重思歸矣。反目者宜用之、多生夷地深山中」。

（3）清・徐昆『柳崖外編』巻一「和合草」「永昌府瀾滄江外有和合草、根潔白、結男女交嫌（媾）狀、土人見之、用稲米周遭圍之掘、方可得、不則遁去。夫婦不諧者、服之卽歡好然」。

（4）清・曹樹翹『滇南雑志』巻十四「霊草」「靈草安駝駝、四方購者如雲、能煉銅爲銀、又可治病。彼處夷婦善爲媚藥、以悦男。其藥成必試驗、乃用試法以二巨石各置房東西兩頭、相隔尋丈、以藥塗之、至夜則自能相合。其藥亦以各草合成、而其法不傳」。

（5）馮彦「独龍江地区的民族交往与貿易発展研究」によると、民国年間当時、鉄鍋は貝母二、三十斤（現在の国家の売価を一キロ当たり二百元とすると、四千から六千人民元に相当）、太った豚一頭で鉄鍋二個分の交換率であった。漢人商人は貸し付けの方法を多く採り、利息を取って商売をしていた［馮彦　一九九五：一八五—一八六］。

（6）羅養儒『雲南掌故』巻十三「低頭草与和合草」「和合草、則未聞其生發如何、惟昔在麗江時、曾有人持其乾者以示余。草葉約長一寸、極似毛尖茶、以兩片草葉、用紅絨扎成一合。據云、無論男女、握此草葉于手中、俟手心有汗、抹其汗于他人肉上、其人卽從己而行。此無論男施于女、女施于男、同樣生效也。或以汗塗于牛馬身上、牛馬亦必來附己。此則是先迷其性、而後聽己之所爲、從己之所欲也、是又較低頭草爲歴害。又有人云、凡藏此草于懐者、不僅于名利上多不利、且常招飛災横禍、甚至凶死、故鮮有人藏之、可謂有天道在也」。

（7）清・屈大均『広東新語』巻之二十四「虫語」「蠱」「西粤土州、其婦人寡者曰鬼妻、土人弗娶也。粤東之估客、多往贅焉。欲歸則必與要約、三年返、則其婦下三年之蠱、五年則下五年之蠱、謂之定年藥。愆期則蠱發、膨張而死。如期返、其婦以藥解之、輒得無恙。土州之婦、蓋以得粤東夫婿爲榮。故諺曰、廣西有一留人洞、廣東有一望夫山。以蠱留人、人亦以蠱而留。（中略）下蠱皆出於僮、出於僮婦。若傜娘則不能下蠱也」。

（8）明・黄瑜『雙槐歳鈔』巻第五「蠱吐活魚」「正統間、呉江周禮行貨廣西思恩、有陳氏女寡、返在室、贅爲壻、凡二十年、有子已十六歳矣。禮忽思歸、妻不能止、寘蠱食中、禮不知也。因令其子随之、默囑曰、若父肯還、則與醫治。因授以解蠱之法。禮至家蠱發腹脹、飲水無度、其子因請還期、禮曰、吾亦思汝母、奈病何、稍瘥卽行矣。曰、兒能治之、卽反接禮於柱上、禮告渴、以瓦盆盛水近口傍、欲飲則掣去之、如是者亡慮數百次、煩劇不可當、遂吐出一鯽魚、撥刺尚活、腹遂消。蓋蠻中多有限年限月之蠱、稍踰期、則毒發不可救。故寡婦號爲鬼妻、人不敢近、旅客娶之、多受害焉」。

（9）清・呉大勲『滇南見聞録』下巻「物部」「蠱爲蟲毒、有邪術、可以殺人。楚・粤盛行、滙東・南地近粤西、頗有之。聞女子與人淫合、其人或欲別去、或更有他好、惡其人之棄己也、下蠱於飯食内、其人歸家、漸漸腹脹而死」。

（10）清・劉崑『南中雑説』「和合」「滇中無世家、其俗重財而好養女。女衆年長、則以歸寄客之流落者。然貌陋而才下、慮賦谷風、則密以此藥投之、能變蕩子之耳目、視奇醜之物如西施、香如蘇合、終身不解矣。又有戀藥媚藥、飲之則守其戸而不忍去。雖貨本巨萬、治装客遊、不出二站、卽廢然而還、號曰留人洞。吾郷數十萬人、捐墓棄父母妻子、老死異域者、大抵皆中此者也」。

（11）清・劉崑『南中雑説』「蕭歪嘴」「永平縣一老嫗、年五十許、號曰蕭歪嘴者、亦有異術能解和合藥。或稍有身家之人誤飲狂藥、而其父兄子弟必欲其棄醜物而歸里者、則密與歪嘴計之、豫定一僧舍、給狂人入其中、約壯健者數人制其手足。歪嘴以藥物灌之、大吐二三日、毒蠱乃止。其人卽羸瘦異常、日以清粥素菜調之、一月而進粱肉、百日而復舊、引之復視醜物、則棄之如糞土、翻然思歸矣」。

（12）清・楊瓊『滇中瑣記』「滇俗凡有女無子者、多贅異姓子爲婿、卽以爲子。其同姓之子、若昆弟及従昆弟、雖多子、弗以爲後、家産亦弗得過問也。又有二子、而更爲女贅婿、平分家産以與之者。其尤可怪者、已有子、使之出贅他姓、而別贅他姓子以爲子」。

（13）明・王士性『広志繹』巻之五「西南諸省」「（景東）俗多婦人、下戸三四妻、不妬忌、頭目而上或百十人供作。夫死則謂之鬼妻、皆棄不娶、省城有至其地經商者贅之、謂之上樓、上樓則翦髪不得歸矣。其家痛哭爲死別也」。

（14）明・謝肇淛『滇略』巻九「夷略」「或行蠱飲食中、婦有所私者他適、輒藥之、及期歸解以他藥、過期不歸則死」。

（15）清・楊瓊『滇中瑣記』「景東有一夷婦、年逾五十、常誘致官家健僕醮爲夫、夫死而更醮、凡十數姓矣。聞此婦卽善放歹者、貌如鳩盤茶、少年・美丈夫往爲所羅致、戀戀不能去、官知之、因禁僕入其家、僕卒陰入焉。僕有已墮其術者、官爲驅僕離之去、乃一・二日而返、僕竟無如婦何、官亦無如僕何也」。

（16）唐・孟棨『本事詩』「嘲戯」第七「人妻には畏ろしいのが三つあり、若いときは生菩薩のようにみえ、誰が生菩薩を畏れない者があろうか。男子女子がずらりと生まれ揃って、子育てに忙しい時期になると、九子魔母のようにみえ、誰が九子魔母を畏れない者があろうか。五十六十になって、薄化粧でも施そうものなら、青かったり黒かったり、鳩盤（槃）茶のようにみえる。誰が鳩盤茶を畏れない者があろうか」（「人妻有可畏者三。少妙之時、視之如生菩薩、安有人不畏生菩薩耶。及男

女滿前、視如九子魔母、安有人不畏九子魔母耶。及五十・六十、薄施粧粉、或青、或黒、視如鳩盤荼、安有人不畏鳩盤荼」)。

(17) 清・張泓『滇南新語』「又山中擺夷、剥全牛皮、能咒其皮如芥子。貨客入山、不戒、或爲夷女所悦、當貨畢言歸、即私投飲食以食客。女約來期、如約至、乃得解、逾期則蠱作腹裂、皮出如新剥者」。

(18) 清・東軒主人『述異記』巻三「滇中奇蠱」「滇中多蠱、婦人尤甚。毎與人交好、或此人遠行必蠱之、至期不歸則死矣。一客至滇交一婦、臨別云、我已毒君矣。如期不歸、必腹脹則速還、如踰月則不可救其人。至期、果腹脹、逡巡不歸、腹裂而死。視其腹中有餵猪木槽一面、眞恠事也」。

(19) 民国・張自明修、王富臣等纂『馬関県志』巻二「(擺夷)居越南、能以邪術迷藥留恋。華人往彼貿販者、各懐戒慎」。

(20) 清・湯大賓修(乾隆)『開化府志』巻九「夫死名爲鬼妻、無復可嫁。又能爲鬼妻、以一筒撃衣服、即変形爲象・馬・猪・羊・猫・犬、立通衢、行人稍畏避之、即爲所魅、入腰中食五臟、易之以土」。

(21) 民族間呪術にみられる民族表象の非対称性という問題は、筆者の博士論文公開審査会における吉野晃氏の指摘に啓発されている。この場を借りて感謝申し上げる。

八章　結論——概要と展望

一　概要

結論では本書の回顧として概要を述べ（一節）、つぎに本書の問題関心の有り様に検討を加え（二節）、今後の課題を展望する（三節）。まず、以下に本書の概要を回顧する。

序論

序論においては、本書の研究対象と先行研究、研究方法を提示した。呪術行為としての「巫蠱」の概念と、その下位概念としての邪術概念である「蠱毒」の概念的区別の必要性を論じ（一節）、西欧・中国・日本の蠱毒研究の先行研究を回顧し（二節）、蠱毒の他、運搬霊・鬼人・恋薬を取り上げる必要について述べ（三節）、呪術的民俗事象の考察範囲を設定し（四節）、本書の全体的構成と意図を提示した（五節）。

二章

二章では、序論で確定された蠱毒・運搬霊・鬼人・恋薬の考察範囲から、それに相応する民俗事象の抽出する必要を説明し（一節）、現代中国の民族誌を照覧し、二十二民族、七十九種類にわたり事例を列挙した（二節）、そして、それぞれの範疇別に、分布についての見解を述べ（三節）、さらに全体像を提示する意義について述べた（四節）。

三章

三章では、漢族における呪術的霊物に関する民俗伝承の事例として、雲南省保山市隆陽区における口頭伝承を取り上げた。保山市隆陽区の「独脚五郎」、「五郎神」と呼ばれる精怪の信仰伝承は、華南地方に広汎に流伝していた五通神や山魈などの精怪信仰の流れを汲むことを指摘したが（一節）、調査地では、山中の精怪である独脚五郎は、特定の家庭に現れ、祭祀を要求する。独脚五郎は、神となると、一方で五郎神とも呼ばれ、祭祀を受けるとその代わりに周囲の家庭より財物を持ってきてその家庭を豊かにすると言い伝えられていた（二節）。また、五郎神を祀る五郎廟が存在し、盗賊の神としての性格をもつ六賊神とともに祭祀されているが（三節・四節）、五郎神の祭祀目的には、五郎神祭祀によって、利益を受けた祭祀者が、いや増す祭祀の要求に応えられなくなると、五郎神の牌位・神像画を廟に奉納することによって、祭祀を免れるといい、「祀り棄て」の場となっている点を指摘した（五節）。五郎神祭祀には、㋐独脚五郎――異界に住む精怪的存在、㋑五郎神A――特定の家庭に祭祀される家神的存在としての人間界内部での位相、㋒五郎神B――神界での超越的存在としての位相、の三つの位相があり、家神としての暴力性ゆえに、廟神として五郎廟に「祀り上げ」「祀り込め」られるとされ、その存在の位相を転変させている（六節）。祭祀者とされる家庭は、㋐他所者、他地から移住してきた漢族、㋑裕福な家庭、商人、山林主、地主、㋒五郎神を祭祀する家庭から嫁を迎えた家庭などがあるとされる（七節）。

以上の伝承調査の結果、五郎神は、共同体内部の経済関係に干渉する霊物であり、周囲の家庭から特定の家庭へ財物を移動させたり、または逆に特定の家庭から周囲の家庭に財物を散逸させたりするという点で、典型的な運搬霊としての性格で特徴づけられた。本章では、五郎神の運搬霊的な性格を、アメリカの人類学者、G・フォスター（G. Foster）の「限定された富（善きもの）のイメージ」（image of limited good）の説明概念を援用し、「誰かが何かを多く獲得すれば、他方はその分だけ失っている」という「ゼロ＝サム理論」的な観念から説明を試みた。五郎神の伝承は、共同体内の富の観念を総量についての限定性と内部循環的な性格にもとづき理解され、「限定された富（善きもの）のイメージ」の表現として農村社会内部の富についての認識の枠組を提供している（八節）。三章で論じた五郎神のように、共同体内部の成員間における富裕＝貧困の関係の説明概念として、この種の呪術的霊物が語られる民俗伝承は、華南地方、とりわけ西南地方には、漢民族、非漢民族いずれにもみられる。この種の致富にかかわる信仰伝承の典型として、蠱毒伝承、つまり毒性を持った虫霊、動物霊を扱い主が扱って富を得るという信仰伝承がある。

四章

四章では、三章の保山市隆陽区での漢族の伝承調査と対比させ、隣接地域の非漢民族の事例として、大理白族自治州大理市のペー（白）族の「ピョ」（Pyo）と呼ばれる霊物の伝承を、蠱毒伝承の事例研究として取り上げた（一節）。

ペー族のピョは、蛇、ガマ、蝶、バッタなどの爬虫類・虫類や、イタチやロバ、猫などの動物を原形とするといわれ、それぞれ頭痛・下痢・物品消失など異なった作用がある点で特徴づけられる（二節・三節）。ピョを扱うとされる家庭は「良い家」と「良くない家」があるとされ、「富ませるピョ」と「貧しくするピョ」を区別する言説がこれに対応する（四節）。ピョの信仰の伝承がペー族には現実性を帯びて信じられ、被害とされる諸症状・諸現象には、各種の治療法・予防法がある（五節・六節）。その扱い主は、ピョやピョを司るグーナイニ・飛龍娘などの蠱神を秘密祭祀するとされ（七節）、地主、高利貸し、異教徒などの家庭が扱い主とされる傾向がある（八節）。本章では、主として以上の観点からペー族のピョについての信仰伝承を調査し、特徴づけた。扱い主の分布については、井戸の回りにピョを扱う家庭が一軒あるなどとされることから、大理市西部洱海沿岸の一村落を調査し、その分布状況を調査・検証した（九節・十節）。

大理ペー族のピョは、全体として「富ませるピョ」と「貧しくするピョ」が区別される点で特徴づけられる。前者は、共同体内部での富裕者に対する説明概念であり、後者は貧困者に対する説明概念として作用している。ペー族の蠱毒信仰にも、三章で論じた「限定された富」の観念が機能しているとみられるが、そのあらわれかたは「多くを得た者」に対して、その差分がそれ以外の成員の不利益として引き受けられるだけでなく、多くの取り分を獲得した者が地域共同体内に特定の者として存在するとすれば、一方で少ない取り分となった者、つまり、貧しくなった者についても、特定の者が「ピョを送る」扱い主であることを意味する「ソーピョ」のレッテルとともに認識され、不利益の側面を引き受けたものとして説明される事態がある。貧しくするピョは、富の配分関係のなかで「貧困」という不利益を被った者の代表者について説明される概念である。

三章で取り上げた五郎神と、四章で取り上げた「ピョ」の信仰伝承は、いずれも呪術的霊物の信仰伝承の範疇として見た場合、「限定された富（善きもの）」のイメージは、共同体内部の富の移動と、特定の家系や人物の盛衰を説明する説明概念として、霊物とその作用が語られるという点で、共通した伝承内容と類縁性を有する。しかし、致富に関する霊物を扱うとみなされる家庭や人物、その種類や役割といった点は、各個の民族や地域社会においで相違があり、それらに対するイメージの在り方の違いにこそ、この種の伝承を語る人々の、自分たちの生活する共同体や社会に対する彼らの理解の有り様が表現されている。ペー族のピョは、大理ペー族にとり、民俗社会内部の経済的関係をめぐる理解の核心をなす観念として機能していると考えられ、呪術的霊物をめぐる社会性を示す典型的な事例であり、ペー族独自の民俗社会の特質を表現していることが指摘できる（十一節）。

五章

五章では、三章から四章までの現地調査における成果を基礎として、華南地方を中心に、漢族、非漢民族双方にみられる信仰伝承として、全面的に蠱毒伝承に関する古籍文献、民族誌資料を取り上げ、その本質的な理解を目指した。

本章では、蠱毒伝承の特徴として晋・干宝『捜神記』巻十二の滎陽の廖家についての記事を典型として冒頭に取り上げ（一節）、近代以前の筆記雑著・地方誌資料と、近代以降の民族誌の記述の文献資料を渉猟・参照し、以下の点を論じた。蠱毒伝承は、その多くが容器の中の毒虫の喰い合わせによって生起するとし（二節）、致富を目的とする伝承であり（三節）、非漢民族では女性が扱い、血縁間で継承するとされることが多く（四節）、蠱毒と扱い主が不可分の相関関係にあること（五節）、などの特質がある。

総じて、蠱毒伝承は、容器＝内＝存在としての密閉された容器の内的宇宙から生起するものとしての、充溢する毒物をめぐる伝承として特徴づけられ、その特質を「蠱毒の過剰性」という核心概念により理解することが本章で試みられている。かかる観念を蠱毒伝承の根底に見いだすことにより、蠱毒伝承の諸々の特質が、蠱毒の過剰性に由来する固有の論理性を有した帰結として理解される。

たとえば、蠱毒と扱い主との相関関係は、蠱毒の充溢が臨界点に達したとき、蠱毒の所有者の破滅をもたらすとされる内容理解において典型的に表現されていると考えられ、また、蠱毒の転嫁に関する伝承モチーフも、かかる臨界点に達する以前に、所有者は蠱を手放さなければならないとされることを意味するものと解釈することができる（六節）。

蠱毒の過剰性にもとづく観念は、金蚕伝承の転嫁法のモチーフにみられるように、蠱毒の扱い主が富を得ると同時に、蠱毒自身が相応の報酬を得るという、互酬関係、契約関係を有するという内容にも表現されている。ここには、過剰性に帰結する蠱毒の増殖は、富の増殖をもたらすと同時に、あたかも一種の「シーソーゲーム」のように蠱毒の危険性が増大するという内容理解がみられる。転嫁法のモチーフは、その意味では蠱毒伝承にとり、扱い主が破滅しない可能性を開く「抜け道」であり、「風穴」であると理解される（七節）。

蠱毒における転嫁法のモチーフは、蠱毒伝承の、伝承としての特質をもっとも典型的に表現したものである。この種の伝承は、それを語る側の立場に引き取って捉え直すならば、特定の対象者を指さし、富裕の獲得に対して、引き替えになされた不善さを措定し、指弾するものであった。転嫁法のモチーフはさまざまなレトリックを含んでいたが、言説が差し向けられる側の富の増減についてのさまざまな様態に対応しており、対象者にとって反駁しがたい反証不可性をもった説得力で語られうる。

蠱毒伝承にみる転嫁法のモチーフは、言説が差し向けられる対象者にとっての反証不可性を準備する方便として、「抜け道」や「風穴」を用意し、それによって民俗社会の感性そのものを、みずから擁護し、補強し、肯定するという点に特徴をもつ（以上八節）。

本章では、蠱毒伝承が蠱毒の性質理解として、過剰性にもとづく「充溢する毒物」をめぐる伝承であることが示され、民間伝承としての性格は、そのイデオロギー的性格が顕著にみられ、民俗社会内部において、特定の対象者を選出し、指弾する言説としての位相が明らかとなる（九節）。

六章

六章では、明、清代から民国期にかけて、漢人の西南辺疆地域、とくに雲南地方への進出という歴史的側面を取り上げ、呪術的霊物を主題とした社会史的考察を試みた。雲南地方に代表される西南辺疆地域が明代以降、漢人進出のフロンティアとして顕著に重要性を帯び、いわゆる「中華世界」の内部に位置づけられてゆくなかで、漢人と非漢民族の接触から、さまざまな関係性が両者の間に生じる。その中で、漢人が非漢民族を対象化した記録には、非漢人の民族集団に属する者が、漢人に対して本書でいうところの呪術的霊物を放つとされる伝承を多く記録する。

本章では、宝石交易、行商や物資輸送を生業とする、「走夷方」と呼ばれる漢人の雲南辺疆地区における旅行活動を論述の縦糸として取り上げ（一節）、論述の横糸としては、漢人旅行の危険として、瘴癘・盗賊などの危険とともに、様々な非漢民族の呪術行為が認識されていたことに着目し（二節）。これらの呪術行為に関する伝承を筆記雑著・地方誌を主な資料として取り上げ、漢人の目からみた非漢民族の民族表象の様相を論じた。本章では、呪術伝承として以下の伝承――非漢民族現地民が漢人に放つとされる蠱毒伝承、漢人を襲う「地羊」「僕食」と呼ばれる鬼人伝承――を取り上げた。

蠱毒伝承は、漢人と非漢民族間の関係性という視点から見た場合、漢人の進出とともに現地民との間に生じた矛盾、対立を象徴し、現地民の漢人への報復と、漢人側の自衛という二点から語られる伝承であることが特徴として指摘できる（同二節）。また、非漢民族現地民出身の首領で、地域統治者として中央朝廷から任官された土司も漢人を蠱毒の被害から守ったり、逆に被害を負わせたりする存在として筆記雑著類に書かれ、呪術行為の担い手としての性格が賦与されている点を指摘した（三節）。

雲南地方の地方文献資料では、とくに明代以降、非漢民族がさまざまな霊物に変身するという「変身する夷人」のイメージを語る伝承が広汎に記されている。これらの変鬼譚は澤田瑞穂氏による先行研究があるが、本章ではこの種の伝承を、生霊的な、「鬼」（鬼魂）であり「人」でもある二重性を特徴とすることから、鬼人伝承の概念のもとに概括する（四節）。とくに、被害者の足や身体を木石に変える地羊、非漢民族が犬、猫に変身して通行人を襲う僕食などの記事にみる、外来の旅行者を襲う生霊的霊物としてのイメージは、漢人にとって西南辺疆旅行の恐怖を象徴する現象として記録され、また、「理では説明のつかぬ」、和解不能、理解不能の辺疆現地民のイメージを造りあげていた（五節）。地羊鬼については、明代以降の地方誌の中では、たんなる霊的な怪異としてではなく、「種人」の範疇に属するものとして認識されている。地羊鬼は中華世界の中の華夷秩序の表現として、「化外の民」として理解されていた（六節）。

現代において、雲南地方の鬼人は、僕食、枇杷鬼などの霊物として、依然として語られつづける。非漢民族が漢民族の旅行者を旅行不可能にするという恐怖がかわらず語られつづけられる。現代以降は、タイ（傣）族、ラフ（拉祜）族、ジンポー（景頗）族における枇杷鬼の記述が目立つが、中華人民共和国成立後、鬼人の形象は、「破四旧」運動における「封建迷信」の打破という啓蒙的な目的のもとに、映画や、文芸工作団による戯劇に主題化され、非漢民族社会内部での差別を問題化し、社会主義社会のなかで消滅すべき陋習のシンボルとしての役割を「演じ」、アカデミズムも含め、共産党の政策の下で表象化されている（七節）。しかし、その一方で、タイ族の民俗社会では、文化大革命以降の社会的な混乱を説明する「説明概念」として、消滅するどころか、国家の内部イメージの想像手段として逆説的に生き残って行くのである。新しい国家体制の枠組内部における、非漢民族の立場からの現実解釈の手がかりとして、このような民俗伝承が逆説的に語られている点に、現代中国におけるこの種の信仰伝承の強固な生命力を窺うことができる（八節）。

七章

七章では、恋薬伝承について考察した。恋薬伝承は、これまで取り扱った蠱毒、運搬霊、鬼人と異なり、かならずしも影響者に厄災をもたらすのではなく、福因論的性格すら帯びた伝承である（一節）。恋薬伝承を漢人文人が記録するようになった背景として、とくに清代以降繁栄した西南辺疆の薬材交易の状況があることが指摘できるが（二節）、この伝承を語る漢人にとり、恋薬による恋愛呪術が、非民族との民族間呪術の問題として主題化されるならば、やはり厄災をもたらす災因論的な内容で語られるようになる。そのような伝承が、鬼妻伝承であり、非漢民族現地民が、外来の漢人を引き留め、妻方居住させ、帰還不可能にするという伝承内容をもつ。鬼妻伝承は、漢人と辺疆非漢民族との関係性を象徴した伝承として扱うことができる（三節）。

鬼妻伝承については、明代以降の漢人の非漢民族居住地への妻方居住の増加を反映しつつ、遠来の客である漢人が、現地民から「まれびと」（stranger）的性格を賦与され、婿入りに歓迎される人物としてみられる点を、漢人の記録者が自覚的に記述した伝承であると理解することができることを述べた。鬼妻伝承を記録した漢人文人の意識として、辺疆の現地民にとって、漢人が価値ある人間としてみなされているという、文化的優越性の感覚を読みとることができる（同三節）。

現代において、これらの呪術伝承は、雲南省に定住した漢人の末裔（漢族）においても持続的に語られ続けられている。その内容は驚くほどの持続性を保つ。たとえば、蠱毒伝承においては、旱タイ系現地民の婦人が、漢人に対して報復するとされる伝承のなかに、漢人が歩行不能となる地羊伝承のモチーフを見て取ることができ、同様に漢人を呪術行為によって異性のもとに引き留めるというモチーフも語られている。また、文芸作品においては、林白の作品にみられるように、鬼妻伝承を取り上げ、漢人（族）側の、西南非漢民族に対するエキゾチズムによって潤色し、南方非漢民族に対する、ある種の抜きがたい偏見的なイメージをも表白した作品がみられる。また、馬幇と呼ばれるキャラバンにとっては、旅行先の危険として認識され、同民族以外の異性との旅先での交際を禁忌とする習俗を形成するにいたっている（四節）。

六章・七章では、総じてこれらのテーマは、主に漢人からみた民族間の民族表象の問題として論じられている。多民族社会を内包する中国における呪術的霊物の研究は、かならずしも日本民俗学の「憑きもの筋」研究に類するような、特定の社会集団内部での問題として捉えきれない側面がある。中国における蠱毒、鬼人などの呪術的霊物に関する民俗学的研究は、異なる民族集団の関係を視座においた、民族表象論的アプローチが必要であることが強調されよう。かかるアプローチにおいては、民族間呪術における表象の非対称性の問題が重要な主題となる（五節）。

二　課題と展望

本書の研究においては、まだまだ明らかにすべき点は多い。本書において、三章と四章の現地調査によって示した運搬霊的な信仰伝承と、蠱毒伝承の実際は、特定地域における民俗伝承としての特質を明らかにできたと思われるが、たとえば蠱毒伝承がなぜ華南地方に圧倒的に多いのか、華北地方に類似の信仰伝承が見いだすことができるのかなどの点については、なお、明らかにしなければならない課題がある。

呪術的霊物に関する民俗事象の範疇に属するであろう事例は、蠱毒、運搬霊（五通神）、鬼人、恋薬に属する例だけでも、筆者の通覧に限っても二十二民族、七十九種類にのぼる。

そのうち蠱毒に関わる事例は漢族、非漢民族に関わらず分布しているが、水稲耕作を主生業とする地域を中心としている。水稲耕作は村落内部での共同労働による割合が高く、密接な人間関係を必要とするから、そのなかで、蠱毒を扱うとされる者が、村落内の成員から認知されるという構造があるものと思われる。ただ、水稲耕作だけでなく、リス（傈僳）族、ヌー（怒）族など、焼き畑による雑穀栽培を生業とする民族にも分布している。このような分布の傾向は、鬼人伝承や、恋薬伝承もほぼ同様である。

また、金蚕のように、蚕に似た蠱虫があるとされ、養蚕などの経済作物が浸透している地域を背景とした伝承があるように、商品経済や貨幣経済の浸透など、蠱毒信仰の社会的な背景についても、より関心を払う必要がある。

蠱毒伝承の背景には、まず、この種の信仰伝承の背景となる基層文化の問題と、さらに歴史的側面で生起した商業経済などの社会史的背景の両面を考慮に入れる必要がある。この点は、たとえば五通神などの運搬霊についても指摘できる。五通神の伝承は中国南部に全体的に分布しているが、五通神は、山魈、木客などの山中の精怪についての信仰伝承の流れを汲むとみられ、地理的に生活環境としての山地を背景とする伝承であり、基層文化との関わりが問われる。その一方で、長江中流域では、材木の行商人が五通神に遭うなどの記載があり、経済史的な背景が問われる必要がある。また、五通神以外の運搬霊の伝承は、チベット（蔵）族やナシ（納西）族、イ（彝）族にもみられ、水稲耕作を生業としない牧畜や、雑穀栽培を基層文化とする民族にもみられ、その文化背景の特質も別個に考慮する必要がある。

このように、中国における呪術的霊物の信仰伝承においては、文化（史）論的、社会史的背景の把握がいずれも必要である。

文化論的側面においては、エバーハルト（W. Eberhard）の民族文化論的な中国華南地方の文化理解の枠組を、批判を加えつつ他の様々な文化現象、民俗事象との関連から見直し、基層文化論として批判的に再編し、再構成してゆく必要がある。五章では、蠱毒伝承がエバーハルトのいう、「タイ文化」の範疇のみに制限されず、漢族にも広くみられ、各民族集団を越えて、固有の論理性を見いだすことのできる民俗伝承であることが示されているが、蠱毒伝承が民族集団の枠に限定されないとするならば、華南地方特有の地理環境、生業形態など、より広範囲の枠組で位置づけられる可能性を逆説的に示しているとも考えられる。

社会史的側面においては、六章と七章で明、清時期を中心とする漢人の雲南地方の進出を、漢人側の非漢民族についての他民族表象の問題として主題化したが、当然この側面のみならず、多くの主題から研究する必要がある。とりわけ、歴史資料にみる蠱毒事件（「蠱案」）から、民俗社会における蠱毒信仰の社会的作用の内実を分析的に研究する必要がある。蠱案研究や、それに類する鬼人が関わる事件の事例研究により、この種の事件からみた、各民俗社会の特質や、歴史的背景を明らかにする可能性が開かれうる。また、今後、中国での内部調査資料の公開が進めば、近代以降の蠱案資料も各民族にわたり研究が可能となるであろう。

今後の研究の展望については、前記の文化論的側面、社会史的側面の他に、民俗学ないし、文化人類学的側面における課題がある。序論において、本書の研究対象を「邪術」（witchcraft）概念に相当する「巫蠱」を設定し、蠱毒を「毒虫の毒を使って他者を中毒させる術」として下位概念に限ったが、「巫蠱」を上位概念とする観点からみると、類縁的な民俗事象の事例は多くある。たとえば、本書で取りあげなかった呪術的霊物が介在する呪術のうち、木人などの呪物で他人を呪詛する「巫蠱術」、紙人を使った使役術、鬼類を用いた使鬼術などの呪術伝承と、蠱毒伝承との関連は、今後論じられるべき課題である。たとえば清末の書で、澤田瑞穂氏が収集された、燃灯道人『歐蠱燃犀録』は、これらの巫蠱の範疇に属する事例を豊富に集めているが、テキスト研究としても、本書における「蠱」の用語と理解の有り様は、巫蠱研究の問題として検討されてよい課題であると思われる。蠱毒研究の成果を踏まえた上での巫蠱研究を拡大的に行うことにより、中国における呪術的な民俗伝承の実態をより全面的に明らかにすることが求められている。また、文学研究に始まり、文化人類学と宗教人類学、社会学などの学術分野で適用される言説分析の手法による研究は、この種の呪術的霊物の研究において、有効なアプローチであると思われる。中国の呪術的霊物に関わる口頭伝承の収集は、それ自体が困難な課題であるが、将来を見据えて必要な研究を進めてゆきたい。

また、民俗学、文化人類学的側面での研究は、本書で論じた呪術的霊物の社会論的な研究においても必要とされる問題である。とりわけ、蠱毒や、鬼人などの問題は、民俗社会内部における社会的暴力の問題と深く関わる。このことは、社会における暴力の存在を、「ありうるべからざるもの」として排除を前提に捉えるのではなく、人間が共同的に関係を結ぶという意味での、社会成立の根源に存在し、生起する暴力性の問題を凝視することを意味する。呪術的霊物に関する信仰伝承は、社会が社会たるそのこと自体に含まれる暴力性に関わることが多い。

今村仁司氏は、「暴力性は人間存在にとって普遍的な現象であって、人間が社会関係を結び社会形成を営むかぎりは、どの地域でもどの時代でも出現する。暴力性が社会形成に内在するというのはそういうことである」と指摘する［今村　一九八二：一二六］。社会形成に内在する暴力として、呪術的霊物のテーマも暴力論的問題設定の内部にある。人間が共同的に生きる限りにおいて取り結ぶ関係性は、けっして均質なものではない。人間どうしの社会性、関係性そのものに、すでに弱者、強者、あるいはニーチェ（F. Nietzche）が見抜いたように、強者であるが故の弱者化、弱者である故の強者化といった不均衡が内在する。ルネ・ジラール（Rene. Girard）の「スケープ・ゴート」（scape goat）の概念を持ち出すまでもなく、呪術的霊物は、原因者とされる者の社会的排除をともなうように、共同体内部での暴力的契機が先鋭化する局面に深く関わる。

総じて、本書は、「呪術的霊物」の概念により、蠱毒・運搬霊・鬼人・恋薬などの民俗伝承を総合的な視座の下に研究したもので、これらの主題自体が、デ・ホロート（J.J.M. de Groot）、エバーハルト、澤田瑞穂氏、鄧啓耀氏らの一部の先学を除けば、研究史上これまでほとんど着目されてこなかったといえる。本書は、これらの主題について、概念化を試み、筆者なりの解釈を与えることにより、基礎的な研究成果を提示したものである。本書をひとまずの着地点とし、新たな展望を切り開くべく、より多角的なアプローチから研究を継続する必要があるのは改めて言うまでもない。

文化論的側面、社会史的側面、暴力論を含めた民俗学的ないし文化人類学的側面の三点を今後の研究に取り入れつつ、中国における民俗事象の研究をつづけてゆくことが、筆者の今後の課題として求められる。以上、なお達成すべき課題は多いが、本書での研究を見渡した上での展望を述べた。

あとがき

本書は蠱毒をはじめとする中国南部の様々な霊物の信仰伝承を「呪術的霊物」の概念により展望し、総合的な研究視座を与えるべく書かれた。中国における民俗学的研究では、これまで呪術に関連するテーマは内容の禍々しさや、様々な事情により、専門的な研究の蓄積が少ない分野であり、民俗学研究のなかでは周縁的なテーマに甘んじていた。わけても、蠱毒は、人間の根源に潜む禍々しい心性に結びつく心意伝承であるが、それだけに一層、かかる凄惨たる心性から目を背けては、民俗学のみならず、人間の営みを探求する人文学そのものが成り立ち得ないこともたしかである。敢えて申し上げるならば、ほかならぬ自己自身に対して戦慄するような、直視黙考の精神こそ、新世紀にあってなおも悲惨な今日の世界に立ち臨む人文学に、真に必要な精神なのではないか。

そのような意味で、本書で扱われた蠱毒伝承やその他諸々の「呪術的霊物」に関する信仰伝承は、中国南部の非漢民族、漢民族の民俗社会内部において、長い間外部の者には語られざるタブーとしての性格を保ちつづけてきた伝承である。それだけに、本書の研究は、私が訪問した中国雲南省の多くの方々の協力なしにはありえなかった。五郎神や、ピョといった言葉を実際に現地の人々に向けて問い訊ね、調査する際、かかる伝承自体、現地の人々は外地の者に軽々しく話すべきことではないと認識している。ほとんどの場合、現地の人々は、たとえば村内でどの家庭が蠱毒を扱うかということは、明白に認識している。しかし、それは明白なるが故に、一種のタブーとして、村内においてさえ語ることは憚られるのである。外来者である筆者が、この種の信仰伝承を調査することは、調査の糸口をつくる時点で、すでに困難が付きまとう。にもかかわらず、筆者の答え難いさまざまな質問に答えて頂いたインフォーマントの方々には深く感謝を表したい。

しかし、その一方、論述という作業は、言語による以上、語られたもの、書かれたものによってでしか語り得ないことも事実である。本書の論述はむしろその裏面に同時に、語り得ざる無数の声を内包している。本書の扱う蠱毒や鬼人などの多くの事例の背景には、自ら語ることができずに、歴史の闇に葬り去られた多くの人々がいる。これらの伝承は、あくまでも周囲の者の、対象者に対する見方を反映したものであるにすぎないことを忘れてはならない。かつては、蠱毒や鬼人のレッテルを貼られることは、指弾や、婚姻や互助労働上の差別を受けたり、または村外への放逐に処されるだけでなく、犯罪者として法律上の罪に服し、あるいは共同体内部の制裁を受けるなどして、命を失うことを意味する場合が極めて多かったのである。本書で試みた論述と引用の羅列の裏側には、彼ら無辜の人々の、虚空に響きつづけるであろう無数の「声なき声」が、語り得ざるものとして存在している。「声なき声」の響きが、行間を通じて少しでも読者諸賢に伝わらんことを願うばかりである。

本書は筆者の博士学位論文「中国の〈憑きもの〉的伝承の研究――華南地方の蠱毒およびその他呪術的民俗事象」（東京都立大学人文学部博士第一〇五号、二〇〇二年）を改稿・補足したものである。それゆえ、本書はまずもって母校であり職場でもあった東京都立大学に捧げたい。大学院生としての学生時代、助手としての勤務を含め、十年の歳月を過ごした中国文学研究室は、素晴らしい先生方と同学各位に恵まれ、思うがままに研究に打ち込ませて頂いた。東京都立大学名誉教授、飯倉照平先生をはじめ、主査として論文の審査を頂いた何彬先生、副査を引き受けて頂いた木之内誠先生の三先生には、学生時代に指導教員として辛抱強く学業を見守って頂くとともに、学問に志す者の在り方を身を以って教えて頂いた。なによりも先生方に御礼を申し上げたい。

また、大学院社会人類学専攻の渡邊欣雄先生には、副査として論文の審査を頂いたばかりでなく、人類学研究の立場から惜しみない御教示を頂いた。法政大学国際文化学部の曽士才先生には、蠱毒信仰の先行研究者として、貴重な御助言を頂いた。先生方に心よりの感謝を申し上げる。また、助手時代に勤務時間後の時間を使い論文執筆に没頭する筆者を、暖かく見守って頂いた当時の連絡教授（学科主任に相当）の鄭大均先生、平井博先生にも謝意を表したい。また、比較民俗研究会で発表の機会を与えてくださった神奈川大学の佐野賢治先生、席上佐野先生とともに多々御教示頂いた東京成徳大学の増尾伸一郎先生、大学での講義の機会を与えてくださった東京学芸大学の鈴木健之先生、吉野晃先生、山梨大学の成瀬哲生先生にも、感謝申し上げる。

母校東京都立大学と、我が揺籃たる中国文学研究室は、大学の統合と、人文学部ならびに文学系学科の廃止により、二〇〇五年春をもって、半世紀に及ぶ歴史の幕を閉じることとなった。人間精神の自己省察のオルガノンたる人文学を実践する人文学部を廃止し、「都市教養」なるものに矮小化しようとする「設置者」の目論見は、ただ嗤うよりほかないが、愛惜の思いとともに、自由な学問の気風と、人間についてつねに新しい角度から光を当て、探求する人文精神の伝統を、この学校で学んだかけがえのない遺産として私なりに引き受けてゆきたい。

本書は多くの先学の業績に負っているが、ことに二〇〇二年に仙逝された澤田瑞穂先生の御仕事からは、多くの啓発を受けた。澤田瑞穂博士は日本における蠱毒研究の先駆者でもあり、その他本書でも取り上げた地羊・僕食の変身譚、五通神、恋薬研究の諸主題を発掘され、諸研究の可能性を明確に示され、日本における中国民間信仰研究の基礎を築かれている。本研究のそもそもの着想は、澤田博士が示された蠱毒と、その他諸々の研究主題を前に、新旧諸資料を新たな角度から配置、配列することにより、民間信仰伝承の有り様に一定の相貌を与え、ともすれば「迷信」「荒唐無稽」の一言で片づけられかねないこれらの伝承の内実に密かに潜む論理を探求し、剔出することであった。殊に感謝すべきことは、澤田先生が収集資料を、早稲田大学図書館「風陵文庫」として公開に附されたことで、『歐蟲燃犀録』をはじめ、「風陵文庫」所蔵資料によってはじめて閲覧が可能であった資料も多く、研究に際して原典に当たり、澤田先生の学恩に浴することができたことは、誠に幸いであった。澤田瑞穂先生と早稲田大学図書館には、感謝とともに本書を捧げたい。

また、この不肖の息子に援助を惜しまなかった父、川野惟二と母、川野好子にもせめてもの御礼として、本書を捧げたい。

なお、本書は独立行政法人日本学術振興会平成十六年度科学研究費補助金、研究成果公開促進費（学術図書・文化人類学・課題番号：一六五〇六二）の交付を受けて刊行されたことを感謝とともに附記させて頂く。

最後に、本書の出版を快く引き受けて頂いた風響社、石井雅社長には、此に万分の感謝を致す。

乙酉年元旦識　川野明正

文献目録

一　現代著作

邦文文献（五十音順）

荒屋　豊
　二〇〇〇「西南中国ナシ族・モソ族の憑きもの信仰の諸相」待兼山比較日本文化研究会『比較日本文化研究』六号、東京：風響社
石塚尊俊
　一九七二『日本の憑きもの——俗信は今も生きている』東京：未来社
板橋作美
　二〇〇〇「憑きもの」『日本民俗大辞典』東京：吉川弘文館、一一一六頁
井上　進
　一九九五「書肆・書賈・文人」荒井謙編『中華文人の生活』東京：平凡社、三〇四—三三八頁
今村　鞆
　一九七五『朝鮮風俗集』東京：国書刊行会（復刊本）
今村仁司
　一九八二『暴力のオントロギー』東京：勁草書房
宇那木玄光
　一九八八「美作地方の狐持と狐憑」喜田貞吉編・山田野理夫補編『憑物』東京：宝文館出版、一四八—一五七頁
梅屋潔・浦野茂・中西裕二

二〇〇一　『憑依と呪いのエスノグラフィー』東京：岩田書院

浦野　茂

二〇〇一　「『口承の伝統』の分析可能性――物語の相互行為分析」『憑依と呪いのエスノグラフィー』東京：岩田書院、一九七―二一九頁

エバーハルト、W（白鳥芳郎監訳、君島久子・長谷部加寿子・喜田幹雄・加治明・白鳥芳郎・蒲生大作訳）

一九八七　『古代中国の地方文化』東京：六興出版［原著、Eberhard,Wolflam. *The Local Cultuers of South and West China.*Leiden. 1968］

大林太良

二〇〇一　『山の民・水辺の神々――六朝小説にもとづく民俗誌』東京：大修館書店

尾坂徳司

一九九三　『四川・雲南・ビルマ紀行――作家艾蕪と二十年代アジア』東京：東方書店

何　彬

二〇〇一　「中・日の民俗学から習ったもの――霊魂・祖先・比較法」小島瓔禮教授退官記念論集刊行委員会・比較民俗学会編『比較民俗学のために――小島瓔禮教授退官記念論集』神奈川：小島瓔禮教授退官記念論集刊行委員会・比較民俗学会発行、三二一―三三四頁

川野明正

一九九八　「雲南省の五通神信仰――保山市独脚五郎・五郎神の精怪伝承」東京都立大学人文学部中国文学研究室編『人文学報』No.二九二：一一九―一三四頁

一九九九　「大理白族の憑きもの信仰――ピョをめぐる伝承と信仰習俗」中国人文学会編『饕餮』第七号：一二九―一四三頁

二〇〇〇　「天翔る犬――大理漢族・白族の治病儀礼『送天狗』と『張仙射天狗図』にみる産育信仰」中国人文学会編『饕餮』第八号：一九―六六頁

二〇〇二a　「蠱毒伝承論――憑きもの的存在の言説にみる民俗的観念」東京都立大学人文学部中国文学研究室編『人文学報』No.三三二：一―五六頁

二〇〇二b　「白族の〈ピョ〉にみる蠱毒伝承――その自然認識と社会性」櫻井龍彦編『東アジアの民俗と環境』名古屋：金壽堂出版、二一七―二三八頁

二〇〇二c　「中国の〈憑きもの〉的伝承の研究――華南地方の蠱毒およびその他呪術的民俗事象」博士学位論文、東京都立

大学（人文学部、博士第一〇五号）
二〇〇三ａ 「蠱毒・地羊・僕食――漢人の〈走夷方〉からみた西南非漢民族の民族表象（一）」東京都立大学中国文学研究室編『人文学報』No.三四一：一九―六八頁
二〇〇三ｂ 「充溢する毒物――中国南部の蠱毒伝承と日本の憑きもの伝承」『アジア遊学』No.五八、勉誠社、一六五―一七四頁
二〇〇四ａ 「恋薬・鬼妻をめぐる恋愛呪術伝承――漢人の〈走夷方〉からみた西南非漢民族の民族表象（二）」比較民俗研究会編『比較民俗研究』No.一八：二一―四二頁
二〇〇四ｂ 「東アジアの〈運搬霊〉信仰――日・中・韓の比較にみる特定家庭の盛衰に関わる霊物伝承（ザシキワラシ・トッケビ・五通神・小神子・その他）」中国人文学会編『饕餮』第一二号：八―五六頁
川野明正・栗原悟
二〇〇三 『中国西南地域諸民族誌の基礎研究――主に雲南省を中心にして』平成一三年度～一四年度、日本学術振興会科学研究費補助金・基盤研究（C）報告書（研究代表者、栗原悟・課題番号一三六一〇三六八）
干宝（竹田晃訳）
一九六四 『捜神記』東京：平凡社
喜田貞吉
一九八八 「山陰西部地方の狐持に関する報告」喜田貞吉編・山田野理夫補編『憑物』東京：宝文館出版、九七―一二一頁（『民族と歴史――憑物研究号』一九二二年七月刊行、およびその他記事の編集採録による）
桐本東太
一九八一 「山中の独足鬼に関する一考察――日中の比較」『中国民話の会会報』一九八一年七月号：八―一九頁
キューン、A. フィリップ（著）・谷井俊仁・谷井陽子（訳）
　一九九六 『中国の霊魂泥棒』東京：平凡社〔原著、Kuhn,Philip.A, *Soulstealers: The Chinese Sorcery Scare of 1768*. Harvard University Press.Cambridge.1990.〕
許地山（松岡純子訳）
二〇〇〇 「命命鳥」『落華生の夢――許地山作品集』福岡：中国書店、一―四七頁
倉光清六
一九八八 「憑物耳袋」喜田貞吉編・山田野理夫補編『憑物』東京：宝文館出版、二五一―四〇二頁〔原載『民族と歴史――憑物研究号』一九二二年七月〕

栗原　悟
一九九一「清末民国期の雲南における交易圏と輸送網――馬幇のはたした役割について」東洋史研究会編『東洋史研究』第五〇号第一号：一二六―一四九頁
黒澤信吾
一九四〇「滇緬交渉史管見――特に明代・清初の雲南に於ける漢蛮の接触に就いて」大塚史学会編（旧）『史潮』第一〇年第二号：一七―六四頁（東京：刀江書院）
小松和彦
一九八四「呪詛神再考」『現代思想』七月号
一九九四［一九八四］「憑きものと民俗社会――聖痕としての家筋と富の移動」『憑霊信仰論――妖怪研究の試み』東京：講談社、一九―一一四頁［同書、東京：ありな書房の改訂版］
澤田瑞穂
一九八二「メタモルフォーシスと変鬼譚」『中国の民間信仰』東京：平河出版社、三七四―四〇四頁
一九九二a「妖異金蚕記」『修訂・中国の呪法』（修訂版第二刷）東京：平河出版社、二四七―二六三頁
一九九二b「蜈蚣蠱」『修訂・中国の呪法』（修訂版第二刷）東京：平河出版社、二六四―二六六頁
一九九二c「挑生術小考」『修訂・中国の呪法』（修訂版第二刷）東京：平河出版社、二六八―二七二頁
一九九二d「猫鬼神のこと」『修訂・中国の呪法』（修訂版第二刷）東京：平河出版社、二七三―二八九頁
一九九二e「紅い呪術」『修訂・中国の呪法』（修訂版第二刷）東京：平河出版社、三九三―四〇五頁
一九九二f「悪夢追放」『修訂・中国の呪法』（修訂版第二刷）東京：平河出版社、四二八―四三三頁
一九九二g「風邪を売る」『修訂・中国の呪法』（修訂版第二刷）東京：平河出版社、四三四―四三六頁
島田成矩
一九六六「蠱道の研究（一）」『松江工業高等専門学校紀要』昭和四一年刊号：一―二二頁
白鳥芳郎
一九八五『華南文化史研究』東京：六興出版
妹尾隆彦
一九七八『カチン族の首かご』東京：文芸春秋社
曽士才

一九九一「苗族の『憑きもの』に関する覚え書き」伊藤清司先生退官記念論文集編集委員会編『中国の歴史と民俗』東京：第一書房、一一三―一二六頁
一九九六「落魂、呪い、そして憑きもの」福田アジオ編『中国貴州苗族の民俗文化――日本と中国との農耕文化の比較研究・文部省科学研究費補助金（海外学術研究）研究成果報告書』、九七―一一二頁
竹村卓二
一九九一「タイ北部山地民族のまれびと信仰」伊藤清司先生退官記念論文集編集委員会編『中国の歴史と民俗』東京：第一書房、一二七―一四〇頁
塚田誠之
二〇〇〇「壮族と漢族との通婚に関する史的考察」『壮族社会史研究――明清時代を中心として』大阪・国立民族学博物館、一五九―一八五頁
デービス、H・R（田端久夫、金丸良子編訳）
一九八七『雲南――インドと揚子江地域の環』東京：古今書院［Davies,H.R. *YÜN-NAN : The Link between India and The Yangze.* Cambridge at The University Press.Cambridge.1909］
東亜同文会『支那省別全誌』刊行会
一九四二『支那省別全誌』第三巻「雲南省」東京：東亜同文会『支那省別全誌』刊行会
永尾龍造
一九七三［一九四二］『支那民俗誌』第六巻、東京：国書刊行会［原著、東京：『支那民俗誌』刊行会の復刊本］
長島信弘
一九八七『死と病の民族誌――ケニア・テソ族の災因論』東京：岩波書店
仲村永徳
二〇〇〇「沖縄の憑依現象――カミダーリィとイチジャマの臨床事例から」小松和彦編『憑きもの』東京：河出書房、三一〇―三二〇頁［原載『精神医学』四〇巻四号、一九九八年］
中村　喬
一九八八『中国の年中行事』東京：平凡社
任東権
一九六九『朝鮮の民俗』東京：岩崎美術社

任東権（熊谷治訳）
一九九五『韓国の民話』東京：雄山閣
花部英雄
一九九八「オオサキの原像」『呪歌と説話――歌・呪い・憑き物の世界』東京：三弥井書店、一八二―二〇五頁
馬場英子
一九九五「山魈・五通・無常の伝説およびその他――温州・寧波地区を中心に」福田アジオ編『中国浙江の民俗文化――環東シナ海（東海）農耕文化の民俗学的研究』（文部省科学研究費補助金〈国際学術研究〉研究成果報告書）、千葉：国立歴史民俗博物館、二〇五―二一八頁
一九九九「麗水・温州地区の怪――山魈・五通・無常およびその他」福田アジオ編『中国浙南の民俗文化――環東シナ海（東海）農耕文化の民俗学的研究』（文部省科学研究費補助金〈国際学術研究〉研究成果報告書）、福田アジオ発行、一九五―二一一頁
速水保孝
一九五六『つきもの持ち迷信』東京：柏林書店
広川勝美
一九八二『憑きもの――タタリガミと呪い』東京：創世記
茅盾（宮尾正樹訳）
一九九一「春蚕」『藻を刈る男――茅盾短編集』東京：JICC出版社、八五―一一六頁
増尾伸一郎
一九九六「『救護身命経』の伝播と〈厭魅蠱毒〉――敦煌、朝鮮の伝本と七寺本をめぐって」牧田諦亮編『七寺古逸経典研究叢書』第二巻、「中国撰述経典」其之二、東京：大東出版社、八一五―八五二頁
宮田　登
一九九六「民俗社会と神」『民俗神道論――民間信仰のダイナミズム』東京：春秋社、一八―五九頁
柳田國男
一九六三「ザシキワラシ（一）」『妖怪談義』『定本・柳田國男集』第四巻、東京：筑摩書房、三六八―三七二頁
一九六四『オトラ狐の話』『定本・柳田國男集』第三一巻、東京：筑摩書房、四九―一〇二頁
一九六九『巫女考』、『妹の力』『定本・柳田國男集』第九巻、東京：筑摩書房、二二三―三〇一頁

横山廣子
一九八七「大理地方の妻方居住婚」『親族と社会の構造』「現代の社会人類学」第一巻、東京：東京大学出版会、一〇三―一三一頁
吉田禎吾
一九七二『日本の憑きもの』東京：中央公論社
林白（伊禮智香子訳）
一九九九「回廊の椅子」『季刊中国現代小説』第II巻第一二号、東京：蒼蒼社、一一九―一六六頁
渡邊欣雄
一九九一「鬼魂再考――民俗宗教理解のための試論」『漢民族の宗教――社会人類学的研究』東京：第一書房、一五三―一九三頁

漢語文献（現代著作・拼音表記順）

A
阿　城
一九九四『閑話閑説――中国世俗與中国小説』台北・時報文化出版企業有限公司
艾　蕪
一九八〇「松嶺上」『南行記』北京：人民文学出版社、四一―五三頁
一九八九a「走夷方」『漂泊雑記』、『艾蕪文集』第十巻、成都：四川文芸出版社、四七―四八頁
一九八九b「干崖壩」『漂泊雑記』『艾蕪文集』第十巻、成都：四川文芸出版、四九―五〇頁
一九八九c「殺人致用」『漂泊雑記』、『艾蕪文集』第十巻、成都：四川文芸出版社、六五―六九頁
奥爾良、亨利（龍雲訳）
二〇〇一『雲南遊記――従東京至印度』昆明：雲南人民出版社［d'Orléans, H.P.M.Prince. *Du Tonkin aux Indes : Orientales janvier 1885 — janvier 1886*. Calman Levy.Paris. 1898.］
C
蔡家麒

一九九六「蘭坪那馬人的殺魂和養薬」詹承緒分冊主編（呂大吉・何耀華総巻主編）『中国各民族原始宗教資料集成・白族巻』北京：中国社会科学出版社、六三九頁
陳碧笙
一九九九「盈江県宗教信仰概述」桑耀華分冊主編（呂大吉・何耀華総巻主編）『中国各民族原始宗教集成・景頗族巻』北京：中国社会科学出版社、三九四―三九五頁［原載『民族調査研究』一九八四年一二月］
陳国鈞
一九四一『滇辺散憶』台北：東方文化公司復刊本（復刊年次不明）
一九四二「苗族的放蠱」陳国鈞・呉澤霖編『貴州苗夷社会研究』貴陽：交通書局、二四九―二五三頁
D
大理市誌編纂委員会（編）
一九九八『大理市志』北京：中華書局
丹珠昂奔
一九九〇『蔵族神霊論』北京：中国社会科学出版社
鄧立木・趙永勤
一九八五「官渡区阿拉郷彝族宗教調査」国家民委民族問題五種叢書之一・中国少数民族社会歴史調査資料叢刊雲南省編輯組『昆明民族民俗和宗教調査』昆明：雲南民族出版社、三七―七〇頁
鄧啓耀
一九九八『巫蠱考察』台北：漢忠文化事業股份公司・中華発展基金管理委員会［大陸版、『中国巫蠱考察』上海：上海文芸出版社、一九九九年］
董紹禹・雷宏安
一九八五「西山区核桃箐彝族習俗和宗教調査」国家民委民族問題五種叢書之一・中国少数民族社会歴史調査資料叢刊雲南省編輯組『昆明民族民俗和宗教調査』昆明：雲南民族出版社、五三―七〇頁
杜玉亭
一九八八「従『特欠』談到食人之風」『辺疆文化論叢』第一輯、昆明：雲南民族出版社、二五一―二五八頁
F
馮　彦

一九九五「独龍江地区的民族交往与貿易発展研究」何大明主編『高山峡谷人地複合系統的演進——独龍族近期社会、経済和環境的綜合調査及協調発展研究』昆明：雲南民族出版社、一八四—一九一頁

G

干宝（汪紹楹校注）
一九七九『捜神記』北京：中華書局

高金龍
一九九三「雲南紙馬民俗資料彙編」『雲南民族学院学報』第一期、一〇九—一一二頁

国家民委民族問題五種叢書之一・中国少数民族社会歴史調査資料叢刊『珞巴族社会歴史調査』編写組
一九八九『珞巴族社会歴史調査（二）』拉薩：西蔵人民出版社

顧頡剛
一九六三「贅壻」『史林雑識・初編』北京：中華書局、一〇六—一一〇頁

顧維君（燕宝）
一九八九「苗族信仰中的醸鬼和蠱問題」『黔東南社会科学』第一期、四二—四五頁

H

何叔濤
一九九三a「養蠱術」蔡家麒分冊主編（呂大吉・何耀華総巻主編）『中国原始宗教資料叢編・怒族巻』上海：上海人民出版社、八九二頁
一九九三b［一九九五］「施巫招鬼降災」蔡家麒分冊主編（呂大吉・何耀華総巻主編）『中国原始宗教資料叢編・怒族巻』上海：上海人民出版社、八九三頁［原載、何叔濤「碧江怒族的原始宗教」『世界宗教研究』一九八五年第三期、一二四頁］
一九九三c「施巫招鬼移『病』」蔡家麒分冊主編（呂大吉・何耀華総巻主編）『中国原始宗教資料叢編・怒族巻』上海：上海人民出版社、八九三頁

和志武
一九九三「麗江壩区『搓撲』鬼和『毒』鬼崇拝」和志武分冊主編（呂大吉・何耀華総巻主編）『中国原始宗教資料叢編・納西族巻』上海：上海人民出版社、一八六—一八七頁

胡鑑民

一九九一［一九四一］「羌族之信仰与習為」李紹明・程賢敏編『西南民族研究文選』成都：四川大学出版社、一九四―二一六頁［原載『辺疆研究論叢』］

J

吉林省民間文芸研究会
一九八〇『人参的故事』北京：人民文学出版社

江応樑
一九五〇『擺夷的生活文化』香港：中華書局
一九七八「昆明境内的夷民」『西南辺疆民族論叢』台北：新文豊出版公司、一―四〇頁［原載『蒙蔵月刊』、一九三〇年］

L

雷国強
一九九〇「宣平山区山魈信仰習俗考察」『民間文芸季刊』第四期、二〇四―二一二頁

李達珠・李耕冬
一九九六『未解之謎――最後的母系部落』成都：四川人民出版社

李徳芳
一九八三「蠱的存在意義及其族属的商権」貴州民族学院歴史系民族史教研室編『民国年間苗族論文集』、三六九―三八二頁［原載『辺鋒月刊』］

李堅尚・劉芳賢（分冊主編・呂大吉・何耀華総巻主編）
一九九九『中国各民族原始宗教集成・珞巴族巻』北京：中国社会科学出版社

李生荘
一九三三「雲南第一殖辺区内之人種調査」雲南省立昆華民衆教育館編『雲南辺地問題研究』（上巻）、昆明：雲嶺書店、九五―一〇五頁

李孝友
一九九八「雲南的刻書事業」『雲南書林史話』昆明：雲南人民出版社、二一一―二二八頁

李植人
一九四二「苗族放蠱的故事」陳国鈞・呉澤霖編『貴州苗夷社会研究』貴陽：交通書局、二五四―二五八頁

李　卉

連立昌
　一九五〇「説蠱毒与巫術」中央研究院民族学研究所編『民族学研究所集刊』第九期、二七一―二八二頁
　一九八三「畜蠱殺人辨析」吉林省社会科学院・吉林省社会科学聯合会編『社会科学戦線』、二四二―二四七頁
林　白
　一九九五「回廊之椅」林白『回廊之椅』昆明：昆明・雲南人民出版社、四三―八〇頁
凌純声・芮逸夫
　一九四七『湘西苗族調査報告』南京：国立中央研究院歴史語言研究所〔『亜洲民族考古叢刊』第二輯、第一四冊、第一五冊、一九七八年、台北・南天書局復刊本〕
凌樹東
　一九九八a「放蠱」范宏貴分冊主編・（呂大吉・何耀華総巻主編）『中国各民族原始宗教集成・珞巴族巻』北京：中国社会科学出版社、五八四―五八五頁
　一九九八b「打悶」范宏貴分冊主編・（呂大吉・何耀華総巻主編）『中国各民族原始宗教集成・珞巴族巻』北京：中国社会科学出版社、五八一―五八四頁
劉芳賢
　一九九九a「崩尼人的『則如』」李堅尚・劉芳賢分冊主編（呂大吉・何耀華総巻主編）『中国各民族原始宗教集成・珞巴族巻』北京：中国社会科学出版社、七〇五頁
　一九九九b「蘇龍人的『布貢』」李堅尚・劉芳賢分冊主編（呂大吉・何耀華総巻主編）『中国各民族原始宗教集成・珞巴族巻』北京：中国社会科学出版社、七〇六頁
　一九九九c「博嘎爾人的『窩朗木供』」李堅尚・劉芳賢分冊主編（呂大吉・何耀華総巻主編）『中国各民族原始宗教集成・珞巴族巻』北京：中国社会科学出版社、七〇六頁
　一九九九d「博嘎爾部落鬼人惨遭殺害的調査」李堅尚・劉芳賢分冊主編（呂大吉・何耀華総巻主編）『中国各民族原始宗教集成・珞巴族巻』北京：中国社会科学出版社、七〇八―七一〇頁
劉錫蕃
　一九三四『嶺表紀蛮』上海：商務印書館〔『民国叢書』第三編第一八冊上海書店影印本〕
盧朝貴
　一九九九「金平、元陽等地的詛咒及巫術」李国文分冊主編（呂大吉・何耀華総巻主編）『中国各民族原始宗教集成・哈尼族巻』

陸　韌
　北京：中国社会科学出版社、三〇四―三〇六頁
　一九九七　『雲南対外交通史』昆明：雲南民族出版社
羅養儒
　一九九六　『雲南掌故』（原題『紀我所知集』）昆明：雲南民族出版社

M
茅　盾
　一九三二　「春蚕」『現代』一一月号、第二巻第一期、上海：現代書局、九―二六頁〔『茅盾全集』第八巻、北京：人民文学出版社、一九八五年：三一二―三三七頁にも所収〕
毛里（編）
　一九八三　『中国少数民族文学（中）』長沙：湖南人民出版社
馬学良
　一九八三　「倮族的招魂和放蠱」『雲南彝族礼族研究文集』成都：四川民族出版社、三一―三九頁〔初出、『辺政公論』第七巻第二期、一九四八年〕
馬学良・于錦綉・范恵娟
　一九九三　『彝族原始宗教調査報告』北京：中国社会科学出版社

P
彭多意
　二〇〇一　『二十世紀中国民族家庭実録（第三輯）――人神之間・白族』昆明：雲南大学出版社
彭桂蕚
　一九八六　『双江一瞥』、国家民委民族問題五種叢書之一・中国少数民族社会歴史調査資料叢刊雲南省編輯組『雲南方志民族民俗資料瑣編』雲南民族出版社、一一〇―一一一頁

S
桑耀華
　一九八三　「徳宏某些地区的『枇杷鬼』還在害人」雲南省歴史研究所編『雲南省歴史研究所研究集刊』第二期、二八九―二九六頁

暁　根
一九九七『拉祜文化論』昆明：雲南大学出版社
宋恩常・雷宏安（調査）・董紹禹（整理）
一九八四「景洪県雅奴寨基諾族宗教調査」国家民委民族問題五種叢書之一・中国少数民族社会歴史調査資料叢刊雲南省編輯組編『雲南民族民俗和宗教調査』昆明：雲南民族出版社、一八五—一九八頁

T
唐楚臣
一九九五「蠱薬与婚忌」『山茶・自然与民族』第二期、六〇—六三頁
陶雲逵
一九七一「碧羅雪山之栗粟族」中央研究院歴史語言研究所編『国立中央研究院歴史語言研究所集刊』第一七本（一九四八年刊行本の復刊本）台北：中央研究院歴史語言研究所集刊編輯委員会、三三七—四〇九頁
田家祺
一九九三「殺魂与神判」蔡家麒分冊主編（呂大吉・何耀華総巻主編）『中国原始宗教資料叢編・傈僳族巻』上海：上海人民出版社、七七六—七七七頁

W
王明達・張錫禄
一九九三『馬幇文化』昆明：雲南人民出版社
王萍昆
一九九八「保亭地区黎族『禁公』、『禁母』的概念」邢関英分冊主編（呂大吉・何耀華総巻主編）『中国各民族原始宗教集成・黎族巻』北京：中国社会科学出版社、七二四—七二五頁
王世禎
一九八一「閩粤一帯的金蚕鬼」『中国民情風俗』台北：星光出版社、一二九—一三五頁
王震亜（編）
一九九〇『普米族民間故事』昆明：雲南人民出版社
翁乃群
一九九六「蠱、性和社会性別——関於我国西南納日人中蠱信仰的一個調査」『中国社会科学季刊』秋季巻、香港：香港社会

科学出版社、四二一—五四頁
呉従衆・劉芳賢・張江華
一九八七「錯那県門巴族社会歴史調査報告」国家民委民族問題五種叢書之一・中国少数民族社会歴史調査資料叢刊西蔵社会歴史調査叢刊編輯組『門巴族社会歴史調査』拉薩：西蔵人民出版社、九二—一三八頁
呉従衆・劉芳賢・張江華・姚兆麟
一九八七「墨脱県門巴族社会歴史調査報告」国家民委民族問題五種叢書之一・中国少数民族社会歴史調査資料叢刊西蔵社会歴史調査叢刊編輯組『門巴族社会歴史調査』拉薩：西蔵人民出版社、一七—九一頁
呉雪悩
一九九四「『NiaoNiao』迷薬与情歌」『山茶』第三期、三四—三五頁

X

『西双版納傣族自治州概況』編写組
一九八六『西双版納傣族自治州概況』昆明：雲南民族出版社
夏之乾
一九八四「談談『放蠱』及其類似習俗産生的原因和危害」『貴州民族研究』一九八四年第四期：一一三—一二〇頁
謝　剣
一九八四『昆明東郊的撒梅族』香港：中文大学出版社
許地山
一九八八「命命鳥」『春桃』北京：人民文学出版社、一一五—四四頁
徐益棠
一九四四『雷波小涼山的羅民』南京：金陵大学中国文化研究所印行

Y

楊福泉
一九九三a『神奇的殉情』香港：三聯書店有限公司
一九九三b「麗江塔城地区趕『搓撲』鬼儀式」和志武分冊主編（呂大吉・何耀華総巻主編）『中国原始宗教資料叢編・納西族巻』上海：上海人民出版社、一八六頁
楊文金

一九八九　「試論『蠱』在苗族社会中的産生及其変異」潘光華編『貴州民俗論文集』北京：中国民間文芸出版社、三四三—三四八頁

楊照輝
一九九九　「蘭坪県通甸郷弩弓普米族的『送活鬼』儀式」楊照輝分冊主編（呂大吉・何耀華総巻主編）『中国各民族原始宗教資料集成・普米族巻』北京：中国社会科学出版社、三九四—三九五頁

楊正泰
一九九四　『明代駅站考、附一統路程記、士商類要』上海：上海古籍出版社

楊知勇・李子賢・秦家華（編）
一九八七　『雲南少数民族生葬誌』昆明：雲南人民出版社

姚荷生
一九九〇　〔一九四八〕『水擺夷風土記』上海：上海文芸出版社〔原著『水擺夷風土記』大東書局〕

葉国慶
一九二八　「金蚕鬼的伝説」国立中山大学言語歴史学研究所編輯『民俗』第一三・一四期合刊、国立中山大学出版社、8—一二頁〔上海書店影印本合刊第一冊、一九八三年所収〕
一九三〇　「蠱与西南民族」『廈門大学週刊』第九巻第一号

雲南少数民族社会歴史調査白族組（調査）・王雲慧、王琍、詹承緒（整理）
一九八三　「白族文化習俗諸方面的調査材料」国家民委民族問題五種叢書之一・中国少数民族社会歴史調査資料叢刊雲南省編輯組『白族社会歴史調査』昆明：雲南人民出版社、一九一—二二一頁

Z

詹承緒
一九九六　「雲龍旧州白族的『養鬼』」詹承緒主編『中国各民族原始宗教資料集成・白族巻』北京：中国社会科学出版社、六二三—六二四頁

詹承緒・劉龍初・修世華
一九八六　「那馬人風俗習慣的幾個専題調査」国家民委民族問題五種叢書之一中国少数民族社会歴史調査資料叢刊雲南省編輯組（編）『白族社会歴史調査（二）』昆明：雲南人民出版社、一—六一頁
一九九一　「怒江州碧江県洛本区勒墨人（白族支系）的社会歴史調査」国家民委民族問題五種叢書之一中国少数民族社会歴史

調査資料叢刊雲南省編輯組編『白族社会歴史調査（三）』昆明：雲南人民出版社、一―一三五頁

張海福・杜寛活

一九九六a「鶴慶白族趕小神子」詹承緒分冊主編（呂大吉・何耀華総巻主編）『中国各民族原始宗教資料集成・白族巻』北京：中国社会科学出版社、五二〇頁

一九九八b「鶴慶白族養蠱与治蠱」詹承緒分冊主編（呂大吉・何耀華総巻主編）『中国各民族原始宗教資料集成・白族巻』北京：中国社会科学出版社、六三八頁

張鏡秋

一九九一［一九四二］「墨江水癸的布都人」李紹明・程賢敏編『西南民族研究文選』成都：四川大学出版社、二九四―三〇五頁［原載『辺疆通訊』第一巻第一二期］

張橋貴

一九九三「取恋薬、開財門与辟邪的巫術」蔡家麒分冊主編（呂大吉・何耀華総巻主編）『中国原始宗教資料叢編・傈僳族巻』上海：上海人民出版社、七七七頁

張清水

一九二九「蠱之研究」国立中山大学言語歴史学研究所編輯『民俗』四四期：八―一二頁、（広州：国立中山大学出版社）［上海書店影印本合刊第二冊、一九三八年所収］

張秀民

一九八九『中国印刷史』上海：上海人民出版社

張有雋

一九八七「十万大山山子瑤社会歴史調査」国家民委民族問題五種叢書之一・中国少数民族社会歴史調査資料叢刊雲南省編輯組『広西瑤族社会歴史調査』第六冊、南寧：広西人民出版社、一二六―六〇五頁

張文照

一九八一「怒族宗教概況」国家民委民族問題五種叢書之一・中国少数民族社会歴史調査資料叢刊雲南省編輯組『怒族社会歴史調査』昆明：雲南人民出版社、一一三―一二六頁

趙寅松

一九八六「洱源県西山地区白族習俗調査」国家民委民族問題五種叢書之一・中国少数民族社会歴史調査資料叢刊雲南省編輯組『白族社会歴史調査（二）』昆明：雲南人民出版社、一四七―一五六頁

中南民族学院『海南島黎族社会調査』編輯組
一九九八〔一九九二〕『海南島黎族社会調査』邢関英分冊主編（呂大吉・何耀華総巻主編）『中国各民族原始宗教集成・黎族巻』北京：中国社会科学出版社、七二三―七三四頁〔原著『海南島黎族社会調査』南寧：広西民族出版社〕
中国民間文芸研究会吉林分会
一九八四『人参故事』北京：中国民間文芸出版社
鍾敬文
一九九九『建立中国民俗学派』哈爾濱：黒龍江教育出版社
鄒汝為
一九九六「鳳儀白族養蠱放蠱和治蠱」詹承緒主編『中国各民族原始宗教資料集成・白族巻』北京：中国社会科学出版社、六三四―六三七頁
莊学本
一九四一『西康夷族調査報告』康定・西康省政府〔南天書局『亜州民族考古叢刊』第二輯復刊本〕
鄒汝為
一九九六「鳳儀白族養蠱放蠱和治蠱」詹承緒主編『中国各民族原始宗教資料集成・白族巻』北京：中国社会科学出版社、六三四―六三七頁
著者不明文献
著者不明
一九九三『雲南上帕沿辺志』蔡家麒分冊主編（呂大吉・何耀華総巻主編）『中国原始宗教資料叢編・怒族巻』上海：上海人民出版社、八九二頁〔原載、怒江傈僳族自治州地方志辦公室編『怒江方志通訊』一九八八年第一期

欧文文献
Davies, H. R.
1909 *YÜN-NAN : The Link between India and The Yangze.* Cambridge at The University Press. Cambridge.
de Groot, J. J. M.
1967 [1892-1910] *The Religious System of China.* Vol.5. Ch'eng-Wen Publishing Co. Taipei. [Reprinted from originalbooks published

with a subvention from the Dutch Colonial Goverment.Reiden.]

Eberhard, W.

1942 *Lokalkulturen im Alten China.*Catholic Unversity. Peking.

Fitzgerald, C. P.

1941 *The Tower of Five Glories.*The Cresset Press. Rondon.

Foster, G.

1965 " Persant Society and the Image of Limited Good"*American Anthropologist.*Vol.67. No.2:pp293-315.

Goullart, P.

1955 *Forgotten Kimgdom.*John Murray Ltd.London.

Hsu, F. L. K.

1949 *Under the Ancesters' Shadow :Chinese Culture and Personality.* Routledge & Kegan Paul Limited.London.

d'Orléans, H. P. M. Prince

1898 *Du Tonkin aux Indes:Orientales janvier 1985-janvier 1986.*Calman Levy.Paris

Rock, J. F.

1972 *A Na-khi-English Encyclopedic Dictionary Part2.* Istituto Italiano Per II Medio Ed Estremo Orienne.Roma.

Ross, A.and Brown, J. C.

1910 "Lisu(Yawjin)Tribes of the Burma-China Frontier". *Memoirs of the Asiatic Society of Bengal.* Vol.3.No.4. Calcutta: pp.249-277.

Scott, K. C. L. E.

1911 *Burma:A Handbook of Practical Information.* Alexander Moring LTD.

White, S.

1993 *Medical Discourses,Naxi Identities,and The State:Transformations in Socialist China.*University of California. California

二　古籍文献（民国期の地方誌、筆記小説など文言著作を含む）

後漢

班固撰・（唐）顔師古注『漢書』北京：中華書局、一九六二年

安世高訳『摩鄧女経』、『大正新修大蔵経』第十四巻、五五一

失訳人名・附後漢録『雑譬喩経』巻下、『大正新修大蔵経』第四巻、二〇五

晋

干宝撰・汪紹楹校注『捜神記』北京：中華書局、一九七九年

葛洪撰『肘後備急方』、『文淵閣四庫全書』「子部」「医家類」

陶潜撰『捜神後記』、『五朝小説大観』上海：掃葉山房一九二六年石印本、上海・上海文芸出版社、一九九一年影印本

陶潜撰・汪紹楹校注『捜神後記』北京：中華書局、一九八一年

南朝斉

祖冲之撰『述異記』、『五朝小説大観』上海：掃葉山房、一九二六年、上海・上海文芸出版社、一九九一年影印本

祖冲之撰・今西凱夫訳『述異記』、『遊仙窟・幽明録』東京：平凡社、一九六五年所収

南朝梁

昭明太子蕭統輯・内田泉之助、網祐次、中島千秋訳『文選』東京：明治書院、一九六三年

宗懍撰・宋金龍校注『荊楚歳時記』太原：山西人民出版社、一九八七年

唐

魏徴等撰『隋書』北京：中華書局、一九七三年

李延壽撰『北史』北京：中華書局、一九七四年

孟棨『本事詩』『文淵閣四庫全書』「集部」「詩文評類」

夏公彦疏・漢・鄭玄註『周礼注疏』、十三経注疏整理委員会編『十三経注疏整理本』北京：北京大学出版社、二〇〇〇年

王燾撰『外臺秘要方』『文淵閣四庫全書』「子部」「医家類」

宋

孫思邈撰『備急千金要方』『文淵閣四庫全書』「子部」「医家類」
李昉等編『太平御覧』（全四冊）北京：中華書局、一九六〇年
李昉等編『太平広記』（全一〇冊）北京：中華書局、一九六一年
徐鉉撰『稽神録』、『筆記小説大観』、上海：進歩書局石印本、揚州：江蘇廣陵古籍刻印社影印本
徐鉉撰・白化文点校『稽神録』宋・徐鉉、宋・張師正・白文化、許徳楠点校『稽神録・括異志』北京：中華書局、一九九六年
畢中詢撰『幕府燕閑録』、説郛本
魯応龍撰『閑窗括異志』、説郛本
呂原明撰『歳事雑記』重較説郛本
周密撰『武林旧事』杭州：浙江人民出版社、一九八四年
鄭樵編『通志』商務印書館萬有文庫十通本、北京：中華書局影印本、一九八七年
曾慥輯・厳一萍校訂『類説』天啓六年岳氏校刊本、補残巻用北京図書館蔵本嘉靖鈔本校、台北：芸文印書館影印本（類書薈編之十）、民国五十九年
王袞撰『博済方』『文淵閣四庫全書』「子部」「医家類」
周去非撰・楊武泉校注『嶺外代答』北京：中華書局、一九九九年
洪邁撰『夷堅志』台北：明文出版社、一九九四年

元

著者不明・金心点校『湖海新聞夷堅続志』、金・元好問、元・著者不明・常振国、金心点校『續夷堅志・湖海新聞夷堅続志』北京：中華書局、一九八六年

明

朱橚撰『普済方』『文淵閣四庫全書』「子部」「医家類」
談遷撰『棗林雑俎』『筆記小説大観』、上海：進歩書局石印本、揚州：江蘇廣陵古籍刻印社影印本
楊慎撰『滇程記』方国瑜主編・徐文徳、木芹、鄭志恵纂録校訂『雲南資料叢刊』第五巻、昆明：雲南大学出版社、一九九八年
田汝成撰『炎徼紀聞』嘉靖三十七年序刊本
謝肇淛撰『滇略』『文淵閣四庫全書』「史部」「地理類」「都会郡県之属」
謝肇淛撰『五雑組』万暦刻本影印本、台北：新興書局、一九七二年

謝肇淛撰『五雑組』上海：上海書店、二〇〇一年
朗瑛撰『七修類稿』光緒六年広州翰墨園重刊本
朗瑛撰『七修類稿』上海：上海書店、二〇〇一年
黄瑜撰・魏連科点校『雙槐歳鈔』北京：中華書局、一九九九年
鄒応龍修・李元陽纂（万暦）『雲南通志』龍氏霊源別墅排印本、民国二十三年
朱孟震撰『西南夷風土記』、学海類編本
厳従簡編『雲南百夷篇』方国瑜主編・徐文徳、木芹、鄭志恵纂録校訂『雲南資料叢刊』第四巻、昆明：雲南大学出版社、一九九八年
沈榜撰『宛署雑記』北京：北京出版社、一九六一年
馮夢龍撰『古今譚概』（全二冊）上海：上海古籍出版社、一九九三年
王士性撰・呂景琳点校『広志繹』北京：中華書局、一九八一年
沈徳符撰『敝帚軒剰語』台北：新興書局版筆記小説大観本
沈徳符撰『万暦野獲編』（全三冊）北京：中華書局、一九九七年
徐応秋撰『玉芝堂談薈』台北：新興書局版筆記小説大観本
唐学仁修・謝肇淛纂（万暦）広西『永福県志』昭和四十二年、東京：東洋文庫用国立国会図書館蔵万暦四十年序刊本景照
劉文徴撰・古永継点校『滇志』昆明：雲南教育出版社、一九九一年
徐弘祖撰・朱恵栄校注『徐霞客遊記』（上・下）昆明：昆明・雲南人民出版社、一九九四年
敖浤貞修・艾自修纂（（南）明・隆武）雲南『重修鄧川州志』東京：東洋文庫用米国国会図書館撮旧北平図書館蔵・隆武二年刊本景照、一九六七年

清

張廷玉等撰『明史』北京：中華書局、一九七四年
屈大均撰『広東新語』（上・下）北京：中華書局、一九八五年
王士禛撰『香祖筆記』台北：新興書局版筆記小説大観本
陸次雲撰『峒谿織志』叢書集成初編本
陳鼎撰『滇遊記』小方壷齊輿地叢鈔本（第七帙）
陳鼎撰『滇黔紀遊』説鈴本

陳鼎撰『滇黔土司婚禮記』小方壺齊輿地叢鈔本（第八帙）
李心衡撰『金川瑣記』小方壺齊輿地叢鈔本（第八帙）
師範纂『滇繫』 嘉慶十三年修・清光緒十三年重刊本、『中国方志叢書』、台北：成文出版社影印本
李調元『粤東筆記』早稲田大学風陵文庫所蔵本・第一巻欠巻、書誌情報欠
李宗昉撰『黔記』小方壺齋輿地叢鈔本（第十二帙）
里人何求撰『閩都別記』（上・中・下）福州：福建人民出版社、一九八七年
曹樹翹撰『滇南雑志』嘉慶十五年刊本、中華文史叢書、台北：華文書局、刊行年不明
東軒主人撰『述異記』『筆記小説大観』台北：新興書局版筆記小説大観本
鄒弢撰『三借廬筆談』台北：新興書局版筆記小説大観本
湯大賓修（乾隆）『開化府志』国家民委民族問題五種叢書之一・中国少数民族社会歴史調査資料叢刊雲南省編輯組『雲南方志民族民俗資料瑣編』雲南民族出版社、一九八六年所収
曾日瑛等修、李紱等纂（乾隆）福建『汀州府志』乾隆十七年修、同治六年刊本、中国方志叢書、台北：成文出版社影印本
長白愛必達撰『黔南識略』乾隆十四年修、道光二十八年重刊本、中国方志叢書、台北：成文出版社影印本
呉大勳撰『滇南見聞録』方国瑜主編・徐文徳、木芹、鄭志恵纂録校訂『雲南資料叢刊』第十二巻、昆明：雲南大学出版社、二〇〇一年
李焜纂修（乾隆）雲南『蒙自県志』乾隆五十六年刊本
紀昀撰『閲微草堂筆記』上海：上海古籍出版社、一九八〇年
閔敍撰『粤述』叢書集成初編本
貝青喬撰『苗俗記』小方壺齋輿地叢鈔本（第八帙）
張泓撰『滇南新語』叢書集成初編本
倪蛻撰『滇小記』雲南図書館蔵板（雲南叢書史部之九）、民国三年刊本
袁枚撰『子不語』（上・下）上海：上海古籍出版社、一九八六年
劉崑撰『南中雑説』叢書集成初編本
徐昆撰『柳崖外編』台北：広文書局、一九六九年
顧禄撰『清嘉録』菖氏嘯園蔵板、光緒三年刊本
顧禄撰・中村喬訳注『清嘉録』東京：平凡社、一九八八年

鄂爾泰等修・靖道謨等纂（乾隆）『雲南通志』、乾隆元年序刊本
徐午録撰『大清一統志』乾隆二十九年勅撰、上海：寶善齋、光緒二十七年刊本
顎爾泰等修・靖道謨等纂（乾隆）『貴州通志』、乾隆六年刊本
金鉷修・銭元昌纂（雍正）『広西通志』、雍正十一年刊本
金鉷撰「厳査養蠱以除民患示」清・金鉷修・銭元昌纂（雍正）『広西通志』巻一百十九「芸文」所収
陳倫烱撰『海国見聞録』『文淵閣四庫全書』「史部」「地理類」「外紀之属」
阮元、伊里布等修・王崧、李誠等纂（道光）『雲南通志稿』残六巻存巻第一百八十二至第一百八十七、光緒十五年刊本
郭柏蒼輯併注『閩産録異』、光緒十二年自序刊本影印本
崇俊等修・王椿纂（光緒）貴州『増修仁懐庁志』、光緒二十八年刊本
岑毓英等纂修（光緒）『雲南通志』、光緒二十年刊本
蔣琦溥等修、張漢槎等纂（光緒）湖南『乾州庁志』、光緒三年刊本
兪樾撰『右台仙館筆記』上海：上海古籍出版社、一九八六年
楊瓊撰『滇中瑣記』方国瑜主編・徐文徳、木芹、鄭志恵纂録校訂『雲南資料叢刊』第十一巻、昆明：雲南大学出版社、二〇〇一年
燃灯道人『敺蠱燃犀録』宝鏡山房蔵版、光緒十九年刊本（早稲田大学風陵文庫所蔵本）

中華民国

柴萼撰『梵天廬叢録』上海：中華書局、民国十五年刊本
胡樸安編『中華全国風俗志』上海：上海文芸出版社影印本、一九八八年
徐珂編著『清稗類鈔』（全一三冊）北京：中華書局、一九八六年
張自明修、王富臣等纂『馬関県志』民国二十一年刊本、中国方志叢書、台北：成文出版社影印本

図版・地図一覧

図版

図 1 「月牙昇」 *41*
図 2 「西辺」 *41*
図 3 「西山鬼習龍王宮」 *41*
図 4 「五方龍土禍歳」 *41*
図 5 「五毒虫神」 *42*
図 6 「蛤螞（蟆）蠱神」 *42*
図 7 「長虫山神」 *42*
図 8 「田鶏小廟」 *42*
図 9 「関科」 *42*
図 10 「蠱神」 *42*
図 11 「蠱神」 *43*
図 12 「薬王」 *47*
図 13 「侯（黒）白天子」 *90*
図 14 「木下三郎」 *90*
図 15 「独脚五郎」 *91*
図 16 五郎神の塑像 *99*
図 17 五郎神の塑像と祭壇 *99*
図 18 五郎神の神像画 *99*
図 19 五郎廟内の神像画 *99*
図 20 六賊神の塑像 *101*
図 21 「五爺」 *103*
図 22 「五爺」 *103*
図 23 「六座（賊）神」 *103*
図 24 「六賊神」 *103*
図 25 「平安紙」 *103*
図 26 「和合喜神」 *103*
図 27 「非（飛）虎」 *124*
図 28 「五方非（飛）龍」 *132*
図 29 「蠱神」 *137*
図 30 「本方飛龍娘娘之神」 *137*
図 31 「后（後）宮娘娘」 *138*
図 32 本主廟脇の姑奶祠内の神像画 *138*
図 33 「張公神仙・天狗星辰」 *141*
図 34 「五毒符」 *157*
図 35 地羊鬼 *254*

分布図

1 中国全域の分布 *83*
2 雲南省の分布 *84*

付表

呪術的霊物一覧表（折り込み）

地図

1 保山市隆陽区の位置 *92*
2 大理白族自治州大理市の位置 *121*
3 X 村見取り図 *146*
4 明末・雲南＝上部ビルマ地方交通路の概念図 *242*

——集団　*6, 26, 28, 34, 37, 87, 160, 163, 165, 192, 220, 221, 233, 235, 238, 246, 251, 253, 256, 257, 262, 266, 268, 277, 280, 287, 289, 290, 298, 309, 312-314*
——表象　*35, 219, 253, 254, 256, 261, 262, 273, 290, 297-299, 302, 309, 312, 314*
——文化論　*313*
明代　*38, 39, 60, 86, 93, 120, 132, 159, 196, 219, 220, 221, 224, 230-232, 238-240, 244, 255, 261, 276, 280, 286, 295, 309, 310, 311*
明末清初　*124, 221*
ムカデ（蜈蚣）　*5, 22, 25, 44, 54, 57, 77, 80, 156, 157, 159, 161, 163, 199, 209, 211, 217, 236, 268, 271, 291*
命命鳥（めいめいちょう）　*266, 267, 268*
緬僧　*229, 265*
モーパ　*55, 256*
モンスーン気候　*157, 225*

ヤ

ヤオ語支　*75, 154*
焼き畑　*85, 313*
厄災　*193, 194, 263, 311*
薬材　*18, 132, 276, 277, 311*
——交易　*277, 311*
薬店（やくてん）　*277*
裕福　*49, 60, 73, 94, 107, 108, 131, 142, 216, 304*
ヨモギ　*156*
予防　*22, 78, 131, 134, 152, 157, 164, 229, 271, 306*
——法　*22, 131, 134, 152, 306*
他所者（よそもの）　*45, 107, 110, 304*
妖術　*8, 26, 33, 73, 74, 77, 80, 82, 150, 169, 227, 237, 244, 245, 269, 270, 281*
容器＝内＝存在　*187, 188, 307*
雍正年間　*235*
養鬼婆（ようきば）　*59, 60, 150, 151*
養蠱　*58, 61, 66, 120, 128, 133, 144, 150, 151, 174, 177, 184, 191, 213, 216, 217*
——婆（ようこば）　*58, 120, 150, 177*
養猫　*184*
養薬（ようやく）　*46, 47, 60, 63*
——鬼（ようやくき）　*60, 63*

ラ・ワ

ラバ　*59, 122, 123, 124, 126-128, 130, 131, 142, 143, 147, 149, 185, 220, 312*
利益（りえき）　*18, 44, 51, 97, 104, 116, 118, 127, 148, 170, 171, 183, 191, 193, 198-201, 222, 223, 264, 277, 293, 304, 306*
龍家　*234*
龍神　*100*
旅行者　*21, 32, 182, 229, 238-240, 246, 247, 250, 261, 274, 276, 281, 287, 290, 295, 296, 310*
流官（るかん）　*235, 238, 269*
歴史学　*19, 20, 26*
歴史性　*148*
恋愛　*21, 30, 34, 82, 87, 234, 272, 273, 275, 278, 290-293, 311*
——呪術　*30, 34, 82, 234, 272, 273, 290, 291, 293, 311*
——伝承　*19, 34, 74, 87, 273, 274, 277, 279, 283, 291-293, 311, 313*
陋習（ろうしゅう）　*259, 261, 310*
六賊神　*98, 100, 101, 102, 304*

和合　*30, 43, 53, 54, 102, 180, 181, 215, 275-277, 279, 282, 283, 300, 301*

ペー語支　58, 86, 119, 154
ペーニー　119
ペーホー　119
平安　49, 68, 80, 102, 104
蛇　3-5, 9, 22, 35, 39, 40, 44, 46-48, 50, 52, 54, 57, 59, 61, 63, 73, 77, 80, 81, 85, 87, 98, 100, 122-124, 126, 127, 129, 130, 133, 137, 142, 145, 150, 151, 153, 155-157, 159, 161-165, 171, 173-175, 177, 184-186, 188-190, 192, 199, 209-211, 213-217, 271, 291, 296, 305
辺疆　19, 25, 38, 39, 81, 86, 93, 219, 220, 221, 223, 225, 229, 232, 239, 243, 247, 251, 259, 262, 271, 277, 282, 285, 288, 290, 292, 309-311
　——防衛　220, 247, 259, 271, 290
　——民族　19, 93
　——民族支配　93
変鬼伝承　238
「変身する夷人たち」　238
弁証法的神学　116
便器　46, 112
母系制社会　52
放鬼（ほうき）　75, 298, 299
放歹（ほうだい）　46, 56, 77, 78, 229, 233, 256, 268, 271, 286, 287, 290-293, 301
報復　109, 177, 245, 290-292, 309, 311
　——呪術　290
暴力　105, 106, 207, 208, 304, 315, 316
　——性　105, 106, 207, 208, 304, 315
　——的契機　315
　——論　315, 316
　——論的問題設定　315
本主（ほんしゅ）　119, 138, 139

マ

マイノリティー　298
マジョリティー　298
マムシ　161
マラリア　157, 225
マンドラゴラ　276
摩公（まこう）　75
貧しくするピョ　126, 127, 128, 147-149, 185, 186, 194, 306
祀り上げ　115, 116, 216, 304
祀り込め　45, 105, 106, 116, 201, 304
祀り棄て　100, 105, 106, 115, 116, 201, 216, 304
ミーチー　70
ミミズ　59, 151, 164
ミャオ語支　73-75, 154
ミャオ族研究　24
ミョウガ　21, 175
民間信仰　1, 25, 29, 35, 93, 101, 115, 120, 137, 201, 255, 256, 259, 261, 263, 319
　——研究　25, 319
民間伝承　27, 44, 56, 72, 114, 122, 199, 207, 214, 254, 291, 308
民国期　22-24, 29, 34, 37, 44, 49, 79, 98, 162, 176, 180, 196, 199, 219, 221-223, 231, 248, 255, 256, 277, 290, 291, 309
民国時期　57, 172
民衆蜂起　26, 209
民俗
　——誌　1, 46, 112
　——事象　2, 3, 6-8, 20, 25-27, 30-33, 110, 119, 154, 218, 253, 256, 260-262, 273, 274, 289, 298-300, 303, 304, 312-314, 316, 318
　——社会　1, 2, 31, 32, 33, 109, 111, 115, 122, 193, 195, 203, 205, 207, 208, 218, 259, 261, 262, 264, 307, 308, 310, 314, 315, 317
　——神　89, 100, 115
　——伝承　6, 7, 33, 34, 123, 201, 241, 266, 268, 304, 305, 310, 312-315
民族
　——関係　26, 75, 299
　——間呪術　34, 75, 253, 261, 273, 290, 298, 302, 311, 312
　——誌　1, 23, 33, 34, 79, 152, 159, 172, 176, 254-256, 304, 307

馬鍋頭（ばこうとう） *296*
馬幇（ばほう） *220, 222-224, 296, 297, 312*
牌位 *98, 100, 104, 107, 113, 174, 304*
爆発戸 *127, 149*
反証不可性 *203, 206-208, 218, 308*
「反対の話」 *45, 96*
万暦年間（ばんれきねんかん） *220, 228, 239-241*
ピョーフーモー *58, 59, 120, 127, 133-138, 177*
『批林彪批孔老二運動』 *262*
非漢民族 *1, 21-26, 28, 34, 37, 39, 75, 82, 87, 88, 93, 111, 120, 154, 159, 165, 171, 172, 175, 219, 220, 222, 223, 225, 227-231, 234, 236-239, 241, 252, 253, 255, 256, 259-261, 266, 273, 276, 277, 279-282, 284, 285, 288, 290, 291, 296-298, 305, 307, 309-312, 314, 317*
——居住地 *26, 39, 87, 165, 219, 222, 228, 234, 241, 282, 296, 297, 311*
非対称 *298, 299, 302, 312*
——的関係性 *299*
秘密祭祀 *46, 173, 306*
被害者 *30, 38, 59, 80, 81, 82, 151, 164, 176, 178, 179, 181, 183, 185, 186, 215, 234, 274, 310*
媚薬 *29, 30, 180, 273, 274, 276, 283*
——伝承 *273*
筆記雑著 *25, 34, 159, 239, 281, 307, 309*
筆記類 *1, 21, 174, 227*
豹 *98*
憑依 *5, 7-9, 35, 65, 87, 125*
——現象 *5, 7, 35*
憑霊現象 *5, 8*
病人 *2, 21, 35, 48-50, 55, 62, 64, 67, 70-74, 76, 79, 175, 176, 177, 213, 248, 257*
廟神 *98, 104, 105, 106, 116, 304*
——化 *104, 116*
廟堂 *45, 94, 97, 98, 100-102, 104-106, 138, 201, 216*
フロンティア *221, 285, 309*
ブラック・マジック（black magic） *19, 273*
不均衡 *185, 315*
不幸 *163, 193, 194*
不妊 *49, 193, 194*
巫蠱（ふこ） *4, 17, 19, 25, 32, 39, 50, 51, 65, 81, 113, 118, 156, 172, 210, 216, 296, 303, 314*
——事件（ふこじけん） *19, 156, 172, 210*
——術 *314*
巫師（ふし） *19, 32, 4-50, 51, 55, 58, 62, 63, 66, 67, 70, 73, 75, 79, 81, 93, 104, 113, 125*
巫術（ふじゅつ） *23, 54, 55, 57, 125, 150, 271*
巫女（ふじょ） *3, 7, 35, 93, 104, 122, 124, 125, 130, 133, 215*
巫病 *67*
婦人 *2, 35, 50, 51, 55, 58, 59, 61, 64, 73, 79, 81, 89, 91, 98, 120, 125, 130, 135, 136, 139, 143, 144, 150, 152, 164, 165, 172, 173, 176, 177, 181, 183, 192, 201, 211, 213, 216, 227, 228, 231, 248, 249, 257, 258, 259, 270, 279, 280, 283, 286-289, 300-302, 311*
富農階級 *142*
富裕 *8, 45, 60, 61, 94, 107, 109, 110, 113, 131, 142, 145, 147, 149, 194, 201, 205, 206, 208, 220, 305, 306, 308*
風土病 *225*
復讐 *70, 105, 106, 114, 171, 212, 232, 294*
腹痛 *52, 65, 200, 218, 245, 270, 294*
福因論 *273, 311*
福分 *69, 87, 229*
仏教信仰 *251*
仏典訳語 *19, 20, 266, 268*
文化人類学 *7-9, 19, 150, 218, 314-316, 320*
文化大革命 *23, 98, 129, 210, 263, 310*
文化論 *25, 81, 255, 256, 259, 292, 313, 314, 316*
文学研究 *27, 218, 314, 318, 319*
文人 *227, 232, 239, 240, 253, 280, 281, 285, 311*

天主教　*143*
転移型　*148, 186*
転嫁　*24, 44, 52, 118, 120, 128, 135, 148, 159, 168, 186, 187, 192-200, 202-208, 212, 217, 218, 308*
——法　*120, 168, 187, 192, 193, 194, 195, 196, 199, 203-208, 217, 218, 308*
伝承
——圏域　*87*
伝染病　*157*
天庭　*100, 140*
伝統文化　*93, 119*
トゥシー　*63, 64*
トウビョウ持ち　*189*
トカゲ　*157, 159, 161*
トランス　*5, 8, 9*
——現象　*5, 9*
トンバ　*21, 195*
トンボ　*3, 4, 39, 40, 189, 215*
兎糸（とし）　*274, 275*
屠夫　*271, 291*
富ませるピョ　*126, 127, 128, 145, 147-149, 185, 186, 306*
土司　*150, 234-237, 245, 251, 268, 270, 292, 309*
唐代　*20, 119, 224*
盗賊　*101, 117, 225, 304, 309*
堂屋（どうおく）　*98, 152*
動物霊　*8, 9, 25, 59, 87, 111, 116, 119, 122, 133, 150, 216, 266, 305*
道教　*76, 105*
道公　*76, 77*
毒気　*132, 142, 156, 157, 222, 225, 264*
毒性　*1, 4, 17, 18, 26, 144, 155, 157, 166, 179, 180, 183, 185, 187, 188, 190, 295, 305*
毒草　*54, 57, 80, 278*
毒蛇　*80, 214*
毒虫　*17-19, 53, 63, 77, 80, 156, 157, 158, 160, 163, 164, 175, 187, 188, 190, 191, 211, 271, 307, 314*
毒薬　*18, 23, 47, 58, 66, 69, 71, 72, 87, 144, 164, 213, 268, 269, 293*
富の観念　*109, 110, 305*
屯田政策　*38, 93, 120, 239*

ナ

ナシ族研究　*21, 24*
奈良時代　*25*
哪吒太子（なたたいし）　*100, 105*
「何が怖い」　*96, 114*
南京応天府人氏　*220*
南詔国　*39, 119, 224, 251*
南法　*227, 281*
南北朝　*25, 154*
南明政権　*222*
ニーパ　*55, 66*
ニーマー　*66, 67*
ニュウプー　*70*
日本軍　*98*
日本民俗学　*4, 7, 29, 31, 241, 298, 312*
鶏　*39, 40, 46, 58, 59, 63, 71, 77-79, 81, 96, 102, 114, 122, 123, 124, 127, 133, 150, 152, 163, 188, 218, 231, 252, 255, 271, 272*
人参　*275, 276*
根無しかずら　*275*
猫　*25, 28, 51, 55, 59, 61, 68, 77, 78, 122, 123, 124, 126, 130, 136, 145, 150, 151, 156, 166, 172-174, 184, 210, 237, 238, 248, 249, 252, 255, 256, 260, 269-272, 289, 291, 302, 305, 310*
粘食薬　*181*
農民　*75, 94, 96, 108, 109, 120, 122, 124, 133, 138, 177, 218, 276*
ノミ　*63*

ハ

バッタ　*59, 122, 123, 126, 305*
爬虫類　*17, 20, 120, 155, 207, 305*

190, 217
増殖性　185
増長天　287
増幅運動　188
贈与霊　195
村神信仰　119

タ

たまご　40, 64, 93, 125, 129, 133, 177, 198
タイ族系民族集団　221, 256, 257, 266, 268, 289, 290
タイ文化　20, 289, 313
ダープー　52
多民族的一国民俗学　298, 299
対抗呪術　30, 60, 61, 81, 247, 248, 251
第三者　181
脱魂型　24, 55, 67, 86, 87, 172, 254, 256, 260, 290
端午　44, 53, 77, 138, 156, 157, 159, 162-164, 211, 213, 271
団子　43, 58, 64, 65, 129, 132, 152
断腸草　57
壇神　43, 107
チベット語支　68, 69, 86
チベット・ビルマ語族　46, 50, 53, 55-58, 65-72, 86, 119, 154, 255, 292
チャン語支　71, 72, 154
チワン・タイ語支　77, 79, 154
チワン・トン語族　76, 77, 79, 154, 256
チンアン　66
地域共同体　5, 139, 144, 145, 147, 148, 149, 170, 194, 306
地域社会　7, 111, 284, 306
地方官僚　235
地方誌　1, 21, 34, 112, 160, 176, 253, 254, 261, 307, 309, 310
地脈龍神　100
治病　66, 67, 140, 300
治療　22, 38, 50, 73, 82, 131, 133, 141, 152, 176, 283, 306
——法　22, 38, 82, 131, 176, 306
致富　9, 21, 29, 111, 154, 167, 209, 211, 212, 216, 274, 278, 305, 306, 307
——伝承　21
畜蠱（蓄蠱）　23, 54, 88, 154, 156, 161, 165, 169, 181, 210-213, 215-218, 226, 265, 271
茶葉（ちゃよう）　160, 211, 222, 224, 278, 286
——交易　224, 286
中央朝廷　93, 235, 236, 239, 309
中華世界　254, 261, 262, 285, 309, 310
中国文学　1, 7, 318, 319
中国民俗学　1, 7, 241, 298
中耳炎　59, 124
中毒　5, 19, 35, 57, 63, 71, 151, 159, 161, 162, 168, 178, 179, 185, 187, 191, 211, 212, 218, 232, 266, 288, 314
虫霊　59, 111, 119, 120, 122, 266, 305
挑生　21, 25, 88, 159, 169, 210, 212, 226, 227, 265, 281
倀鬼（ちょうき）　168, 170, 212
朝鮮人参　275
憑きもの　3-9, 20, 25, 26, 28, 31, 47, 73, 82, 106, 107, 109, 110, 147, 148, 174, 176, 188-190, 196, 203-205, 207, 209, 214-216, 218, 260, 298, 312, 318
憑きもの筋（憑物筋）　7-9, 106, 109, 147, 298, 312
憑物持ち　7
通婚譚　189, 216
壷　29, 134, 188, 189, 190, 274
妻方居住　26, 34, 280, 284, 285, 311
——婚　284, 285
テキスト研究　314
低頭草　53, 277, 278, 300
定住　8, 75, 220, 280, 285, 286, 299, 311
定年薬　279
貞節観念　289
天啓年間　239

白呪術（しろじゅじゅつ）　30, 73
心臓病　59
信義　125, 233
信仰伝承　17, 20, 21, 28, 29, 31, 33, 34, 37-40, 45-47, 60, 61, 70, 82, 86, 88, 93, 110, 111, 120, 131, 150, 154, 155, 168, 172, 216, 254, 256, 257, 259, 304-307, 310, 312, 313, 315, 317-319
神界　31, 32, 100, 105, 106, 304
神像　40, 43, 48, 64, 65, 94, 98, 100, 102, 104, 106, 115, 131, 132, 137, 139-141, 152, 177, 304
——画　94, 98, 100, 104, 139, 304
——呪符　40, 43, 64, 65, 102, 132, 137, 140, 141, 152
神判法　66
清代　34, 45, 112, 123, 157, 159, 196, 217, 221, 222, 224, 229, 230, 235, 240, 253, 256, 275, 277, 287, 291, 309, 311
清末　22, 128, 222, 223, 233, 284, 314
——民初　222, 223, 284
新中国　263, 264
人肉　77, 248, 251, 255, 256, 300
——食　251
人類学　7-9, 19, 21-23, 25, 26, 109, 116, 150, 172, 184, 218, 305, 314-316, 319, 320
——者　23, 109, 172, 305
——的研究　25, 116, 218
スケープ・ゴート（scape goat）　315
スズメ　52, 57
ストレンジャー　108
水稲耕作　47, 82, 85, 86, 312, 313
隋代　156
崇禎年間　239
ゼロ＝サム理論　109, 110, 148, 195, 305
正神（せいしん）　100, 114, 115
正統（元号）　276, 280, 281, 301
正徳年間　239
西欧人類学　172
西南非漢民族　22, 23, 34, 172, 219, 220, 253, 261, 273, 311
西南辺疆　219, 239, 251, 309, 310, 311
性愛呪術　20, 21, 29, 274
性的関係　52, 63, 95, 216
青蚨還銭　166, 167
星回節　119
政治　229, 263, 298
清吉平安（せいきちへいあん）　102, 104
清潔　81, 161, 199, 227, 228
精怪　27, 34, 45-49, 61, 68, 78, 89, 91, 93, 97, 105, 106, 112-114, 116, 118, 139, 145, 150, 193, 201, 216, 218, 272, 276, 304, 313
——信仰論　116
——的霊物　34, 46, 61, 68, 112, 113, 116, 118, 150, 193
製造法　122, 151, 187
浙江商人　86, 107, 108
摂魂事件（せっこんじけん）　22, 31
説明概念　26, 109, 111, 194, 204-206, 263, 279, 305, 306, 310
説話　96, 114, 189, 237, 267
——モチーフ　96
ソーピョ　59, 120, 125, 126, 132, 142-145, 147, 148, 149, 306
祖先　55, 71, 116, 174, 195, 237, 283, 299
祖霊信仰　238
蘇合（そごう）　283, 301
宋代　28, 44, 45, 81, 113, 119, 156, 196, 227, 281
宗法制度　174
走夷方（そういほう）　219, 220, 222, 223, 229, 231, 238, 264, 273, 296, 309
倉庫二龍　100
相互応酬　97
相克関係　66
送火盆（そうかぼん）　60, 151
走廠（そうしょう）　219, 220
葬送　57
造蠱法　57, 59, 151, 155, 159, 163-165, 187,

四川商人　277
自然界　105, 190
自然環境　122
死亡　9, 48, 50, 62, 75, 76, 77, 117, 209, 260, 299
私通　65, 180, 181, 233, 286
使役者　48, 133, 147
使役術　32, 169, 314
使鬼術　19, 56, 60, 79, 267, 314
支配関係　298
地主　94, 107, 108, 110, 113, 143, 147, 259, 260, 305, 306
嫉妬　64, 67, 73, 74, 140, 286
社会学　9, 218, 314
社会関係　26, 62, 122, 315
社会差別　24, 259, 260, 261
社会史　23, 26, 309, 313, 314, 316
社会的排除　315
社会的暴力　315
社会問題　24, 259, 260
社会論　315
邪視　72, 125, 252
邪術　4, 8, 19, 33, 73, 77, 78, 80, 82, 100, 150, 156, 191, 217, 229, 247, 248, 265, 270, 271, 278, 282, 288, 301, 302, 303, 314
——信仰　100
蛇身　54, 100
蛇神通婚譚　189
手工業生産　170
主婦　52, 173, 216
酒宴　57
種人　250, 252, 253, 261, 271, 310
寿命　69
寿老人（じゅろうじん）　278
呪語　56, 79, 293
呪術
——研究　8, 20, 22, 23, 25, 33, 172
——行為　19, 87, 193, 219, 225, 230, 252, 253, 273, 274, 282, 303, 309, 311
——信仰　20, 23, 259
——的行為　30, 31, 157, 230, 240, 267
——的伝承　1, 262
——的民俗事象　26, 31, 110, 298, 303, 318
——的霊物　7, 9, 25, 26, 27, 33, 34, 37, 38, 45, 50, 58, 61, 62, 73, 75, 82, 87, 88, 110, 111, 147, 148, 149, 153, 177, 186, 189, 196, 201, 204, 205, 207-210, 214, 216, 218, 304-307, 309, 312-315, 317
呪詛　17-19, 30, 32, 58, 60, 62, 67, 68, 232, 314
宗教祭司　21, 195
宗教職能者　19, 32, 50, 55, 70, 71, 76, 256
宗教人類学　8, 9, 218, 314
臭虫　63
十字路　44, 72, 163, 193, 199, 217
「充溢する毒物」　308
循環　110, 148, 194, 195, 305
女子　30, 54, 63, 69, 74, 78, 166, 172, 173, 211, 213, 215, 251, 271, 272, 282, 284, 295, 301
召片領（しょうへんりょう）　263
商人　32, 86, 91, 102, 107, 108, 110, 114, 220, 222-224, 227, 228, 230, 231, 234, 244, 245, 265, 277, 279, 280, 283, 284, 286, 300, 305, 313
商品経済　85, 313
傷害　17, 19, 77, 78, 163, 177, 233, 234, 238, 271, 293
瘴母　225, 265
瘴癘（しょうれい）　157, 222, 223, 225, 226, 238, 252, 265, 309
瞧香火（しょうこうか）　93, 104, 125
城隍廟（じょうこうびょう）　98
情歌　74
情死　50, 267
食錦虫　44, 85, 122, 159, 166
食人　56, 270
食欲減退　59
蜀錦　167, 168, 212
触犯（しょくはん）　104-106

蠱毒伝承　*4, 22, 23, 25-27, 31, 33-35, 52, 53, 111, 118-120, 122, 123, 129, 153, 155, 170, 172, 185, 186, 188, 190-192, 194, 195, 200-204, 206-208, 213, 216, 218, 266, 273, 293, 295, 305, 307-309, 311-314, 317*

蠱病　*22, 73, 154, 175, 226, 227, 265*

蠱婦　*73, 81, 133, 134, 136, 151, 172, 177, 180, 209, 215, 252*

蠱物　*40*

蠱惑　*17, 19, 21, 29, 34, 283, 287, 290, 293, 297*

五月五日　*53, 156, 158, 160, 161, 164, 210, 211*

五毒　*157, 162, 163, 211*

五通神伝承　*45, 91, 110, 114*

五郎廟　*45, 48, 89, 91, 97, 98, 100-102, 104-106, 108, 201, 304*

互酬関係　*116, 201, 202, 206, 308*

口承文芸　*218*

口舌是非（こうぜつぜひ）　*193*

口頭伝承　*6, 27, 28, 34, 218, 304, 315*

甲虫　*59, 151, 164*

交際忌避　*3*

抗日戦争　*98*

缸　*3, 9, 50, 59, 151, 153-155, 164, 188, 190, 209*

紅衛兵　*129, 210*

紅布　*77, 127, 135, 163, 194, 195, 271*

高利貸し　*142, 147, 306*

康熙年間　*123, 150, 225, 234, 247, 252, 280, 282*

鉱山開発　*221, 222*

鉱産資源　*221*

国家　*71, 260-264, 298, 300, 310*

国家的イデオロギー　*261, 262*

婚姻　*2, 3, 23, 24, 26, 35, 47, 50, 51, 53, 57, 59, 60, 61, 63, 65, 73, 74, 101, 107, 120, 150, 173, 189, 216, 260, 285, 290, 318*

——忌避　*23, 24, 26, 50, 51, 59-61, 63, 65, 73, 107, 120, 150, 260, 290*

サ

サソリ　*77, 80, 156, 157, 163, 271, 291*

差別　*23, 24, 63, 229, 259-261, 310, 318*

災因論　*253, 261, 262, 273, 274, 311*

採魂術　*62, 63, 66, 67*

採取者　*275, 276*

祭司　*21, 58, 72, 195*

祭祀　*2, 4, 19, 27, 28, 32, 43, 45-48, 52, 53, 58, 60, 64, 67, 70, 86, 87, 89-91, 97, 98, 100-102, 104-110, 11-117, 132, 136-139, 160, 164, 165, 173-175, 193, 198, 201, 202, 216, 217, 304-306*

——者　*4, 32, 48, 89, 97, 100, 105-110, 116, 201, 304*

——目的　*101, 304*

催薬　*176*

財運　*52, 101, 102, 118*

財神　*68, 98, 101, 102, 107*

——信仰　*101*

——廟　*98*

財物　*1, 2, 4, 27, 28, 46, 61, 69, 87, 89, 112, 113, 124, 131, 166-168, 170, 175, 191, 195, 201, 210, 212, 215-217, 266, 304, 305*

財龍天子　*100, 105*

殺魂　*55, 63, 66*

殺人　*18, 21, 23, 29, 122, 166, 169, 181-183, 198-201, 210, 211, 212, 215, 227, 234, 246, 265, 274, 301*

雑穀栽培　*85, 313*

三姑娘娘（さんこじょうじょう）　*64, 131*

山魈伝承　*45*

山神　*113, 114, 118, 296*

——廟　*113, 114, 118*

山地移動民　*299*

山中の精怪　*45, 89, 105, 216, 304, 313*

シーポー　*48, 49, 62*

シャーマニズム　*7*

ジンポー語支　*65-67, 86*

許願（きょがん）　98
漁業　122
共同体　3, 5, 32, 105, 109-111, 139, 144, 145, 147- 149, 170, 171, 176, 194, 195, 204, 206-208, 305-307, 315, 318
行商人　32, 220, 222, 223, 286, 313
近親相姦　70
金銀　53, 102, 113, 115, 128, 167, 168, 171, 173, 195, 196, 212, 213
金銭　51, 68, 95, 112, 117, 118, 195, 202, 246
銀　39, 44, 53, 102, 113, 115, 117, 127, 128, 151, 167, 168, 171, 173, 175, 194-196, 198-200, 212, 213, 217, 218, 222, 244, 246, 270, 276, 300
銀貨　199
クンバーンダ　287
供物　49, 72, 94, 96, 98, 117, 189, 218
香櫞（クエン）　229, 266
鳩槃荼（くばんだ）　287
蜘蛛（クモ）　77, 157, 159, 163, 211, 227, 271
果物栽培　122
口の災い　193
口寄せ巫女　122, 124
首狩り　246
黒呪術　19, 30, 155
軍屯　39, 40
ゲジゲジ　156
化外の民　254, 261, 310
毛虫　73, 80
下痢　59, 61, 123, 124, 127, 130, 131, 140, 151, 152, 305
解薬　54, 297
契約　97, 198-201, 216, 218, 221, 222, 231, 308
——関係　198-201, 216, 218, 222, 308
経済作物　85, 170, 313
鶏卵　39, 40, 46, 63, 77, 152, 163, 271
血液病　59
血縁内連鎖　187
乾隆年間　22, 31, 221, 230, 282
元代　120, 220, 244
幻術　232, 238, 241, 245, 246, 266, 269, 270
言動　2, 29, 65, 78, 272
原因者　17, 30-33, 62, 87, 125, 134, 218, 254, 291, 315
原因物　17, 27, 31, 32, 82, 225
原形　39, 40, 51, 59, 82, 122, 123, 133, 184, 189, 249, 305
現代　7, 23, 27, 33, 37, 44, 82, 129, 157, 160, 162, 171, 178, 184, 209, 216, 233, 241, 254-256, 261, 262, 266, 276, 290, 291, 295, 304, 310, 311
——文学　295
現地民　21, 34, 174, 221, 223, 230-236, 244-246, 251, 252, 254, 277, 279, 280, 282, 283, 285, 287, 289, 290, 292, 309-311
「限定された富（善きもの）のイメージ」　26, 109, 110, 147, 148, 305, 306
コウモリ　39, 40
コション　73
子供　39, 40, 43, 47, 51, 55, 59, 61, 63-66, 81, 94, 95, 101, 104, 113, 114, 125, 127, 130-137, 139-141, 143, 151, 152, 173, 177, 179, 180, 184, 193, 251, 255, 256, 262, 281, 283
木の葉　184
固着型　148, 186
壷中天（こちゅうてん）　190
蠱案　22, 23, 160, 234, 314
蠱鬼　79, 183, 184, 215
蠱師　267
蠱術　25, 66, 88, 155, 169, 171-173, 183, 215, 227, 228, 231, 235, 265-268, 281, 282, 290, 314
蠱俗　39, 131, 159, 161, 172, 176, 178, 193
蠱虫　18, 21, 22, 38, 40, 43, 44, 57, 157, 159, 166, 168, 174, 190, 191, 210, 313
蠱道　19, 20, 25, 267, 268
蠱毒研究　20-24, 172, 303, 314, 319
蠱毒殺人　21, 23
蠱毒事件　22, 23, 160, 209, 314

家神　46, 68, 69, 97, 105, 106, 116, 216, 304
家人　3, 9, 17, 53, 75, 115, 117, 153, 184, 193, 209, 291, 298
家畜　35, 51, 53, 59, 73, 75, 79, 104, 122, 183, 184, 212, 213, 270, 299
家譜　119
華夷秩序　254, 261, 285, 310
貨幣経済　8, 35, 85, 170, 313
過剰化作用　188
過剰性　145, 185, 187, 190, 191, 202, 207, 208, 217, 307, 308
嫁金蚕（かきんさん）　167, 168, 187, 192, 195, 196, 199, 200, 212
寡婦　76, 214, 274, 279, 281, 286, 289, 290, 291, 293, 294, 301
嘉靖（年間）　231, 239, 240, 243
蛾　17, 40, 46, 81, 165
蝦蟇（ガマ）　5, 22, 57, 63, 90, 161, 163, 164, 170, 173, 174, 192, 198, 210, 211, 217
回虫　63
改土帰流　235
艾虎（がいこ）　156
外部他者志向型連鎖　187
蚕　5, 21, 22, 25, 44, 85, 122, 123, 128, 159-162, 166-171, 183, 187, 192, 195-201, 205-207, 211, 212, 217, 265, 308, 313
蛙　50, 54, 73, 163, 184
神隠し　104
甕　3, 4, 158, 189, 210
広東商人　277, 280
漢人移住者　222
漢人文人　227, 253, 281, 285, 311
漢人旅行者　238, 240, 261, 296
漢族作家　262
漢朝地（かんちょうち）　219, 251
漢方　18, 132, 231
関係性　7, 30, 31, 176, 177, 258, 274, 298, 299, 309, 311, 315
観音市　251, 276
観音大士　250
観音菩薩　251
罐　40, 133, 160, 163, 176, 210, 211, 213
眼病　59, 292
願掛け　98
キツネもち　3
キツネモチ　107, 109, 148
キリスト教信者　149
ギブ・アンド・テイク（give and take）　97
忌避　2, 3, 23, 24, 26, 50, 51, 59, 60, 61, 63, 65, 67, 71, 73, 80, 107, 111, 120, 150, 260, 290
帰還不能　247, 274, 279
桔梗　209
飢鬼　101
鬼画　48
鬼魂　29, 65, 70, 71, 74, 79, 102, 139, 168, 241, 310
——信仰論　116
鬼妻伝承　21, 34, 274, 279, 282, 285, 286, 289-291, 293, 295, 298, 311
鬼人　7, 17, 23, 27-29, 33, 38, 55, 65, 67, 69, 70, 71, 82, 86-88, 249, 254, 256, 269, 290, 298, 303, 304, 309-315, 318
——信仰　86, 260
——伝承　29, 34, 86, 240, 241, 243, 247, 251, 273, 279, 309, 310, 313
鬼類　287, 314
寄生虫　63, 214
基層文化　6, 86
——論　313
器物　46, 112, 212, 244, 266, 269
狐　3, 5, 7, 8, 59, 87, 90, 111, 116, 123, 124, 126, 127, 174, 188, 196, 203-205, 267
——の玉　203
脚夫（きゃくふ）　220
仇敵　68, 69, 267
汲古閣（きゅうこかく）　240
牛皮　67, 174, 213, 232, 266, 302
牛糞　112, 150, 252, 255, 271

事項

ア

アヒル　*59, 122, 123, 126-218*
阿片　*39, 223*
紅い呪術　*30, 273, 275*
扱い主　*21, 27, 31, 38, 45, 52, 53, 59, 61-63, 118, 128, 134, 142, 145, 154, 168, 170-172, 175-179, 181, 182, 183, 185, 187, 190, 191, 193, 198, 200, 201, 203-207, 209, 214-216, 227, 252, 278, 279, 295, 305-308*
イースー　*66*
イタチ　*59, 122, 123, 126, 185, 186, 305*
イデオロギー　*207, 261, 262, 264, 308*
イバラ　*64*
イメージ　*26, 109, 110, 111, 228, 230, 236-238, 251, 253, 254, 256, 259, 261, 263, 264, 266, 268, 276, 279, 290, 295, 298, 305-307, 310, 312*
イメージ・オブ・リミテッド・グッド（image of limited good）　*26, 109, 147, 305*
イ語支　*46, 50, 53, 55-57, 86, 255, 292*
井戸　*64, 138, 139, 143-145, 306*
——端　*64, 138*
夷方（いほう）　*219, 220, 222, 223, 229, 231, 238, 264, 269, 273, 295, 296, 309*
医者　*175, 210, 291*
医書　*21, 22, 175, 176, 228*
医療人類学　*21, 184*
医療文化　*184*
異界　*105, 110, 304*
異常死者　*116*
異民族　*219, 229, 230, 238, 274, 295-297*
——イメージ　*295*
異類　*105, 106, 114, 215, 246, 249, 270*
移住　*38, 60, 86, 93, 107, 108, 120, 132, 220, 222, 223, 234, 239, 285, 299, 304*
——政策　*220*
遺伝　*35, 73, 172, 184, 186, 214, 257*
生霊　*2, 5, 9, 23-25, 28, 29, 33-35, 67, 73, 81, 86, 110, 150, 172, 209, 241, 260, 310*
——信仰　*5, 24, 29, 172, 241*
一本足　*46, 48, 89, 91, 93, 95, 98, 106, 112, 114, 201, 247*
稲作　*6, 93, 113*
犬　*3-5, 49, 58, 59, 65, 77, 78, 90, 109, 113, 117, 122, 123, 124, 126, 129, 142, 148, 154, 159, 186, 209, 238, 248-251, 256, 260, 270-272, 289, 302, 310*
犬神筋　*3, 109, 148*
雲南布政使司　*235, 240*
運搬霊　*7, 17, 21, 27, 33, 34, 38, 45, 46, 59-61, 68, 69, 75, 82, 86, 88, 95, 111, 113, 131, 303-305, 311-313, 315*
——伝承　*49*
エキゾチズム　*227, 239, 259, 281, 296, 311*
——的偏見　*295*
エスノメソドロジー　*218*
エビ　*123, 138, 176*
エントロピー　*26, 185, 188*
影響者　*17, 30-32, 82, 273, 311*
宴席　*52, 164, 231, 236*
厭勝　*169, 212, 227, 265*
オガミヤ　*32, 125*
オサムシ　*157*
甌海区　*44, 162, 213*
狼　*296*
瘟疫（おんえき）　*156, 263*

カ

かげろう　*167*
かまど　*50, 60, 108, 151*
ガチョウ　*59, 122, 123, 126*
カトリック　*143*
火把節（かばせつ）　*48, 119, 142*
加害者　*30, 170, 186*

マ

マンダレー管区　*221, 241*
美作地方　*203, 205, 207*
三好郡　*189*
無錫　*197, 217*
メコン河　*21, 93, 95, 98, 275*
緬甸（めんでん）　*174, 232, 241, 243, 244, 266, 268*
緬甸宣慰使（めんでんせんいし）　*241*
モゴック　*221, 241*
モニン　*243*
モンミット　*221, 241*
モン州　*241*
茂県　*269*
茂州　*269*
茂隆銀山　*222*
孟艮（もうこん）　*232, 266*
孟艮御夷府　*232*
孟邦　*246, 270*
孟密（猛密）　*221, 224, 240, 241, 243, 244, 245, 246, 247, 250, 269, 270*
孟密安撫司　*243, 269*
孟養　*243, 244*
木里蔵族自治県　*24, 26, 195*
汶川県　*269*

ヤ・ラ・ワ

余姚市　*45*
揚子江　*53, 82, 90, 93, 220, 221*
葉楡城　*276*

ラオス　*243*
ラシオ　*222*
瀾滄江（らんそうこう）　*93, 95, 98, 224, 225, 265, 275, 277, 293, 300*
蘭坪県　*72*
留人洞　*279, 280, 282, 283, 300, 301*
隆陽区　*2, 28, 34, 45, 89, 91, 93-98, 100, 101, 104, 107-110, 112, 114, 119, 123, 131, 137, 201, 218, 221, 222, 231, 277, 304, 305*
龍岩市　*200*
龍巌　*200, 218*
隴川　*243, 244, 248*
隴川県　*243, 244*
林芝地区　*70*
臨安府　*234*
臨川　*38, 88, 156, 210*
臨川市　*38, 156*
臨滄市　*55, 225, 230, 255, 259, 292*
臨洮　*38, 88, 159, 210*
臨洮県　*38, 159*
ルアンプラパン　*243*
呂宋（るそん）　*174, 213*
嶺南　*89, 111*
麗江　*21, 26, 50, 51, 52, 53, 94, 112, 113, 164, 195, 216, 224, 230, 277, 300*
麗江市　*21, 26, 50, 51, 52, 53, 94, 112, 113, 164, 195, 216*
麗江府　*230*
潞西市　*271, 290*
魯魁山　*226, 265*
瀘沽湖　*52, 164*
廬陵　*38, 88, 156, 210*
老撾（ろうた）　*243, 244*
浪穹県　*239*

和邑村　*61, 96*

徳宏傣族景頗族自治州　2, 23, 65, 102, 243, 244, 249, 260, 271, 290
徳島県　189
独龍渓谷　277
怒江傈僳族自治州　55, 60, 66, 67, 72, 98, 131, 139, 222, 277
鳥取県　188, 196

ナ

南華県　223
南京　240
南京応天府　119, 220
南康　88, 113, 210
南康県　38, 156
南靖　44, 199, 217
南甸（なんでん）　243, 244, 248, 249, 270
南甸宣撫司　249, 270
寧波市　27, 45, 107, 110, 114
寧蒗彝族自治県　525

ハ

バゴー
バモー　70, 224, 247
馬鹿塘寨　65
白馬雪山　224
八百大甸　243, 244
鄱陽　3, 9, 38, 88, 307
鄱陽湖　38
蛮莫（蛮暮・ばんぼ）　224, 225, 247, 248
ビルマ　21, 29, 37, 46, 50, 53, 5-58, 65-72, 86, 119, 154, 174, 212, 219-224, 229, 231, 232, 235, 240, 241, 255, 266, 267, 268, 286, 292
飛騨　5, 28, 35, 241
東伯耆地方　188
苗峒　236, 268
屏辺苗族自治県　75
賓川県　144, 251, 252
賓川府　150, 251, 252
フィリピン　174
不違県　264
普洱　56, 222, 224, 286
普関郷　65
武定県　54, 230
福建　6, 20, 22, 28, 38, 44, 45, 86, 90, 112, 156, 158-160, 170, 199-201, 212, 218, 227, 265, 281
福建省　6, 20, 22, 28, 38, 44, 45, 86, 90, 112, 156, 160, 199, 200, 212, 265
福建地方　159, 160, 170, 201
福貢県　55, 66, 67
文山壮族苗族自治州　81, 288
ペグー管区　241
ベトナム　21, 226
ベンガル湾　221, 224
米林県　70
碧江県　55, 66
ボードウィン銀山　222
保山市（ほざんし）　2, 5, 28, 34, 40, 43, 45, 48, 86, 89, 91, 93-98, 100-102, 107-110, 112, 114, 119, 123, 131, 137, 147, 201, 216, 218, 221, 222, 231, 235, 277, 304, 305
保山盆地　93
伯耆　188, 189, 196
宝井（ほうせい）　221, 224, 241, 244, 245
奉化市　107
鳳凰県　74
鳳凰庁　209
鳳儀　128, 129, 133, 144, 148, 150, 224, 237
鳳儀鎮　128, 129, 148, 150, 224, 237
鳳慶県　225, 230
芒市（ぼうし）　271, 290, 291, 292
望夫山　279, 280, 300
木邦（ぼくほう）　240, 243, 244, 245, 246, 247, 270
木邦宣慰使　245
墨脱県（ぼくだつけん）　69
奔子欄（ほんしらん）　224

234, 237-239, 266, 268, 276, 293, 296, 297, 305
青海省　*28, 68*
靖西県　*82, 278*
石屏州　*222, 234*
石屏県　*222, 233*
浙江　*27, 28, 38, 43-45, 74, 86, 90, 91, 107, 108, 110-112, 114, 154, 155, 156, 162, 201, 213, 214*
浙江省　*27, 28, 38, 43-45, 74, 86, 91, 107, 110, 112, 114, 154, 155, 156, 162, 213, 214*
舌埵山（ぜったさん）　*275, 300*
盞西地区（せんせいちく）　*65*
ソンコイ河　*226*
楚雄　*24, 46, 54, 85, 223, 226, 230, 265*
楚雄彝族自治州　*24, 46, 54, 85, 223, 226, 230*
双江県　*255*
双江拉祜族佤族自治県　*55, 255, 259*
蒼山連峰　*120*
「蒼村」　*149, 285*
蒼南県　*112*

タ

タイ　*2, 5, 20, 23, 28, 33, 37, 65, 66, 77-79, 86, 148, 150, 154, 163, 172, 177, 220, 221, 223, 224, 231-233, 235, 236, 243, 250, 251, 254-260, 262-264, 266-268, 271, 272, 285-292, 295, 310, 311, 313*
タウングー　*241*
大誠村　*196*
太保山　*93, 98*
大理古城　*122, 125-127, 135, 136, 141, 143, 145, 194, 271, 276, 290, 292*
大理市　*34, 40, 58-61, 64, 65, 93, 96, 111, 119, 120, 122, 123, 125, 128, 131, 132, 140, 149, 150, 152, 177, 185, 186, 194, 210, 226, 271, 285, 292, 305, 306*
大理地方　*3, 26, 48, 123, 129, 131, 132, 149, 193, 195, 221, 251, 252, 277*
大理白族自治州　*1, 2, 34, 40, 43, 58, 59, 61, 62, 91, 93-95, 100, 111, 112, 119, 122, 124, 137, 150, 163, 164, 177, 193, 224, 226, 230, 237, 239, 277, 283, 284, 305*
大理府　*239, 240*
大理盆地　*40, 120, 149*
大涼山　*49, 112, 113*
台江県　*73, 150, 209*
丹陽　*166, 211*
チベット地方　*37, 224, 260*
チェンマイ　*243*
チェンライ　*243*
地羊駅　*241, 269*
地羊寨　*245, 246, 270*
筑陽県　*168*
茶馬古道　*224*
中国南部　*6, 7, 21, 22, 28, 33, 34, 37-39, 57, 82, 88, 110, 112, 120, 123, 154, 157, 171, 174, 175, 185, 201, 204, 205, 207, 216, 225, 266, 278, 293, 313, 317*
中甸（ちゅうでん）　*224*
長江　*90, 116, 220, 313*
張擺箐　*248, 270*
朝鮮半島　*91, 112, 114*
趙州　*150, 237, 251*
ツェンプー　*21*
鄭州市　*154*
トングー　*241*
吐蕃　*224*
怒江　*55, 60, 66, 67, 72, 98, 131, 139, 222*
怒江渓谷　*277*
東南アジア　*223, 224*
東伯郡　*196*
東北地方　*9, 95, 114, 275*
塔城郷　*51*
藤橋鎮　*44, 162, 213, 214*
騰越　*221, 224, 225, 235, 241, 244, 268, 269*
騰衝県（とうしょうけん）　*221, 235*
徳欽（とくきん）　*224*

湖北省　*46, 112, 168*
葫蘆地（ころち）　*222*
孔明寄箭山　*244*
広西　*6, 18, 20, 37, 38, 74, 75, 79, 82, 88, 89, 154, 159-161, 164, 165, 169, 174, 180, 183, 191, 213, 215, 216, 226, 227, 238, 257, 278-282, 289, 293, 298*
広西壮族自治区　*6, 74, 75, 79, 82, 154, 165, 169, 180, 278, 293, 298*
広西地方　*37, 88, 159-161, 169, 183, 227, 27-281, 282, 289*
広南　*169, 227, 238*
江右　*220, 230, 264, 266*
江西省　*38, 154, 156, 212, 230, 232, 237*
江蘇　*45, 90*
江頭城　*224, 244, 270*
江南地方　*201*
紅河　*57, 75, 81, 220, 222, 226, 233, 234*
紅河哈尼族彝族自治州　*57, 75, 81, 220, 222, 226, 233, 234*
紅塔区　*193*
高黎貢山（こうれいこうざん）　*277*
貢象道路　*241*
昆明市　*38, 39, 40, 46, 48, 49, 91, 163, 226, 230, 293*

サ

サルウィン河　*98, 222, 232, 277*
ザガイン管区　*224*
左江　*161*
佐渡　*9, 218*
西域（さいいき）　*19, 267*
讃岐　*3, 4, 189, 215*
山陰地方　*107, 174*
山南地区　*69*
シップソンバンナ　*224*
シャン州　*221, 222, 232, 243*
四川　*6, 24, 26, 43, 49, 52, 71, 86, 94, 95, 107, 112, 113, 158, 168, 169, 192, 195, 219, 221, 231, 238, 269, 277*
四川省　*6, 24, 49, 52, 71, 86, 94, 95, 107, 112, 113, 168*
四川地方　*169, 192, 269*
思茅（しぼう）　*57, 222, 224, 230, 258, 285, 293*
施甸県（しでんけん）　*108*
施秉県（しひんけん）　*209*
寺西村　*44, 162, 214*
洱海　*117, 120, 122, 125-127, 129, 130, 132, 133, 135, 137-139, 141-145, 147, 185, 186, 194, 210, 252, 226, 264, 284, 306*
洱源県　*60, 62, 239, 284*
車里　*241, 244, 251, 257*
車里街　*257*
十二版納（じゅうにはんな）　*224, 257*
十八寨　*251, 271*
十万大山　*75, 298, 299*
宿松県　*116*
順寧県　*225*
舒州　*116, 117*
漳州市　*44, 1993*
湘西土家族苗族自治州　*74, 176*
上杭　*160, 211*
上杭県　*160*
上部ビルマ地方　*221, 223, 224, 286*
新安　*38, 88, 116, 117, 155, 210*
新興州　*193*
尋甸（じんでん）　*230, 266*
尋甸回族自治県　*230*
尋陽県　*237*
綏遠（すいえん）　*38, 159*
嵩明県（すうめいけん）　*91*
センウィー　*243*
西粤（せいえつ）　*279, 300*
西山区（せいざんく）　*47, 48, 91*
西双版納傣族自治州　*224, 231, 243, 251*
西藏自治区　*29, 86, 87*
西南地方　*6, 24, 37, 82, 86, 111, 159, 226, 228,*

永平県　91, 94, 107, 108, 123, 283
盈江県（えいこうけん）　65, 243
營陽郡　154
粤東（えっとう）　265, 279, 280, 300
越南（えつなん）　234, 269, 288, 302
剡県　154, 209
隠岐　8
逢密村　61, 96
甌海区　44, 162, 213
岡山県　203
沖縄　5, 28, 35, 114, 241

カ

カター　224, 244
カチン州　224, 243, 244, 247
下関街（かかんがい）　277
下関鎮　224, 277
河姆村（かぼむら）　45
河南省　154
香川県　189
華南地方　6, 26, 57, 89, 91, 227, 281, 304, 305, 307, 312-314, 318
華北地方　22, 312
開化府　288, 289, 302
凱里市　209
鶴慶県　61
楽安県　38, 156
鄂州　115
干崖（かんがい）　243, 244, 248
広東（かんとん）　18, 20, 37, 38, 89, 159, 224, 226-228, 265, 277, 279, 280-283, 289, 300
広東省（かんとんしょう）　6, 28, 91
甘粛省　38, 88, 159
甘洛県　49, 95, 113
官渡区　46, 49, 91
関中　38, 159
貴州地方　161, 269, 276
巍山彝族回族自治県　43, 48, 91, 100, 137, 139, 224, 230
宜春　88, 210
宜春市　38, 156
吉水県　38, 156
九江　88, 210
九江市　38, 156
旧州郷　59, 150, 164
玉渓市　193, 230, 233
玉龍納西族自治県　21, 26, 50, 51, 94, 184, 195, 216
金谿（きんけい）　212, 232, 266
金沙江　51, 113, 224, 252, 277
金川県　269
金平苗族瑤族傣族自治県　57
欽州市　165
禁水　264, 265
ケントン　232
荊南（けいなん）　115
景洪市　56, 257
景東　224, 230, 266, 285-287, 301
景東彝族自治県　285
景東府　285, 286
滎陽　3, 9, 153, 154, 209, 307
慶陽府　88
鶏足山　252
建水県　234
剣川県　193
剣川州　193
黔東南苗族侗族自治州（けんとうなんみゃおぞくとんぞくじちしゅう）　73
元江軍民府　235
元江哈尼族彝族傣族自治県（げんこうはにぞくいぞくたいぞくじちけん）　230, 233
元江府　235, 247
元謀県　54
元陽県　57
沅江　57, 226, 240, 247, 265, 268
古城区　21, 26, 50, 51, 53, 94, 113, 216
個旧鉱山　220, 234, 264
湖南省　74, 176

ヤオ（瑤）族　24, 25, 71, 73-75, 81, 154, 180, 238, 260, 298, 299
猺（傜）人　6, 226, 238, 265, 280, 300
傜蛮　226, 265

ラフ（拉祜）族　55, 86, 172, 255-257, 259, 292, 310
リー（黎）族　76, 77, 87, 256, 260
リス（傈僳）族　29, 35, 54, 55, 61, 65, 66, 85-87
ロッパ（珞巴）族　24, 29, 70, 71, 86, 87, 241, 260
羅羅（ロロ）　238, 277

ワ（佤）族　246

地名・地域名

ア

アヴァ　221
アジア　5, 219, 223, 224, 283
アフリカ　5
アメリカ　109, 305
アムド方言区　28, 68
アンダマン海　224
阿拉郷　49
阿瓦（あわ）　221, 224
奄美地方　114
安徽省　38, 45, 107, 116, 155
安寧　80, 265
安寧市　226
インド　20, 21, 70, 114, 221
インドシナ　267
澠西道（いせいどう）　123, 233, 235
澠東道　123, 235, 282
澠南道　282
右江　161
雲南省　1, 5, 6, 21, 25, 26, 28, 29, 34, 38-40, 43, 45, 46, 50-52, 54, 55, 57, 58, 60, 72, 75, 81, 85, 86, 89, 91, 102, 111, 112, 119, 123, 137, 147, 163, 164, 172, 177, 193, 195, 201, 214, 216, 220, 224, 237, 238, 243, 255, 259, 264, 276, 277, 280, 284, 285, 293, 304, 311, 317
雲龍県　40, 59, 95, 150, 164
温州市（うんしゅうし）　27, 38, 44, 45, 74, 110, 112, 114, 155, 162, 213
永嘉県　44
永昌　108, 221, 239, 241, 277
永昌衛　231
永昌郡　93, 264, 265
永昌鎮　45, 93, 201, 277
永新県　38, 156

ジノー（基諾）族　*56*
シャン族　*221*
ショ（畲）族　*45, 74, 112*
ジンポー（景頗）族　*2, 5, 23, 65-67, 86, 172, 245, 257, 260, 310*
小伯（白）夷　*253, 271*
スーロン人　*71*
水タイ　*28, 236, 256, 257, 288*

タイ・ナー　*28, 235, 254, 256, 290*
タイ・ルー　*28, 236, 256, 257, 288*
タイ人　*267*
タイ族　*5, 6, 23, 28, 33, 65, 66, 77, 78, 86, 163, 172, 177, 220, 221, 223, 231-233, 250, 251, 254-260, 262-264, 266, 268, 271, 272, 287, 289-292, 295, 310*
台湾漢族　*116, 285*
大伯（白）夷　*253, 271*
チベット族　*28, 35, 68, 69, 86, 224, 269*
狆家（ちゅうか）　*182, 183, 215*
トールン族　*67*
トン族　*165*
ドアン（徳昂）族　*245*
峒人　*165, 211, 236*
狪人　*79, 183*
僮人　*280, 289*
獞人　*6, 79, 158, 160, 210, 238*

ナガ族　*246*
ナシ（納西）族　*21, 24, 26, 50-53, 58, 61, 86, 95, 111-113, 118, 164, 172, 177, 184, 195, 214, 216, 224, 293*
ナジ（納日）人　*24, 195*
ナマ（那馬）人　*60, 62, 63, 65, 86, 131, 139*
南人　*212, 213, 222, 234, 268, 272*
ヌー（怒）族　*35, 66, 67, 85-87, 141, 241, 313*

ハニ（哈尼）族　*24, 57, 58, 87, 260, 285*
パラウン族　*245, 246*
擺夷（はいい）　*28, 77, 163, 177, 220, 233, 235, 243, 254, 255, 256, 257, 268, 271, 287, 288, 302*
白夷（はくい、百夷）　*220, 249, 253, 270*
白蛮（はくばん）　*119*
ビルマ人　*58, 174, 229, 232, 235, 266, 267, 268*
百夷（ひゃくい、白夷）　*220, 233, 239, 240, 243, 249, 250, 269, 270*
縹人　*253, 271*
苗家　*161, 211*
苗人　*79, 160, 161, 162, 182, 183, 209, 211, 215, 227, 228, 234, 236, 238, 241, 265*
苗民　*229, 230*
プイ（布依）族　*182*
プミ（普米）族　*72, 86, 154, 214*
ペー（白）族　*31, 34, 40, 47, 58-62, 64, 65, 86, 94-96, 111, 112, 119, 120, 122-127, 129-133, 135-145, 148-152, 163, 164, 172, 177, 185-187, 192-195, 210, 224, 239, 251, 252, 277, 284, 285, 293, 305-307*
ホイ（回）族　*40, 120, 220*
ポンニー人　*70*
蒲人（ほじん）　*253, 271*
僰夷　*233, 250, 271, 289*

ミャオ（苗）族　*22-24, 26, 47, 58, 73-75, 87, 111, 150, 154, 160, 162, 172, 175, 176, 178-180, 184, 186, 209, 213-215, 238, 241, 260, 293*
民家　*162, 163, 192, 193, 217, 220, 224, 239, 251, 277, 284*
メンパ（門巴）族　*29, 58, 69, 70, 86, 87, 241, 260*
緬人（めんじん）　*212, 232, 235, 253, 266, 268, 271*
モソ（摩梭）人　*26, 52, 164, 172, 177, 184, 195, 214*
麼些（もそ）　*220, 224*
孟艮蛮（もうりょうばん）　*232*

李調元　*280*
李徳芳　*22, 171, 172*
李紱（りふつ）　*160, 170, 211*
李又聃（りゆうたん）　*236, 268*
陸次雲　*160, 211, 246, 270*
劉五　*114, 115*
劉崑　*174, 212, 225, 232, 234, 235, 265, 266, 268, 282, 301*
劉錫蕃　*79, 183, 184, 215, 227, 228, 265*
劉文徵　*225, 226, 233, 239, 250, 253, 255, 265, 268, 271, 289*
劉芳賢　*29, 69, 70, 71, 260*
劉龍初　*60, 62, 63, 65, 131, 139*
呂原明　*156*
呂大吉　*25, 298*
凌樹東　*80, 82, 278*
凌純声　*23, 172, 177, 209, 210*
梁金山　*222*
廖高蒲　*160, 211*
林白　*293, 294, 295, 311*
連立昌　*23, 24*
ロック（J.F.Rock）　*21, 195*
魯応龍　*167*
盧朝貴　*57, 58*
郎瑛（ろうえい）　*240, 243*
六条御息所　*5*

和志武　*50, 51*
渡邊欣雄　*116, 319*

民族・下位集団

阿昌　*253, 271*
イ(彝)族　*24, 43, 46-49, 52, 54, 57, 61, 75, 81, 85, 86, 91, 95, 100, 111-113, 120, 137, 139, 150, 154, 164, 172, 184, 195, 220, 222-224, 226, 230, 233, 238, 278, 286, 294, 314*
夷人　*222, 229-233, 236-238, 240, 248, 249, 253, 264-266, 270, 275, 287, 310*
烏蛮（うばん）　*119, 120*

カチン族　*245, 246, 251*
カワ人　*222*
華人　*23, 26, 46, 147, 219, 254, 255, 259, 261-263, 288, 290, 302, 310*
回民（かいみん）　*220-222, 224*
旱タイ　*28, 235, 290, 311*
旱擺夷（かんはいい）　*235, 254*
漢人　*6, 21, 34, 35, 86, 162, 211-213, 219-225, 227-240, 244-248, 251-254, 256, 258, 259, 261, 264-266, 268, 273, 274, 276, 277, 279-289, 295-297, 300, 309-312, 314*
漢族　*1, 23, 26, 34, 38, 39, 40, 43-48, 58, 64, 65, 82, 86, 88, 93-96, 98, 100, 101, 107, 111, 116, 119, 120, 123, 124, 127, 129, 131, 132, 135, 136, 141, 143, 154, 162, 164, 172, 184, 194, 195, 209, 213, 214, 218, 220, 254, 256, 260, 262, 271, 280, 285, 290-292, 295, 298, 304, 305, 307, 311, 312, 313*
漢民族　*25, 116, 219, 306, 311, 318*
俅人 *277*
古宗（こそう）　*220, 224, 277*
広西人　*257*

サニ（撒尼）人　*47, 91*
サメ（撒梅）人　*46, 49, 91*
山子瑤　*75, 298*

ハ

馬学良　*49, 113*
馬場英子　*27, 44, 45, 74, 91, 107, 110, 112, 114, 162, 199, 213*
裴璩　*166, 211*
貝青喬（ばいせいきょう）　*161, 211, 265*
花部英雄　*174, 189, 190, 215, 216*
速見保孝　*8*
林自見　*5*
范恵娟　*49, 113*
畢中詢　*167, 195, 212*
広川勝美　*218*
閔敍　*159, 160, 211*
フィッツジェラルド（C.P.Fitzgerald）　*21, 52, 221*
フォスター（G.Foster）　*26, 109, 110, 147, 305*
馮夢龍　*240, 241, 269*
文献皇后　*210*
ホワイト（S.White）　*21, 184*
彭桂蕚（ほうけいがく）　*255, 257*
彭多意（ほうとうい）　*152*
鮑照　*226, 265*
茅盾（ぼうじゅん）　*171, 212*

マ

マリノフスキー（B.Malinowski）　*22, 23, 172*
摩鄧女（まとうじょ）　*267*
牧田茂　*190*
増尾伸一郎　*25, 319*
松岡純子　*267*
南方熊楠　*7*
宮田登　*105, 115, 116, 216*
明敏　*267*
毛晋　*240*
孟棨　*301*
本居内遠　*5*

ヤ

柳田國男　*3, 7, 35, 114, 215*
余相伯　*209*
余茂才（よぼうさい）　*233*
姚荷生　*255, 256, 257, 258*
姚兆麟　*29, 69, 70, 260*
葉国慶　*22, 44, 161, 162, 197, 199, 200, 217, 265*
楊遠　*172*
楊瓊（ようけい）　*128, 131, 133, 135, 137, 151, 233, 268, 284, 286, 301*
楊招把　*235, 268*
楊照輝　*72*
楊慎　*232, 239, 240, 248, 266, 270*
楊素　*210*
楊福泉　*50, 51, 150*
楊文金　*24*
横山廣子　*149, 285*
吉田禎吾　*4, 8, 26*
吉野晃　*302, 319*

ラ・ワ

羅養儒　*53, 277, 278, 300*
雷宏安　*48, 56, 91*
雷国強　*104, 113*
賴子俊　*160, 211*
里人何求（りじんかきゅう）　*170*
李卉（りき）　*23*
李元陽　*100, 239, 240, 241, 244*
李孝友　*240*
李耕冬　*52, 53, 164, 177, 184*
李焜（りこん）　*226, 265*
李時珍　*21, 157, 210*
李植人　*22, 172, 178, 179, 180, 215*
李生荘　*67*
李誠　*253*
李宗昉　*202, 218*
李達珠　*52, 53, 164, 177, 184*

銭元昌　174, 180, 191, 213, 215, 216
詹承緒（せんしょうしょ）　96, 131, 139, 150, 151, 164
祖冲之（そちゅうし）　114
宋恩常　56
宋志　267
宗懍（そうりん）　156
荘学本　49
桑耀華　23, 150, 260
曽士才　25, 26, 73, 74, 110, 150, 180, 209, 214, 319
曹樹翹　173, 216, 228, 265, 275, 276, 300
曾慥　158, 181, 191, 210
曾日瑛　160, 170, 211
孫思邈（そんしばく）　176
孫敏　25, 81

タ

竹田晃　265, 275
竹村卓二　285
談遷　196, 217
長白愛必達（ちょうはくエピタ）　230
張海福　61, 62, 96
張漢槎　176, 213
張橋貴　54, 55
張江華　29, 69, 70, 260
張泓　123, 128, 151, 168, 192, 193, 212, 216, 217, 247, 270, 275, 287, 300, 302
張志淳　239
張自明　288, 302
張秀民　240
張小小　175, 213
張清水　22
張徳　160
張文照　66, 67
張有雋（ちょうゆうせん）　75, 298, 299
趙寅松（ちょういんしょう）　62
趙永勤　49, 91
趙公明　98
趙寿　209
陳国鈞　22, 162, 164, 172, 178, 179, 211, 213, 215
陳正敏　158, 181, 210
陳蔵器　22, 158, 210
陳鼎（ちんてい）　150, 234, 252, 268, 271
陳倫烱（ちんりんけい）　174, 213
塚田誠之　26, 27, 280
デ・ホロート（J.J.M.de Groot）　20, 154, 155, 166, 315
デービス（H.R.Davies）　221
鄭樵　18, 158, 187, 210
田家祺　55
田汝成　158, 159, 182, 210, 215
杜寛活　61, 62, 96
東軒主人　150, 169, 198, 212, 217, 237, 252, 268, 288, 302
唐学仁　180
唐楚臣　24, 46, 47, 150
陶雲逵　29, 30, 37, 54
陶潜　154, 209, 237
董紹禹　48, 56, 91
湯大賓　288, 302
鄧啓耀　19, 25, 113, 114, 118, 216, 235
鄧立木　91
独孤氏　210
独孤陀（どくこだ）　166, 172, 173, 210
曇遊道人　209

ナ

中村喬　156, 157
仲村永徳　35
永尾龍造　46, 112
長島信弘　253, 273
ニーチェ（F.Nietzche）　315
任東権（にんとうけん）　112-114
努賀毘咩（ぬがひめ）　189
努賀毘古（ぬがびこ）　189
燃灯道人　22, 25, 314

胡樸安　222, 234, 264
顧維君（→燕宝の筆名）　24, 214, 260
顧頡剛（こきつごう）　284
顧禄　157
呉十郎　116, 117
呉従衆　29, 69, 70, 260
呉尚賢　222
呉雪悩　74
呉大勲　230, 266, 282, 301
孔思文　115
江応樑　28, 29, 77, 78, 162, 163, 177, 256, 271, 272
江充　19
洪邁（こうまい）　89, 97, 111, 113, 114, 116, 168, 212
洪武帝　220
高金龍　43, 101, 139, 140, 141, 142
黄瑜（こうゆ）　280, 286, 301
酈露（こうろ）　159
敖浤貞（ごうこうてい）　124, 128, 151

サ

沙龍　267
柴萼　197, 200, 218
蔡家麒　63, 64, 65
澤田瑞穂　25, 30, 44, 122, 128, 150, 160, 166-169, 193, 196, 197, 199, 200, 210, 227, 229, 230, 236-239, 241, 243, 246, 247, 250, 252, 269, 273, 275, 281, 282, 310, 314, 315, 319, 320
シュー，フランシス（F.L.K.Hsu・許烺光）　285
ジラール，ルネ（Rene Girard）　315
師範　244, 251, 255
七葉　293, 294
島田成矩　19, 20, 25, 267
謝剣　46
謝肇淛（しゃちょうせい）　38, 88, 159, 167, 180, 182, 210, 212, 215, 220, 230, 239, 240, 244, 249, 253, 254, 264, 266, 269-271, 286, 301
朱元璋　220
朱橚（しゅしゅく）　176, 239
朱涼　293, 294
周王　239
周去非　161, 164, 169, 211, 212, 227, 228, 265, 281
周瑞生　212, 232, 266
周禮（しゅうれい）　281, 301
修世華　60, 62, 63, 65, 131, 139
諸葛孔明　93, 108, 244
徐阿尼（じょあに）　172, 210
徐益棠　49, 50
徐応秋　240, 248
徐昆　275, 300
徐霞客（徐弘祖）　224, 225, 239, 264
章孟達　293
葉国慶　22, 44, 161, 162, 197, 199, 200, 217, 265
蔣琦溥　176, 213
蔣士　175
蕭歪嘴（しょうわいずい）　283, 301
鍾敬文　298, 299
白鳥芳郎　6
岑毓英（しんそえい）　253
沈振（しんしん）　240
沈徳符（しんとくふ）　240, 249
沈榜（しんぼう）　157
スコット（K.C.Scott）　221
鄒応龍（すうおうりゅう）　100, 241, 244
鄒汝為（すうじょい）　128, 133, 144
鄒迪光（すうてきこう）　197, 217
鄒弢（すうとう）　245, 250
世宗　231
西施（せいし）　283, 301
靖道謨　182, 215
芮逸夫（ぜいいっぷ）　23, 172, 177, 209, 210
妹尾隆彦　246

人名

ア

阿城　262-264
阿難　267
天野信景　4
天稚彦（あめわかひこ）　215
荒屋豊　26, 51, 172, 184, 185, 188, 195
安世高　267
井上進　240
伊里布　253
伊禮智香子　293
石塚尊俊　4, 5, 8, 189
板橋作美　7, 8
今村仁司　315
今村鞆　112
于錦綉　49, 113
宇那木玄光　203, 204
エバーハルト（W.Eberhard）　20, 21, 29, 154, 156, 274, 289, 293, 313, 315
エバンス・プリチャード（E.E.Evans-Pritchard）　33, 150
永暦帝　222
慧琳　267
袁枚（えんばい）　171, 173, 212, 213, 269
燕宝（→顧維君）　24
オルレアン公アンリ王子（Prince Henri. d'Orleans）　21
尾坂徳司　219
顎爾泰（オルタイ）　182, 215
王衮（おうこん）　265
王士禛　18
王士性　82, 88, 159, 228, 238, 239, 245, 249, 254, 269, 270, 285, 301
王崧　253
王燾　176
王同軌　240, 241
王富臣　288, 302
王文秉（おうぶんへい）　166, 211
王明達　222, 296
汪紹楹（おうしょうえい）　154
翁乃群　24
大林太良　171

カ

加陵　267
何彬　299, 318
何耀華　25, 298
夏之乾　2, 3, 24, 260
華封　173, 213
嘉靖帝　231
艾自修（がいじしゅう）　124, 128, 151
郭柏蒼　112
葛洪　21, 175, 213
川野明正　26, 45, 52, 177, 185, 186, 194, 201, 210, 216, 218
干宝　3, 9, 153, 154, 165, 166, 209, 213, 225, 264, 265, 274, 275, 300, 307
紀昀（きいん）　236, 268
喜田貞吉　7, 188, 196, 203
許地山　266, 267, 268
龔吉貞　212, 232, 266
暁根　56, 255, 256, 259, 292, 293
金鉷（きんこう）　174, 180, 191, 213, 215, 216
クラックホーン（C.Kluckhohn）　299
グーラート（P.Goullart）　21, 52
孔穎達（くようだつ）　18
屈大均　226, 265, 279, 300
倉光清六　188, 189, 196
栗原悟　223, 224, 225
黒澤信吾　221
倪蛻（げいだつ）　221, 264
阮元　253
厳従簡　239, 240, 243, 250, 269, 270
ゴッフマン（I.Goffman）　9
小松和彦　8, 9, 26, 109, 110, 147, 148, 188

『二十世紀中国民族家庭実録——人神之間・白族』　152
『日本の憑きもの』　8
『日本の憑きもの——俗信は今も生きている』　4, 189
『日本民俗大辞典』　7
『寧波市故事巻』（浙江省民間文学集成）　114

ハ

『馬関県志』（民国）　288, 302
『馬幇文化』（ばほうぶんか）　222
『擺夷的生活文化』（はいいてきせいかつぶんか）　28, 77, 163, 177, 256, 271
『博済方』　228, 265
『幕府燕閑録』　167, 195, 212
『万暦野獲編』　240
『常陸国風土記』　189, 190
『必用方』　228
『漂泊雑記』　219, 223, 246
『苗俗記』　161, 211, 265
『閩産録異』　112
『閩都別記』　170
『巫蠱考察』　19, 25, 39, 50, 51, 81, 113, 118, 216, 296
『巫女考』　3, 7, 35, 215
『普濟方』　176
『武林旧事』　156
『敝帚軒剩語』　240, 249
『本草綱目』　21, 157, 210
『本草拾遺』　22, 158, 210
『梵天廬叢録』　197, 200, 218

マ

『摩雅傣』　23
『摩鄧女経』（まとうじょきょう）　267
『未解之謎——最後的母系部落』　52, 164
『民俗神道論——民間信仰のダイナミズム』　115
『民族と歴史——憑物研究号』　188, 203
『明史』　245, 246, 270
『蒙自県志』（乾隆）　226, 265
『文選』　226, 265
『門巴族社会歴史調査』　260

ラ

『拉祜文化論』　255, 256, 259, 292
『雷波小涼山的羅民』　49
『珞巴族社会歴史調査』　71, 260
『柳崖外編』　275, 276, 300
『類説』　158, 181, 191, 202, 210
『嶺外代答』　161, 164, 169, 211, 212, 227, 228, 265, 281
『嶺表紀蛮』　79, 183, 215, 227, 228, 265

『殊域周諮録』（しゅいきしゅうしろく） 243
『袖珍方』（しゅうちんほう） 240
『修訂・中国の呪法』 25
『十三経注疏』 240
『重修鄧川州志』 124, 128, 151
『述異記』 113, 114
『述異記』（東軒主人撰） 150, 169, 198, 212, 217, 237, 252, 268, 288, 302
『春秋左氏伝』 155
『荀氏霊鬼志』 153
『徐霞客遊記』 224, 239, 264
『湘西苗族調査報告』 23, 172, 177, 209
『神奇的殉情』 50, 150
『水擺夷風土記』（すいはいいふどき） 255-257
『隋書』 38, 88, 155, 157, 165-167, 172-174, 181, 183, 210, 211
『西康夷族調査報告』 49
『西双版納傣族自治州概況』 231
『西南夷風土記』 239, 240, 244, 247, 248, 270
『清嘉録』 157
『赤雅』 159
『説郛』（せっぷ） 156, 167, 195, 212
『賤者考』 5
『双江一瞥』 255-257
『捜神記』 3, 4, 9, 153-155, 159, 165, 171, 175, 177, 209, 213, 225, 226, 264, 274, 275, 300, 307
『捜神後記』 154, 209, 237, 238, 269
『棗林雑俎』（そうりんざっそ） 196, 205-207, 217
『雙槐歳鈔』 280, 281, 286, 289, 290, 301

タ

『大正藏』（『大正大藏経』の略称） 267
『太平御覧』（たいへいぎょらん） 113, 153, 237, 269
『太平広記』 89, 111, 166
『中華全国風俗志』 222, 234, 264
『中国各民族原始宗教資料集成・白族巻』 61, 96, 128
『中国各民族原始宗教集成・壮族巻』 80, 82
『中国各民族原始宗教集成・珞巴族巻』 70
『中国宗教制度』 20
『中国の呪法』（修訂） 25
『中国の年中行事』 156
『肘後備急方』 21, 175, 176, 213
『朝鮮風俗集』 112
『つきもの持ち迷信』 8
『憑きもの――タタリガミと呪い』 218
『通志』 18, 158, 187, 210
『汀州府志』（乾隆） 160, 170, 211
『滇繋』 251
『滇黔紀遊』（てんけんきゆう,『滇遊記』と同書） 150, 252, 271
『滇黔土司婚礼記』 234, 268
『滇志』 225, 226, 233, 239, 251, 253, 255, 265, 268, 271, 289
『滇小記』 221, 264
『滇中瑣記』 128, 131, 133, 135, 137, 151, 233, 268, 284, 285, 286, 301
『滇程記』 232, 239, 240, 248, 249, 251, 266, 270
『滇南見聞録』 230, 282, 301
『滇南雑志』 173, 216, 228, 265, 275, 276, 300
『滇南新語』 123, 128, 151, 168, 192, 193, 212, 216, 217, 247, 270, 275, 287, 300, 302
『滇遊記』 224, 239, 264
『滇略』 220, 230, 238, 240, 244, 248, 253, 254, 264, 266, 269-271, 286, 301
『峒谿纖志』 160, 211, 246, 270
『適斎閑覧』 158, 181, 210

ナ

『南園漫録』 239
『南行記』 219
『南中雑説』 174, 212, 225, 232, 234, 235, 245, 265, 266, 268, 282, 283, 301

書目

ア

『阿弥陀経』 267
『天稚彦草子』 215
『伊莱漢』 259, 272
『夷堅志』 89, 97, 107, 111-114, 116, 168, 212
『彝族原始調査報告』 49
『一切経音義』 20, 267
『雲南掌故』 53, 277, 300
『雲南上帕沿辺志』 66
『雲南通志』（万暦） 100, 239-241, 244
『雲南通志』（光緒） 253
『雲南百夷篇』 239, 240, 243, 250, 269, 270
『永福県志』（万暦） 180, 213, 215
『粤述』 159, 160, 211
『粤東筆記』 280
『閲微草堂筆記』 236, 268
『炎徼紀聞』（えんげききぶん） 158, 159, 166, 169, 182, 183, 210, 215
『宛署雑記』 157
『オトラ狐の話』 7

カ

『海国見聞録』 174, 213
『海南島黎族社会調査』 76, 77, 260
『開化府志』（乾隆） 288, 289, 302
『外臺秘要方』 176
『孩子王』（がいしおう） 262
『広東新語』 226, 228, 265, 279, 280, 282, 283, 289, 300
『閑窗括異志』 167
『閑話閑説』（かんわかんせつ） 262
『漢語大詞典』 17, 18, 19, 29
『漢書』 18
『漢民族の宗教——社会人類学的研究』 116
『韓国の民話』 112
『貴州通志』（乾隆） 182, 183, 215
『救護身命経』 25
『玉芝堂談薈』 240, 248
『金蚕説略』 197, 217
『欽定大清一統志』 245
『甌蠱燃犀録』 22, 25, 314, 320
『荊楚歳時記』 156
『乾州庁志』（光緒） 176, 213
『黔記』（けんき） 202, 204, 218
『黔南識略』（けんなんしきりゃく） 230, 266
『源氏物語』 5
『古今譚概』 240, 241, 269
『古代中国の地方文化』 20, 274
『湖海新聞夷堅続志』 168
『五雑組』 38, 88, 159, 167, 182, 183, 210, 212, 215
『五郎経』 49
『広異記』 89, 111
『広志繹』 82, 88, 159, 228, 238, 239, 245, 249, 254, 269, 270, 285, 289, 301
『広西通志』（雍正） 174, 180, 191, 213, 215, 216
『香祖筆記』 18
『昆明東郊的撒梅族』 46

サ

『左伝』 18
『歳時雑記』 156
『雑説嚢話』 5
『三借廬筆談』 245, 250
『子不語』 171, 173, 212, 213, 269
『支那省別全誌』 264
『支那民俗誌』 46, 112
『四川・雲南・ビルマ紀行——作家・艾蕪と 20 年代アジア』 219
『耳談』 240, 241
『塩尻』 4
『七修類稿』 240, 243
『周礼注疏』（しゅらいちゅうそ） 18, 155

89, 91, 93-97, 105, 106, 108, 109, 114, 116, 117, 131, 201, 216, 218, 304
独脚五郎鬼（どっきゃくごろうき） 48
豚蠱（とんこ） 66

ナ

ナムサ 67, 241
ネイチュエ 56
嚢撒（のうさ） 67

ハ

撥厮鬼（はつしき→撲死鬼） 248, 249, 270
ピーカンイー 67
ピーポー 28, 29, 77, 78, 257, 272
ピョ 1, 3, 26, 34, 40, 58-61, 64, 119, 120, 122-140, 142-145, 147-150, 177, 185, 186, 194, 195, 210, 252, 305-307, 317
皮迫（琵拍・ひはく） 28, 29, 77, 78, 256, 257, 271, 272
飛虎 123, 124
飛歹（ひだい） 228, 229, 265
飛龍 124, 137, 139-142, 151, 306
枇杷鬼（びわき） 2, 5, 23, 28, 33, 65, 66, 86, 150, 172, 254, 256-264, 272, 290, 310
猫鬼（びょうき） 25, 156, 166, 172-174, 210
猫女（びょうじょ） 173
フーピョ 126
フーリーピョ 122
プースー（撲死・プースー） 77, 78, 248, 272
プースークゥイ（撥厮鬼） 55
富蠱 126
ヘクゥア 65
ヘピョ 64, 137, 139
ペイヤー 80
ベトゥオ 62
変鬼 78, 150, 229, 230, 234, 237-240, 246, 248, 250-252, 269, 272, 310
放鬼（ほうき） 75, 298, 299
放蠱（ほうこ） 2, 22, 24, 77, 80, 128, 133, 144, 162, 165, 172, 178, 192, 211, 213-215, 217, 256, 260, 265, 271, 293, 294
放歹（ほうだい） 46, 56, 77, 78, 229, 233, 256, 268, 271, 286, 287, 290-293, 301
木下三郎（ぼくかさぶろう） 90, 91, 111
木客（ぼっきゃく） 89, 90, 111, 112, 313
僕死（ぼくし） 172, 255-257
撲死鬼（ぼくしき） 55, 86, 250, 256
僕食 29, 34, 219, 240, 247-256, 258, 260, 270, 272-274, 289, 309, 310, 319
細手（ほそで） 95

マ

馬蝗蠱（まこうこ） 21
魔蠱（まこ） 54
ムーパ 49, 86, 113
モーザーピョ 122

ヤ・ラ・ワ

ヤービィエン 74
薬王 46, 47, 72, 79, 183
薬鬼 24, 60, 63, 71, 150, 269

ラバのピョ 59, 123, 124, 126-128, 130, 131, 142, 143, 147, 149, 185
騾子蠱（らしこ） 128, 131, 152
恋薬（れんやく） 7, 9, 17, 19, 27, 29, 30, 32-34, 38, 53-56, 58, 74, 82, 87, 88, 267, 273-275, 277-279, 283, 290-293, 297, 303, 304, 311-313, 315, 319
ローツーピョ 59, 60, 61, 122, 130, 148, 185
邋遢鬼 59, 150, 151, 164

和合草 53, 275, 276, 277, 279, 300
蛙蠱（わこ） 54

五郎天子　*49, 91*
五郎神　*2, 5, 28, 34, 45, 89, 93-95, 97, 98, 100-102, 104-109, 112, 116, 131, 147, 201, 216, 278, 304-306, 317*
蜈蚣蠱（ごしょうこ）　*22, 25, 54, 211, 236*
後宮娘娘（こうきゅうじょうじょう）　*43, 137, 139*
合合薬（ごうごうやく）　*30, 54*
合和草（ごうわそう）　*275, 300*
黒白天子　*49, 91*

サ

サーポー　*63*
ザシキワラシ　*5, 9, 31, 45, 95, 114*
山魈（さんしょう）　*27, 44, 45, 74, 75, 89, 91, 94, 104, 111-114, 162, 304, 313*
山都　*89, 94, 113*
撒魂婆（さんこんば）　*63*
シャーペイ　*63*
ジャオ　*68, 86, 91*
虱蠱（しつこ）　*156*
蛇蠱　*4, 22, 39, 52, 100, 123, 129, 153, 155, 156, 161, 165, 171, 175, 177, 210, 211*
樹蠱　*88*
樹葉蠱（じゅようこ）　*54*
釀鬼（じょうき）　*24, 26, 73, 74, 110, 150, 209, 214, 241, 260*
小神子（しょうしんし）　*21, 46, 49, 51, 52, 61, 86, 91, 94, 96, 107, 108, 112-114, 118, 216, 278*
人枯鬼（じんこき）　*65, 139*
スズメバチの蠱　*52*
スノピョ　*122*
精怪　*27, 34, 45-49, 61, 68, 78, 89, 91, 93, 97, 105, 106, 112-114, 116, 118, 139, 145, 150, 193, 201, 216, 218, 272, 276, 304, 313*
蜥蜴蠱（せきえきこ）　*21, 211*
鼠蠱（そこ）　*52*
草蠱　*21*
倉龍　*40, 100, 123*
蒼龍鬼　*43, 59, 150, 151, 164*

タ

ダーメン　*82*
太歳白虎（たいさいびゃっこ）　*193, 194*
歹薬（だいやく）　*233*
壇神　*43, 107*
チーポ　*55, 259*
チューピョ　*126, 185*
地蠱　*39, 64, 65, 139*
挑生　*21, 25, 88, 159, 169, 210, 212, 226, 227, 265, 281*
挑生鬼　*226, 227, 265*
挑生蠱（ちょうせいこ）　*21*
伥鬼（ちょうき）　*168, 170, 212*
ツェポ　*51, 184, 185*
ツォールー　*29, 70*
ティラン　*28, 68, 86*
ディキム　*76*
天狗（てんく・中国）　*65, 104, 112, 114, 142*
天狗（てんぐ・日本）　*104, 114,*
天枯鬼（てんこき）　*64, 65, 139*
天蠱　*64, 65, 137, 139, 140, 141, 142, 152*
トウビョウ　*3, 4, 174, 188, 189, 190, 196*
トゥーチュエ　*56*
トッケビ　*91, 112, 113, 114*
189
トンボガミ（トンボ神、トンベガミ）　*3, 4, 189, 215*
ドゥー　*21, 26, 50, 52, 53, 61, 62, 72, 150, 164, 177, 184, 185, 195, 214*
ドゥージャンウーラン　*47, 48*
稲田蠱（とうでんこ）　*82, 88*
独足鬼　*131, 147*
毒薬鬼　*71, 269*
独角天子（どっかくてんし）　*49, 91*
独脚五通（どっきゃくごつう）　*89, 107, 116*
独脚五郎（どっきゃくごろう）　*34, 47-49,*

索引

霊物名, 書目, 人名, 民族・下位集団, 地名・地域名, 事項

霊物名

ア

アーピョ　122
アミピョ　122
阿枇鬼（あびき）　65, 66
安駝駝（あんだだ）　276, 300
イチジャマ　5, 28, 35, 241
生霊　2, 5, 9, 23-25, 28, 29, 33-35, 67, 73, 81, 86, 110, 150, 172, 209, 241, 260, 310
犬神　3-5, 109, 148
狗神　5, 142
陰謀鬼　62
ウージュワピョ　122
ウーハイ　25, 75, 81
運搬霊　7, 17, 21, 27, 33, 34, 38, 45, 46, 49, 59-61, 68, 69, 75, 82, 86, 88, 95, 111, 113, 131, 303-305, 311-313, 315
オウピョ　122
オオサキ　189, 215

カ

河童　114
蝦蟇蠱（がまこ）　22, 161, 170, 198, 211, 217
活鬼（かつき）　72
キジムナー　114
鬼妻　21, 34, 273, 274, 279, 281, 282, 285, 286, 288-291, 293, 295, 298, 300-302, 311
鬼人　7, 17, 23, 27-29, 33, 34, 38, 55, 65, 67, 69-71, 82, 86-88, 240, 241, 243, 247, 249, 251, 254, 256, 260, 269, 273, 279, 290, 298, 303, 304, 309-315, 318
客家鬼（きゃっかき）　49
窮蠱　126, 194
蜣螂蠱（きょうろうこ）　211
金蚕　5, 22, 25, 44, 85, 122, 123, 128, 159-162, 166-171, 187, 192, 195-201, 205-207, 211, 212, 217, 265, 308, 313
金蚕蠱　21, 161, 183, 198
金鳳天子（きんほうてんし）　49, 91
禁鬼　75, 299
禁公　76, 77
禁母　76, 77, 256, 260
グーチャーポー　60, 86, 131
グーナイニ　64, 137-139, 144, 145, 306
ゲピョ　122
鶏鬼（けいき）　79
犬蠱（けんこ）　154, 159, 209
犬精（けんせい）　65, 142
コウパ　55
コーチョーピョ　185
ゴンボダネ　5, 28, 241
虎蠱（ここ）　66
胡仙　87
胡大仙　87, 116
蝴蝶蠱（こちょうこ）　39, 52
蠱神　43, 80, 136, 137, 169, 170, 182, 212, 216, 306
五通　27, 44, 45, 75, 89 90, 91, 110, 111, 114, 116, 162
五通神　9, 27, 28, 31, 32, 34, 38, 45, 46, 48, 49, 61, 69, 75, 82, 86, 88-91, 93, 97, 100, 102, 105, 107, 110-115, 131, 201, 205, 216, 218, 278, 279, 304, 312, 313, 319

著者紹介
川野明正（かわの あきまさ）

1967年，東京都生まれ。

1992年，東洋大学文学部哲学科卒業。

2000年，東京都立大学大学院人文科学研究科（中国文学専攻）博士課程単位取得退学。

2002年，博士学位取得（文学・東京都立大学）。

東京都立大学助手を経て，現在，東京理科大学理工学部教養・専任講師。中国民話の会世話人。

専門分野，中国民俗学（民間信仰論）。

主要著書・『神像呪符〈甲馬子〉集成——中国雲南省漢族・白族民間信仰誌』（東方出版，2005年）など。

主要論文，「東アジアの〈運搬霊〉信仰——日韓中の霊物にみる特定家庭盛衰の伝承」（『饕餮』第12号，2004年）など。

中国の〈憑《つ》きもの〉——華南地方の蠱毒《こどく》と呪術的伝承

2005年2月10日　印刷
2005年2月20日　発行

著　者　川野明正
発行者　石井　雅
発行所　株式会社　風響社

東京都北区田端 4-14-9（〒114-0014）
Tel 03(3828)9249　振替 00110-0-553554
印刷　株式会社　シナノ

ISBN 4-89489-301-0 C3039